페미니즘의
개념들

페미니즘의 개념들

© (사)여성문화이론연구소, 2015

초판 1쇄 펴낸날 2015년 9월 5일
초판 3쇄 펴낸날 2017년 4월 25일

지은이 (사)여성문화이론연구소
펴낸이 이건복
펴낸곳 도서출판 동녘

전무 정낙윤
주간 곽종구
책임편집 최미혜
편집 구형민 이환희 사공영 김은우
미술 조하늘
영업 김진규 조현수
관리 서숙희 장하나

인쇄·제본 영신사 **라미네이팅** 북웨어 **종이** 한서지업사

등록 제311-1980-01호 1980년 3월 25일
주소 (10881) 경기도 파주시 회동길 77-26
전화 영업 031-955-3000 편집 031-955-3005 **전송** 031-955-3009
블로그 www.dongnyok.com **전자우편** editor@dongnyok.com

ISBN 978-89-7297-740-7 93330

페미니즘의 개념들

(사)여성문화이론연구소 지음

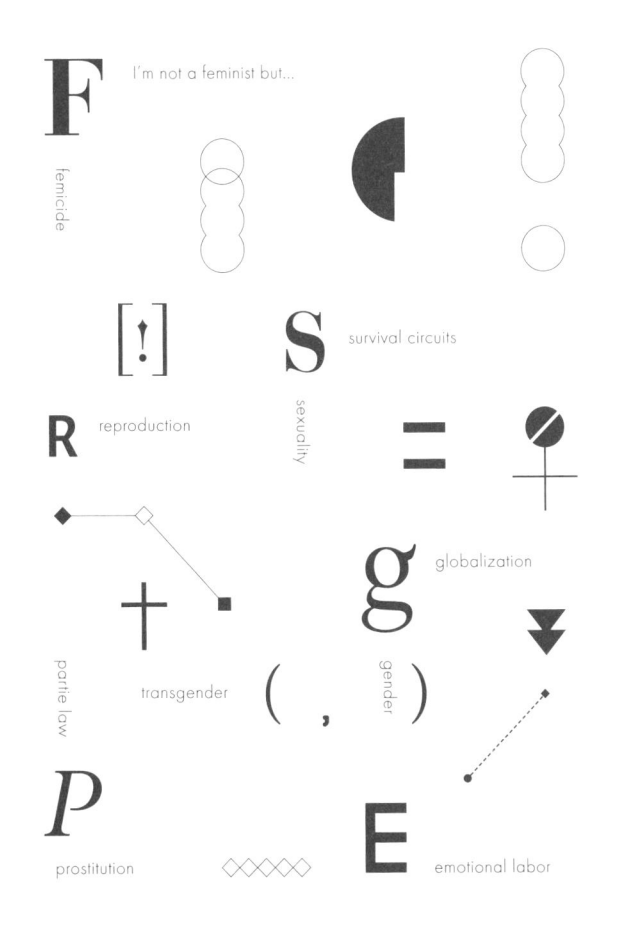

동녘

일러두기

1. 맞춤법과 띄어쓰기는 '한글 맞춤법'에 따랐다.
2. 본문에 사용한 기호의 쓰임새는 다음과 같다.
   《》: 단행본
   〈〉: 논문, 신문명, 잡지명, 영화명 등
3. 본문에 등장하는 도서명의 경우 국내에서 번역된 도서는 번역된 도서명을 따라 표기했다.

페미니즘이란 '여성'이라는 이름으로 불리는 인류가 '남성'이
라는 이름으로 불리는 인류와는 다른 지위와 처우를 받아
온 지난 역사와 지금의 현실에 대해 질문하고 분석하고 해결
하고자 하는 사상이자 교육이자 운동이다. 따라서 페미니즘
이 다루는 사안의 범위는 광범위하고 근본적인 것일 수밖에
없다. 성희롱과 성폭력, 가정폭력, 여성 살해 등 직접적으로
가해지는 신체적·언어적 폭력에서부터 출산, 양육과 같은 인
간생산노동과, 가사노동과 돌봄노동과 같은 일상생산노동
등 소위 재생산이라는 이름으로 불리는 영역에서 겪어온 무
시와 착취의 문제까지, 직장 혹은 일터라고 불리는 자본주의
적 임금노동 현장에서 겪는 취업, 임금, 직위, 승진 등에서 겪
는 차별과 광고, 드라마, 영화 등의 대중매체와 문학, 음악, 연
극, 미술 등의 예술 영역 등에서 반복되어온 차별적이고 때로
는 심지어 폭력적이기까지 한 재현의 문제까지가 그러하다.
게다가 연애, 사랑, 우정, 가족이라는 이름의 세계에서 일어
나는 불평등하고 심지어 폭력적으로 이뤄지는 관계의 문제
와 성적 욕구와 욕망의 문제, 일시적 혹은 장기적 배우자를

선택하는 가운데 벌어지는 문제와 '여성'이라는 통칭 속에서 흔히 간과되기 쉬운 인종, 계급, 계층, 성(적)정체성, 연령, 장애 유무 등의 축으로 인해 만들어지는 복합적인 차별과 차이의 문제까지 페미니즘이 불가피하게 주목할 수밖에 없고 또 주목해온 영역들은 다양하고 복합적이다.

페미니즘이 지닌 이러한 다층적이고 복합적인 특성으로 인해 앞에서 언급한 어떤 하나의 영역이나 지점에서 페미니스트적 각성에 이르게 되어 페미니즘을 보다 더 깊고 상세히 이해하려고 할 때 대체로 어디서 어떻게 시작을 해야 좋을지 막막함을 느끼기 쉽다. 이 책《페미니즘의 개념들》은 바로 그런 순간에 하나의 길잡이가 될 수 있을 것이다.《페미니즘의 개념들》에 실린 여러 가지 개념들은 여성문화이론연구소에서 1997년부터 발간해온 반 연간지인《여/성이론》의 한 꼭지〈페미니즘 사전〉란에 실렸던 내용들이다.《여/성이론》이 매호 기획될 때마다 그 기획과 어우러지는 개념이 선정되어 실렸는데 이번에 함께 수합되어 새로운 성격의 책으로 재탄생하게 되었다.

《여/성이론》각 권에 흩어져 있는 개념들을 이 책을 통해 한번에 모아 접할 수 있게 되었다는 점에서 이러한 성격의 책을 기다려온 독자들에게는 무척 반가운 일임에는 틀림없으리라 믿는다. 그러나 우리 시대 페미니즘 입문자들과 페미니스트들에게 요긴하게 필요한《페미니즘의 개념들》을 선정하고 각 개념의 의미와 역사 그리고 보다 깊은 이해를 돕는 데 필요하다고 여겨지는 읽을거리나 볼거리들을 선정하기 위한 별도의 기획팀이 꾸려져서 기획된 단행본이 아니기 때문에 모든 개념들을 총망라하기에는 어려움이 있었기에 이 책이 지닌 한계점도 분명히 있다. 그럼에도 불구하고 페미니즘이 단순하거나 단면적인 사상이 아니며 사회운동으로서의 역사 또한 길고 넓다는 것을 감안한다면 어떠한 책도 페미니즘이 다뤄온 모든 개념들을 총망라하기에는 역부족일 수밖에 없고 따라서 정도의 차이는 있을 수 있겠으나 불가피하게 선택적으로 망라될 수밖에 없을 것이다. 거기에 더해 지면이라는 또 다른 한계도 있기 때문에 모든 개념들을 다룬다는 것은 거의 불가능하다고 해도 지나친 말은 아닐 것이다.

이러한 점들을 감안하고, 《페미니즘의 개념들》은 다음과 같이 사용하면 요긴할 것이다. 첫째, 개념들이 사전 순서와 같이 가나다순으로 엮여 있기 때문에 그때그때 참조하고자 하는 개념들을 찾아보기 쉽게 구성되었다. 예를 들어, 페미니즘의 가장 기본 개념들이라 할 수 있을 '가부장제', '젠더', '섹슈얼리티', '주체성' 등의 개념을 각각 가나다순에 맞게 찾아볼 수 있다. 둘째, 주로 묶여서 이야기되는 범주별로 묶어서 함께 읽으면 좋을 만큼 그 내용이 충분하다. 예를 들어, '젠더', '섹슈얼리티', '트랜스젠더', '퀴어' 등은 '여성'이라는 이름의 인간 주체와 정체성에 대해 생각해보고자 할 때 묶어 읽을 수 있다. '가부장제', '호주제', '재생산', '감정노동', '매춘', '글로벌라이제이션' 등은 사회구조와 제도 그리고 노동이 서로 어떻게 얽혀 있는지를 이해하는 데 도움이 된다. '시민권', '양심적 병역거부'와 '나는 페미니스트는 아니지만 증후군',

'여성들의 여행' 등의 주제는 서로 별개의 주제로 읽을 수도 있지만, 함께 엮어 읽으면 서로가 어떻게 연관되어 있는지를 살필 수 있다. 셋째, 독자가 스스로의 궁금증과 공부하려는 주제에 맞게 각 개념들을 그때그때 직접 묶어서 읽어도 좋을 것이다. 예를 들어, 20대/여성/알바노동자/레즈비언/장애인 등으로 스스로의 정체성을 규정하는 독자가 자신이 겪어온 여러 가지 문제를 페미니스트적 시각으로 해석해보고 싶을 때 이 책에 실린 개념들 중에서 이러한 각각의 용어들을 찾아 읽어볼 수 있다. 이러한 읽기는 특히 권장한다.

혹자들은 여성이 대통령까지 된 사회인데 페미니즘이 더 이상 필요한가라는 소리를 한다. 물론, 이는 한가한 소리고 뭘 모르는 소리다. 여전히 지구 곳곳의 수많은 사회들에서 여성들은 장시간을 노동하고 쥐꼬리만한 보상을 받고 우선적으로 해고되고 의사결정 구조에서 턱없이 배제된다. 게다가 이러한 상황에 처한 여성들의 요구와 문제의식에 힘입어 권력을 쥐게 된 '여성' 정치인들이 보여주는 실망스러움은 무엇을 보고 믿으며 '여성의 정치세력화'를 이뤄야 할지 회의하게 만들기도 한다. 자본주의가 단지 위기가 아니라 궁극적인 종말을 맞고 있다고 하는 이즈음에 한국 사회도 많은 자본주의 사회들과 마찬가지로 산업자본주의가 금융자본주의에 자본증식 방식의 배턴을 건네주면서 80년대를 관통하며 한국 사회가 이룩해놓은 노동운동과 사회운동의 성과마저 급속도로 위기를 맞고 있다.

자본축적만을 정당하고 궁극적인 것으로 보는 듯한 정치

세력의 득세와 과학기술의 발달로 일자리는 점차로 줄어들고 그나마 남아 있는 일자리들도 저임금, 비정규직화되면서 사람들은 생존 경쟁에 맨몸으로 내던져지고, 이 책임을 국가와 자본에 물을 새도 없이 가장 가까이 보이는 옆자리의 동료들과 잠재적인 일자리 경쟁자들로 여겨지는 이들, 특히, 이미 사회적으로 주변화되어왔던 사회적 약자들인 여성들, 이주노동자들, 장애인들 등에 대한 혐오와 폭력을 통해 쌓여가는 불만과 불안이 표출되는 현상 또한 심화되고 있다. 거대한 산업과 소비 행태를 뒷받침하기 위해 생태환경은 급속도로 나빠지고 있고 식량은 산업화되고 심지어 무기화되고 있으며 급기야는 인류문화의 지속가능성 자체가 위태로운 지경에 이를 만큼 핵발전소와 같은 지적의 위험이 날로 증가하고 있다. 곳곳에서는 크고 작은 전쟁이 여전히 끊이지 않고 있으며 평화를 바라는 이들의 바램을 비웃기라도 하듯 각국의 군수 산업은 날로 비대해지고 있다.

페미니즘은 이런 모든 문제에 답해야 한다. 페미니즘은 태생부터 이러한 사회 문제들이 여성이라는 이름으로 불리는 집단들이 겪는 문제와 결코 분리되어 있지 않다는 것을 직시해왔다. 도처에 산재해 있는 이런 문제들이 동시다발적으로 해결되지 않고서는 여성이라는 이름으로 사는 이들의 삶에도 근본적인 변화가 일어날 수 없으리라는 점을 직시해왔다. 페미니즘이 인류의 문제를 직시하고 해결책을 제시할 수 있는 사상인 한 페미니즘은 이 문제들에 끊임없이 개입하고 또 답을 내놓아야 한다. 지금까지 충분히 개입하면서 충분한 답을 내놓지 않거나 혹은 못했다면 지금 혹은 이후에라도 그럴 수 있어야 한다. 이 책《페미니즘의 개념들》이 바로 그러한 과업 앞에 서 있는 어느 페미니스트에게 응원과 자원이 되어 줄 수 있을 것이다.

《페미니즘의 개념들》의 집필에는 여러 영역에서 연구 활동을 해온 연구자들이 참여했다. 그런 만큼 각 주제를 집필한 저자들의 관심사와 전문 분야가 잘 녹아 설명들이 알차게 들어 있다.《페미니즘의 개념들》을 단행본으로 출간하기 위해《여/성이론》에 기고했던 원고들을 다시 읽고 다듬는 수고를 기꺼이 해주셨기에 그에 걸맞도록 다양한 관심사들을 가진 다양한 독자들을 만날 수 있기를 기대한다.

2015년 8월
박이은실

차례

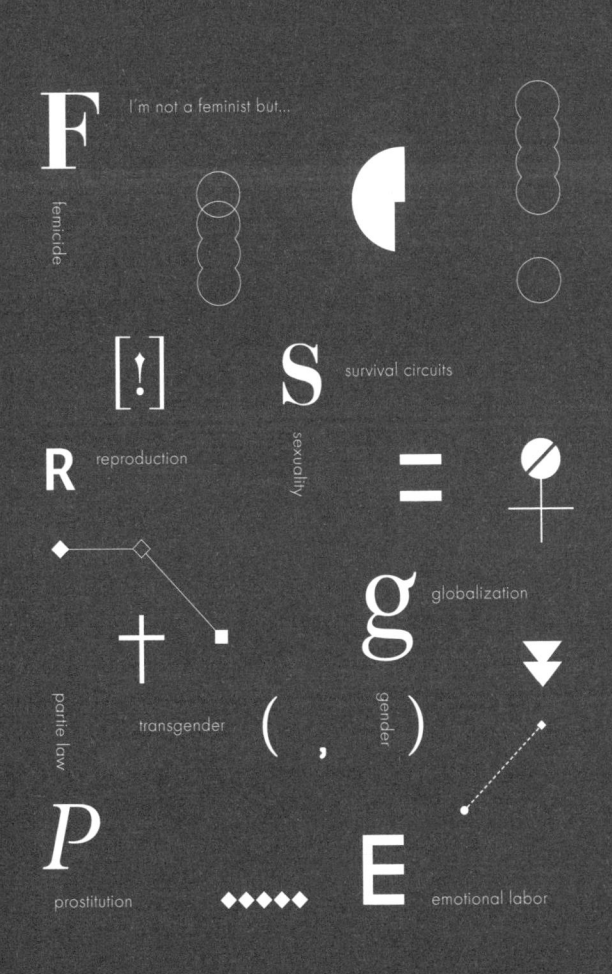

F

I'm not a feminist but...

femicide

[!]

S survival circuits

R reproduction

sexuality

=

globalization

g

+

transgender

(,)

gender

partie law

P

prostitution

◆◆◆◆◆

E emotional labor

가부장제

기본적 정의

가부장이란 말 그대로 가족의 우두머리인 가장을 일컬으며 가부장제란 가족 성원에 대한 가장의 지배를 지지하는 체제를 뜻한다. 넓은 의미에서 가부장제는 개별 가족 구성원뿐 아니라 사회 전반에 걸쳐 연소자와 여성에 대한 남성 지배를 지지하고 구조화하는 체제이다.

개념의 기원과 발전

가부장제는 여성 억압의 원인을 설명하면서 성별 관계의 변화를 포착하기 위한 개념으로 페미니즘 이론에서 핵심이 되는 용어다. 사회학자인 베버Max Weber가 남자들이 가장이라는 지위를 통해 사회를 지배하는 통치 체제를 언급하는 데 이 용어를 사용했지만, 페미니스트들은 여성에 대한 남성 지배male dominance에 초점을 두고 가부장제 개념을 통해서 여성 억압과 종속에 대한 고유한 이론을 만드는 데 집중했다.

가부장제 개념은 초기 급진주의 페미니스트를 중심으로 여성 억압과 종속의 원인을 밝히고 여성 종속과 남성 지배에 대한 독자적 이론을 개발하려는 시도로부터 발전했다. '성 정치학sexual politics'이라는 개념을 통해 여성 억압의 보편적 특성을 분석한 밀렛Kate Millet은 가부장제를 "한 출생 집단이 다른 출생 집단을 지배하려는 오래되고 보편적인 하나의 책략"[1]으로 보고, 이는 남성이 여성을 지배하고, 나이 많은 남성이 어린 남성을 지배하는 두 가지 원칙에 따라 조직된다고 주장했다. 남성이라는 이유만으로 누리는 권리를 바탕으로 여성에게 행사되는 정치권력이 사회가 작동되는 가장 근본적인 관계를 만들어내고, 그 근본적인 관계가 바로 남성과 여성의 지배·피지배 관계라는 것이다. 그래서 "우리 사회는 '계급 구분'보다 더 분명하고 엄격하고 획일적이며 의심할 바 없는 영속적인 가부장제 사회"라고 주장한다. 밀렛은 가부장제 사회에서 여성에 대한 남성의 성적 지배를 탁월하게 분석하고 기술하고 있지만, 여성 억압의 토대가 무엇인지를 명확하게 설명하지는 않는다. 파이어스톤Shulamith Firestone은 여성 억압의 토대를 여성의 출산 능력에 대한 남성의 통제와 지배로 특정하면서 가부장제에 대한 개념화를 시도했다. "여성 종속과 남성 지배의 성적·정치적 이데올로기를 위한 물적 토대가 남성과 여성의 생식 역할에 뿌리박고 있"으며, 여성과 남성 간 권력 불균형은 생물학에 기초한다는 것이다.[2] 밀렛, 파이어스톤과 같이 급진주의 페미니즘의 맥락에서 가부장제는 집단으로서의 남성이 집단으로서의 여성을 지배하는 체제이며,

이는 초역사적이고 보편적인 체제로 인식된다. 이는 다른 억압과 착취 관계로부터 상대적 자율성을 가지며 자본주의와 같은 다른 체제로부터도 파생하지 않는다는 것[3]을 뜻한다.

이들의 주장은 가부장제에 대한 분석과 이론화가 페미니즘 이론에서 중요한 위치를 차지하는 만큼, 이와 관련된 다양한 논쟁과 함께 비판이 제기되었다. 우선, 여성과 남성의 생물학적 차이, 특히 재생산(생식) 능력에 대한 차이가 여성 억압과 종속의 원인이라는 주장은 결국 생물학을 원인으로 간주하는 것으로 받아들여지면서 이들의 가부장제에 대한 논의는 생물학적 본질주의라는 비판을 받았다. 또한, 재생산 능력을 출산이라는 신체적 능력으로만 제한한다는 비판[4]에도 직면했다. 그리고 집단으로 여성의 경험에 기초를 둔 가부장제에 대한 분석은 가부장제 개념을 초역사적으로 보편적인 위치에 두면서 역사적 시기와 각기 다른 사회에서 다양하게 존재하는 여성과 남성의 가부장적 관계뿐 아니라 여성들 간의 차이 역시 다루지 못하는 결과를 낳았다. 이러한 비판에 대한 성찰은 이후 여성 억압의 물적 토대를 밝히는 작업과 함께 가부장제의 역사적 형태에 대한 연구로 이어졌다. 생물학적 환원론에 대한 비판은 남녀 관계의 생물학적 측면보다는 사회적 관계(젠더)를 강조하는 접근을 가능하게 했으며, 재생산을 출산 능력에만 협소하게 초점을 둔다는 비판은 재생산에 대한 논의를 확장하는 계기가 되었다.

초기 급진주의 페미니즘에서 보편적인 남성 지배를 언급하기 위해 사용한 가부장제 개념은 급진주의 페미니즘과 마르크스주의 페미니즘 각각의 정치학 영향 속에서 이론적으로 정교해졌다. 특히, 자본주의 사회에 존재하는 모든 형태의 억압과 착취와 여성 억압이 결코 분리될 수 있는 것이 아니라는 마르크스주의 페미니즘의 비판 속에서 가부장제 개념은 가부장제 자체의 고유한 이론을 개발하려는 논의보다는 가부장제와 생산의 자본주의 양식 간의 관계를 분석하는 데 관심을 두면서 이론적 논의를 발전시켰다.

가부장제와 자본주의의 관계 속에서 가부장제를 이론화하려는 작업은 크게 가부장제와 자본주의가 별개의 독자적 체계로 운용되고 여성 억압과 남성 지배에 대해서도 별개의 이해관계를 가지고 있다는 주장(이원체계론)과, 여성 억압과 남성 지배를 가부장제와 자본주의를 통합하는 이론을 통해 하나의 체계에서 논의하려는 주장(통합 체계론)으로 나누어진다.

자본주의와의 관계 속에서 가부장제 정의하기

가부장제와 자본주의가 각각 자율적 영역이고 여성 억압에 대한 이해관계 역시 각각의 영역에서 별개로 다루어야 한다는 주장(이원체계론)에서도 가부장제를 정의하는 방식은 다소 차이가 있다. 가부장제를 물적 토대를 가지는 독자적 체제로 설명하느냐, 가부장제를 이데올로기로 인식하고, 심리적 영역의 문제로 다루느냐에 따라 나뉜다. 또한 가부장제를 전자와 같이 유물론적 분석틀을 이용해 설명하더라도 마르크스주의 시각을 어떻게 견지하느냐에 따라 다시 나뉜다.

미첼Juliet Mitchell은 가부장제를 심리적 영역에 두고 아버지의 상징적 권력이 가부장제의 핵심이라고 설명하다. 그는 가부장제를 오이디푸스 콤플렉스에 의해 각 개인의 무의식 속에서 나타나는 여성 억압의 이념적 형태로 보고, 자본주의에서 사회주의로의 전환을 가져오는 경제 혁명과 맞먹는 정신 혁명이 이뤄지지 않는 한, 여자로서의 여성 억압은 지속될 것이라고 주장한다. 여성 억압은 생산 영역에서의 변화만으로는 해결될 수 없는 복합적인 것으로서, 가부장제의 이념적 양상과 자본주의의 경제적 양상은 2개의 별도의 영역이기 때문에 자본주의를 타도하기 위해서는 마르크스주의 전략을, 그리고 가부장제를 타도하려면 정신분석학적 전략을 이용해야 한다는 것이다.[5] 그러나 미첼의 논의에서도 가부장제 영역에서 여성문제의 영역들이 병렬적으로 제시되어 있을 뿐 아버지의 상징적 권력이 여성의 개인적·사회정치적 억압의 형태를 조직하는 데 어떤 관계가 있는지를 설명하지는 못한다.

미첼이 가부장제를 이데올로기의 문제로 다루었다면, 델피 Christine Delphy와 하트만Heidi Hartmann은 가부장제와 자본주의 양자를 유물론적인 분석틀을 통해 설명한다. 델피가 가부장제가 작동되고 유지되는 역사적 과정을 설명하기 위해 '가내제 생산 양식the domestic mode of production'이라는 개념을 통해 마르크스주의와의 이론적인 접목을 끊임없이 시도한다면, 하트만은 다소 다른 방식으로—가부장제와 생산관계의 문제에 있어 생산관계의 규정력을 인정하지 않는 방식으로—설명한다.

우선 델피는 가부장제의 물질적 기반으로 '가내제 생산 양식'이라는 독립된 개념을 제시한다. 가부장제는 고유한 생산 양식이며, 이 생산관계 아래서 여성은 자신의 노동을 남성에게 전유당하는 피억압자 집단으로 사회적 계급을 형성한다는 것이다. 결혼 제도를 하나의 노동 계약으로 이해하면서 이 제도를 통해 부인의 부불 노동력을 남편이 전유하는 가내 생산 양식과 가부장적 착취 양식이 형성된다고 주장한다. 바로 여기서 여성의 계급 지위가 결정된다는 것이다.

하트만은 자본주의에 대한 마르크스주의 분석이 가부장제에 대한 페미니스트 분석으로 보완될 필요가 있음을 강조하면서 가부장제를 여성 노동력에 대한 남성들의 역사적인 지배에 물적인 근거를 갖는 사회 내의 관계 구조로 파악한다.[6] 하트만은 전통적인 마르크스주의자들이 여성 억압을 생산관계의 관점에서 분석하려는 경향에 대해 이의를 제기하면서, 가부장제를 "물질적 기반을 가지고 있고, 위계적이긴 해도 남자가 여자들을 지배할 수 있게 만드는 남자들 간의 상호 의존과 결속감을 확립하거나 창조하는 일련의 사회관계"[7]로 정의했다. 가부장제의 물질적 기반은 남성에 의한 여성 노동력 지배를 뜻하며, 이 지배는 여성이 경제적으로 필요한 생산자원에 다가가는 것을 배제함으로써, 그리고 여성의 성적 기능을 통제함으로써 유지된다. 여성의 노동력에 대한 남성의 통제는 사회마다 다르고, 역사적 시기에 따라 다양하다. 서양 자본주의 국가의 백인들 간에는 이러한 통제가 주로 이성 간의 일부일처 결혼 제도, 여성의 출산과 육아, 여성의 가사노동, 여성의 경제적 의존, 국가와 남성의 결속에 기초한 많은 제도를 통해서 행사된다.[8] 그러나 가부장제의 물질적 기반을 규명하려는 델피, 하트만 등의 작업 역시 자본주의적 억압에 대해 독립적이면서 역사적으로 지속되어온 여성 억압이 자본주의적 억압에 우선한다는 분석에 치중하면서, 자본주의적 관계 속에서 여성의 현실을 조명하지 못한다는 비판을 받았다.

한편 통합 체계 이론가들은 가부장제와 자본주의가 별도의 물질적 기반을 갖는다고 보는 것을 반대한다. 이들은 정치 체계로서의 가부장제와 경제 체계로서의 자본주의가 결합해 자본주의적 가부장제라는 하나의 상호 의존적인 사회 체계를 형성한다는 입장을 지닌다. 대표적으로 아이젠슈타인Zillah Eisenstein은 이 두 체계가 상대편이 없으면 존재할 수 없는 상호 의존적인 체계로, 그 둘이 결합해 하나의 정치경제학, '자본주의적 가부장제'를 형성한다고 본다. 자본주의는 사회 통제를 위해 가부장제를 필요로 하며, 가부장제는 모든 사회의 경제 구조가 존립하기 위해서 필수적인 정치적 영역을 구성한다는 것이다. 또한 모든 정치적 통제는 근본적으로는 생산관계에 대응하는 '재생산 관계'의 억압적 성격에 기인한 위계적인 남녀 관계로부터 파생되었다고 주장한다. 이 견해는 계급이 가지는 정치적 통제보다 섹슈얼리티에 대한 통제가 갖는 중요성을 더욱 강조한다.

가부장제와 자본주의를 별개의 체제라는 주장에 회의적인 바렛Michèle Barrett은 가부장제와 자본주의의 통합하는 이론의 필요성을 주장한다. 그는 가부장제에 대한 분석을 마르크스주의 분석과 결합하려는 최근의 시도들이 아무리 가부장적 관계를 여성 종속에 중심적인 것으로 둔다 하더라도, 여성 억압의 결정 요인으로서 가부장제가 지니는 영향력에 대해서는 아무런 비전을 제시하지 못하게 된다고 지적한다. 그런 시도들이 가부장제 개념에 대해 무엇을 얘기하려는지 명확하게 들어오지 않는다는 것이다. 그래서 바렛은 여성 억압이 사회 구성체의 상대적으로 자율적인 요소이면서 자본주의적 생산관계에 의해서 결정되고 있다고 보고, 여성 억압에 대한 분석은 경제적 과정과 이데올로기적 과정의 관계를 통합하는 것을 통해서 가능하다고 본다. 복수의 생산 양식 중에서 우위를 점하는 것이 이미 결정되어 있다면 가부장제와 자본주의가 독자적 양식을 가진다는 주장은 무의미하며 자본주의와 여성 억압을 통일적으로 사고할 필요가 있다고 강조한다.[9] 특히, 그는 가족 임금이나 가족 이데올로기에 주목하면서 가족과 가부장제를 구별하는데, 현대 자본주의 하에서 여성이 겪는 억압을 제대로 이해하기 위해서는 더욱 복잡하고 교묘하게 작동하는 가부장제, 가족 이데올로기의 메커니즘을 파악할 것을 강조한다.

다시 가부장제 정의하기

앞서 다룬 논의들이 가부장제와 자본주의 관계 속에서 가부장제를 정의한다면, 월비Sylvia Walby는 가부장제 구조 자체를 분석하는 데 관심을 가진다. 그는 기존 가부장제에 대한 이론이 보편적이고 초역사적이라는 비판을 받는 데에는 가부장적 관계의 구체적 형태에서 역사적·문화적 다양성을 다루는 데 한계가 있었기 때문이라고 보고, 보다 광범위한 구조들과 여성 억압의 형태가 맺는 관계가 설명될 수 있어야 한다고 주장한다. 상대적 자율성을 가지면서 상호작용하는 6개의 구조—가구, 생산, 유급노동, 문화, 섹슈얼리티, 폭력, 국가—가 가부장제의 여러 형태를 만들어낸다고 주장한다. 이러한 설명의 통해 가부장제는 하나의 형태가 아니며, 다양한 경제적 구조와, 여러 인종 집단에서도 다양한 특정 형태가 존재할 수 있다는 것이다.

월비가 가부장제를 역사적 변화를 포괄하는 개념으로 두고 사적 가부장제, 공적 가부장제 등의 명명으로 역사적 변화를 설명하려고 했다면, 델피와 러빈Gayle Rubin은 가부장제라는 용어의 의미를 제한해서 사용할 것을 제안한다. 델피는 수세기를 통해 내려온 초역사적 개념이 아니라 현대 산업 사회에만 적용되는 어떤 것으로 간주해야 한다는 것이다. 러빈은 가부장제는 남성 가장 중심의 제도를 통해 절대 권력을 휘두르는 사회에서만 제한해서 사용할 것을 주장한다. 가부장제 개념은 남성이 사회적으로 규정된 부권을 통해 절대적인 권한을 누리는 사회(아브라함의 유목민사회를 예를 들고 있다)에서나 적합한 개념이고 현대 사회에 와서는 "여성이 우선적으로 남편, 아버지 또는 남자 형제로부터 보호받아야 되는 사람으로서의 지위를 갖는 사회적 체계"로 이해할 필요가 있다는 것이다. 그래서 러빈은 가부장제를 특정 시대의 남성 지배 형태로 한정하고, 보다 일반적인 수준에서는 '섹스/젠더 체계sex/gender system'라는 용어를 쓰자고 제안한다.[10]

이처럼 최근 가부장제에 대한 연구 경향은 가부장제라는 용어를 군이 고수하지 않더라도, 가부장제 그 자체를 이론화하는 데 관심을 둔다. 가부장제에 대한 이론화 작업이 가부장제 자체에 대한 분석에서 멀어지고 자본주의와 가부장제 간의 관계에 대한 분석으로 나아가는 경향에 대해 지적하면서 보다 일반적인 수준에서 여성 종속의 특징을 구분하고, 그 과정에서 필연적 요소와 한시적 요소를 구분해 가부장제 혹은 섹스/젠더관계의 역사적 변화와 형태를 설명할 수 있다는 것이다.[11] 이러한 맥락에서 여성 억압과 종속을 설명하려는 노력은 가부장제와 자본주의의 관계로부터 경제적 계급/성 계급, 생산의 가족 양식/생산의 산업적 양식, 생산의 사회적 관계/재생산의 사회적 관계 등과 같이 보편적이고 역사적 변화를 포괄할 수 있는 다양한 개념들을 찾고, 그 개념들을 통해 이론화 작업을 진행하는 것으로 이어지고 있다.

그 과정에서 가부장제에 대한 만족스러운 이론은 역사적으로 구체성을 가져야 하고, 특정한 생산 양식에서 존재하는 가부장제의 형태를 탐색하는 것이 가능해야 한다[12]는 비치 Veronica Beechey의 말은 여전히 유효하다.

참고문헌 및 더 읽을거리

고정갑희, 《성이론: 성관계 성노동 성장치》, 여성문화이론연구소, 2011.
뒤비, 조르주, 《여성의 역사 1~4》, 미셸 페로 엮음, 권기돈·정나원 옮김, 새물결, 1998.
러너, 거다, 《가부장제의 창조》, 강세영 옮김, 당대, 2004.
스콧, 조앤 W., 틸리, 루이스 A., 《여성, 노동, 가족》, 장경선·박기남·김영 옮김, 후마니타스, 2008.
조순경 외, 《한국의 근대성과 가부장제의 변화》, 한국여성연구원 엮음, 이화여자대학교출판부, 2003.
치즈코, 우에노, 《가부장제와 자본주의》, 이승희 옮김, 녹두, 1994.
페이트만, 캐럴, 《남과 여, 은폐된 성적 계약》, 이충훈·유연근 옮김, 이후, 2001.

주

1 밀렛, 케이트, 《성의 정치학》, 정의숙 옮김, 현대사상사.
2 파이어스톤, 슐라미츠, 《성의 변증법》, 1983, 19~21쪽.
3 월비, 실비아, 《가부장제 이론》, 이화여대출판부, 1996, 16쪽.
4 같은 책, 107쪽.
5 통, 로즈마리, 《페미니즘 사상》, 한신문화사, 1995, 281~282쪽.
6 같은 책, 282쪽.
7 하트만, 하이디, 번햄, 린다 외, 《여성 해방이론의 쟁점》, 김혜경 외 옮김, 태암, 1989.
8 통, 로즈마리, 《페미니즘 사상》, 이소영 옮김, 한신출판사, 1995, 283쪽.
9 이미경, 〈세계적 규모에서 자본축적과 가부장제〉, 《발전주의 비판에서 신자유주의 비판으로》, 공감, 1998.
10 Rubin, Gayle, "The Traffic in Women: Notes on the Political Economy of Sex", ed., Rayan R. Reiter, *Toward an Anthropology of Women*, Monthly Press Review, 1975, pp. 157~210.
11 Foord, Jo, Gregson, Mick, "Patriarchy: Towards a Reconceptualisation", *Antiode* 18(2), p. 195.
12 Beechey, Veronica, "On patriacrchy", *Feminist Review*, 1979, p. 80.

감정노동

기본적 정의

업무상 요구되는 특정한 감정상태를 연출하거나 유지하기 위해 행하는 일체의 감정관리 활동을 말한다.

개념의 기원과 발전

1983년 미국의 사회학자인 혹실드Arlie Russell Hochschild는《감정노동The Managed Heart》이라는 책을 통해 소비지향적인 자본주의 사회에서 증가하는 감정노동을 소개했다. 당시 세간의 관심을 끌었던 이 책은 그때 미국사회에서 3분의 1에 육박하는 서비스업계 노동자가 수행하는 감정노동에 대해 분석한 것으로, 스튜어디스의 사례를 들어 자본주의가 서비스업이라는 조직의 목적을 위해 조직이 바람직하다고 여기는 감정을 강요하는 과정을 자세히 소개했다. 즉 "감정노동이란 공적인 임금노동에 수행되는 친절, 미소, 상냥함, 보살핌 등 감정노동의 요소를 포함하는 서비스로서, 공적으로 파악할 수 있는 사실적이고 육체적인 행위를 창조하기 위해 감정 조절과 관리를 필요로 하는 노동"이라는 것이다.

감정노동emotional labor 유형은 (이미) 직무의 40퍼센트 이상을 차지하는 것으로 나타난다.[1] 대면 접촉 또는 목소리를 통한 고객과의 직접 접촉을 하는 간호사, 교사, 창구 업무 종사자, 승무원, 보모, 판매원과 같은 대인 서비스직의 노동자들이 대표적인 감정노동자에 해당한다. 서비스 산업이 확대되고 '고객 만족'이 기업 생존의 핵심 전략으로 부상하면서, 친절과 웃음을 강요받는 감정노동자가 급격하게 늘고 있다.

국내외 여러 학자들에 의해 이뤄진 감정노동에 관한 연구는 크게 세 가지로 나누어볼 수 있다. 1990년대 중반 이후 감정노동 관련 연구 대다수는 감정노동의 개념을 규정하는 데 초점을 둔 연구이다. 그 외 '여성집중 직종pink-collar job'의 노동자를 대상으로 그동안 비가시화되어 왔던 여성의 감정노동 경험을 드러내는 연구, 그리고 경영학 및 보건학의 관점에서 감정노동에 영향을 미치는 요인을 분석하고 생산성 향상을 도모하는 연구가 있다.

국내외 감정노동 관련 연구의 대다수를 차지하는 인적 관리 측면의 연구는 다음과 같다. 그랜디A. A Grandey[2] 는 감정노동을 "조직의 목표를 위해 감정 표현을 조절하는 과정"이라고 정의했고, 애쉬포스Ashforth와 험프리Humphrey는 "적당한 감정을 취하는 행위"로, 모리스와 펠드먼은 "조직이 원하는 감정을 표출하고자 기울이게 되는 노동"을 감정노동으로 정의한다. 국내 경영학 또는 인적 관리 관련 연구에서는 "조직 내에서 효율적인 업무 수행이나 원활한 관계를 위해 자신이 느끼는 실제 감정과 조직이 원하는 감정 표현에서 차이가 생길 때 자신의 감정을 조절하려 노력하는 것", 또는 "조직 또는 직무 현장에서 원하는 감정의 정도를 위해 노동자 스스로의 감정을 숨기거나 왜곡하는 현상"을 감정노동으로 정의한다.[3] 그리고 감정노동의 정도를 확인하기 위해 감정노동 구성 요인을 분석하는 연구는 조직에서 원하는 감정 표현의 특성에 관한 연구와 종사자의 입장에서 감정노동의 수행과 관련되는 연구로 나눌 수 있다.

모리스와 펠드먼Morris&Feldman은 조직이 요구하는 감정 규범에 맞춰 감정 표현의 빈도, 기간, 그리고 감정 부조화라는 세 가지 구성 요인을 밝혔다. 실제 대다수 기업은 친절함, 미소 등의 감정 표현 규범들을 만드는 것에서 그치지 않고 외모 검사, 면접, 필기 시험, 추천서, 직무 시연 등과 같은 모집 채용 및 기업 내 사회화 과정을 통해 규범적 감정, 감정 규칙, 내적 감정이 모두 일치하는 주체를 구성하려고 한다. 이렇게 하는 이유는 유쾌한 감정을 표현하면서도 장시간의 육체적·정신적 노력을 인내할 수 있는 감정적 지구력emotional stamina을 가진 사람이 감정노동자가 되면, 직무 스트레스의 주 원인이 되는 감정 불일치를 최소화할 수 있다는 전제에서 출발한다.

다른 한편 감정노동을 노동자의 입장에서 연구하는 학자들은 노동자들이 직장에서 감정을 표현하는 방식을 자연스럽게 표현되는 감정, 표면 행위, 심층 행위 등의 세 가지로 정의한다. 혹실드는 노동자가 수행하는 감정노동을 표면 행위 surface acting와 심층 행위deep acting의 두 가지로 구분했다.[4] 표면 행위는 거짓으로 꾸민 감정을 보여주는데, 조직에서 요구하는 적절한 표현 규칙에 따라 진정으로 그렇게 느끼지도, 그렇게 느끼려고 노력하지도 않으면서 미소를 짓는 서비스 노동자들의 노동 과정에서 수행된다. 심층 행위는 표현 규칙에서 명시하는 감정을 실제로 경험하려고 한다는 점에서 표면 행위와 구별된다.[5] 혹실드는 심층 행위를 하는 두 가지 방법을 소개했다. 상황에 맞는 표현 규칙을 준수하고 요구되는 감정을 이끌어내기 위해 적극적으로 애를 쓰거나 유사한 감정을 불러일으킬 수 있는 상상력 또는 이전 기억을 활용하는 것이다. 그러나 2000년 이후 노동자의 감정노동 표현 양식을 연구하던 학자들은 적절한 감정을 표현하기 위해 거의 노력이 필요하지 않은 제3의 방법이 있다고 설명하기 시작했다. 어떤 때는 개인이 진정으로 느끼고 자연스럽게 표현하는 감정이 그 사람의 직업이나 위치에서 요구되는 표현 규칙과 일치한다는 점을 지적한 것이다. 이런 경우 표현 규칙을 따르기 위해 따로 노력할 필요가 없는 자연스러운 감정 표현이 이뤄지게 된다는 것이다. 감정노동과 감정노동의 표현 양식을 이렇게 정의하면, 외향적이고 상냥한 사람이 진실되고 자연스러운 감정 표현을 할 수 있기 때문에 서비스 효과 면에서 뛰어나다는 결론을 도출하게 된다.[6]

다른 한편 페미니스트들은 '외향적이고 상냥한 사람', '여성이라면 누구나 할 수 있는' 일로 간주되는 감정노동의 전제를 비판하고 감정노동이 어떻게 경험되는가에 초점을 둔다. 대표적인 학자로는 혹실드[7]와 폴브레[8] 등이 있다. 감정노동은 사용 가치와 관련된 감정적 일emotional work과, 교환 가치와 관련된 감정노동emotional labor으로 구분된다. 전자는 사적 영역에서 이뤄지는 감정관리를 지칭하고, 후자는 공적 영역, 특히 서비스 직종에서 상품화된 감정노동을 지칭한다. 감정노동을 주로 수행하는 직업들은 간호사, 간병인, 승무원, 콜센터 텔레마케터, 판매 직원, 고객 서비스 상담직, 사회복지사, 보육교사, 카지노 딜러 등 대인 서비스업에 집중되어 있다. 모든 직업에서 노동자들은 노동 과정에서 감정적인 부담을 느낀다. 그것은 일의 선호, 따분함, 즐거움, 보람, 상사에 대한 두려움, 분노, 미움 등 다양한 원인에서 비롯될 수 있다. 이런 감정들이 생산성에 영향을 미칠 수는 있지만 그런 감정 자체가 노동의 일부를 구성하는 것은 아니다. 게다가 특정 감정의 생산과 지속이 핵심 직무 요건도 아니다. 감정노동이 다른 노동과 차별화되는 지점은 바로 감정노동자들이 직무에 맞지 않는 자신의 본래 감정을 드러내서 상대방에게 들키게 되면 업무를 제대로 수행하지 못한 것으로 평가받고 실질적인 불이익을 경험한다는 점이다. 혹실드는 현대 노동자가 조직의 규범에 따라 자신의 감정을 통제하고 정해진 표현 규칙에 따라 자신의 감정을 표현하는 현상을 '인간 감정의 상품화commercialization of human feeling' 현상이라 지칭한다. 혹실드는 감정노동이 일상생활의 상호작용에 개입되는 자연적인 것이고 숙련과는 무관하게 인식되어 왔기 때문에, 노동으로 인정받지 못하는 서비스 노동 체제의 한계를 비판했다.

그러나 혹실드에 의해 감정노동에 관한 연구가 시작되기 전에는 대다수 작업장에서 감정은 억압되어야 할 대상으로 인식되기도 했다.[9] 감정노동이 오래전부터 서비스업을 포함한 모든 조직 사회에서 이뤄지고 있었지만, 정신 노동이나 육체 노동처럼 노동의 한 종류로 주목받지 못했기 때문이다. 친절함, 미소, 배려 등의 감정은 노동능력으로 인식되지도, 평가되지도 않았다. 육체 노동의 강도나 지식의 유무를 중심으로 숙련을 평가해왔던 기존 노동 평가 체계에 의하면, 감정노동을 많이 한다고 해서 임금을 더 지불할 객관적 근거가 없다. 감정노동의 경우 뚜렷하게 눈에 보이거나 수량화시킬 수 없기에, 감정노동의 정도를 매출이나 생산성의 증감으로 확인할 수 없다. 또한 '육체'와 '지식'의 이분화된 '노동' 개념은 감정노동을 인식하거나 그 가치를 제대로 평가하기 힘든 태생적인 한계를 지닌다. 그 결과 감정을 핵심 경쟁 전략으로 채택하는 대표적인 서비스 산업에서조차 감정은 중요한 노동능력으로도, 전문적인 숙련 기술로도 평가되지 않는다. 감정노동을 '누구나 할 수 있는 일'이라 평가하기 때문에, 감정노동 관련 직업들은 대부분 저임금의 하위 서비스직이다. 이렇게 볼 때, 감정노동에 관한 연구는 감정노동의 개념화 및 그 평가를 여성 노동 문제에 있어서 매우 중요한 문제로 보아야 한다.

여성 노동의 재평가를 위한 노동의 재개념화

1980년대 이후 페미니스트들은 여성주의 관점에서 노동을 재개념화하기 위한 다양한 시도들을 해왔다. 지금까지 '일한다'는 것은 '화폐 소득이 있는 노동에 종사한다'는 의미로 이해되어왔기 때문에 여성이 수행해왔던 많은 일이 비가시화될 수밖에 없었다. 시장, 생산, 그리고 남성중심적으로 구성된 기존의 노동 개념은 여성의 일을 제대로 설명하지 못했을 뿐 아니라 노동의 가치도 제대로 반영하지 못하는 한계를 안고 있다. 페미니스트들은 이를 비판하면서, 노동 개념이 "인간 욕구를 만족시키기 위한 재화 및 서비스 생산에 기여하는 모든 사용 가치 및 교환 가치를 가지는 활동"으로 확대되어야 한다고 주장해왔다. 그러나 사용 가치를 생산하는 특정 유형의 노동은, 노동 시장에서 수행되는 유급 노동임에도 불구하고, 여전히 이론 안에서 비가시화되거나 평가절하되고 있다. 그 대표적인 사례가 바로 감정노동이다.

여성의 서비스 노동은 '감정노동emotional labor', '성-애정 노동sex-affective work', '친밀성의 상품화commercialization of intimacy', '체현 노동embodied work' 등 다양한 개념들로 설명되어왔다. 남성과 여성이 고객 만족을 위한 감정노동을 수행하더라도, 그들 사이에는 성별 분화가 이뤄질 뿐 아니라 여성에게 남성과 다른 방식으로 감정노동이 강제되고 있다. 남성들은 위협, 분노, 흥분, 공격성 등의 부정적인 감정을 최대한 표출해야만 하는 직업(연체금 수금 회사의 종업원, 형사 취조원과 같은 종류)에서 감정노동을 수행하거나, 객관적이고, 공정한 정보를 전달해야 하는 역할(의사나 판사, 심판 등의 직업)을 수행하기 위해 '정서적 중립성affective neutrality'을 유지한다. 반면, 여성의 경우 가사노동과 관련된 여성다움과 아름다운 외모를 통한 대인 중심적 업무에 집중 배치되어 있다. 인내심, 차분함, 섬세함, 배려, 상냥함 등 보살핌과 배려의 특질과 연관되는 여성다움은 대다수 사람들에게 감정노동이 아니라 여성이라면 타고나는 생물학적 본질로 인식된다. 감정노동에 있어 중요한 직무 능력, 즉 외모와 여성다움의 특질들을 생물학적 본질로 환원하는 것은 대부분의 서비스 노동을 '여성적합 직종'으로 만드는 동시에 이러한 서비스 노동을 전문적이지 않은 것으로 평가절하시키는 데 결정적인 영향을 미친다.

앳킨스Lisa Adkins는《성별화된 노동Gendered Work》에서, 동일한 유원지의 서비스 직무를 수행하면서도 여성은 고객뿐 아니라 기업 내부의 고용주와 남성 동료를 위해 아름다운 외모와 젊음을 가진 '매력적인' 노동자가 되어야 했지만, 남성은 그러지 않아도 되는 성별화된 생산의 관행을 비판했다. 여성을 '직장의 꽃'으로 인식하는 직장 문화에서 남성보다는 여성들이 성차별적인 신체 사이즈의 제한에 지배를 받게 된다. 여성 감정노동자의 노동 과정에는 감정노동과 더불어 화장과 용모를 단정하게 다듬고 점검받는 과정도 필수적으로 포함된다. 물론 대다수 직업의 고용 규정은 노동자의 신체적 조건을 명시하고 제한하기도 한다. 그러나 여성의 경우 명시된 최대 몸 사이즈를 초과하지 않도록 강제되는 반면, 소방관이나 경찰 등의 전통적 남성 직업에서 남성들은 명시된 최소 몸 사이즈를 초과하도록 규정한다. 몸 사이즈 규정에 대해 구체적으로 비행기 승무원의 경우를 살펴보면, 여승무원들은 과체중이라는 이유로 다이어트를 권고받거나, 넓적다리, 상반신, 허리, 엉덩이의 치수에 제한을 받는다.[10] 최근까지도 한 항공사의 경우 6개월 동안 목표 수치를 감량하지 못한 여승무원에게는 시말서를 작성하도록 하고, 그 이후에도 체중을 감량하지 못하는 여승무원은 지상 근무로 전환시키는 조치를 시행해왔다. 이는 오늘날 '고객 만족'이라는 직무를 수행하는 데 있어, '이왕이면 다홍치마'라는 말은 이미 부적절하지 않다는 것을 의미한다. 외모가 뛰어나지 않으면 해당 직무를 수행할 기회조차 얻지 못하는 주객전도의 노동 시장에서, 여성은 능력보다는 쉽게 교체할 수 있는 '직장의 꽃'으로 인식되기 마련이다.

이처럼 직무와 무관하게 성적인 신체 조건을 기준으로 여성을 채용하는 관행은 우리 사회에서도 쉽게 찾아볼 수 있으며, 여성의 외모와 몸매를 중요한 직무 요건으로 하는 하위 서비스직도 급속하게 늘어나고 있다.[11] 특히 성애화된 여성 노동의 노동 과정에서 워킹, 외모와 춤/몸동작, 노출이 심한 유니폼 등 성적 매력은 핵심적인 직무 요건이다. 그 결과, 여성들은 대인 접객 서비스와 성희롱의 경계조차 모호한 상태에서 극도의 '감정노동'을 강제당한다.

맥도웰Linda McDowell은 이 같은 여성 노동의 현실을 '체현 노동embodied work' 개념으로 설명하기도 한다. 현재의 '하이터치 서비스high-touch service 노동'이 인종, 성별, 나이 등에 따라 다양한 몸을 구현할 것을 요구받고 있을 뿐 아니라 서비스 노동 전반에서 몸과 육체적 감정이 중요하게 되었다는 것을 보여주기 때문이다. 여성들은 주로 생산 서비스와 관련된 전문 기술, 지식 노동으로 구성되는 '하이테크 서비스high-tech service'가 아닌, 마사지사, 보모, 노인 돌봄노동, 성노동에 이르는 '하이터치 서비스high-touch service 노동'에 종사한다. 맥도웰은 여성들의 비중이 높은 서비스 노동 중에서도 접촉의 정도에 따라 계층 위계가 존재하고 있음을 강조한다. 즉 구매자와 서비스 제공자의 육체적·정서적 접촉이 긴밀할수록 그 일과 그 일에 종사하는 노동자의 노동 시장 지위가 낮게 평가된다는 것이다. 육체적·감정적 접촉을 통해 서비스를 제공하는 '체현 노동embodied work'의 개념은 사회적으로 여성에게 기대되는 특정한 노동의 방식이 몸을 통해, 그리고 몸 위에서 어떻게 수행되고 있는가를 분석하는 데 유용한 개념이다. 맥도웰은 이를 위해 노동자들이 자신의 몸을 어떤 방식으로 규율하고 disciplining, 성화시키며sexing, 서술하는가writing에 관심을 기울여야 한다고 주장한다. 뿐만 아니라 이렇게 서비스 노동의 특징을 친밀성과 관련해 규정한다면 노동의 가치가 더 이상 객관적인 지표로 측정될 수 없는 욕망이나 감정과 관련해 평가되고 있음을 보여줄 수 있다.

지금까지 사랑이라는 친밀성은 인격과 정체성을 구성하는 도덕적인 요소이며, 따라서 쾌락 혹은 경제적 이익을 위해 거래될 수 있는 것이 아니라고 믿어왔다. 이처럼 우정, 사랑, 돌봄, 배려, 감정에 이르는 폭넓은 친밀성 관계가 시장적 거래로부터 보호되어야 한다는 전통적 관점은 공사 영역의 분리를 전제로 한다. 그러나 이러한 전통적 관점은 다양한 친밀성의 거래가 다양한 방식으로 허용되거나 비난되고 있다는 점을 보지 못한다고 비판받는다. 우리는 일상에서 경제적인 것과 정서적인 친밀함을 매우 구별된 두 다른 범주로 구분해서 생각하지만 현실에서 경제적 행위와 '친밀성intimacy'은 서로 밀접하게 관련되어 있다.[12] 여기서 '친밀성의 상품화 commercialization of intimacy'는 "사랑, 우정, 배려, 돌봄, 감정 등의 친밀성이 교환가치를 가지는 상품으로 생산되고 판매되고 소비되는 경제적 행위 또는 경제활동이 되는 것"을 뜻한다. 젤라이저Viviana A. Zelizer는 친밀성과 경제적 거래가 상호작용하면서 밀접하게 연관되어 왔음을 설명한다. 감정을 상품으로 생산하고, 유통하고, 소비할 수 있다는 것은 감정이 시장에서 상품으로 존재한다는 것을 의미한다. 이것은 감정 서비스를 기획하고 제공하는 기업과 노동자, 그리고 서비스를 구매하는 소비 활동이 노동 시장에서 이뤄지고 있음을 뜻한다.

이렇게 감정이 상품이 됨으로써 비로소 근대적 의미에서 '감정노동emotional labor'이 탄생하게 되었다. 그러나 전통적 시각은 상품화된 감정노동이 소외되고 있으며 이런 의미에서 상품화되지 않은 감정 그 자체야말로 인간성의 근본적인, 혹은 '순수'하고, '진정'한 가치라고 주장해왔다. 이같은 시각은 친밀성을 '참된' 친밀성과 '거짓된' 친밀성으로 분리시키면서 친밀성을 '그 자체로 선한 것'으로 생각하게 만들었다. 이로 인해 대다수 사람들은 친밀성이 희생과 돌봄, 그리고 사랑의 노동을 통해 생산되는 것으로 간주해왔다. 그러나 모든 것이 상품화되는 시장 경제의 현실 속에서 친밀성과 경제적 활동은 서로 연관될 수밖에 없다. 생산, 소비, 분배, 자산 이전 등의 경제적 활동이 사회적 유대관계를 협상, 유지, 재구축하는 이유는, 현실에서 경제적 행위와 친밀성이 서로 밀접하게 연관되어 있기 때문이다.[13] 친밀성의 상품화를 "친밀성에 관한 것을 상품으로 판매하고 구매할 수 있는 생산과 판매, 소비의 주체를 생산하는 메커니즘"으로 이해한다면, 감정노동은 "친절, 슬픔, 기쁨, 배려 등의 감정을 상품으로 판매하고 구매할 수 있는 생산과 판매, 소비의 주체를 생산하는 메커니즘"으로 정의할 수 있다. 그러나 인간 감정의 상품화 현상으로 인해 친밀성이 경제적 거래와 밀접하게 관련되어 왔다고 해서 모든 종류의 친밀성 거래가 인정되었던 것은 아니다. '어떤 관계에서 어떤 매개물에 의해 무엇이 거래되는가'에 따라 친밀성의 경계가 어떻게 구성되는지, 그리고 여성의 감정이 노동 시장에서 어떤 방식으로 상품화되고 규제되는지의 문제가 다르게 이해되기 때문이다.

감정노동의 평가절하

감정노동은 여성을 '사랑의 전문가'로 만들어내는 성별화된 사회 제도의 산물이다. 각종 서비스 직업, 이 중에서도 가사노동과 관계된 일들은 '여성의 일=사소한 일=쉬운 일'로 치부되기 십상이다. 보살피거나 돌보는 일, 사람의 필요를 충족시키기 위한 일상의 가사노동과 관계된 일은 '여자'라면 할 수 있는 일로 평가절하된다. 가족을 위해 자신을 포기한 채 헌신하는 가사노동의 연장선상에서 이뤄지는 돌봄노동은 '도우미'라는 이름으로 다양한 분야에서 제도화되고 있다. 노인 수발간병인, 저소득가정복지사(간병+가사+보육) 등의 돌봄노동은 주로 중·노년의 기혼 여성에 의해 수행되는 대표적인 감정노동 유형이다.

'도우미'는 '도움을 주는 이'라는 뜻을 가진 신조어로서 단어 자체가 주는 호감도로 인해 사회 곳곳에서 다양한 맥락으로 쓰이고 있다. 산파 혹은 산후조리를 도와주던 이들을 '출산도우미'로, 저소득층 노인들을 대상으로 목욕, 용변 수발, 식사 시중, 편지 써주기, 책 읽어주기 등의 활동을 하는 서울시 유급가정봉사원 사업을 '가정도우미'로, 그 외에도 이사도우미, 컴퓨터 도우미 등 '돕는다'는 의미가 있으면 '○○도우미'로 불리고 있다. 이 중에서도 돌봄노동을 수행하는 소위 '여성적합직종'은 가사나 육아 등으로 정규직업 훈련을 받기 어려운 주부들이 간단한 직업훈련을 거친 후 얻을 수 있는 직종으로 간주되었다. 돌봄노동의 구체적인 노동과정은 가정 내에서 여성들이 수행해왔던 양육 및 보살핌, 간병 등을 가족 외부에서 수행한다는 것 외에는 별다른 차이가 없다. 그러다보니 마음만 먹으면 보살핌 관련 감정노동은 여성들에게 언제든지 일자리를 제공하지만, 노동법의 보호를 받지도 못하는 저임금의 단순 하위직이다.

여성이 여성적합직종에서 일한다는 것이 '좋은 일자리'와 일맥상통하면 가장 좋겠지만, 여성적합직종, 여성집중직종의 노동현실은 저임금의 단순 노동에다 비정규직으로 내일을 기약할 수 없는 불안정한 삶이다. 비정규직의 하위 서비스직에 집중적으로 분포된 감정노동 일자리는 여성에게 양가적이다. 감정노동 관련 일자리는 여성들에게 언제든지 취업할 수 있는 일자리를 제공한다. 그러나 미혼여성의 경우 섹슈얼리티를 정상적인 노동과정으로 재편하는 '노동의 성애화'로 인해 여성들조차 성희롱인지 정상적인 직무인지 구분하기 힘든 노동현실에서 일하기 십상이다. 다른 한편, 기혼 여성의 경우 무급의 가사노동과 보살핌을 핵심적인 직무요건으로 하는 최저임금 수준의 돌봄노동으로 생계를 유지한다. 이들이 하는 일은 거동이 불편한 중환자나 노약자를 안아서 옮기고, 씻기고, 옷 갈아입히기, 자리에 눕히는 육체노동에서부터 말동무 해주기, 위로하기와 같은 감정노동, 그리고 자녀에게 전화 걸어주기 등의 개인적인 비서 업무까지 담당하고 있다. 이들이 최저임금 수준의 저임금을 받으면서 강도 높은 돌봄노동과 감정노동을 수행하는 이유는 그것이 지금까지 '여성들에게 적합한 일'로 이해되어 왔기 때문이다. 그 주된 원인은 우선, 여성들에게 사회구조적으로 강제되어 왔던 감정관리노동에서 기인한다.[14] 한국 여성의 노동에는 유교적 가치체계의 원리가 작용하는 가족 영역의 특성과, 여성의 성역할에 따른 노동의 독특한 구성 방식이 존재하기 때문에, 감정노동은 '마음을 다스리는 도덕', '마음수양'의 측면에서 인간의 중요한 능력으로 평가되어 왔다. 감정노동은 여성이 가족이나 사적 영역, 나아가 노동 시장에서 수행하는 일상의 감정관리 노력을 설명하는 데 유용하지만, 여성이 제대로 수행한다고 해서 사회적으로 보상을 받거나 화폐와 교환되는 유급노동은 아니다.

감정노동을 평가절하하게 되는 두 번째 주요원인은 무급으로, 자발적으로, 순수한 사랑에 의해 수행되는, 즉 상품이 아니라 자발적인 희생과 돌봄에 의해 수행되는 사랑의 노동만을 순수하고 가치 있는 일로 간주하는 이분법적인 인식과도 밀접한 연관성을 갖는다. 사회적으로 가치 있는 노동으로 평가받아 국가와 사회에 의해 제도화되고 있는 도우미 노동이 이를 명백하게 잘 보여주는 사례다. 한 달 70만원의 저임금으로 재택요양보호사 노동을 수행하는 여성들이 경험하는 대표적인 어려움은 '돈 받고 하는 일'이니 더 많은 돌봄노동을 당당하게 요구하는 피보험자와의 갈등 상황이다. 타인을 돕고자 하는 도우미의 사랑은 돈으로 환산할 수 없는 고귀한 가치를 가지고 있지만, 시장에서 낮은 비용으로 구매할 수 있는 저임금 일자리로 상품화되고 있기 때문이다. 임금 결정의 주요 요소인 학력, 경력, 숙련 등의 변수를 통제하고서도, 돌봄노동에 종사하는 사람들의 임금이 비슷한 조건을 가진 다른 직업에 비해 낮다는 것이 공통된 결과다. 이것은 여성들의 비중이 높은 서비스 노동 중에서도 구매자와 서비스 제공자의 육체적·정서적 접촉이 긴밀할수록 그 일과 그 일에 종사하는 노동자의 노동 시장 지위가 낮게 평가된다는 것을 잘 보여준다.

마지막으로 생산 시대에서 소비 시대로의 변화 과정에서, 소비만능주의와 고객우선주의 경영으로 인한 감정노동자의 '탈인격화' 현상이다. 감정노동은 다른 노동에 비해 고객과의 상호작용을 특징으로 하기 때문에 고객으로부터의 폭언, 폭행, 성희롱과 같은 위험에 더 많이 노출되고 있다. '고객은 왕이다', '고객 감동', '고객은 무조건 옳다' 등 고객 중심의 서비스 기업 경영은 감정노동자들에게 무조건적인 인내와 감정관리를 통한 친절 서비스의 제공을 강제한다. 그 결과 감정노동자들의 60퍼센트 이상이 고객으로부터 폭언을 경험했으며, 이들의 다수가 여성이다 보니 성희롱 경험도 상당한 것으로 드러났다.[15]

감정노동은 서비스 기업의 핵심 업무이지만 항상 동일한 고객 만족을 생산하지 못하기에, 이를 수량화하거나 객관적으로 측정하기 힘들 뿐 아니라 아직까지 어떤 경제학으로도 사랑, 배려 등의 감정을 돈으로 정확하게 환산하지는 못한다. 그러다보니 대다수 기업은 '바람직한' 감정을 표현하도록 권장하는 데서 그치지 않고 돈으로 보상하지는 않지만 체계적인 통제와 감시 제도를 통해 감정노동을 강제한다. 감정노동을 수행하는 노동자는 그들에게 기대하는 종류의 사람으로 행동하도록 요구받고, 그 기대에 부응하기 위해 자신의 감정을 조절해야만 한다. 혹실드는 낮은 직급의 감정노동을 수행하는 감정노동자들은 자존심에 대한 공격으로부터 자신을 보호하는 지위방패status shields가 결핍되어 있거나 그것을 사용할 수 없는 종속적 위치에 있는 사람들로서, 힘을 가진 사람들이 그들에게 기대하는 종류의 사람들로 더 쉽게 재규정되는 경향이 있다고 설명한다. 이와 같은 감정적 부조화로 인한 스트레스 때문에 몸의 균형과 메시지를 해석하고 그에 대해 적절히 반응할 수 있는 인간의 능력이 와해되기도 한다. 이를 최소화하기 위해 기업은 노동자의 공식적·비공식적인 교육을 통해 목소리, 세밀한 눈썹 움직임, 얼굴의 근육 움직임까지도 친절하게 보일 수 있도록 조절하고, 감정불일치 상황을 최소화하고 방지하기 위해 각종 보상 및 처벌을 통해 감정노동을 관리하고 있다. 여기에다 '여자라면 누구나 친절하다'는 통념이 더해지면서, 여성의 감정노동은 노동 시장에서 유급노동으로 수행되고 있음에도 불구하고 제대로 평가되지도, 제대로 드러나지도 못하는 것이다.

감정노동자의 건강 보호를 위한 새로운 시도들

이제는 일상이 되어버린 서비스업체들의 고도의 친절과 서비스 종사자들의 환한 미소 뒤에는 감정노동으로 인한 어려움과 정신적·육체적 직업병이 존재한다. '누구라도 쉽게 할 수 있는 일'이라는 통념이 지배적이기 때문에 감정노동으로 인한 정신적 스트레스, 호흡기계통 질환, 두통, 근육통, 귓병 등의 직업병과 열악한 노동조건의 문제가 간과되어 왔을 뿐 아니라 직업병으로 인한 산재보험보상도 거의 받지 못한다. 그렇다면 직무에 적합한 사람을 뽑고 감정 표현과 관련한 규칙들을 익히고, 감정을 조절하는 능력을 배양하는 훈련을 하면 해결되는 것일까? 방송이나 대중매체에서 자주 이야기하는 감정노동자의 스트레스와 직업병의 문제는 중요하고 기본적인 노동권의 문제다. 서비스 산업뿐 아니라 많은 직업에서 감정노동을 요구하고 있는 상황에서, 감정노동자들은 스트레스가 심할 경우 우울증, 대인기피증, 화병 등의 각종 직업병에 시달리고 있기 때문이다. 비록 한 건에 불과하지만, 2002년에는 고객의 다양한 불만 처리와 대인관계 책임에 따른 감정노동이 직무 스트레스를 유발한 결과, 공황장애를 초래했다고 인정하는 산업재해 요양판정을 받아내기도 했다. 그러나 감정노동의 문제는 날로 높아지는 직장인의 대인관계 스트레스를 해소하기 위한 개인의 노력에 국한해서는 해결할 수 없다.

산업안전공단이나 한국여성개발원의 연구 보고서에 의하면, 인력이 모자라 업무가 가중되면 서비스의 질이 떨어질 뿐 아니라 고객과 갈등도 높아지므로 결국 기업이 직접적인 손해를 보게 된다고 경고한다. 그러므로 업무량 조절과 '당신은 우리 회사의 소중한 사람'이라는 인격 존중의 회사 분위기를 조성해나가야 한다고 강조한다. 특히 주목해야 할 점은 성격적으로 친화적이며 활발한 사람을 고객 접객 부서에 전진 배치하는 인사 방침을 권고하는 대목이다. 감정노동을 재평가하지 않은 채, 감정노동자의 스트레스를 해소하거나 더 적합한 성격 특질을 보유한 사람에게 권유하는 방식은 여성의 눈으로 본다면 매우 문제적이기 때문이다. 다시 말해 이러한 방식은 지금까지 가족 및 노동 시장에서 여성에게 전가되어

왔던 감정노동을 둘러싼 성차별적 통념들을 재강화시킨다.

최근 우리사회에 감정노동을 둘러싼 새로운 접근 방식이 시도되고 있다. 2013년 서울시여성가족재단은 감정노동에 관한 정책 토론회를 개최하고, 감정노동 종사자의 생생한 경험을 들어보고 '고객 응대 매뉴얼 다시 쓰기', '콜센터 여성 근로자 보호 및 직무 환경 개선'에 관한 대안을 제시했다. 또한 2014년 고용노동부가 감정노동 종사자의 건강 보호를 위해 〈감정노동자 건강 보호 종합 대책〉을 마련해 추진한다고는 하나, 현실에서 소비자이자 감정노동 종사자인 여성들이 감정노동 종사자에 대한 정책을 체감하기까지는 아직 갈 길이 멀다.

여성의 눈으로 감정노동 사유하기

그러하기에 우리는 여성의 눈으로 감정노동을 새롭게 사유해야만 한다. 더욱이 전 세계적으로 소비와 가사노동 영역으로의 취업 확대가 이뤄지는 것은 곧 좋은 일자리가 소멸되고 있으며, 여성들에게 제공되는 일자리가 더욱 감정노동 분야로 치중될 가능성이 높다는 것을 뜻한다. 그러므로 성별화된 노동 시장이 여성의 감정노동을 불안정하고 임시적인 단기 노동력으로 활용하는 성차별적 현실을 새롭게 이해해야만 한다. 1990년대 이후부터는 제3세계의 여성들이 가사노동, 돌봄노동, 그리고 성노동 등의 감정노동을 수행하기 위해 보살핌의 공백을 경험하고 있는 제1세계로 이동하는 '이주노동의 여성화' 현상도 심화되고 있다. 노동과 자본의 초국적 이동이 이뤄지는 지구화 시대에, 감정노동은 제3세계의 여성들이 국경을 넘나들기 위한 비자 획득의 수단이 되고 있다. 그러므로 여성의 노동경험을 충분히 드러내는 노동의 재개념화 작업은 여성 노동자의 노동현실이 지구화, 지역 노동 시장, 그리고 구체적인 직무와 노동환경, 인종 등의 사회적 경계와 어떻게 교차하면서 구성되는지를 드러낼 수 있다. 뿐만 아니라 이렇게 서비스 노동의 특징을 친밀성과 관련해 규정하게 되면, 더 이상 객관적인 지표로 측정될 수 없는 욕망이나 감정과 관련해 노동의 가치가 평가될 수 있음을 보여줄 수 있다.

참고문헌 및 더 읽을거리

김경희, 〈대인서비스 노동의 특징에 관한 연구: 감정노동과 서비스 노동의 물질성을 중심으로〉, 《경제와 사회》 72, 한국산업사회학회, 2006.
마코토, 유아사, 《빈곤에 맞서다―누구나 인간답게 사는 사회를 위해》, 검동소, 2009.
바우만, 지그문트, 《새로운 빈곤: 노동, 소비주의 그리고 뉴푸어》, 이수영 옮김, 천지인, 2010.
박홍주, 〈이주여성 가사 노동자의 경험을 통해 본 돌봄노동의 의미구성과 변화〉, 이화여자대학교 대학원 여성학과 박사학위논문(미간행), 2009.
_____, 〈판매여직원의 감정노동에 관한 일연구: 서울시내 백화점 사례를 중심으로〉, 이화여자대학교 여성학과 석사학위 논문(미간행), 1995.
서울시여성가족재단, 〈사랑합니다, 고객님!―못다가 멍든 우리들의 이야기〉, '여자 노동을 말하다―감정노동' 청책토론회(2013. 05. 14.).
안전보건공단, 〈감정노동자를 생각하는 기업 및 소비문화 조성을 위한 공동협약〉(2014. 07. 08.).
이현재, 〈도시화와 성적 친밀성의 상품화〉, 《도시인문학연구》 제2권 2호, 2010.
전국민간서비스산업노동조합연맹·노동환경건강연구소, 〈서비스 노동자의 감정노동 문제와 대책 토론회〉, 2009.
혹실드, 알리 러셀, 《감정노동: 노동은 우리의 감정을 어떻게 상품으로 만드는가》, 이가람 옮김, 이매진, 2009.
A. A., Grandey, When "The show must go on: Surface acting and deep acting as determinants of emotional exhaustion and peer-rated service delivery", *Academy of Management Journal*, Vol. 46(No. 1), 2003.

E. E., Ashforth & R. H., Humphrey, "Emotional labor in service roles: The influence of identity", *The Academy of Management Review*, Vol. 18(No. 1), 1993.

Ehrenreich, Barbara., *Global Woman-Nannies, Maids, and Sex Workers in the New Economy*, (Henry Holt & Co, 2004).

England, Paula & Budig, Michelle & Folbre, Nancy, "Wage of Virture: The Relative Pay of Care Work", *Social Problems*, 49(4), 2002.

John H. Batchelor; Gerald F. Burch, Ronald H. Humphrey, 〈감정노동: 고객 행복과 직원만족의 비결〉, 《국제노동브리프》, 통권 vol. 9(no. 5), (2011. 05), 한국노동연구원, 2011.

J. K., Gibson-Graham, *A Postcapitalist Politics*, (The University of Minnesota Press, 2006).

SBS, 〈그것이 알고 싶다: 웃다가 병든 사람들, 감정노동을 아십니까?〉(2006. 08. 26.)

주

1 Hochschild, A. R., *The managed Heart*, (Los Angeles: University of California Press, 1983), p. 7.

2 A. A., Grandey, When "The show must go on: Surface acting and deep acting as determinants of emotional exhaustion and peer-rated service delivery", *Academy of Management Journal*, Vol. 46(No. 1), 2003.

3 김민주, 〈감정노동의 결과에 대한 한국과 미국간의 비교연구: 호텔종업원의 감정노동과 직무스트레스와의 관계를 중심으로〉, 《호텔경영학연구》, 제12권 제1호, 2006, 35~37쪽.; 박봉규, 〈조직구성원의 감정노동과 직무태도간의 관계에서 조직지원과 자기유능감이 미치는 조절효과〉, 《인적자원관리연구》, 제15권 제1호, 2008, 69~85쪽.

4 Hochschild, A. R., 1983.

5 A. A., Grandey, 2003.

6 Paul, Michael & Hennig-Thurau, Thorsten & Groth, Markus, "Tightening or loosening the 'iron cage'? The impact of formal and informal display controls on service customers", *Journal of business research*, vol. 68 no. 5 (2015. 05.) pp. 1062~1073.

7 Hochschild, A. R., 1983.

8 England, Paula, Budig, Michelle, Folbre, Nancy, "Wage of Virture: The Relative Pay of Care Work", *Social Problems*, 49(4), 2002.

9 E. E., Ashforth & R. H., Humphrey, "Emotional labor in service roles: The influence of identity", *The Academy of Management Review*, Vol. 18(No. 1), 1993.

10 쉴링, 크리스, 《몸의 사회학》, 임인숙 옮김, 나남, 1999, 176쪽.

11 문은미, 〈여성 직종에서 노동자원으로서의 섹슈얼리티 연구: 행사도우미를 중심으로〉, 성신여자대학교 석사학위논문, 2001. "흔히 '도우미'로 불리는 미혼의 젊고 섹시한 여성들은 거리에서 신제품 광고에서부터, 각종 회의나 세미나, 모터쇼에 걸쳐 다양한 분야에서 활동하고 있다. 여성유망직종으로 손꼽히는 도우미 노동은 '젊고, 예쁘고, 키가 커야 한다'는 사실이 암묵적으로 합의된 직종으로서, 20대 여성들의 자신을 드러내고자 하는 욕구를 비교적 충족시킬 수 있다는 장점 때문에 '여성직종'으로 급부상하고 있다."

12 비비아나 A. 젤라이저, 《친밀성의 거래》, 숙명여자대학교 아시아여성연구소 옮김, 에코 리브르, 2009.

13 비비아나 A. 젤라이저, 앞의 책.

14 정고미라, 〈노동 개념 새로 보기: 감정노동의 이해를 위한 시론〉, 《노동과 페미니즘》, 이화여자대학교 출판부, 2000, 13~41쪽.

15 전국민간서비스산업노동조합연맹·노동환경건강연구소, 〈서비스 노동자의 감정노동 문제와 대책 토론회〉, 2009.

글로벌라이제이션

기본적 정의

전 지구를 경제·정치·기술·문화적으로 단일한 하나의 과
정, 즉 자본주의적 단일화 과정으로 통합하려는 과정이다.

개념의 기원과 발전

1997년 IMF(국제통화기금) 체제의 구조 조정을 통해 한국 사
회는 글로벌라이제이션globalization의 맹공을 실감하게 되었고,
2001년 9.11 사태를 통해 전 세계는 글로벌 자본주의가 벌이
는 군사주의적 갈등을 목도했으며, 2003년과 뒤이어진 이라
크 전쟁을 통해서도 그 실체를 새삼 확인하고 있다. 글로벌라
이제이션은 단순한 개념이나 추상적 정의가 아니라 현실에
영향을 미치는 변화하는 실체다. 그러므로 이에 대한 여성주
의적 파악은 개념적 정의나 이론적 전개를 중심으로 하기보
다는 그 실체가 여성에게 어떤 영향을 미치고 있으며, 그 효
과를 어떻게 만들어내고 있는지가 초점이 되어야 한다.

전 지구화, 세계화, 지구화, 국제화 등등으로 번역되기도 하는 글로벌라이제이션은 그 번역어의 다양함이 보여주듯이 변화무쌍하고 여러 가지 모습으로 이해되고 있다.[1] 다양한 번역어들에서 공통되는 특징을 대충 추려보면 이렇게 설명해 볼 수 있다. 즉 글로벌라이제이션은 전 지구를 경제·정치·기술·문화적으로 단일한 하나의 과정, 즉 자본주의적 단일화 과정으로 통합하려는 과정을 말한다. 특히 이 과정에서는 경제적 측면의 재구조화가 중심으로 부각되기 때문에 경제적 글로벌라이제이션은 전 지구적 자본의 단일화, 더 나아가 자본주의적 신자유주의 경향의 강화로 이해된다. 다시 말해서 글로벌라이제이션은 정보와 기술의 혁신적 변화를 통해 다국적기업과 IMF나 WTO(세계무역기구)와 같은 국제금융기관이 전 지구적인 생산과 소비와 자본의 흐름을 주도하고 장악해 지구를 하나의 세계시장으로 묶는 경제적 통합 과정인 것이다.[2]

정치·경제적 차원에서의 자본의 단일한 흐름을 강조하는 입장과 달리, 사상이나 사람들의 다차원적 흐름을 논의하는 입장은 글로벌라이제이션의 혼성화, 이질성, 다양성을 강조한다. 그리고 이러한 가속화는 문화적 글로벌라이제이션의 측면에서도 조망되고 있다. 자본만이 자유롭게 이동하는 것이 아니라, 기술 혁신의 발달로 정보나 생각, 사상, 문화도 글로벌하게 경계를 넘나들고 있으며, 특히 문화적 측면에서 지역 문화나 전통의 고유한 문화는 세계적 문화와 만나 뒤섞이면서 전 지구적이고 다양한 글로벌 문화를 재생산하고 있다는 것이다.[3] 자본의 단일화가 이같은 이질적 문화 구성을 표현하는 측면을 포착하면, 글로벌라이제이션의 모순적 특정을 통해 새로운 가능성을 찾을 수 있게 된다. 그래서 글로벌라이제이션은 단순한 억압의 측면에서만 조망되는 것이 아니라 저항의 측면에서도 논의되며, 인류의 위기이자 동시에 새로운 변화의 기회로 이해된다.

여성주의에서는 기본적으로 이러한 틀을 공유하면서 여성들이 이 과정에 어떻게 맞물려 있는가를 고민해왔는데, 그 중심 사안은 글로벌라이제이션의 시장 관계 속에서 젠더, 섹슈얼리티, 인종적·지역적 차별이 어떤 방식으로 재각인되는가 하는 문제였다.[4] 여성주의가 이러한 과정에 관심을 기울였던 것은 글로벌한 재구조화가 기존의 젠더 불평등을 강화하고 심화할 뿐만 아니라, 그 과정 자체가 젠더화된 담론을 통해 구성된다는 사실을 발견했기 때문이다.[5] 전 지구적 자본의 팽창은 기존의 가부장적, 인종차별적 관행들을 기반으로 한층 더 젠더화되고 인종·지역차별적인 과정을 확산시키는 방식으로 진행되고 있다. 특히 부의 재분배는 글로벌라이제이션과 더불어 부익부 빈익빈의 현상을 더욱 극화[6]시키고 있으며, 이는 곧 빈곤의 여성화로 이어지고 있다.

글로벌라이제이션이 여성에게 미치는 상이한 효과

드싸이Desai는 글로벌라이제이션이 여성에게 미친 효과를 네 가지로 분류한다. 1)여성 유급노동에의 모순적 영향: 전 지구적 노동력의 여성화와 저임금 서비스 부문으로의 여성 고용 증대 2)비공식 부문에서의 여성 고용 증가 3)보건, 교육 등 다른 사회적 서비스 부분의 공적 기금 축소에 따른 가정 내 여성 무급노동의 증대 4)지역 경제를 유지하기 위해 경작할 수 있는 토지가 줄어들면서 환경적 손상도 증가되어, 주변 토지를 통해 생계를 이어가는 남반구 여성은 생존의 위협을 느끼고 도시 빈민지역 거주 여성들은 오염된 대기와 쓰레기로 위협받게 됨.[7]

네 가지 분류 중 마지막을 제외한 세 가지는 빈곤의 여성화와 연관시켜 설명할 수 있다. 노동력의 여성화는 자본이 값싸고 효율적인(유연한) 노동으로서 여성의 노동을 선호한 결과 나타난 현상이다. 이로 인해 여성이 노동 시장으로 많이 진출하게 되었지만, 여성이 진출한 노동 시장은 저임금 영역에 국한되어 있다. 이는 여성이 기존의 가부장적 불평등 구조가 더 강화된 상태에서 노동 시장으로 진출했음을 뜻한다. 이러한 가부장적 구조는 여성 노동력의 전반적인 '주변화'와 '성별화'를 영속화했고,[8] 결국 글로벌라이제이션이 가져온 구조 조정은 시장 영역에서 노동력의 여성화와 재생산 영역에서 여성 노동 사용의 증가를 초래하게 되었다.

이러한 변화에 대해 영Brigitte Young은 기존의 여성주의에서 설명의 근본틀로 삼았던 사적/공적 영역의 구분이 더 이상 의미가 없어진 것이라고 논의하였다.[9] 영은 카스텔Manuel Castelles의 구분에 따라 글로벌라이제이션 이전의 자본주의(1950~1973)를 포드주의로 구분한다. 그리고 이 시기를 젠더 체제[10]와 연관시켜 사적/공적 생산 영역의 통일에 기반한 시기로 본다. 그러나 이러한 포드주의적 축적 체제는 글로벌라이제이션의 체제에서 변화된다. 1)포드주의 모델이 강조하는 남성 가장 임금 체계는 먼 과거 일이 되었다. 2)공적/사적 영역으로 분리되는 분명한 젠더 분리 경향은 더 이상 현실 상황을 반영하지 못한다. 3)중간 계층 남성과 여성 간의 평등은 증진된 반면, 인종적, 계급적, 민족/국가적 입장에 따른 여성들 간의 불평등과 차이가 급증하고 있다. 4)'자본 사회'에서 유동하는 (대부분이 남성이지만 여성도 포함되어 있는) 사람들과 국가적 '노동 영역'에 갇혀 있는 (대부분 여성이며, 비숙련이며, 남성도 포함되어 있는) 사람들로 새로운 젠더 분리 경향이 생겨나고 있다.

따라서 글로벌라이제이션 시대에는 기존의 남성 가장 임금 체계가 아니라, 맞벌이형 가족이 중심을 이루게 됨으로써, 공적/사적 영역과 생산/재생산 영역의 구분이 남성/여성으로 더 이상 구분되지 않는다는 설명이다. 예를 들어 맞벌이형 가족도 상대적으로 부유한 전문직종에 종사하는 그룹과 저임금에 종사하는 그룹 두 가지로 분류되는데, 저임금 그룹의 여성은 부유한 전문직종 여성의 가사일과 아동 양육을 대신 담당하는 방식으로 노동 시장으로 편입된다. 영이 글로벌라이제이션의 효과로 중요하게 지적하고 있는 것은 여성들 간의 불평등의 차이가 증대했다는 점이다.

이 같은 논의는 소위 1984년 여성들 간의 경험의 공통점을 언급했던 모건[11]의 논의에 대한 변화를 촉구하고 있다. 모건은 여성이라는 공통 조건은 다양한 정도의 차이에도 불구하고, 여성으로 태어난 이상 모두에게 공통된다고 주장하며 '자매애는 글로벌하다'고 했지만, 글로벌라이제이션이 여성에게 미치는 효과가 더 이상 동질적이거나 한 방향으로 진행되지 않는다고 바흐나니Kum-Kum Bhavnani와 모한티Chandra Talpade Mohanty는 반론한다.[12]

여성주의자들은 글로벌라이제이션이 이전의 자본주의 시기와는 본질적으로 다른 영향을 여성에게 미치고 있다고 조망한다. 영의 설명대로, 포드주의 시기는 백인 남성이 산업자본주의의 중심부에 위치하게 했고, 기업 조직들은 기업의 조직화, 구성, 정책 결정, 리더십 구조에서 철저한 남성-편향적 경향을 드러냈으며, 남성 가장의 생계 중심 임금을 강조했다. 이 시기에 리더의 지위를 부여받은 여성은 드물었고, 고용주 조직에도 여성은 부재했으며, 노사정 간의 협상 테이블에도 여성은 없었다는 것이다.

그러나 포드주의 이후 글로벌라이제이션은 표면적으로 남성과 여성의 분리를 가시화시키지 않는 것처럼 보인다. 구조조정을 통해 남성들이 대거 실직당한 뒤, 가장을 대신해 여성들이 저임금노동으로 꾸준히 진입했고 그 수치는 계속 높아지고 있다. 임금의 격차와 정규직/비정규직 노동의 차이, 노동 조건과 강도에서 차이가 여전히 존재하지만, 노동 시장으로 여성들이 편입되는 비율이 증가하면서 여성은 사적 영역, 남성은 공적 영역이라는 이분법은 더 이상 의미가 없어지게 되었다.

여성 노동의 저임금 문제가 글로벌라이제이션에서 다시 중요하게 고려되는 것은 이주와 성매매의 맥락에서다. 많은 남성들도 노동의 문제로 이주를 경험하지만, 현재 이주와 이민의 대다수를 차지하는 이들은 동남아시아 지역의 여성이다.[13] 사센Saskia Sassen은 여성 이주와 이민의 문제를 글로벌라이제이션의 배타적 영토성과 주권의 속성으로 이해하며, 이에 대응하기 위해 여성주의에서 국제금융과 국제공공법에서 젠더를 함께 고려할 것을 촉구한다.[14] 이주의 문제는 특히 여성에게 경제적 글로벌라이제이션과 여성에 대한 가부장적 착취가 맞물려 더욱 복합적인 문제가 되고 있다.[15] 여성들의 이주는 대부분 강제적으로, 생계를 위해, 제1세계 혹은 북반구의 가사노동 역할을 떠맡기 위해 진행된다. 글로벌라이제이션의 성매매는 한 국가 내에서의 성 산업 문제에 국한되지 않고 전 세계로 확대되고 있다. 이와 더불어 여성에 대한 인신매매, 폭력과 노예화의 문제가 심화되고 있다.[16] 이는 근본적으로 글로벌 재조정 과정이 헤게모니적 남성성을 생산하는 것과 연관되어 있기 때문이다.

마천드Marianne Marchand와 런얀Anne Sisson Runyan은 국가 대신 시장, 지역 대신 전 지구, 제조업 대신 금융 자본, 사회복지 대신 금융 원조, 시민 대신 소비자가 더 특권화되는 것을 특징으로 보면서 전자가 여성화되고 후자는 남성화되어 이것이 글로벌라이제이션의 위계화를 자연스럽게 젠더화한다고 보았다.[17] 글로벌라이제이션이 젠더된 담론으로 구성되는 것에 주목한 초수도프스키Michel Chossudovsky는 1995년 베이징에서 열린 세계여성회의에서 "세계은행은 사회 정의와 경제 발전에서 여성의 참여를 높이기 위해 젠더 평등을 증진시킬 것이다"라고 제출한 세계은행 보고서의 허위성을 고발했다.[18] 글로벌라이제이션의 선두 주자인 세계은행은 남녀 개인으로 이뤄진 '자유'시장 사회를 상정함으로써, 개인으로서의 남성과 여성 사이의 대립을 주요한 사회적 갈등으로 비춰지지 않게 하여 젠더 분석이 권력과 기업 이윤의 집중을 다루지 않도록 한다는 것이다.[19]

이렇게 글로벌라이제이션은 여성의 일상에 다양한 방식으로 영향을 미친다. 모한티는 이런 지점들을 포함해서 보다 포괄적인 전망으로 글로벌라이제이션에 접근할 것을 강조한다. 작업장에서, 거리에서, 가정에서, 사이버 공간에서, 이웃 간에, 감옥에서, 사회운동 영역에서 인종적·성적으로 차별받고, 계급화되어 있으며, 국가적으로도 구분되어 있는 여성의 '현실'에 대한 글로벌 구조 조정의 구체적 효과를 살펴야 한다고 말한다.

억압의 글로벌라이제이션에 맞서는 저항의 글로벌 연대

글로벌라이제이션이 여성에게 미친 영향과 효과에 대해 여성주의자들은 이중적으로 판단하면서 글로벌라이제이션이 부정적인 역할만 했던 것은 아님을 강조한다. 한 예로, 비록 저임금, 비정규직이긴 하지만 여성이 노동 시장에 진출하게 됨으로써 남편과 가족에게 의존하던 여성의 경제적 종속이 다소 완화되고, 이를 통해 여성은 가정 내 가부장 구조를 넘어설 기회를 갖게 되었다는 것이다. 크로셔Shelia L. Croucher는 이런 점에 착안해 글로벌라이제이션과 젠더와의 관계를 풀어내는 데 주의해야 할 점 두 가지를 지적한다. 1)글로벌라이제이션은 단순히 경제적인 것만은 아니다. 2)글로벌라이제이션은 여성에게만 해로운 조건을 영속화시키는 것이 아니며, 여성으로 하여금 정치적 움직임과 사회적 행동에 박차를 가하게 한다.[20]

이러한 입장은 글로벌라이제이션의 암울한 효과를 강조하며 "글로벌라이제이션의 이데올로기적 찬양이란 실제로는 우리의 역사적 체제가 죽어가면서 부르는 마지막 노래일 뿐이다. 우리는 이 체제의 위기에 돌입했다. 희망의 상설과 그에 수반된 공포는 이 위기의 원인의 일부이자 그 주요 증상이기도 하다"[21]라는 월러스틴의 논의와 다르게, 글로벌라이제이션을 통해 희망을 시도할 수 있는 기회를 포착하게 만든다.

글로벌라이제이션은 인류에 모순되는 결과를 가져오고 있으며, 특히 여성에게 한편으로는 여성의 힘을 강조하면서 동시에 약화시키고 있다. 그러나 더 많은 여성들이 전 지구적 생산 과정 속으로 흡수되어 감에 따라 새로운 형태의 저항이 일어날 가능성도 생긴다. 여성운동가들과 학자들 사이에 국경을 뛰어넘는 대화와 결속이 이뤄져, 세계의 정치, 경제에 대하여 성차별 문제의식에 입각한 접근 방식을 발전시키고 있다.[22] 이처럼 여성주의가 특히 저항의 글로벌 연대 혹은 대안적 세계화를 희망하고 논의할 수 있는 것은 여성들이 실질

적으로 글로벌라이제이션 과정에서 억압받는 만큼 저항해왔기 때문이다.[23]

이미 여성들은 전 지구적 네트워크, 지역 간 회의, 세계회의 등을 통해 초국가적 여성주의 연대를 시도했고 진행하고 있으며, 이를 통해 여성주의의 사상과 행동의 흐름은 기존의 제1세계에서 제3세계로, 혹은 북반구에서 남반구로 일방통행하지 않고, 다방향적으로 진행되고 있다. 전 지구적 자본이 유동적이고 다층적인 공간에 동시에 존재하는 경향을 보이면서 "흩뜨러진 헤게모니"를 낳았듯이, 여성주체들도 지역의 풀뿌리에 기초한, 아래로부터의 운동과 공동체에 기반한 NGO(비정부기구) 활동으로부터 국가적·초국가적 여성주의 네트워크를 형성함으로써 다층적 공간에 존재하고 있다.[24] 이처럼 다양한 방식으로, 다층적으로 전개되는 여성주의의 새롭고도 글로벌한 움직임은 여성들이 글로벌라이제이션에 어떤 방식으로 대처할 수 있는가에 대한 가능성을 제시한다.

말러Sarah J. Mahler는 아래로부터의 이러한 트랜스내셔널리즘을 "평범한 사람들의 일상적 실천, 그들이 자신들의 존재조건에 대해 느끼고 이해하는 방식"이라고 설명한다.[25] 여성주의에서 특히 글로벌한 저항의 연대가 중요한 이유는 자신들의 일상에서 문제와 차별과 억압을 실제로 경험하고, 그것을 변화의 원동력으로 삼기 때문이다. 즉 추상적 원칙이나 자신의 경험과 유리된 사회 정의와 평등이 아니라 자신의 삶에서 직접적으로 느끼고 실체화할 수 있는 억압과 불평등을 경험하고, 지구상의 또 다른 여성들과 이러한 경험을 공유하면서 공동적 경험에 기반한 저항의 연대를 풀뿌리에서부터, 즉 아래로부터 조직하고 있기 때문이다. 이런 경험은 이론적 여성주의와 현장 여성운동의 괴리를 메워주는 역할을 하면서 현단계 여성주의 해방운동의 중심 흐름으로 자리 잡아가고 있다.

가능성의 여성주의: 글로벌 이슈와 다시 만난다

글로벌라이제이션은 여성에게 위기와 기회를 제공하는 것으로 이해된다. 그러나 글로벌라이제이션의 이러한 효과는 여성에게 국한되지 않고, 전 지구적으로 모두에게 영향을 미친다. 글로벌라이제이션이 지구의 곳곳에 침투함에 따라, 전 지구적 저항운동도 단일한 하나의 지역에 묶이지 않고, 다양한 공간과 사회적 기원을 갖고 출현하고 있다.[26] 전 지구적 저항운동이 일어나는 지점에서 클라인은 여성주의가 기존의 정체성의 정치학에 머물지 말고, 여성주의가 기초하고 있던 원래의 '페미니즘 정신'으로 돌아갈 것을 촉구한다.[27]

클라인은 글로벌 경제의 현실 속에서 그동안 정체성의 정치학이 실천하고 문제를 제기했던 '재현'의 한계를 지적하면서, "여성과 소수의 재현에 초점을 맞추었던 우리들의 비판은 권력 구조 내에서의 문제를 다룬 것이었다. 우리는 이제 그런 권력 구조의 배후에 존재하는 경제를 문제 삼아야 한다. 즉 '빈곤을 만들어내는 차별'을 문제 삼아야 하는 것이다. 이런 문제들은 인식이나 언어를 바꾸는, 개인적 행동 양식을 바꾼다고 해결되는 문제가 아니다"라고 주장했다.[28] 즉 배경이 되는 전체적인 경제 구조를 문제 삼지 않고, 그 내면의 재현과 차이만을 문제 삼는다면 집이 불타고 있는데 집안의 가구만을 배치하는 형국이 될 것이라며 여성주의에 대한 경고를 아끼지 않는다.

기존의 여성주의 경향과 추세에 대한 이러한 비판은 서양 여성주의 이론에 대한 비판과도 맞물려 전개된다. 카람Azza M. Karam은 서양 페미니즘 이론이 제3세계를 비롯한 비서양 지역 여성들의 일상적 현존과 매우 멀리 떨어져 있는 것으로 이해되고 있는 것이 현실이라고 지적하면서, 여성주의 이론들이 남성중심의 주체성을 비판하고 대안적인 해방의 거대 담론, 혹은 미시 담론을 제공하는 데 노력을 기울여왔지만, 여성들의 현실은 글로벌라이제이션의 상황 속에서 지속적으로 대상화, 비주체화 되는 경험을 했기 때문에, 현실적 경험을 중심으로 하는 여성주의 이론의 시도가 시급하다고 역설한다.[29] 이는 하나의 현상에 대해 다층적인 시각에서 접근해야 함을 의미하며, 카람은 그 예로 모성을 들고 있다. 여성은 모성을 여성에게 강요된 사적 영역으로 여성의 정치적 투입이나 공헌을 제한하는 맥락에서만 이해할 것이 아니라, 상황에 따라 모성을 정치적으로 선택해 자신의 맥락에 맞게 재구성할 수 있다는 것이다. 이제 여성주의는 여성이 현실 경험 속에서 더 이상 사적/공적 영역이 뚜렷이 분리된 경험을 하지 않으며, 그것이 때론 정치적으로 복합되어 더 큰 힘을 발휘하기도 한다는 것을 깨달아야 한다는 것이다.

카람과 모한티는 이러한 흐름에서 더 나아가 글로벌 여성주의는 이제 단 하나의 미래를 제시하는 것이 아니라 다양한 경험의 혼합을 받아들이고, 그것을 통해 더욱 다양한 목소리를 내야 한다고 역설한다.[30] 그래서 글로벌 여성주의는 소위 여성적 이슈라고 불리는 것에만 집중하기를 벗어나, 보다 정의롭고 보다 평등한 세상을 향한 전체적인 시도에 통합되는 것이 필요하다고 제안한다. 이를 위해서는 연결 고리를 끊거나 빠져나가 고립적으로 행동하는 저항의 정치 방식이 아니라, 여성주의 고유의 맥락을 찾아 다시 결합하는 방식으로 정치가 필요하다고 이야기한다. 이들은 그러나 이러한 결합이 여성주의가 기존의 정치나 운동에 다시 동질화되어야 한다는 뜻으로 해석되어서는 안 된다는 점을 강조한다. 이들은 글로벌라이제이션의 맥락에서 여성해방의 핵심은 바로 정치적 차이, 개입의 차이를 발전시켜 여성주의가 로컬local 조직에서 국제적 네트워크로 향한 다층적 연계망과 연결 다리를 창출하는 노력을 기울이는 것이라고 덧붙인다.

이런 관점에서 모한티는 안티글로벌라이제이션 운동 진영 대부분에서 분석의 범주이자 조직의 기반으로서의 젠더가 무시되고 있으며, 여성주의의 조직 운동에서도 안티글로벌라이제이션(반자본주의 비판)이 핵심적 의제로 충분히 부각되지 않음을 지적한다. 이런 문제를 해결하기 위해 여성주의적 반자본주의(안티글로벌라이제이션) 비판은 전 지구적 자본주의를 비판하고 저항하며, 전 지구적 자본주의의 남성적·인종적 가치의 보편화를 풀어헤쳐야 하는데, 모한티는 이것이야말로 트랜스내셔널한 여성주의 실천을 만들어가는 것이라고 역설

한다.[31]

　이처럼 여성주의는 글로벌라이제이션과 더불어 새로운 도전에 직면하고 있다. 공적/사적 영역으로 단순하게 구분되던 노동의 성별 분리는 노동 시장의 '유연화' 공세로 인해 경계가 불분명해지면서도 분화는 더 심화되고 있다. 단순하게 전 지구적 자매애를 외칠 수 없을 정도로, 제1세계/제3세계의 구분이나 북반구/남반구의 구분이 기본적인 '경계'의 배경이 되고 있다. 그러나 이런 도전 속에서도 희망을 건져 올릴 수 있는 것은 그 경계가 '실천적 움직임'을 통해 다시 모이고, 만나서 손을 맞잡으려 하기 때문이다. 또 여성운동과 다른 사회적 저항운동과의 글로벌한 만남도 시도되기 때문이다. 세계경제포럼에 맞서 '다른 세상은 가능하다'는 구호 아래 2001년 브라질 포르투알레그레에서 모인 세계사회포럼에서 여성운동의 참여는 두드러지고 있으며 점점 확대되어 가고 있다. 전 지구적인 운동과 함께 하는 여성주의는 이제 여성의 억압뿐만 아니라 이 지구상의 모든 억압에 저항하고 있으며, 여성들이 차별받지 않는 세상을 희망하면서 서로 연대하고 있다. 글로벌라이제이션의 도전에 여성주의는 글로벌하게 응전하고 있는 것이다.

참고문헌 및 더 읽을거리

구춘권, 《지구화, 현실인가 또 하나의 신화인가》, 책세상, 2000.

신인령, 《세계화와 여성 노동권》, 이화여자대학교출판부, 2002.

Croucher, Sheila L., *Globalization and Belonging: The Politics of Identity in a Changing World*, (Maryland: Rowman&Littlefield Publishing INC, 2004).

Klein, Naomi, *No Space, No Choice, No Logo*, (London: Flamingo, 2001).

Saskia Sassen, *Globalization and its Discontents*, (New York' the New Press, 1998).

Waters, Malcom, *Globalization*, (London: Routldege, 1995).

주

1 글로벌라이제이션은 방대한 영향을 미치고 있기 때문에 단적으로 글로벌라이제이션이 무엇이라고 개념하고 정의하는 것은 쉽지 않은 문제다. 글로벌라이제이션은 하나의 과거로 완료된 상태가 아니라 여전히 진행 중인 과정에 있기 때문이며, 그 영향이 일면적이거나, 한 방향으로 진행되는 것이 아니라, 모순적이고 다층적으로 전개되고 있기 때문이기도 하다. 그리고 이 과정이 강화된 것인지에 대해서도 다양한 입장에서의 이견이 존재한다.

2 다국적기업은 전 세계 산출량의 1/3을 차지하고 있으며, 세계 무역의 70퍼센트, 직접적 국제 투자의 80퍼센트를 차지하고 있다. (Held, David, "Democracy and Globalization", *Re-Imagining Political Community*, D. Archibugi, D. Held, eds., (Stanford, Calif: Stanford University Press, 1998), p. 17). 이 과정은 재정 규제(긴축재정), 공공 지출의 우선순위(복지 삭감), 조세 개혁, 금융 자유화, 경쟁 환율(변동환율제), 무역 자유화, 해외 직접 투자, 사유화, 규제 완화, 재산권을 10개 의제로 설정한 워싱턴 컨센서스(Washington Consensus)를 기본으로 하고 있다(캘리니코스, 알렉스, 《반자본주의 선언》, 정성진 외 옮김, 책갈피, 2003, 12쪽.)

3 Appadurai, Arjun, *Modernity at Large: Cultural Dimensions of Globalization* (Minneapolis: University of Minnesota Press, 1996); Hall, Stuart, "The Local and the Global: Globalization and Ethnicity", *Culture, Globalization, and the World System*, Anthony King ed, (London: Macmillan, 1991).

4 Naples, Nancy A., "Changing the Terms: Community Activism, Globalization, and the Dilemmas of Transnational Feminist Praxis", *Women's Activism and Globalization: Linking Local Struggles and Transnational Politics*, Naples, Nancy A., Desai, Manish, eds., (New York: Routledge), 2002, p. 8.

5 Marchand, Marianne, Runyan, Anne Sisson, *Gender and Global Restucturing*(New York: Routledge, 2000, p.11 이와 더불어 IMF나 WTO와 같은 기구들이 여성의 불평등을 더욱 강화는 부분을 논의한 글도 참고(맥고한, 리사, 〈은행가에겐 구제금융, 여성에겐 고통전담〉,《세계화에 불만 있는 여성들을 위한 자료집》, 국제연대정책정보센터 편, 2001.; 여성환경개발기구(WEDO), 〈세계무역기구를 위한 여성의제〉, 앞의 책).

6 가장 빈곤한 집단의 1인당 GDP 성장률은 1960~1980년 연평균 1.9퍼센트에서 1980~2000년 연평균 -0.5퍼센트로 낮아졌다(알렉스캘리니코스 , 앞의 책, 39쪽). 가장 빈곤한 인류의 5분의 1은 1960년대에 세계 소득의 4퍼센트를 점유했지만, 이 비율은 1990년에 1퍼센트로 줄어든 반면, 오늘날 지구의 초급급 부자 358명의 재산의 합은 인류의 거의 절반이 처분할 수 있는 소득 전체를 능가한다(구춘군, 앞의 책, 29쪽), 13억 명으로 추정되는 세계 극빈층 인구 중 70퍼센트가 여성이다(잔시, 마야, 〈여성, 세계화된 자본주의의 지배를 뒤흔들다〉, 앞의 책).

7 Desai, Manish, "Transnational Solidarity: Women's Agency, Structural Adjustment, and Globalization", *Women's Activism and Globalization: Linking Local Struggles and Transnational Politics*, Naples, Nancy A., Desai, Manisha, eds., (New York: Routledge),

2002, p. 17.

8 신인령, 《세계화와 여성 노동권》, 이화여자대학교출판부, 2002, 22쪽.

9 Young, Brigitte, "Globalization and Gender: A European Perspective", *Gender and Globalization*, in Rita Mae Kelly eds., (London: Rowman & Littlefield Publishers, Inc., 2001).

10 젠더 체제(gender regime)라는 개념은 지배의 젠더화된 체제의 실천과 형태가 제도화된 것으로, 이러한 제도화를 통해 젠더화된 체제가 모든 사회에서 사회적 질서화의 원칙으로 구성된 것을 의미하는 것으로 영은 사용한다. 이러한 젠더화된 실천들은 정적인 실체로 그 자리에 머물러 있는 것이 아니라 지속적으로 실천의 조직화나 구조화를 통해 재생산되고, 그리하여 궁극적으로 젠더 질서는 이와 같은 젠더 체제의 거시정치학 수준에서 집결되는 것으로 본다. 젠더 체제와 질서의 역동적 과정을 고려하면, 역사상 단 하나의 "남성성" 역사나 불변하는 무역사적 "여성성"은 가능하지 않으며, 남성성과 여성성은 시공간적 맥락에서 다양성을 인정받아야 한다는 것이 영의 설명이다.

11 Morgan, Robin, *Sisterhood Is Global: The International Women's Movement Anthology*, (New York: Anchor Press, 1984).

12 Bhavnani, Kum-kum, *Feminism and "Race"*, (Oxford: Oxford University Press, 2001), Mohanty, Chandra Talpade, *Feminism Without Borders*, (Duke University Press, 2003).

13 센, 지타, 〈세계화와 남반구 여성의 과제〉, 앞의 책, 국제연대정책정보센터 편, 72쪽.

14 Saskia Sassen, Globalization and its Discontents(New York' the New Press, 1998), p. 100.

15 이에 대한 주제별 구체적 논의는 Parrenas, Rhacel Salazar, *Servants of Globalization*, (Stanford, Calif: Stanford University Press, 2001); Demleitner, Nora V., "The Law at a Crossroads: The Construction of Migrant Women Trafficked into Prostitution", *Global Human Smuggling*, Kyle, David, Koslowski, Rey ed., (Baltimore: The Johns Hopkins University Press, 2001) 참조.

16 최전승민, 〈세계화시대의 동남아시아 성매매〉, 앞의 책, 국제연대정책정보센터 편, 155쪽.; German, Lindsey, "Women's Liberation Today", *International Soialism*, 101, 2003, pp. 18~20.

17 Marchand, Marianne, Sisson Runyan, Anne, 앞의 책.

18 초수도프스키, 미셸, 〈여성의 권리 침해하는 세계은행〉, 국제연대정책정보센터 편, 45~50쪽.

19 Chandra Talpade, Mohanty, 앞의 책, p. 245.

20 Croucher, Shelia L., 앞의 책, p. 166.

21 월러스틴, 이매뉴얼, 《유토피스틱스: 또는 21세기의 역사적 선택들》, 백영경 옮김, 창작과 비평사, 1999, 52쪽.

22 신인령, 앞의 책, 158쪽.

23 글로벌라이제이션의 글로벌한 효과를 최대한 발휘해 그간 여성운동은 다음과 같은 다양한 국제네트워크를 통해 조직적으로 저항의 연대를 조직하고 있다. Women Working Worldwide in the United Kingdom, The Clean Clothes Campaign, Label Behind the Label, DAWN(Development Alternatives with Women for a New Era), Women's Alternative Economic Summit, SEWA(Sell-Employed Women's Association in India), GROOTS(Grassroots Organizations Operating Together in Sisterhood) International, NUDE(Trindad's National Union of Domestice Employees), WEDO(Women's Environment and Development Organization: 여성환경개발기구), ISIS international 등등.

24 Desai, Manish, 앞의 책, p. 15.

25 Mahler, Sarah J., "Theoretical and Empirical Contributions toward a Research Agenda for Transnationalism", *Transnationalism from Below*, in Michael Peter Smith and Luis Eduardo Guarnizo ed., (New Jersey: Transaction, 1998), p. 67.

26 Mohanty, Chandra Talpade, 앞의 책, p. 248.

27 Klein, Naomi, *No Space, No Choice, No Logo*, (London: Flamingo, 2001), p. 123.

28 앞의 책, p. 121.

29 Karam, Azza M., "Feminist Future", *Global Futures: Shaping Globalization*, Nederveen Pieterse, Jan ed., (New York: Zed Books, 2000), p. 176.

30 Karam, Azza M., 앞의 책, p. 180.; Mohanty, Chandra Talpade, 앞의 책, p. 188.

31 Mohanty, Chandra Talpade, 앞의 책, pp. 249~250.

"나는 페미니스트는 아니지만" 증후군

기본적 정의

성차별이 존재하고 여성이 그로 인해 고통 받고 있다는 것을
분명히 알기에 페미니즘의 필요성에는 충분히 동의하지만
페미니스트로 인식되기 싫어하는 경향을 말한다.

개념의 기원과 발전

"나는 페미니스트는 아니지만, 그래도"는 이미 양식화된 어
절이다. 페미니즘 사전에 이 증후군이 등재되어 있다는 사실
이 그 증거다. 사전은 이 증후군을 다음과 같이 소개한다.[1]

성차별이 존재하고 여성이 그로 인해 고통 받고 있다는 것
을 분명히 알기에 페미니즘의 필요성에는 충분히 동의하
지만 페미니스트로 인식되기 싫어하는 경향. 페미니스트
라는 표지에 의해 사납고 경직되고 유머 없고 교조적이며
정치적 올바름에 사로잡힌 여성이자 남성혐오적인 레즈비

언 이미지로 비춰질까 두려워하는 여성들의 심리상태.

　이와 같은 항목이 사전에 등재되어 있다는 사실 자체가 이미 하나의 사건이다. 우리가 사전辭典에 대해 갖고 있는 사전事前의 인식을 새롭게 바꾸기 때문이다. 객관성이 아니라 '나'를 표방하고, 명사가 아니라 어절로 등장하며, 완결된 문장이 아니라 미결의 형상으로 감히 등재된다는 것은 사전의 의미와 기능을 다시 쓰는 것과 다르지 않다. 대체로 사전은 재미없다. 이야기도 없고 감정도 없이 개념어에 대한 설명으로 일관하기 때문이다. 진리보다는 정보에, 지혜보다는 지식에 가깝기에 유용성과 필요에 종속된다. 사전의 권위는 물론 이에 기인하지만, 가장 유용한 경우에도 그것은 일련표를 붙인 채 도열해 있는 저 무표정한 서가의 풍경을 넘어서기 어렵다. 하지만 "나는 아직 페미니스트는 아니지만"이라는 어절은 이와 같은 사전의 의미에 대한 재의미화이자 새로운 실천이다. 단순히 정보 제공이라는 기존의 기능을 넘어 그것은 우리의 마음을 들여다보는 심리학에 접근하며 나아가 정치경제학적 분석에까지 열려 있다. 기존의 육중한 명사적 사고의 목록과 달리 이 어절에는 당대의 신경과 눈치 그리고 전략이 예민하게 걸려 있다. 우리가 여기서 젠더의 권력관계를 바꾸는 정치의 잠재력까지 기대할 수 있는 것은 이 때문이다.

　페미니즘의 필요성은 숙지하되 그로 인한 불필요한 오해를 사지 않기 위한 자기방어의 심리 상태로 설명되는 이 신드롬은 페미니즘적 사고를 하고 있으면서도 페미니스트라고 말하기를 꺼려하는 젊은 세대의 모순으로 풀이되기도 하고 '이스트'라는 명칭에 딸려오는 부담감과 시선에 대한 강한 거부로 해석되기도 한다. '유'적 사고로부터 거리를 확보하려는 성찰적 개인주의라는 입장 또한 이 증후군의 한 축을 이룬다. 페미니스트라는 이름에 각인된 오해와 편견을 거부하는 개인주의적 입장이 이 'not but 증후군'에 속하는 자의 공통분모일 것이다.

'나는 페미니스트는 아니지만'이 하나의 증후군으로 굳어지기 위해서는 페미니스트의 존재가 이슈화될 만큼 뚜렷해야 하고, 페미니즘에 대한 오해와 편견이 만연한 사회여야 한다는 두 가지 전제가 충족되어야 한다. 한마디로 페미니스트와 페미니즘이 널리 세상을 해롭게 한다는 편견이 확고해야 한다는 것이며, 이 점에서 이 어절은 역으로 페미니즘의 위력을 과시하는 전제가 된다. 설령 그 위력이 편견과 왜곡을 극한 것이라 할지라도 여기에는 페미니즘의 힘과 기세에 대한 일말의 공포가 내장되어 있다고 보아도 무방하다. 이 사전적 정의의 맥락 바깥에는 이미 일정 정도 선취된 페미니즘과 페미니스트의 위력이 뚜렷이 자리 잡고 있기에 그 공포의 정도가 아무리 경미하다 할지라도 이는 치명적인 일면을 가진다. 따라서 여기서 전제되는 오해와 편견은 일종의 힘으로 번역되어야 한다. 하지만 오해가 통용될 만큼 페미니스트가 개념화되지 않았던 당시 우리 사회에서 이런 식의 수사는 그다지 유효하지 않았다. 개념이 없다고 해서 오해까지 없으리라는 법은 없지만, 위의 경우처럼 오해가 위력적이지도 않고 오해가 형성될 만큼 장이 펼쳐지지도 않았다는 것이다.

페미니즘적인 이야기를 하면서 굳이 페미니스트이기를 부인하는 이유

우선 "나는 페미니스트는 아니지만"을 수식절로 사용한 당시 남성들의 어록부터 살펴보자.

> 나는 페미니스트는 아니지만 상식과 합리성을 갖춘다면 어떤 누구와도, 어떤 문제도 토론이 가능하다고 믿는 편이다.[2]

> 페미니스트는 아니지만 가사와 육아는 부부 공동의 몫이라는 나름의 원칙을 지키려 했던 나도 몸에 배어 있는 사회통념에서 자유로울 수 없었나 보다.[3]

이들은 모두 페미니스트는 아니라는 전제를 쓰고 있지만, 이들이 실제로 주장하는 것은 바로 페미니즘이다. 빈곤의 여성화, 가사와 육아의 분담은 페미니즘의 중요한 의제들이다. 그 각론들을 긍정하면서 총론은 부정한다는 점에서 위의 표현들은 일종의 형용 모순을 이룬다. 페미니즘적인 이야기를 하면서 굳이 페미니스트이기를 부인하는 것은 남성이라는 스펙과 기득권에 대한 집착에서 나온다. 페미니스트라고 자처하면서 성차별로 인해 축적된 특권을 계속 누릴 수는 없기 때문이다. 남성의 특권이라는 평생 회원권을 포기할 수는 없지만 그럼에도 정치적으로 올바르고자 하는 욕망이 이상의 형용 모순을 만들어낸 것이다. 육아와 가사를 분담하려 애쓰고, 상식과 합리성 안에서 토론함으로써 약소한 수준으로나마 페미니즘을 실천하려는 위의 두 예문은 비록 페미니스트이기를 부정하는 경우이지만, 이들이 부정하는 페미니즘의 강도는 낮으며 적어도 그만큼은 긍정을 향해 열려 있다. 페미니스트가 아니라는 것은 자기 개인에 국한되는 것임을 분명히 하는 이들과는 달리 김규항은 자신의 입장을 대표단수의 그것으로 전이시킨다.

> 내 주변의 진보주의자 남성들은 하나같이 주류 페미니즘 (정확하게, 90년대 이후 한국의 주류 페미니즘)을 마땅치 않아 한다. (……) '노력하는 마초'인 나는 주류 페미니즘을 몹시 마땅치 않아 한다. (……) 그들은 아마도 여성이라는 계급이 일반적인 의미의 계급보다 더 근본적이라 생각하는 듯하다.[4]

마초이지만 노력하는 '노력하는 마초'의 자격으로 주변의 진보주의자 남성들을 대표하는 위치에 스스로 임한 그는 중산층 인텔리 여성들의 '나른한 페미니즘'을 지적한다. 그는 "중산층 페미니스트 여성들에게 남은 유일한 사회적 억압이 성적 억압"이라고 진단함으로써 계급을 최종심급에 가져다 놓는다. 가부장문화는 계급, 젠더, 인종문제와 얽혀 있는 복합적 억압구조임을 외면한 채, 여자들을 비인텔리/인텔리, 못 가진 자/가진 자로 분할해 왼편의 억압만을 승인하고 정당화한다. 중산층에게는 성차 외에는 억압이 없으며 가난이 깊으면 괴로움도 깊다고 주장하고 있는 셈이다. 모든 억압은 계급에서 비롯되며 계급, 경제만 해결되면 여성문제는 저절로 해결될 것으로 봄으로써 결국 여성문제를 부수적인 것으로 위치시킨다.

무엇보다 이런 시각의 문제는 자기 안의 남성 지배를 보지 못하게 만든다는 데 있다. 자생적 페미니스트가 생겨날 수 없는 가부장제 사회에서 노력하는 마초와 같은 설명은 불필요하다. 이를 서두로 동원한다는 자체가 이미 남성의 위치에 대한 자각과 성찰이 결여되어 있음을 의미한다. 젠더 권력에 대한 인식이 없기에 자신의 시각을 상대화하지 못하며 그 결과, 기존의 남성 기득권자가 아닌 진보주의자 남성의 자격으로 페미니즘을 마땅치 않아 하는 것이다. 이제 여성이 페미니스트가 아니라고 부인하는 사례들을 살펴본다. 목록은 보다 섬세화되었지만 이들 역시 이미 페미니즘을 설명하고 있으면서도 굳이 그 사실을 부인한다는 점에서는 유사하다.

- 요즈음 일터에서의 평등권이나 출산휴가, 육아휴가 등 기본적인 것은 대략 갖추어져 있고 매스 미디어 등에서 대중적 기틀을 이미 소화하고 있기에 굳이 여성을 '피해자'로 보는 듯한 거친 페미니스트 수사학을 내세울 필요가 없어서……

- 저는 페미니스트는 아니지만 고정희, 조혜정의 시를 좋아

합니다.

- 나는 페미니스트는 아니지만 호주제 폐지에는 찬성한다.[5]

이들의 경우, "나는 페미니스트는 아니지만"이라는 단서의 이유는 보다 개인주의적인 데 있다. 남성이라는 '유적' 속성에 속하기 위해서 이 조건절을 사용한 앞서의 경우와 달리 여기서는 여성이라는 '유적' 속성에서 발을 빼기 위해서 사용한다. 페미니즘을 이미 성취된 것으로 생각하거나, '~이스트'라는 명명 자체를 구속으로 생각하는 경향 또한 개인으로 귀결된다. 후술되듯이, 페미니즘의 제도화가 '다 이루었다'는 오인으로 이어지는 것은 흔히 목도하는 위험이다. 제도와 현실은 동시에 진화하지 않으며 제도화된 페미니즘의 시혜 범주는 상위 몇 퍼센트에 지나지 않는다는 사실이 간과된 채, 개인에게 모든 가능성이 수렴된 것이다.

하지만 인간은 결코 개인으로 완전히 분리될 수가 없다. 개인이라고 생각하는 순간에도 이미 그는 개인주의 이데올로기에 의해 호출된다. 한 사회에서 당연시되고 자연스럽다고 생각되는 것은 그것이 당대의 권력관계를 반영하기 때문이다. 그가 스스로를 개인이라고 생각하는 것 또한 자율적 주체라는 근대적 인간관의 각인에 기인한다. 이 점에서 이와 같은 입장은 일종의 젠더 맹목을 드러낸다. 자신이 엮여 있는situated 맥락에 눈을 감고 있으니 말이다. 자유로운 개인이라는 이념에 사로잡힌 확신범의 모순은 바로 여기에 있다.

개인주의에 흔히 수반되는 나르시시즘 또한 이 어법을 유도한다. 혼자서도 충분하기에 굳이 페미니즘 당파성이 요청되지 않는 이 관점에서는 페미니즘 또한 다양한 취향 중의 하나로 소비된다. 하지만 정치적 입장 없는 다양성은 페티시에 지나지 않는다는 스피박의 지적처럼 이들은 페미니즘을 하나의 기호와 취향으로 만듦으로써 성차별의 자장 속에서 성장하고 살아가는 우리의 현실을 괄호친다. 다양한 삶의 양식 중 하나로 소비함으로써 젠더격차지수 하위 20퍼센트라는 사실을 은폐하는 위험에서 자유롭지 못한 것이다.

이와 같은 개인주의와 나르시시즘의 내공에도 불구하고 이 어절이 주는 효과는 크지 않다. '나는 페미니스트이지만'과 '나는 페미니스트가 아니지만'이라는 대립항은 별다른 차이가 없이 우리에게 다가온다. 긍정과 부정이 유사해지는 바로 이 지점에서 이상에서 살펴본 부인의 목록들은 현저하게 무력해진다. 부르디외Pierre Bourdieu의 말처럼 언어의 바깥에 존재하는 사회적 권력을 문제 삼지 않으면 언어의 힘은 상실된다. 수행성의 작동 여부는 그 발화자의 사회적 권력과 관계되지 언어에 달려 있지 않다는 것이다. 따라서 한 여성이 "나는 페미니스트가 아니지만"으로 말을 시작한다고 해서 달라지는 것은 거의 없다. 사회는 여성과 페미니스트를 분리할 만큼 여기에 관심이 없기 때문이다. 자신을 페미니스트로 보지 말아달라는 이 단호한 요구는 사회적인 것이 아니라 자신에게 짧은 위안을 주는 말일 뿐이다. 남자에게 있어 "나는 페미니스트는 아니지만"이라는 말은 모두 알고 있는 사실이기에 췌사이고 "나는 페미니스트는 아니지만"이라고 하는 여성들의 말 또한 그 누구의 관심 대상도 되지 못하기에 결국 허사이다.

처음 《여/성이론》의 페미니즘 사전에 이 어절이 소개[6]될 당시만 하더라도 이상의 진단은 일정 정도 유효했다. 안티를 부각시킬만큼 페미니즘이 공론의 지위를 유지하지 못했기에 그 부정을 양식화해 설명한다는 사실은 일종의 사치이자 호사로 충격되기까지 했다. 이상의 글이 페미니스트이기를 부인하는 정치적 올바름의 이중성에 대한 냉소로 일관한 까닭이다. 하지만 그로부터 약 7여 년이 지난 오늘날, '페밍아웃 faming out'이라는 말이 등장할 정도로 페미니즘을 둘러싼 우리 사회의 담론 지형은 크게 달라졌다. 페미니스트에 대해 'not'으로 종결짓지 않고 'but'을 병기한 남(여)성이 있었던 과거가 황송하게 여겨질 만큼 여성주의를 향한 적의와 분노의 강도가 엄청나게 커져버린 것이다. 특히, 무엇보다 충격적인 것은 그 적의와 분노가 랜덤의 형태가 아니라 구조화된 것이라는 점이다. 심리학에서 정치경제학으로 그 이해의 토대를 확대해야 하는 이유도 여기에 있다.

소위 '잃어버린 10년'을 거치며 증폭되기 시작해 '일베'에서 정점을 찍은 남성의 피해의식은 민주화와 신자유주의라는 정치경제학적 기반 위에 터 잡는다. 민주화의 전진은 페미니즘의 제도화로, 만사를 시장의 처분에 맡기는 신자유주의 경제는 극도의 개인화로 치닫기 때문이다. 국민의 정부로부터 참여정부에 이르는 10년간, 국가는 페미니즘을 실천하는 주체 역할을 해왔으며 여성가족부, 여성할당제, 성폭력특별법, 성매매특별법, 군가산점 폐지, 모성보호법 등은 페미니즘이 제도화된 성취들이라 할 수 있다. 그 결과, 민주화된 정치의 한복판에 여성이 할당되었으며 이로 인해 여성주의에 관한 한, 이미 다 이루었다는 오인 또한 미만하게 되었다. 신자유주의는 이와 같은 정치적 벡터와 대척점에 자리한다. "사회는 없다. 개인이 있을 뿐이다"라는 신자유주의적 불안과 공포는 남성들에게 투사되는 경향이 강하다. 중심의 위치에 서 본 적이 없었기에 전락이 불가능한 여성과 달리, 전락은 대개 남성들에게만 주어진 가능성이기 때문이다.

골드미스, 알파걸 등 잘나가는 여자와 대개 남성으로 전제되는 찌질이, 잉여 등이 우리 시대 남/녀의 표상이 된 것은 이런 정치경제학적 배경과 정확하게 대응한다. 정치경제적 현실이 남/녀의 구도를 상징적으로 재편성한 셈이다. 하지만 잘난 여자, 못난 남자만이 따로 이름을 갖는 유표성을 염두에 둔다면 이와 같은 표상은 오히려 거꾸로 해석되어야 한다. 잘 나가는 남자를 위한 별도의 호칭은 없으나 잘나가는 여자를 위해서는 알파걸, 골드미스 등의 이름이 있고 찌질하게 사는 여성에게는 이름이 없으나 그런 남자를 위해서는 찌질남, 잉여 등의 이름이 있는 유표성 자체가 이미 차별을 드러내고 있으나 이는 어디까지나 대외비로 처리된다. 실제로 전 지구적으로 대다수의 여성들은 유리천장은커녕 3D 업종 sticky floor에서 벗어나지 못하고 있음에도 불구하고 이런 여성들은 별도의 호명을 요하지 않는다는 사실이 이를 방증한다. 글로벌 시대답게 많은 여성들은 국경은 넘되 공/사의 경계는 넘지 못한 채 사적 영역에서 감정노동, 돌봄노동을 담당하고 있음에도 불구하고 이 사실을 괄호친 채 오직 유표화된 여성들만을 부각시킴으로써 남성들의 피해의식을 합리화하는 결과를 낳는 것이다. "여성은 사회적 불안이 만들어내는 분노를 쏟아부을 수 있는 신자유주의적 안전망"이라는 윤보라의 진단은 이런 맥락에서 이해될 수 있다. "여성을 남성의 경쟁자, 나아가 남성을 착취하는 존재로 여긴다. 신자유주의적 존재 조건을 가진 개인의 불안과 공포가 젠더 관계에 투사"된 것이다.[7]

예쁜 아이는 이름이 많다는 핀란드 속담처럼, 여성을 호명하는 이름이 유난히 많아진 것 또한 긍정적이든 아니든 간에 여성에 대한 관심과 인식의 상승과 유관하다. 진보주의자 남성의 대표단수이긴 했으나 다소 외로웠던 김규항의 경우와 달리, 작금의 페미니즘에 대한 분노는 이제 양적으로 절대다수의 지지를 얻고 있을 뿐 아니라, 이념까지도 넘나드는 남성동맹을 과시한다. 냉소의 대상이 중산층 페미니스트 여성에 한정되었던 '그 페미니즘'에서와 달리, 분노의 대상은 보다 광범위하게 하향평준화되고 있다. '된장녀', '김치녀', '간장녀'로의 세분화, 구체화를 거쳐 이제 '김치년'처럼 점점 욕설화되는 추세이며 웬만해선 이를 막을 수 없다. 명품에 대한 주제넘은 욕망 등의 표식을 가진 범주였던 된장녀는 이제 김치녀라는 이름 아래 점차 외연을 넓혀가고 있다. '알고 보면 나도 김치녀'라는 대자보의 고백이 그 단적인 예이다. 소비성, 남성의존성에서 자유로운 여성이 없는 만큼, 된장녀라는 다소 예외적인 범주는 이제 범김치녀로 전치되고 있다고 봐야 할 것이다. 이와 같은 호명 체계의 바깥은 없는 듯하다. 김치녀로부터 일탈하기 위해 소비성을 억제하고 주제성을 성찰하려는 순간, 곧바로 '간장녀' 혹은 '개념녀'로 포획되어버리기 때문이다. 이런 맥락에서 브로Bro의 〈그런 남자〉가 인기 검색어 1위를 차지한 것은 "많이 당황하실" 일이 결코 아닌 것이다. 따라서, "나는 페미니스트가 아니지만"의 독법 또한 용도 변경되어야 한다. 신윤동욱의 발언은 이에 대한 중요한 팁 역할을 한다.

"제 이름은 마케팅 전략이었어요." (……) "입사시험 볼 때 이 이름을 사용해 효과를 봤죠. (일동 웃음~) (……) 페미니스트는 아니지만 페미니즘에 관심이 있어요. 이름을 통해 일종의 퍼포먼스를 한 거예요."[8]

똑같은 어절을 반복하지만 그녀는 이 반복을 통해 페미니즘의 새로운 용도를 제시한다. 자신을 감추기 위해서가 아니라 자신을 드러내고 장식하는 실질이자 의장으로 페미니즘을 동원한다. 취향을 넘어 자신을 드러내는 마케팅 전략으로 페미니즘을 선택함으로써, 사이드와는 다른 맥락에서 페미니즘이 '직업이 되어가는' 가능성을 보여준다. 헌신을 통해 페미니즘을 실천하는 것이 아니라 자신을 위한 페미니즘을 시작할 수 있다는 것이다. 이는 리비에르Joan Riviere의 가면으로서의 여성성과 상통한다. 남자와 같아지려 한다는 의심을 피하기 위해 최대한 과시하는 가면으로서의 여성성처럼, "나는 페미니스트는 아니지만"이라는 어절 또한 페미니스트를 가리는 가면으로서의 비여성성이라 할 수 있다. 여성으로 인한 분노와 피해의식이 미만한 이 시대에 발화가 발화로서 패싱하기 위해서는 "나는 페미니즘은 아니지만"이라는 주문이 필히 요청되는 것이다. 페미니즘 의식이 미미했던 당시, "나는 페미니스트가 아니지만"이라는 어절이 아무도 관심없고 믿어주지 않았던 췌사에 가까웠다면, 이제 그것은 남성의 피해의식으로부터 자신을 방어하기 위한 실사로 전이된 것이다. 해서, 우리 또한 저 유명한 수사를 빌려 이렇게 말할 수 있을 것이다. 담론의 역사는 반복된다. 한 번은 허사로 또 한 번은 실사로.

양가성의 심리학으로 조명되었던 애초의 맥락과 달리 지금은 수행과 반복의 정치학이 각별히 요청되는 시점이다. 패싱을 위한 유희처럼 이 어절을 '들었다 놨다' 반복할 수 있어야 피해의식을 넘어서 이를 무대화하는 유머가 가능할 수 있으며 나아가 이와 같은 어법을 압박하는 담론의 규칙 자체를 바꾸어낼 수 있다. 이 장구한 반복을 능히 감당할 때 이 어절은 저 무표정한 사전의 트랙을 빠져나와 현실 속에 자리 잡는다. 무시간성, 객관성, 외연이라는 사전적 기능을 넘어 당대성, 주관성, 내포의 시적 기능을 과시하며 젠더 정치와 조우할 수 있는 것이다.

주

1 터틀, 리사, 《페미니즘 사전》, 유혜련·호승희 옮김, 동문선, 1999, 219쪽.
2 한겨레, 〈드라마는 스틸사진 아니다〉(2005. 08. 26.)
  in: http://h21.hani.co.kr/arti/society/society_general/14680.html
3 대한민국정책포럼, 〈육아일기: 송윤석편② '엄마는 위대하다'〉(2006. 03. 29.).
  in: http://news.naver.com/main/read.nhn?mode=LSD&mid=sec&sid1=117&oid=078&
  id=0000022530
4 김규항, 〈(김규항의 유토피아 디스토피아) 그 페미니즘〉, 《씨네 21》(2002. 04. 23.).
  in: http://m.cine21.com/news/view/p/1/mag_id/9065
5 이상의 인용은 모두 조선일보, 〈(김승희 여성이야기)(29) 공주와 페미니즘〉(2004. 05. 17.).
  in: http://www.chosun.com/culture/news/200405/200405170259.html에서 발췌함
6 이경, 〈페미니즘 사전: 나는 페미니스트는 아니지만 증후군〉, 《여/성이론》 16호 2007,
  325~334쪽.
7 윤보라, 〈일베와 여성 혐오〉, 《한국문화사회학회 콜로키움》(2014. 03. 28.)(한겨레, 2014. 03.
  31.에서 재인용).
8 한겨레, (10) 〈신윤동욱·강김아리·이유주현 부모성 함께 쓰는 기자 3인방: 이름값하느라
  발바닥에 땀이 나죠〉, 하늬바람, (2006. 05. 27.), 4쪽.
  in: http://juju.hani.co.kr/webzine/webzine06-main.asp?id=88

남녀동수법

기본적 정의

선출직 공직에 여성의 수를 증가시키기 위해 프랑스 페미니
스트들이 주도한 운동이다.

개념의 기원과 발전

유럽은 여성의 정치 참여에 있어서 다들 선진적이라고 생각
할지 모른다. 물론 스웨덴은 여성의 의회 참여 비율이 거의
50퍼센트에 이르는 나라이며 여성의 동등한 정치 참여가 실
현되고 있다. 하지만 유럽에서 여성의 정치 참여가 대단히 후
진적인 나라가 프랑스였다. 1789년 프랑스 혁명 직후 프랑스
남성 시민 계급은 참정권을 갖게 되었다. 그 이후 유대인 남
성에게 선거권이 주어진 것은 1792년이며, 흑인 남성 노예에
게 선거권이 주어진 것이 1794년이다. 프랑스 식민지였던 아
이티가 독립하면서 흑인 노예 남성들은 1974년에 참정권뿐
만 아니라 스스로 노예 상태에서 자유를 획득했다. 이에 비

해 프랑스 여성이 참정권을 획득하는 데는 자그마치 155년이 더 걸렸다.

여성은 왜 이처럼 투표권 하나 획득하는 데도 엄청난 시간이 걸렸을까? 1789년 프랑스 혁명기에 《제3신분Le tiers état》을 저술했던 라파예트La Fayette는 프랑스 남성 시민들에게는 투표권을 부여했지만 여성들은 제외시켰다. 여성뿐만 아니라 문맹자, 빈민, 아이들, 정신병자, 외국인들을 함께 제외시켰다. 교육받지 못한 문맹자와 빈민은 무식해서 공적인 판단을 내릴 수 없다는 이유로 배제되었다. 하지만 이들 이등 시민은 위상이 바뀔 수 있었다. 예를 들어 아이는 자라서 성인이 된다. 빈민은 재산을 축적해 부자가 될 수 있고, 문맹자는 글을 배우고 읽어서 유식해질 수 있다. 정신병자는 병이 치유될 수 있고, 외국인은 프랑스 시민이 될 수도 있다. 하지만 여성은? 한 번 여성이면 영원히 여성으로 남는다. 그러니까 여성에게는 영원히 정치적 권리가 박탈된 셈이었다.

우여곡절 끝에 1944년 프랑스 여성은 마침내 참정권을 갖게 되었다. 그것도 드골Charles De Gaulle의 선심에 의한 것이었다. 드골이 여성들에게 참정권을 인정한 이유는 아이러니하게도 프랑스 상원이 여성의 참정권을 인정하지 않는 것과 동일한 이유에서였다. 좌파가 주도했던 프랑스 상원의 경우, 여성들이 보수적이라는 이유로 선거권을 주지 않았다. 반면 드골은 바로 그 이유 때문에 여성들에게 선거권을 부여했다. 드골은 전후 좌파의 활동을 제약하기 위한 정치적 고려로 여성에게 투표권을 부여했다. 그 결과는 드골의 판단 대로였다. 여성들은 보수적인 투표를 했고 드골은 기대 대로 승리했다.

하지만《여성 시민들이여, 권력을 가져라!》에서 슈레이버 Claude Servan Schreiber 는 보통선거권이 여성들에게 주어졌다고 해서 여성의 삶이 그다지 달라진 것이 없었다고 말한다. 선거권보다 더 선행하는 문제가 있음을 그녀는 강조한다. 그래봤자 프랑스 의회의 여성 의원 비율은 3~6퍼센트(1996)에 불과했으며, 참정권 운동이 여성들에게 그다지 많은 것을 가져다주지는 못했다는 것이다.

그런 프랑스에서 거의 기적과도 같은 일이 일어났다. 2001년 남녀동수법이 통과된 것이다. 그로부터 10년이 지난 2012년 좌파 정부가 탄생하면서 남녀동수 내각이 구성되었다. 한국 언론은 2012년 5월 15일 프랑스 사회당 정부의 출범으로 프랑스에서 17년 만에 좌파 정부가 탄생하게 된 의미나 배경보다 오히려 중소기업디지털 경제부장관에 한국계 입양아인 펠르랭Fleur Pellerin이 임명되었다는 것을 더 크게 보도했다. 한국계였다는 사실만으로 펠르랭 장관은 사회당 대통령인 올랑드 대통령보다 더욱 주목을 받았다. 미테랑 정권 이후 17년 만에 우파 정권을 물리친 올랑드 사회당 정부는 선거 기간 동안 남녀동수를 공약으로 내세웠고, 정권을 장악한 후 내각의 각료들을 남녀 각각 17명으로 정확히 구성했다. 올랑드 내각 34명 중에서 남녀 각료는 2001년에 통과된 파리테법(parite law: 남녀동수법)에 의해 각각 17명씩 남녀동수가 되었다. 그뿐만 아니었다. 올랑드는 대통령과 전체 각료의 보수를 30퍼센트 감봉하겠다는 약속을 지켰다. 정치적인 결단으로 기존 정치 부패와 특권에서 벗어나겠다는 정치적 의지를 보여준 것이었다.

그렇다면 남녀동수법이란 어떤 것일까? 남녀동수법이 무엇이길래 유럽에서 정치적으로 가장 후진적인 프랑스에서 이런 일이 일어날 수 있었던가? 남녀동수운동mouvement pour la parite[1]은 선출직 공직에 여성의 수를 증가시키기 위해 프랑스 페미니스트들이 주도한 운동이었다. 그들의 목표는 2000년 6월 6일 법으로 인해 일부 현실화되었다. 이 법은 거의 모든 선출직 공직에서 전체 후보자의 절반이 여성이어야 할 것을 요구했다. 남녀동수법은 전 세계적으로 유례가 없는 법이었다. 프랑스는 유럽 중에서도 여성의 지위가 거의 바닥이었던 나라였다. 그런 나라가 어떻게 이처럼 급진적인 법을 통과시켜냈는가?

남녀동수운동의 기초가 된 시점은 1992년이었다. 남녀동수운동은 가스파르Françoise Gaspard, 슈레이버, 르갈Anne Le Gall이 주도한 운동이었다. 그들은 이론가가 아니라 현장에서 실천한 정치적인 활동가들이었다. 그 토대가 된 문헌은 가스파르의 《여성 시민에게 권력을!: 자유, 평등, 남녀동수Au pouvoir citoyennes: Liberté, égalité, parité》였다. 이것은 프랑스 혁명의 보편적 이상이었던 자유, 평등, 형제애brotherhood에서 자유, 평등, 남녀동수parity로 패러다임을 바꿔낸 것이었다.

흥미로운 사실은 프랑스 페미니스트들은 처음에는 할당제를 주장했지만 할당제가 위헌이라는 판결이 내려졌다는 것이다. 1789년 프랑스 대혁명 이후로 프랑스의 보편주의는 '추상적 개인'을 시민의 대표일 뿐만 아니라 국가의 대표로 설정해왔다. 이것은 모든 시민은 자신의 종교, 성, 인종, 민족 등과는 무관하게 완전한 프랑스인이 되기 위해 단일한 기준, 즉 보편적 개인, 즉 추상적 개인이라는 기준에 동화되어야 한다는 가정이다. 이런 추상적이고 보편적인 개인이라는 관점에서 볼 때, 할당제는 헌법에 위배되었다. "할당제가 보편적 참정권을 훼손하고 용납할 수 없는 젠더 범주에 따라 시민들을 나누고 새로운 형태의 차별을 만들어낸다는 것"[2]이 헌법재판소의 위헌 판결의 요지였다. 그 결과 페미니스트들은 할당제를 위헌이라고 했던 바로 그 헌법 개정 투쟁에 들어가면서 남녀동수법을 내놓게 되었다. 따라서 남녀동수법 투쟁은 프랑스 특유의 보편주의라는 사상에 바탕을 둔 것이었다.

서양 페미니즘의 출현은 보편 인권 담론과 더불어 가능했다. 인간의 보편적인 권리를 행사하려면 무엇보다 개인이 성립해야 한다. 개인=남성으로 동일시되고, 남성을 중심으로 한 개인과 대비해 여성이 구성되었다. 남성이 보편적 개인을 대표하는 한, 여성은 처음부터 보편적 개인이 될 수 없는 특수한 젠더(여성성이라는 특수성)의 속성을 지닌 것이 되어버린다. 대표성을 지니지 못한 여성들이 권리를 달라고 말을 하기 시작하면 문제가 생기지 않을 수 없다. 정치적 언어로 말할 수 없는 자들이 말을 하기 시작하면, 그들은 공동체의 치부를 공공연하게 드러내는 추문의 발화자가 된다.

여성들에게 보편적 자유와 평등, 정치적 권리라는 혁명의 약속을 지키는 것이 왜 그리도 힘들었는가? 프랑스 혁명의 권리 선언과 여성 시민권 거부 사이에 드러난 모순은 여성들에게는 자명해보였지만, 남성과의 차이를 근거로 여성의 선거권을 거부한 입법자들에게는 그렇지 않았다는 것이다.

페미니즘은 여성을 정치적으로 배제한다는 것에 대한 항의였고, 목표는 여성도 남성과 동등해지는 것(성차를 제거하는 것)이었다. 하지만 페미니즘은 평등해지기 위해 '여성'의 차이를 내세우지 않을 수 없었다. 그로 인해 페미니즘은 자신이 없애고자 한 '성차'를 스스로 생산해야만 했다. 페미니즘은 성차를 거부하기 위해 성차를 내세워서 싸워야 했다는 것이 스콧Joan W. Scott이 지적하는 페미니즘의 역설이다. 그것은 보편적 인간이라는 개념에 내장되어 있는 역설이기도 하다. 개인의 탄생이 있어야 인권을 규정할 수 있다. 그런데 이 보편적 개인 혹은 추상적 개인은 개인이 가진 모든 차이 지점들(가족, 부, 직업, 재산, 피부색, 키, 종교, 젠더 등등)을 무시해야만 가능한 것이다. 구체성을 없애야만 추상적 개인이 된다. 그런데 다른 한편 이 추상적 개인은 개별적 차이, 다른 어느 누구와도 구별되는 개인성을 가져야만 된다. 그것이 타인과 나를 구분해서 나를 나로 만들어주는 것이기 때문이다. 그렇다면 보편적 개인은 스스로가 거부하려고 했던 바로 그 차이에 바탕을 두고 자신을 구성하지 않을 수 없다. 그런데 그런 보편적 개인의 모델이 남성이므로, 남성은 탈성화된다. 말하자면 남성은 보편적 개인이 되는 반면, 여성은 언제나 성차를 각인하는 존재가 되고, 차이를 내재한 존재가 된다. 이 논리에 의하면 여성은 언제나 보편적 개인에 미흡한 존재가 된다. 프랑스의 보편주의로 인해 여성들에게는 자유와 평등이라는 보편적 혁명의 약속을 지키는 것이 그토록 힘들었던 것이다.

1789년 대혁명 이래로 프랑스적 보편주의는 법 앞에서의 평등을 보증해왔다. 프랑스는 보편주의를 영속적이고 가장 소중한 정치적 자산으로 여겨왔다. 프랑스 보편주의는 모든 시민을 성, 인종, 출신, 종교에 관계없이 추상적 개인으로 보며, 추상적 개인을 시민의 대표뿐만 아니라 국가의 대표로 취하는 정치학의 개념에 의존해왔다. 또한 차이에 관계없이 완전한 프랑스인이 되기 위해서는 단일한 기준에 동화되어야 한다는 가정에 의존한다.

그런데 1990년대 말에 인종, 종교, 출신 등의 차이를 인정해야 한다는 요구가 높아지고 보편주의적 대의제가 사실상 일부 그룹의 이해관계를 대변한다는 비판적 의식이 확산되었다. 이렇게 대의제 원칙에 대한 위기 의식이 확산된 계기는 북아프리카 출신 이민자들의 동화 문제와 관련이 있었다. 북아프리카 출신 프랑스인들이 프랑스의 '일방적인' 보편주의에 반감을 보였다. 다른 한편 그와 더불어 그들의 동화 정책을 비판하는 우파 세력이 급부상했다. 이러한 정치적·사회적 배경이 보편주의에 대한 새로운 정의를 요구하게 되었다.

《젠더와 역사정치학Gender and the Politics of History》에서 스콧은 섹스/젠더의 구분이 어렵다는 점을 토로한다. 여성이 시대와 공간을 초월해 동질적이라고 여겨지게 된 것은 페미니즘의 보편화 충동 때문이었다. 젠더가 남녀 사이에 존재하는 불변의 차이를 의미한다면, 생물학적인 것 이외의 어떤 보편성을 담보할 수 있는가. 심지어 생물학적인 것마저 보편적이라고 할 수 있는가? 라는 의문이 제기될 수 있다. 이렇게 되면 젠더는 젠더/섹스의 구분 이전의 본질주의적인 시각으로 되돌아가고 만다. 섹스, 젠더, 성차 모두를 담론의 효과로 보지 않는 한, 젠더는 문제를 해결하는 것보다 더 많은 문제를 야기한다. 젠더 개념에 비추어 역사적으로 초월적인 통합적 여성 주체가 있다고 가정하는 것은 오류라는 것이다.

하지만 운동의 측면에서 볼 때, 여성에게 고정된 본질이 있다는 본질주의만큼 여성들을 단결시킬 수 있는 것도 없다. 여성의 이름으로 단결하라는 것보다 여성들을 연대할 수 있도록 만드는 구호가 있을까? '만국의 노동자여 단결하라'는 말을 들으면서 노동자들은 노동자성으로 공감하게 된다. 노동자 이외의 변수들, 즉 성적 지향, 계급, 인종, 종교가 다르다는 것을 먼저 떠올리기는 쉽지 않다. 그와 유사하게 '만국의 여성들이여 여성의 이름으로 단결하라'고 할 때, 여성에 앞서 인종, 민족, 종교, 계급, 교육적인 차이를 앞세우기 힘들기 때문이다.

프랑스 혁명 당시 초기 페미니스트들이 '같음 대 다름' 혹은 '평등 대 차이'에 몰두했다면, 남녀동수주의자들은 페미니즘의 구조적 모순 중 하나로 스콧이 《페미니즘의 위대한 역설》에서 지적했던 '페미니즘의 역설'에서 벗어날 방법을 구상한 것처럼 보였다.

여성의 생물학적인 차이를 차별화하는 법적·정치적 제도에 저항하려는 초기 페미니즘의 운동은 흔히 자유주의 페미니즘이라고 일컬어졌다. 1789년 〈인간과 시민의 권리선언The Declaration of the Rights of Man and Citizen〉가 공표되었다. 이처럼 보편적인 권리 선언은 그 안에 이미 위험을 내포하고 있었다. 보편적인 권리가 정확히 무엇을 뜻하며, 누구를 위한 누구의 권리인가? 인간과 시민 사이에서 배제된 사람들(여성, 노예, 유색 자유민들)의 불만은 이미 예견된 바였다. 1791년 드 구즈 Olympe de Gouges는 《여성과 시민의 권리선언The Declaration of the Rights of Women and Citizen》을 출간했다. 이 선언문은 이 시기 여성의 권리와 관련된 보편적 요구와 더불어 혁명의 보편성을 요청한다.[3] 드 구즈는 여성의 차이를 주장함으로써 혁명이 표방하는 보편적 '추상적 인간' 속에 과연 여성이 포함되어 있는 것인지를 심문한다.[4] 추상적 인간에는 젠더가 배제된 것이므로 이 질문 자체가 역설이지만, 그런 역설로 인해 보편주의의 불완전성을 그녀는 시작부터 심문하게 된다.

이처럼 자유주의 페미니즘 운동은 처음부터 역설을 안고 출발했다. 남녀동수 페미니즘 운동은 바로 그런 역설을 바탕으로 역설을 해소하는 한 방식처럼 보인다는 것이 스콧의 지적이다. 여성은 남성과 같고 그래서 정치에 동등하게 참여할 권리가 주어져야 한다면서 '평등'을 주장하거나, 혹은 여성은 남성과 다르고 그래서 정치 영역에서 부족한 부분을 제공해야 한다면서 '차이'를 주장하는 대신, 남녀동수주의자들은 상투적인 젠더 유형을 아예 무시해버린다. 그들은 진정한 평등이 확산되려면 성sex이 추상적 개인주의 개념에 포함되어야 한다고 주장한다. 계급, 젠더, 종교, 직업, 사회적 지위, 인종, 민족성 등과 관계없이 보편주의가 주장했던 중립적인 추상적 개인은 성적 특징을 가진 존재로 인식되어야 한다는 것이었다. 여기에 남녀동수법의 혁명적인 성격이 드러난다. 남녀동수주의자들은 평등에 바탕해 남성 인간을 추상적이고 중립적인 것으로 설정한 채 그런 추상성에 여성도 도달하려고 하거나(평등주의) 아니면 차이에 바탕해 여성성이라는 분리된 구현체(성차주의)에 도달하려고 애쓰지 않았다. 그 대신 추상적 개인 그 자체에 이미 여성이 있다고 주장한다. 간단히 말하자면 인간은 남성'과' 여성으로 구성된다는 것이다. 남녀동수주의자들은 본질적인 주장도 분리적인 주장도 하지 않는다. 여성에게는 정치를 변화시킬 만한 특별한 자질이 있다고 주장하지도 않는다. 여성 고유의 이해관계를 대변할 필요도 없다. 인간에는 남성 인간과 여성 인간이 있다. 남성과 마찬가지로 여성 또한 어느 계급, 인종, 종교, 민족을 망라해 어디나 존재하므로 남녀동수운동은 좌파/우파, 어느 종파의 여성들이라도 힘을 합칠 수 있게 만들었다. 그런 맥락에서 남녀동수의 근본적인 주장은 엄밀히 말하자면 보편주의에 바탕을 둔 것이었다.

남녀동수주의자들은 어떤 추상적인 개인이라도 성적 특징을 가지고 있음을 인정함으로써 국가라는 정치체를 구성하는 추상적 개인이라는 덩어리로부터 성적 특징을 제거하고자 했다. 그 명백한 모순, 즉 대표성을 고려하는 데에서 성을 제거하기 위해 추상적 개인들이 성적인 존재임을 인정하는 모순이 남녀동수운동의 이론적 추진력의 핵심에 놓여 있었다. 이제 그들은 할당제가 아니라 아예 50:50의 분할을 요구했다. 남녀동수운동이 주장한 50퍼센트는 할당이 아니라 어떤 성적 특질을 가지든지 개인들은 남자이거나 여자라는 사실을 반영한 것이다. 그것은 추상적 개인에게 처음부터 '여성과 남성이 있다'라고 패러다임을 바꾸는 혁명적인 발상이었다. 남녀동수운동은 발리바르E'tienne Balibar가 "이상적 보편성"이라고 언급한 것의 한 사례가 된다. 그는 이상적 보편성을 "어떤 제도의 한계에 대항해 상징적으로 제기된 절대적 또는 무한한 요구의 실재"라고 정의한다. 발리바르는 차별에 대항하려면 배제된 집단이 있어야 하지만, 남녀동수제의 경우 그런 배제를 특정한 권리에 대한 위반이 아니라 인간보편성 그 자체의 이상에 대한 위반으로 정의한다. 남녀동수운동은 '허구적 보편성'에서와 같이 사회적 차이를 무시하려는 것이 아니라, 해부학적인 이원성을 추상적 개인주의의 첫 번째 원칙으로 만듦으로써 프랑스의 대표 정치에서 진정한 보편주의를 실현하고자 한 것이다.

대표성의 정치에서 남녀의 양적배분이 50:50으로 변화하면 대의제가 질적으로 변화될 것이다. 루소가 말한 민의의 총합으로서 일반 의지라는 바로 그 개념 자체가 변화된다. 이로써《여성 시민에게 권력을!: 자유, 평등, 남녀동수》의 저자들은 평등이냐, 차이냐가 아닌 제3의 방법인 남녀동수를 선택했다. 해부학적 이원성은 여성의 차이를 본질화하는 것이 아니다. 그것은 서로 교환할 수 없는 두 가지이므로 인류를 대표할 수 있는 여성의 동등한 권리를 요구하는 방법이었다. 따라서 성화된sexed 차이를 배제하기 위해 해부학적인 양성이 있음을 인정하는 역설적인 운동이 남녀동수운동인 것이다.

인간이 남자와 여자로 존재한다는 것은 이성애와는 아무런 상관이 없다. 남성과 여성은 단순하게 두 가지 인간 유형으로 존재한다. 그런데 젠더 차별은 여성이 선출 의회에서 대표자가 되는 것을 방해해왔다. 이는 자연적 본질에 대한 위반이 아니라 자연적 본질과는 아무런 상관이 없는 정치적 배제인 것이다. 남녀동수주의자들에게 그것은 민주주의 원칙에 대한 위반이었다.

여성은 소수자가 아니며 여성은 특정한 계급, 특정한 사회적 범주, 인종적 공동체가 아니다. 여성은 어디서나 존재한다. 여성은 모든 계급에 속해 있으며 모든 사회적 범주들 속에 존재한다. 여성은 모든 종교에 속해 있다. 여성은 특정한 압력 집단이 아니다. 여성은 하나의 집단도 아니고 이해관계를 공유하는 압력 단체도 아니다. 여성들은 주권적 인민의 절반, 인간 종의 절반을 구성한다. 그들은 여성을 소수 집단으로 구성하는 것을 거부한다. 여성성은 보편적이다. 누군가가 남성일 때 그 사람이 인간인 것처럼 누군가가 여성일 때 그 사람 역시 인간이다. 남녀동수에 관한 법은 여성을 정의될 수 있는 속성을 가진 하나의 집단으로 보는 차이주의적 시각이 아니라 민주주의적 보편주의 원칙을 실행하려는 것이다. 인류의 절반이 남성이라면 인류의 절반은 여성이다. 그러므로 절반의 여성이 대표성을 가질 때 일반 의지는 진정으로 그 의미가 드러나게 된다.

보편과 차이 사이의 갈등은 서양 근대 민주주의 정치학이 항상 고민해온 모순의 한 단면이다. 예를 들어 종교, 인종, 이주민이 갖고 있는 차이를 인정할 것인가, 국가가 추구하는 보편적 원칙에 '문화적 차이'를 어떻게 동화시킬 것인가에 대해서 고민하고, 대립해왔다. 성소수자의 문제도 이러한 갈등을 관통하고 있다. 페미니스트 정치는 최전선에서 그런 갈등과 협상하고 투쟁해왔다. 페미니즘 운동 속에서 페미니스트들 사이의 논쟁의 핵심은 차이주의자와 보편주의자 간의 논쟁이라 할 수 있다. 차이주의자들은 남성과 여성이 근본적인 차이가 있다고 믿는다. 반면 보편주의자들은 육체적 생물학적 차이를 넘어 인간의 종은 하나여서 분리될 수 없고, 양성은 모든 점에서 동등하다고 생각한다. 19세기에 여성해방을 위한 운동 및 단체가 조직되기 시작되었을 때, 대다수 페미니스트들은 차이주의자로서 출산과 여성의 가치라는 이름으로 참정권, 시민권, 사회복지권을 위해 투쟁했다. 여기서 여성의 가치는 온화함, 생명 존중, 동정, 이타주의, 도덕적 요구 등을 말한다. 한편 보편주의자들도 여성들의 시민권과 복지권을 주장했으나 그 철학적 바탕은 개인의 자유, 평등, 존엄성이란 원칙이었다.

프랑스가 남녀동수법을 '수월하게' 통과시킬 수 있었던 것은 프랑스 국내의 정치 상황뿐만 아니라 국제적인 변수가 작동했다. EU(유럽연합)에 가입하려면 낙후된 프랑스 여성의 정치적 상황을 개선할 필요가 있었고 그에 대한 국제적인 압력도 작용했다. 그러므로 남녀동수운동은 단지 페미니즘 운동만은 아니었다. 또한 프랑스의 정치운동에 국한된 것만도 아니었다. 그보다 남녀동수운동은 프랑스 정치에서 출발해 이를 넘어 20세기 말 서양 민주주의 국가들이 직면한 주요한 변화의 맥락 안에서 일어난 것으로 이해되어야만 한다. 이처럼 프랑스의 남녀동수운동은 유럽 여성계의 강력한 지지 속에 이뤄졌다. 이러한 지지는 서양 근대 민주주의가 갖고 있는 모순을 극복하기 위한 노력의 일환이었다.

남녀동수운동은 반차별적 운동이 아니라 민주주의 정치학에 대한 중요한 도전 과제였다. 여성을 추상적 개인으로서 보편적 존재로 정의하게 됨에 따라 '반차별법'이나 '여성할당제'는 거부된다. 차이에 기반한 소수 집단에게 호의를 베푸는 것이 반차별법이라면, 여성은 모든 집단이나 공동체에 포함되어 있는 종의 절반이라는 점에서 반차별법의 대상인 소수 집단이 될 수 없다는 것이다. 또 할당제를 받아들이지 않는 까닭은 대의제를 탈젠더화하려 하기 때문이다. 남녀동수법은 재밌게도 해부학적인 성차는 받아들이면서도 문화적인 성차, 젠더는 거부한다. 사회문화적 성차야말로 여성 불평등의 기원이며, 남성이 특권을 부여 받아온 권력관계를 작동시켜 왔다는 것이 남녀동수운동 페미니스트들의 주장이다.

말하자면 동수는 여성이 여성을 대표하기 위한 것이 아니라 남성과 동수로 전체 민중을 대표하기 위한 것이다. 이렇게 보면 할당제는 동수의 철학을 위한 하나의 도구일 뿐이다. 남성이 보편적인 '성'이 아니라 인간은 남녀의 성차를 지닌 존재이며 성차는 인류라는 구체적 보편성을 통해 주권 행사를 재정하는 것이다.

남녀동수제가 만병통치약은 물론 아니다. 남성 대 여성의 50:50이라고 하지만 절반의 대표성을 구성하는 여성들 사이에 초래된 차이는 어떻게 할 것인가? 정치로 진출하는 여성들이 어떤 여성들일지는 불 보듯 뻔할 수 있다는 것이다. 여성의 대표성은 결국 부르주아 여성들이 차지할 것이라는 우려가 그것이다. 그로 인해 바탕테르Elisabeth Badinter, 피지에르Evelyne Pisier, 살나브Daniele sallenave 등은 동수제의 문제를 비판한다. "차이가 분리와 차별을 조장한다면, 다른 한편 보편적인 것은 차이에 반대하는 무기가 될 수 있다", "동수주의자들은 여성의 차이를 범주를 초월하는 절대적인 것으로 만들면서, 차별에 희생당한 사람들 사이의 유대 관계라는 원칙을 포기했다. 그들은 배척을 여러 수준으로 구분함으로써 많은 여성들에게 고통을 주는 경제적·사회적·인종적 불평등을 간과하고 있다. 여성 스스로가 여성들 사이의 형식적인 연대 의식(자매애 등)을 꾸며냄으로써 모든 여성들이 똑같이 차별받지 않는다는 점을 너무 쉽게 잊고 말았다"는 지적이 있다. 오주프Mona Ozouf는 나이, 성, 종교, 인종을 넘어서 보편적인 인간을 상정한다면, "왜 어린이들 젊은이들은 노인들과 동수의 대표가 되겠다고 주장하지 않을까?"라고 비꼬듯 반문한다. 이렇듯 동수원칙은 '적극적인 조치를 통해 불평등을 수정하지 않으면서 불평등을 감추고 영속화시키는 보편주의'로 후퇴한 것이라고 반대 진영은 비판한다. 어쨌거나 프랑스는 동수원칙을 헌법상으로 보장했고 그 결과, 2013년 사회당 올랑드 정부는 내각을 남녀동수로 구성했다.

주

1 남녀동수법에 관한 것은 스콧, 조앤, 《성적 차이, 민주주의에 도전하다》, 인간사랑, 2009를 주로 참조했다.
2 스콧, 조안, 〈할당제 거부〉, 앞의 책.
3 _____, 《페미니즘의 위대한 역설》, 공임순·이화진·최영석 옮김, 앨피, 2006.
4 올랭프 드 구즈는 여성의 차이를 주장하면서도 여성을 남성과 동등하게 대접할 것을 동시에 요구한 셈이다. 그녀의 유명한 말, "여성이 단두대에 설 수 있다면 의회의 단상에도 설 수 있어야 한다"는 말이 그런 역설을 보여준다.

매춘

기본적 정의

성적 서비스를 제공해서 생계를 유지하는 일을 일컫는다.

개념의 기원과 발전

매춘賣春, prostitution의 핵심에는 성 거래와 생계 유지가 놓여 있다. 이 일은 몸을 통해 성적 서비스를 거래한다는 점에서 서비스 노동이며, 신체화된 노동embodied work이고, 성애 노동 이다. 그러나 매춘에 대한 정의를 내리는 것은 이처럼 간단 하지도 만만하지도 않은 일이다. 성적 서비스가 어떤 내용을 포함하는가에 대해 답해야 하는데 그것이 쉽지 않기 때문이 다. 성에 관한 생각이 다르고, 성적이라고 여기는 부분이 개 인마다, 사회마다 다르지만 한국 사회에서 매춘은 보통 직접 적인 성관계를 갖는 것을 의미한다. 성특법은 매춘이 범죄가 되는 순간을 성교 또는 유사 성교로 불리는 행위를 했을 때 로 규정한다. 그러나 다른 감정적 표현이나 신체적 접촉과 매춘으로 규정된 행위는 연속선상에 있는 것으로 보이며, 따라서 어느 지점에서 매춘과 매춘 아닌 것을 칼로 자르듯이 구분하기는 어렵다. 그럼에도 죄소한의 성의는 필요하기에 잠정적으로 성적 서비스와 화폐를 교환하는 것을 매춘으로 정의하고, 매춘에서 교환하는 성적 서비스는 직접적인 성관계를 갖는 것으로부터 직접적인 신체 접촉이 이뤄지는 것까지로 본다.

매춘은 성적 서비스와 화폐를 교환한다는 바로 그 이유로 비하되고 경멸당해왔을 뿐만 아니라 사회악으로 여겨진다. 한국어사전은 매춘을 매음과 같은 말이며, "돈을 받고 몸을 팖"이라고 정의하거나, "돈이나 기타 대가를 받고 성적 대상이 되어 줌"이라고 정의한다. 그런데 사회악을 설명하는 자리에서는 "사회가 지닌 모순으로 인해 발생하는 해악"이라고 정의하고 그 예로 빈곤이나 범죄, 도박, 매춘을 들고 있어 매춘에 대한 부정적 인식을 드러낸다. 그럼에도 이전에 비하면 한국 사회에서도 매춘에 대한 인식이 조금 달라진 것을 알 수 있다. 2009년 조사할 당시에는 매춘과 매음을 같은 말이라 정의하고, 매음에 대해 "여자가 돈을 받고 아무 남자에게나 몸을 팖"이라고 정의되어 있었다. 그런데 최근에 조사해보니 몸을 판다는 인식은 여전하지만 주체를 여성으로 한정하거나, 아무 남자 등의 표현은 사라졌다.

조선 시대 문헌에서 그 용례가 발견되지 않는 매춘이라는 말은 파는 사람만 가시화되고 사는 사람은 보이지 않게 한다고 해서 매춘 대신 매매춘이라는 용어가 제안되었다. 그러나

매매춘 또한 성性을 봄春이라는 자연 현상에 비유해, 성을 사고파는 행위를 '생물학적 본능'으로 간주한다는 점에서 비판받았다. 성매매는 이러한 문제점에 대한 대안으로 나왔다. 매춘이라고 했을 때 봄은 남녀의 정감이나 섹슈얼리티 혹은 여성의 정감이나 섹슈얼리티를 비유적으로 표현한 것이지 남녀의 성을 생물학적 본능으로 간주한 것이라고 보기 어렵다. 이런 점에서 매춘은 남녀의 섹슈얼리티를 판다는 뜻으로 사용하기에 적절한 측면이 있다.

흔히 매춘을 두고 가장 오래된 직업이라고 말한다. 이 말은 매춘을 보편적인 것처럼 보이게 한다. 그러나 이 말은 경제 구조, 성적 실천, 성적 실천과 정체성 사이의 관계, 경제적 실천과 정체성 사이의 관계와 같은 특정한 역사 공간 안에 놓인 매춘의 사회문화적 맥락을 모호하게 한다. 매춘은 특정한 역사의 산물이며 지역적 특성을 갖기 때문이다. 따라서 매춘을 가부장적인 지배나 억압의 문제로 일반화하기는 어렵다. 북미나 유럽, 아프리카나 아시아에서 진행된 제국/식민, 포스트제국/포스트식민의 역사지리적 경험은 매춘의 성격을 각각 다르게 형성해왔다. 미국과 유럽 국가들의 매춘은 식민주의 역사의 영향으로 욕망의 인종적 패턴, 이주, 고객과 매춘인 사이의 경제적 불평등을 야기했다. 한편 동남아시아, 인도, 케냐 같은 국가의 매춘 형태는 식민 이전의 성적 실행과, 영국군이나 미군의 성적 서비스에 대한 요구와 같은 식민 또는 식민 이후의 현상이 상호작용하는 특별한 역사를 공유한다. 한국의 경우만 보아도 근대 이전, 식민지 시대, 식민 이후 시대에 매춘의 형태가 달라졌다. 근대 이전에는 매춘 제도가 없었다. 유녀遊女, 사당패 등의 매춘은 비제도화된 매춘이었다. 그러나 일본 제국주의가 들어오기 시작되면서 매춘이 제도화되었다. 1876년 개항 이후 일본은 부산, 원산, 인천 등 개항지를 중심으로 유곽을 설치했다. 1916년에는 '유곽업 창기 취체 규칙'을 만들어 매춘을 공식화하고 창기들에게서 세금을 거두었다. 이른바 공창 제도의 시작이었다. 공창 제도는 식민지하의 빈곤한 여성들의 경제 활동을 가능하게 했다. 공창 제도는 1947년 미군정이 들어서면서 폐지되었다. 그러나 미군기지 주변에는 '기지촌'이라는 특수 공간이 형성되어 미군을 상대로 한 매춘이 이뤄졌다. 박정희 정권은 1962년부터 전국에 104개 '특정 지역'을 설치, 운영하면서 동시에 윤락 행위 방지법을 만들어 매춘 여성들을 처벌했다. 한국의 이러한 역사적 특성은 국가, 군대와 매춘이 어떤 관계 속에 있었는가를 보여준다.

매춘은 흔히 남자가 사고 여자가 파는 것으로 이야기되며, 이것은 가부장제의 구조적 문제에서 기인한다고 설명한다. 물론 여성이 대다수를 형성하기는 하지만, 이런 방식의 담론은 매춘인들 가운데 상당수를 차지하는 레즈비언, 양성애자, 성(별)전환인들을 비가시화한다. 말레이시아의 경우 성(별)전환인의 인구는 약 1만 명인데, 그중 70퍼센트가 성거래를 하는 것으로 나타난다. 그러나 성노동 현장에서나 성노동 담론에서 이들에 대해 특별한 이해와 관심이 없다. 따라서 이들은 다시 주변화되고 있다. 그럼에도 전반적인 현상을 이야기하면 여자가 팔고 남자가 주로 산다고 할 수 있다. 그것은 여성의 경제적 조건과 관련이 있다. 여성들이 성산업으로 들어가는 이유는 대부분 빈곤의 문제와 연결되어 있다. 성산업으로 가는 주된 이유는 빈곤이며, 빈곤이 아닌 경우에도 그 주된 이유는 경제적인 것이다.

대부분의 국가는 매춘을 노동으로 인정하기보다는 도덕적 가치를 손상시킨다는 이유에서, 또는 인신매매된 여성들을 구한다는 명목하에 직접적으로 매춘을 통제하고 범죄로 취급한다. 뉴질랜드는 예외적으로 매춘을 범죄로 간주하지 않으며, 합의된 상업적 섹스는 제한하지 않는다. 그 외 대부분의 국가에서는 매춘을 범죄화하며, 매춘인에 대한 도덕적 낙인을 가한다. 매춘인은 일탈적 존재로 격하되고 피해자로 환원되었다. 이러한 격하 뒤에는 매춘을 타자로 재현해온 역사가 존재한다. 매춘인들은 늘 도시 공동체 혹은 시민의 위협이 되는 타자, 혹은 애매모호한 존재로 묘사되어왔다. 매춘인들은 민주적이고 개방적인 것으로 간주되는 현대 도시의 공간에서조차 도덕적으로 타자화되어 배제되거나 추방되어야 했다. 그 이유는 성-중립적으로 보이나 실제로는 그렇지 않은 시민권과 관련되어 있다. 시민권은 특정한 성 규범 즉 이성애 핵가족 중심의 성 규범과 결부되어 실현되어왔기 때문에 매춘은 이러한 시민의 성 규범을 어지럽히고, 시민의 공적 영역을 침범하고 그 경계를 교란시키는 것으로 간주된다.

이런 점에서는 자본주의 국가나 사회주의 국가나 마찬가지다. 소비에트 연방은 재활원인 프로필락토리아prophylactoria

를 설립하고, 매춘 여성들을 그곳에 강제 억류한 뒤 저임금노동에 투입해서 "프롤레타리아 정신을 다시 교육받"게 했다. 그후 젊은 여성들은 공장으로 보내서 '노동자의 삶을 시작했다.' 그렇게 해서 소비에트 연방은 18세기 영국과 보조를 맞춰 필딩의 도덕적 노동 착취 공장을 모델로 한 재활 기구를 만들었다. 1920년대 말부터 계속 스탈린이 소비에트 연방에 대한 자신의 지배력을 강화하고 향후 60년간 지속될 전체주의 거대 국가를 탄생시켰을 때, 성 정치의 의제는 해방에서 가정의 재건으로 바뀌었다. 자본주의 사회를 타락시켰던 해악인 매춘은 사회주의 유토피아에서는 결코 존재할 수 없는 것으로, 하루아침에 파괴되었다. 중국 역시 매춘을 단기간에 제거했다. 그렇게 빠른 시간 내에, 그처럼 철저하게 성매매를 근절시킨 경우는 전무하다. 1930년대 세계적 국제도시였던 상하이는 여성 20명당 1명이 '매춘 여성'이라고 할 만큼 세계에서 창녀가 가장 많은 도시였다. 그런데 1949년 상하이를 접수한 중공 민정국은 1951년 11월 13일 매춘금지령을 내리고 1차로 검거된 500여 명의 창녀를 수용하는 등 1958년까지 총 7,513명을 부녀교화소에 강제수용했다. 이들은 교화소에서 성병을 치료받고 문화 학습과 기술 학습을 받았으며, 1952년부터 1958년까지 모두 7,193명이 정식 출소했다. 강도는 다르지만 자본주의 사회에서도 이러한 예가 없는 것은 아니다. 타이페이의 시장이었던 천수이피엔의 집창촌 폐쇄 계획이나 한국의 성특법, 집창촌 재개발이 그 예다.

매춘을 보는 시각은 크게 두 가지로 나눌 수 있다. 첫째는 성적 지배, 여성 억압으로 보는 입장, 둘째, 성노동으로 보는 입장이다. 매춘을 성적 지배, 여성 억압으로 보는 입장에서 성노동자들은 제한된 행위성을 가진 존재들이며 그들이 스스로 매춘을 선택하는 것은 불가능하다고 본다. 따라서 성노동자들은 매춘을 자발적으로 선택한 행위자라기보다는 피해자로 규정된다. 매춘을 성노동의 하나로 보는 입장에서는 성노동에 종사하는 성인남녀는 범죄화되거나 동정받거나 규제받지 않고 노동할 수 있는 권리를 가진 존재들이다. 이 입장에서는 모든 종류의 매춘은 비범죄화되어야 한다고 본다. 하나를 덧붙이자면 친밀성, 서비스 노동, 감정노동 등과의 연관 속에서 매춘의 성격을 다시 규정하는 입장이 있다.

매춘을 여성에 대한 남성의 성적 지배로 보는 대표적인 이론가는 베리Kathleen Barry이다. 베리는 매춘을 모든 성착취가 집약된 형태이자 성착취의 가장 극단적인 모델로 본다. 베리에 의하면 포르노그라피 매체들은 성적 탐닉에 빠진 사회의 도구이며 강간은 성착취의 전형적인 증거인 한편, 매춘은 여성의 동의가 있건 없건 여성 억압의 제도적·경제적·성적 모델이다. 베리는 드워킨Andrea Dworkin과 매키넌Catherine A. Mackinnon이 포르노그라피의 주제는 "사진 그리고/또는 단어들을 통해 여성의 종속을 생산하는 성적으로 명확한 그래픽 표현"이라고 한 것을 들어 매춘은 포르노그라피를 실행에 옮긴 버전으로 여성 종속의 시각적 재현은 살아 움직이는 것이라고 보았다. 따라서 매춘을 정상화하는 것은 사적인 삶과 관계들 속에서 포르노그라피가 전개되는 것이라고 본다. 급진주의 페미니즘으로 분류되는 베리의 입장은 한국의 '성매매근절론'의 이론적 기반과 맞닿아 있다.

베리가 매춘을 시배, 억압의 관계로 보았다면 페이트만 Carole Pateman은 매춘을 성적 계약으로 본다. 페이트만은 가부장적 권리가 공적 측면으로 나타나는 가장 극적인 예는 남성이 여성의 신체를 자본주의적 시장에서 상품으로 판매하는 것이라고 보고 매춘을 자본주의의 주요한 산업 중의 하나라고 지목한다. 페이트만은 매춘을 성적 부분을 파는 것이 아니라 성적 서비스의 사용을 계약하는 것이라고 본다. 그러나 매춘에서 이루어지는 '성행위' 자체는 가부장적 권리의 승인이라고 본다. 남성의 성권리의 법은 공공연히 확인되고 남성은 여성의 성적 주인으로서 공적인 승인을 얻는다는 것이다. 그리고 이것이 매춘의 잘못된 점이라고 지적한다. 페이트만은 매춘을 지배, 종속의 관계로 보지 않고 계약 관계로 보았으나 가부장적 자본주의 사회에서의 계약 자체가 새로운 종속을 의미하기 때문에 매춘 계약이 허구적이라고 본다.

페이트만의 연장선상에 있는 것으로 보이는 데이비슨 Julia O'Connell Davidson은 매춘을 "성적 행위의 구매라기보다는 개인에 대한 통제력의 구매", 즉 고객이 일시적으로 매춘인에게 성적 명령을 할 수 있는 특정 권력을 확보하도록 허용하는 제도로 본다. 그리고 매춘인과 고객의 관계를 다양한 층위에서 이뤄지는 계약관계로 본다. 데이비슨은 매춘을 지배와 종속의 관계로만 이해하는 것은 남성 권력을 분석할 때도 정교함을 가져올 수 없으며, 매춘을 억압의 한 형태로 간주할 때도 그 특수성을 잘 알 수 없게 하며, 남성 섹슈얼리티 문제를 다룰 때도 한쪽으로 치우친 견해를 갖게 한다고 본다. 매춘을 동의와 계약 관계로 보게 되면 강간, 폭행 등과는 법적으로, 사회적으로 분리된 것으로 보게 되며, 매춘에 참여하는 사람에게는 계약 상의 동의, 형식적·묵시적 법칙 등이 종속당하는 경험 수준에서의 강간과 매춘을 구분하게 한다. 그러나 데이비슨은 매춘인과 고객 사이의 계약이 진정으로 상호적인 것이 아니라고 본다.

매춘을 전적인 남성 지배나 억압의 구조로만 보지 않고, 사회 계약의 하나로 보는 것은 매춘인과 고객 사이의 관계를 달리 해석하게 한다. 그러나 이 입장들은 매춘이 갖는 노동의 속성보다 지배, 억압의 관계로 본다는 점에서 매춘인의 자발성이나 행위성을 간과한다. 뿐만 아니라 매춘을 사회 관계로 보게 함으로써 노동의 성격을 간과하게 한다. 매춘을 노동으로 볼 때 무엇이 달라지는가? 매춘, 성노동과 가사노동, 성소수자들의 노동에 대한 재인식이 가능하며, 성노동을 하는 사람들의 권리 찾기와 저항하기가 가능하고, 가사노동과 성노동 그리고 임노동의 여성들과 성소수자들의 생존력과 노동력을 확인하게 된다.

매춘을 노동으로 보는 입장은 성노동자들로부터 나왔다. 이들은 자발적으로 매춘을 선택해 일을 하는 데 필요한 기술을 가지고 있다. 그러나 사회적으로 그러한 선택이나 기술은 인정받지 못했다. 따라서 성노동이라는 말을 사용하거나 낙인과 오명이 따라다니는 매춘, 또는 창녀라는 말을 공공연하게 쓰지 않는 것으로 저항했다. 낙인과 오명을 제거하려는 대표적인 단체로는 1973년 세인트가 세운 '코요테 당신들의 지겨운 윤리는 그만COYOTE: Call Off Your Tired Ethics', 1985년 네덜란드에서 결성된 '홍-실Red Thread'이 있으며, 성노동자들의 국제적인 연대도 이뤄지는 상황이다. 한국에서 성노동자 운동이 본격화된 것은 2004년 성특법이 발효되면서부터다. 집창촌에서 일하던 성노동자들이 자신들도 노동자라고 하면서 자신들의 목소리를 내기 시작했고 평택의 민성노련을 중심으로 성노동자 운동이 시작되었다.

오거스틴, 알렉산더, 번스타인, 캠파두 등이 참여한《매춘과 성노동 백과사전》은 매춘과 성노동을 같이 쓰는데, 그렇다고 매춘과 성노동을 같은 의미로 보지는 않는다. 이 사전에 의하면 성노동이라는 말은 모든 종류의 성 산업을 언급하기 위해 지난 30여 년 사이에 만들어졌으며, 성노동은 "창녀"나 "매춘부"처럼 오염되지 않고, 낙인이 가해지지 않은 용어로 전문성을 보여줄 수 있는 용어라고 본다. 반면 매춘은 상이한 맥락에서 다양한 정의가 내려지기 때문에 복잡한 의미를 갖는다고 본다. 그래서 그중 일부는 법이 규정하는 매춘의 정의에 기대고 있는데 법적 정의는 시간과 장소에 따라 변화해왔기 때문이다. 이러한 복잡함에도 불구하고 사전은 매춘에 대한 가장 일반적인 정의를 돈을 위한 성적 교환이라고 정리한다. 이처럼 매춘과 성노동을 같이 사용하기도 하지만 이를 구분해서 사용하는 경우도 있다. 번스타인은 매춘과 성노동을 구분해서 사용한다. 번스타인은 상업적인 성적 만남의 범죄적 성격이나 낙인의 성격이 최고조에 달할 때 "매춘"이란 용어를 사용하며, 실천의 법적·사회적·현상적 특수성이 적절하지 않을 때 "성적 상업(거래)", "성노동"의 보다 넓고 중립적인 명칭에 기댄다. 여기에서 말하는 성노동은 매춘보다 포괄적인 개념이지만 그러나 대체로 돈과 성적 서비스의 교환을 의미하며, 매춘은 여전히 부정적인 의미로 쓰인다. 젤라이저Viviana A. Zelizer는 《친밀성의 거래》에서 성적 서비스를 제공하는 모든 종류의 직업을 성노동이라 부른다. 여기에는 폰섹스, 포르노 영화 제작, 스트립쇼, 마사지, 에스코트 서비스 등이 포함되는데 이런 직업은 만남의 지속성, 육체적 접촉의 정도와 특징, 친밀함의 범위, 환경, 그리고 전체적인 스타일에 따라 매우 다양하다.

　매춘이 성적 서비스를 교환하는 것이라고 할 때 성적 서비스의 내용은 무엇인가? 신체를 사용하는 다른 서비스와 어떻게 다른가? 성적인 것은 개인에 따라, 사회에 따라 달리 구성되며, 성적 서비스의 내용도 개인이나 사회에 따라 달라진다. 따라서 매춘이 반드시 생식기 혹은 성적 만족감과 관련되지는 않는다는 주장도 가능하다. 자츠는 무엇이 우리의 행동을 성적이거나 에로틱하게 만드는지 고려해야 한다고 하면서, 섹슈얼리티에 대한 구성주의 이론은 섹슈얼리티가 생식기와 관련이 없을 수 있으며, 생식기가 성적이지 않을 수도 있음을 고려할 필요가 있다고 말한다. 그리고 생식기 혹은 성적 만족감과 필연적인 관련을 갖지는 않는다고 주장한다. 매춘에 대해 부정적인 입장을 갖는 사람들이 문제 삼는 것 중의 하나는 가장 친밀한 것이라고 생각되는 성적인 것이 상품으로 교환되는 것이다. 누스바움Martha Nussbaum은 매춘의 사례를 통해 성적 상품화에 대한 질문을 던진다. 누스바움은 우리 모두는 우리의 신체를 써서 돈을 벌고 있으며, 대학 교수, 공장 노동자, 변호사, 오페라 가수, 매춘인, 의사, 의원 등 누구나 신체 중의 일부를 사용하고 그 대가로 임금을 받지만, 어떤 일은 사회적인 낙인이 있지만 어떤 일은 그렇지 않은 것은 계급 편견이나 인종이나 젠더의 고정관념에 기반해 있다고 본다. 누스바움은 성적인 혹은 생산적인 능력의 사용과 관련해 돈을 벌거나 계약을 맺는 것은 진정으로 나쁘다는 믿음이 광범위하게 퍼져 있다고 지적한다. 누스바움은 매춘 여성을 신체적인 서비스로 돈을 버는 여성들과의 관련 속에서 보기 위해 공장 노동자, 부유한 중산계급의 집에서 일하는 가정부, 중간 정도의 클럽에서 노래하는 나이트클럽 가수, 철학 교수, 안마사 등과 각각 비교한다. 그리고 매춘이 다른 형태의 '신체적인 서비스'와 많은 특징을 공유함에도 불구하고, 매춘에 대한 낙인이 가장 광범위한 것은 도덕적인 이유와 젠더 위계 때문이라고 본다. 젤라이저는 누스바움의 이러한 논의에 대해 매춘의 부도덕성 혹은 매춘의 젠더 계급 제도에 대한 지지 같은, 매춘을 유별나게 만드는 것에 대한 표준적인 설명을 해체하고, 돈과 친밀함의 양립 불가능성이라는 가정에 설득력 있는 철학적 주장을 제공한 것으로 본다. 서비스 교환에 따라 돈을 받는 것은 친밀한 서비스조차도 본질적으로 타락이 아니라는 것이다. 매춘은 적대적인 세계의 관심에도 불구하고, 비상업적인 성적 관계를 타락시키지 않으며, 다른 형태의 관계와 공존할 수 있고 또 항상 공존해왔기 때문이다.

고정갑희는 매춘을 성노동의 하나로 보는데, 이때 성노동은 성별노동과 성애노동을 포함한 보다 확장된 개념이다. 고정갑희는 우선 성을 성별(젠더)과 성애(섹스, 섹슈얼리티)로 나누고, 성노동을 성별노동과 성애노동으로 나눈다. 성별노동은 성별화된 노동으로 남성/여성의 노동을 의미하고, 성애노동은 섹스노동과 다른 성애(섹슈얼리티 측면)적 노동을 의미한다. 성애와 노동이 연결되는 대표적 예가 매춘이다. 고정갑희는 섹스노동, 성산업노동, 매춘노동을 연관해서 사용하며 때로는 중첩해서 사용한다. 그것은 매춘노동이 성기 접촉을 전제로 한 것인지, 봄을 판다는 의미 정도의 상징성을 띠는 모든 종류의 노동을 매춘노동이라 할 것인지 명확히 말하기 어렵다고 보기 때문이다. 그럼에도 노동으로서의 매춘을 인간의 욕망을 직접 충족시켜주는 서비스 노동이며, 쾌락을 생산하는 노동으로 규정한다. 즉 "매춘은 비물질적인 것을 생산하는 노동이다. 쾌감, 쾌락, 그것도 성적 쾌감이나 쾌락을 생산하는 노동"이라는 것이다. 이처럼 인간의 욕망을 충족시킴으로써 쾌락을 생산하는 매춘노동은 임금을 받고 판매되기 때문에 교환가치를 가진다. 이때 교환되는 성적 서비스는 상품이다. 조립 공장에서 일하는 노동자가 생산하는 상품과는 다른 비물질 상품이다. 그런 점에서 매춘노동은 생산노동이라 할 수 있다. 성노동을 성별/성애노동을 나누고 매춘노동을 성애노동에 포함시키는 성노동 체계는 매춘노동을 다른 노동과 고립된 노동이 아니라 연관된 노동이며, 동일한 성노동 체계 속에 놓인 노동임을 확인하게 해준다.

매춘노동은 신체화된 노동이면서 비물질적 서비스 상품을 생산한다는 점에서 감정노동과 유사한 측면이 있다. 감정노동을 개념화한 혹실드Arlie Russell Hochschild는 감정노동을 사람들이 개인의 기분을 다스려 얼굴 표정이나 신체 표현을 통해 외부에 드러내 보이는 것을 의미하는 말로 사용하는데, 감정노동은 임금을 받고 판매되기 때문에 교환가치를 갖는다고 본다. 감정노동, 하이터치high-touch 노동, 신체화된 노동 등 노동의 범주가 확장되고 재규정되면서 매춘은 이들 노동과 연접해 있는 노동으로 다시 자리매김 되고 있다. 매춘은 돌봄과 감정을 요구하는 일이기 때문에 비행기 안에서의 서비스, 연기, 심리치료, 마사지, 어린이 돌봄과 같이 성노동은 상업화되고 상품화된 노동이라 할 수 있다. 매춘을 신체를 사용한 다른 서비스 노동과 연속선상에 있는 경우로 맥도웰Linda McDowell의 논의를 들 수 있다. 맥도웰은 성노동을 성적 삽입은 물론 신체적 행위 이외의 다양한 범위의 서비스를 포함한다고 본다. 맥도웰에 의하면 성노동은 다른 형태의 신체화된 노동들과 구분하기 쉽지 않은 일의 한 형태로서 섹스를 파는 것부터 마사지업소와 에스코트 에이전시에서의 일, 포르노그라피, 광고 산업과 같이 남성과 여성 신체의 상품화와 성애화에 기반한 모든 종류의 서비스에 이르는 행위들의 연속성을 포함한다. 이처럼 매춘노동에 대한 이론적 논의가 진행되고 있지만 여러 형태의 권력 행사에 의해 매춘은 여전히 범죄로 여겨지고 주변화되고 있다. 법뿐만 아니라 공간 배치를 통해서도 권력을 행사하는 국가는 매춘 공간을 도시에서 점점 주변화하고 소외시킴으로써 매춘을 공간적으로 통제한다. 매춘의 지리학을 섹슈얼리티, 도덕, 권력 그리고 도시의 관점에서 접근하는 허바드Philip Hubbard는 '매춘 여성은 사회적·공간적으로 국가와 법률에 의해 주변화된 채 이성애 성의 도덕적 가치를 유지하고 정당화하는 데 이용되는데, 이는 대개 (그렇다고 배타적이지만은 않은) 중산층 백인 남성 주체의 이익을 위해 유지되고 있다'고 주장한다. 그리고 '특정 위치에서 매춘 여성의 분리, 격리, 수용은 이성애 주체들과 비도덕적, 불법적 섹슈얼리티를 체현하는 사람 간의 구분을 (재)생산한다'고 지적한다. 동시에 허바드는 권력을 억압적 힘이라기보다는 저항의 창조를 통한 생산적 힘으로 간주하는 푸코Michel Foucault의 권력 개념에 주목하면서 비도덕적 섹슈얼리티의 공간적 생산이 어떻게 경합되는가를 본다. 허바드는 매춘의 지리학을 배제로만 해석하는 데 문제 제기하면서 주변부에 있다는 것은 저항과 생존 과정의 일부일 수 있다고 주장한다. 그는 힘의 관계는 위치로부터 추론될 수 없으며 무력함이 언제나 주변에 있는 것도 아니고 힘 있는 것이 언제나 중심에 있는 것도 아니라는 시블리David Sibly의 견해에 동의하고, 성노동자들이 성(젠더/섹슈얼리티)적 기대들에 저항하고 벗어나기 위해 고안한 전술들을 제시한다. 거리 매춘인들의 친교, 동료들 간의 연대, 조합 같은 것이 그러한 예들이다.

현재 한국 국가기구는 매춘을 성매매로 규정하고 성특법을 통해 매춘을 범죄로 규정한다. 매춘을 범죄로 규정하는 국가와 법에 대한 성찰을 위해 매춘 혹은 성노동에 대한 관심과 이론화가 필요하다. 이것은 오랜 역사 동안 오명과 낙인이 덧씌워진 매춘을 재개념화하는 일에서 더 나아가 오랜 역사 동안 성노동을 해온 여성들, 그리고 지금도 공격적인 세계화의 진행 한켠에서 빈곤으로 인해 국가 경계를 넘어 성노동을 하는 이들을 해방시키는 일이 될 것이기 때문이다.

참고문헌 및 더 읽을거리

고정갑희, 《매춘 성노동의 이론화와 성/노동/상품의 위계화》, 《경제와 사회》 봄, 2009.
로버츠, 니키, 《역사 속의 매춘부》, 김지혜 옮김, 책세상, 2004.
박이은실, 〈섹슈얼리티의 위계와 낙인의 문제―성(별)전환인들의 성노동에 대하여〉, 《성·노·동》, 여성문화이론연구소, 2007.
발렌타인, 질, 《사회지리학》, 박경환 옮김, 논형, 2009.
베리, 캐슬린, 《섹슈얼리티의 매춘화》, 정금나·김은정 옮김, 삼인, 2002.
여성문화이론연구소 성노동연구팀, 《성·노·동》, 여성문화이론연구소, 2007.
이현재, 〈매춘의 도시지리학과 공간생산을 위한 투쟁〉, 《사회이론》 봄/여름, 2008.
임우경, 〈그 많던 창녀들은 다 어디로 갔을까〉, 《여/성이론》 12, 2005.
젤라이저, 비비아나 A., 《친밀성의 거래》, 숙명여자대학교 아시아여성연구소 옮김, 에코리브르, 2009.
페이트만, 캐럴, 《남과 여, 은폐된 성적 계약》, 이충훈·유영근 옮김, 이후, 2001.
Bernstein, Elizabeth, *Temporarily Yours*, (The University of Chicago Press, 2007).
Davidson, Julia O'Connell, *Prostitution, Power and Freedom*, (The University of Michigan Press, 1998).
Encyclopedia of Prostitution and Sex Work 1, 2, (Greenwood Press, London, 2006).
Hubbard, Philip, *Sex and the City, Aldershot, Hants*, (England; Brookfield, Vt., USA: Ashgate, 1999).
McDowell, Linda, *Working Bodies, Wiley-Blackwell*, (UK, 2009).
Nussbaum, Martha C., *Whether from Reason or Prejudice: Taking Money for Bodily Services*, (Journal of Legal Studies, 1998).
Zatz, Noah D., "Sex Work/Sex Act:Law, Labor, and Desire in Constructions of Prostitution", *Signs* Winter, 22, 1997.

문화유물론

기본적 정의

마르크스주의에서 토대 못지않게 문화적 차원의 지배와 저항을 강조하는 전통을 말한다.

개념의 기원과 발전

'문화유물론cultural materialism'은 영국의 마르크스주의자 윌리엄스Raymond Williams로부터 유래한다.[1] 그는 《마르크스주의와 문학Marxism and Literature》에서 문화유물론을 역사유물론과 관련지어 "역사유물론 안에서의 물질적인 문화와 문학 생산의 특수성에 관한 이론"으로 정의한다.[2] 이는 《신좌파평론New Left Review》에서 "사회적이며 물질적인 생산적 과정으로서의 문화 이론이며, 또 생산의 물질적 수단의 사회적 사용으로서의 특수한 실천이론"[3]으로 설명되기도 한다.

'역사유물론 안에서의 특수성'이나 문화의 물질성에의 강조는 여러 각도에서 해석되어 왔다. 문화유물론은 상부 구조를 중시하는 마르크스 초기의 부활로 간주되는가 하면, 마르크스주의보다 담론을 중시하는 포스트구조주의에 가깝다는 평가를 받기도 한다. 하지만 문화유물론은 마르크스주의의 반복이나 그와 전혀 다른 전통이라기보다는 "소련공산당이 이해해온 마르크스주의보다 서양마르크스주의에 가까운 특히, 기호sign의 물질성을 중시하는 경향"[4]으로 볼 수 있다.

잘 알려져 있듯 역사유물론은 세계의 변화를 생산력과 생산 양식의 모순과 그 모순을 해소하려는 계급 혁명으로 설명하는 이론을 말한다.[5] 마르크스와 엥겔스에 따르면, "생산관계의 총체는 사회적·경제적 구조로서 사회의 현실적 토대를 형성하며, 이 위에 하나의 법적 또는 정치적 상부 구조가 세워지고, 또 이 위에 일정한 사회적 의식 형태가 조응한다. 물질적 생활의 생산 양식은 사회적·정치적·정신적 생활과정 일반을 제약한다. 인간의 의식이 그들의 존재를 결정하는 것이 아니라 역으로 인간의 존재가 그들의 의식을 규정한다."[6]

문화의 위상학적 위치를 보여주는 이 구절은 보통 마르크스주의를 경제적 결정론으로 보고 문화의 역할은 부차적인 것으로 이해하는 근거가 되어왔다. 마르크스주의 전통에서 문화는 거의 설명되지 않은 채 부차적이고 부수적인 현상으로 간주되어왔다. 하지만 문화유물론은 기존의 역사유물론의 문제를 토대/상부 구조의 문제점 즉, 상부 구조를 부수 현상으로 보아 그 물질성을 보지 못한 데서 찾는다. 기존의 역사유물론적 시각은 토대를 고정된 경제적·기술적 구조로 보아 문화의 사회-경제적 관계 및 활동을 보지 못한다는 것이다.[7] 즉, 토대의 역동성을 제한하고 동시에 문화가 갖는 지배와 저항의 기능을 보지 못한다는 것이다.

따라서 문화유물론은 역사유물론에서 주목받지 못했던 문화의 역할을 강조하고, 문화가 사회의 단순한 반영이 아니라 사회의 '구성 요소'로서 작동함을 보여주고자 한다. 문화유물론이 가정하는 문화는 고급 문학의 정전적 텍스트나 엘리트적 문화 형태만이 아니라 '삶의 전체 방식'을 의미한다. 이러한 문화는 사회질서로부터 구성되기만 하는 것이 아니라 그 자체로 사회 구성의 주요 요소로, 사회질서가 소통되고 생산되고 경험되고 탐험되는 기호화 체계signifying system이며, 토대와 더불어 헤게모니 획득의 장으로 기능한다는 것이다.[8]

이는 관념론적 문화 이해 즉, 토대와 분리된 인류의 위대한 정신적 산물로 보는 접근과는 구분된다. 문화의 '내적 형성 정신'을 강조하는 입장과 달리, 문화유물론은 문화를 이 사회의 또 다른 '물질적' 생산 행위로 간주한다. 한편, 문화유물론은 속류유물론 즉, 과학적 사회주의의 문화 이해와도 다르다. 속류유물론은 문화를 '경제적 토대의 분비물'로 보고 그것의 기능을 기껏해야 이데올로기 정도로 보아, 문화가 지배와 저항의 역할을 함을 보지 못하기 때문이다.

사회 변화에서 문화를 중시하는 문화유물론은 다음과 같은 특징을 갖는다. 먼저, 문화유물론은 문화의 범위를 일상의 모든 것으로 넓힌다. 문화유물론은, 정신적 가치만을 중시하는 고급문화나, 인간 삶의 방식에만 주목하는 인류학 전통과 달리, 문화를 사회적 지배구조 속에서 지배를 영속시키거나 그에 저항하는 의미화 실천의 과정으로 본다.[9] 둘째, 문화유물론은 토대/상부구조 이분법을 넘어선다. 문화유물론은 관념적 힘과 물질적 힘을 토대와 상부 구조로 공식화하는 것에 반대하고, 문화를 토대의 반영으로 보는 것에 반대해, 사회적 존재와 의식의 변증법이 일어나는 자리로 본다".[10] 셋째, 문화유물론은 문화가 하는 이데올로기적 역할과 더불어 대항가치의 생산을 강조한다. 대중이 이데올로기의 감옥에 갇히기만 하는 것은 아니라 지배 가치 내부에서 호명에 저항하기도 한다고 간주한다.

문화유물론은 문화의 물질성, 문화를 통한 배제의 강화 혹은 저항의 지점에 관한 이론적 논의 및 이데올로기적 기능이나 대항문화의 지점을 탐사하는 것에 관심을 갖는다. 문화유물론의 이와 같은 특징은 이후 다양한 문화연구에 영향을 미쳤다. 특히 버밍엄 학파로 대표되는 영미문화연구(이하 문화연구)는 사회 지배와 저항의 주체를 계급 이외에 성, 성적 지향성, 세대, 인종, 국가 등의 영역으로 확장했다. 이 중 여성주의 문화연구는 역사유물론과 달리 성적 지배와 저항의 측면을 강조한다. 그 결과 문화유물론은 여성에 관한 이데올로기 분석, 이데올로기에 저항하는 문화적 주체 구성 및 주체의 대안적 상상력 면에서, 여성주의와 연결점을 갖는다.

문화유물론의 계승: 영미문화연구

문화유물론을 '역사유물론 안에서의 물질적인 문화와 문학

생산의 특수성에 관한 이론'으로 볼 때, 문화의 물질성을 어떻게 규정하고 역사의 변화에서 문화가 하는 역할을 무엇으로 볼 것인가에 따라 문화유물론의 적용 범위는 달라진다. 문화유물론은 좁게는 그 용어의 창시자인 윌리엄스의 이론적 작업을 지칭한다. 하지만 문화유물론을 토대/상부 구조 이분법 비판과 문화의 물질성 및 사회적 역할을 강조하는 입장으로 보면 문화유물론의 범위는 매우 넓어진다. 밀너는 토대/상부 구조 이분법을 비판하고 담론, 문화, 대화를 중시하는 입장인 푸코의 계보학, 부르디외의 문화사회학, 하버마스의 문화적 공공영역에 대한 낙관을 모두 문화유물론의 일부로 포함시킨다.[11]

문화유물론이 한 개인의 것이 아닌 하나의 담론으로 자리 잡게 된 데는 문화연구의 기여가 크다. 문화연구Cultural Studies는 1970년대 영국에서 시작된 일단의 문화연구자 집단을 의미한다. 이 집단은 버밍엄 대학에서 1964년 출범한 현대문화연구소Centre for Contemporary Cultural Studies; CCCS를 중심으로 활동했다.[12] 현대문화연구소의 문화연구는 버밍엄 대학 중심으로 이뤄졌다고 해서 버밍엄 학파로 불리기도 하고, 당시 이러한 문화연구가 영국과 미국 중심으로 수용되었다고 해서 영미문화연구로 불리기도 한다. 문화연구는 문화유물론을 '지적 영감의 원천'으로 보았고, 이 학파의 일원인 윌리엄스를 문화연구가 지향하는 바를 실천한 '뛰어난 선구적 사례'로 보았다. 윌리엄스와 버밍엄 학파는 모두 문화를 사회와 연관지어 분석해야 한다는 마르크스주의적 문화 이해의 큰 틀에 동의했다. 그들은 고전적 마르크스주의와 달리 토대와 상부 구조의 이분및 사회 변화에서 토대의 우위에 대한 비판과 토대와 문화의 접합에 관심을 가졌다.[13] 또한 당시의 영국 사회의 권위적 민중주의(문화를 통한 통치 문제)에 비판적 태도를 취했다.

하지만 문화연구는 문화유물론에 뿌리를 두면서도 다음과 같은 측면에서 차이를 갖는다. 첫째, 사회적 지배와 저항의 주체를 계급 중심으로 바라보는 문화유물론과 달리, 문화연구는 문화 주체를 다른 주변화된 집단으로 확장시켰다. 윌리엄스는 새로운 대항문화가 부상하는 원천으로 '계급과 배제된 사회적 영역'[14]을 언급하지만 그 영역을 성, 인종, 국가 등과 같은 구체적 영역으로 확장하지는 않았다. 하지만 문화연구는 계급과 더불어 배제된 사회적 영역과 문화와의 관련성을 본격적으로 연구해, 역사유물론의 토대를 계급 중심에서 성, 성적 지향성, 세대, 인종, 국가 등의 영역으로 넓혔다.[15] 그 결과 계급의 틀만으로는 포착되지 않는 가부장적 문화에서의 여성의 일상, 기성세대에 저항하는 청년 하위문화, 소수인종의 디아스포라 문제 등을 문화 담론 안에 끌어들였다.

둘째, 계급 이외의 소수 집단에 대해 무감한 문화유물론과 달리, 문화연구는 문화의 여러 층위들을 접합articulation하는 연구들을 시행했다. 나아가 문화 분석의 장을 여러 영역으로 종별화하는 데 그치지 않고 문화 집단 간의 접합을 분석했다. 접합이란 어떤 조건 아래서 다른 요소를 서로 통일시킬 수 있는 연결 상태로, 절대적이거나 필수적인 것이 아닌 다양하고 서로 구분되는 요소의 결합을 가리킨다. 문화연구는 계급+세대, 계급+인종, 계급+여성 등과 같이 하나의 집단 내의 차이까지 고려하는 방향으로 진행되면서 새로운 주제 영역들을 발굴했다. 노동계급의 청년문화, 과거 피식민 국가 문화의 자본주의적 상업화, 노동계급 여성의 영화 감상에 관한 분석 등과 같이 세대, 계층, 국가가 접합된 주제들을 다루었다.[16]

셋째, 문화에서 주체의 저항적 계기를 낙관했던 문화유물론과 달리, 문화연구는 지배의 측면에 더욱 주목했다. 윌리엄스는 어떤 생산 양식, 사회질서, 지배적인 문화에서도 인간의 실천을 막을 정도로 인간의 에너지가 고갈된 적은 없다고 보아 인간의 실천을 중시했다. 하지만 문화연구는 구조주의, 특히 알튀세르의 영향을 받아 이데올로기에 의한 주체의 종속과 저항에 관한 더 밀도 높은 논의를 전개했다.[17] 그 결과 미디어를 통해 여성의 주체성이 어떻게 종속적으로 혹은 저항적으로 형성되는지, 뉴스를 통해 기득권층의 이데올로기가 어떻게 내재화되거나, 그것과 타협하거나 또는 그것에 저항하는지, 상품 경제가 만들어낸 공간이나 사물을 어떻게 욕망하거나 또는 그것에 저항하는지, 구체적 사안을 중심으로 탐구했다.

이처럼 문화연구는 문화유물론을 확장하여 현대 사회에서 문화가 갖는 이데올로기적 기능과 그에 대한 저항의 계기를 탐구했다. 지배의 문제를 계급으로부터 사회적으로 배제된 집단들로 확장했다. 배제된 집단들 내의 차이와 집단들 간의 연관을 고려해 문화를 다층적으로 분석했다. 그리고 문

화를 통한 저항의 가능성을 인정하지만 그럼에도 지배문화에 대한 분석에 더욱 치중했다.[18]

문화연구에서 여성

현대문화연구소 내에서도 여성은 다른 주변화된 집단보다 뒤늦게 문화연구의 주제가 되었다. 대개 노동자 계층의 청년 문화를 분석할 때 연구 대상은 대개 실질적으로 남성이었다. 소위 주류문화(자본주의, 지배가치)에 저항하는 하위문화 subculture도 남성의 하위문화여서, 노동자 혹은/그리고 유색인종 출신의 주부, 소녀들에 대한 분석은 부재했다.

현대문화연구소에서 문화연구와 여성주의의 연결은 학파 내 소모임인 여성연구모임Women's Studies Group에서 이뤄졌다. 이들은 문화연구에서 간과된 젠더 이슈에 집중, 문화연구에서 누락된 여성에 관한 연구를 본격화했다. 문화연구에 젠더라는 렌즈를 삽입해 연구소 내에서 여성주의 문화연구의 장을 열었다. 그 결과 여성에 대한 가부장적 이해에 대한 비판, 여성 문화에 관한 새로운 소재와 질문의 발견, 그리고 자본주의하의 여성 종속에 대한 이론적 이해에 대한 기여를 도모했다.[19]

현대문화연구소의 여성분과에서 발간한 워크북인《Women Take Issue》는 일상문화 특히, 노동과 가정이라는 상황에서 여성의 종속을 문화비평의 주제로 다루었다. 여성성과 주체 형성에 관한 정신분석학적 접근, 성별 분업과 재생산에 관한 인류학적 접근, 다양한 위치의 여성의 문화에 침투한 이데올로기 분석 등이 그것이다. 즉, 청년 클럽에서 소녀들의 행태를 중심으로 교제와 결혼에 관한 이데올로기 분석, 사진에 나타난 여성성의 이데올로기 분석, 로맨스 소설이 가정하는 여성 독자 분석 등을 다루었다. 또한 또 다른 워크북인《Off-centre》는 대중문화와 미디어에서 여성 재현의 문제, 과학기술과 여성의 관련성, 문화적 민족주의의 문제 등을 다루었다. 물론 이 이외에도 버밍엄 학파의 안팎에서 여성주의 문화연구가 이뤄졌다. 이러한 연구들을 종합해보면 다음과 같다.

첫째, 사회적 재생산(직장, 가정)에서 성적 불평등을 낳는 기제들에 관한 문제를 다루었다. 이를 위해 여성성이 재생산되고 여성의 노동을 무급화하는 이데올로기를 낳는 원천인 가족, 소녀들의 또래집단, 주부의 자기정체성 등에 대한 연구를 수행했다. 정신분석학을 바탕으로 가족 안에서의 여성의 자기정체화 및 그것을 토대로 자본주의적 재생산이 어떻게

현대문화연구소 여성분과의 문화연구

기본 관점	주제별	집단별	장르별
헤게모니; 가부장적 지배 문화에 대한 비판과 대항적 문화 형성	직장과 가정에서의 여성의 재생산 대중문화에서 여성의 재현/비판 소비문화에서 여성의 대상화/ 창조적 소비 등	소녀집단 주부집단 여성 노동계층 제3세계 여성 동성애 집단 등	로맨스소설 드라마 영화 광고 사진 댄스 패션 대중음악 사이버문화 퀴어문화 하위문화 등

이뤄지는지, 노동 계층의 젊은 여성들이 어떻게 또래의 남성들보다 더 적은 기회를 가져서 결혼을 이상으로 여기게 되는지, 주부들이 가사노동과 육아에서 어떻게 소외를 경험하는지 등의 문제를 탐구했다.[20]

둘째, 일상문화 특히 대중문화의 재현에서 계층, 인종, 성적 정체성을 둘러싼 문제를 다루었다. TV나 영화, 광고, 소설에서 여성 정체성의 오인, 차이의 부정 등에 관심을 가졌다. 여성이 어떻게 재현되는지, 재현에서의 새로운 여성성이 성적 대상화인지 또는 가부장제에 반하는 것인지, 인종·국가·성적 지향성에 따른 여성들 간의 차이를 반영하는지 등의 주제를 연구했다. 특히, 다양한 종류의 여성 관객들 즉, 젠더·인종·섹슈얼리티에서 차이를 가진 여성 관객의 미디어 수용 문제를 다루었다.

셋째, 일상문화 특히 공간과 소비에서 여성의 진정성이 소외되거나 실현되는 것과 관련된 문제를 다루었다. 공간은 성차에 따라 어떻게 구조화되는지, 여성의 소비, 특히 사적 영역에서의 소비는 어떻게 이뤄지는지 등이 주요한 의제였다. 가부장적이고 자본주의적인 문화 환경에서 여성의 댄스, 패션, 대중문화 나아가 쇼핑센터와 같은 공간에서의 소비가 얼마나 욕망으로부터 소외되는지에 주목했다. 가부장적 자본주의 소비 상황에서도 여성은 기존의 상품을 땜질bricolage, 전유appropriation, 아상블라주assemblage하는 생산소비자로서 자신의 쾌락에 기여하는지에 관심을 두었다.[21]

이처럼 여성주의 문화연구에서 이데올로기의 문제에 관

한 언어, 미디어, 일상문화분석은 여성주의 문화분석의 자원이 되었다. 버밍엄 학파 내 여성주의 문화분석은 하나의 지리적·정치적 학파로 존재하지 않으므로 어떤 주의ism를 붙일 수는 없다. 하지만 문화를 대중의 동의를 얻으려는 이데올로기의 격전장으로 보고 대항문화를 만들어내는 데 관심을 갖는다는 점에서 일치했다.

문화유물론과 여성주의

앞서 보았듯 문화이론은 문화유물론을 풍부하게 해주었고 특히 여성주의 문화연구에도 영향을 미쳤다. 이는 오늘날에도 유효하며 문화유물론은 여성주의를 수용함으로써 이론적·실천적으로 더 발전할 수 있을 것으로 본다. 그렇다면 문화유물론과 여성주의는 서로 어떻게 만날 수 있을까? 문화유물론과 여성주의가 만나는 매듭은 물질성, 의미, 주체 그리고 유토피아적 기획에서 찾아볼 수 있을 것이다.

먼저, 문화유물론이 전제하는 문화의 물질성은 몸에 관한 연구인 육체 페미니즘을 통해 존재론적 뒷받침을 받을 수 있다. 여성주의는 고전적 유물론의 외부에서 특히 몸corporeality와 혼psyche의 분석에서 잘 드러나며, 정신/물질, 토대/상부구조의 이분법의 경계가 흐려지고 서로 엮여 들어가는 지점들을 모색하는 지점에서 문화유물론을 발전시킬 수 있다.[22] 몸은 물리적 술어로 완결될 수 없는 그런 물질성으로, 이는 '정상적'인 인간(=남성)의 몸이 아닌 왜곡되고 뒤틀린 의미가 덧씌워진 여성의 몸이라는 물질성을 사유할 때 더 분명해진다. 여성의 몸에 붙박힌 결핍, 무능력, 자연성을 귀속시켜온 역사는 역으로 자연성을 가정한 몸 자체가 얼마나 문화적인 것인지 보여준다. 육체 페미니즘은 가부장제 문화 안에서 여성의 몸을 재검토해 몸 자체를 물리적·생물학적 어휘로는, 완결될 수 없는 것으로 본다. 즉, 휘발하고 흐르고 경계를 위반한다는 의미에서, 몸을 '변화하는 몸volatile bodies' 또는 '물질-기호적인material-semiotic'것으로 본다. 이러한 이해는 의미와 융합된 물질성의 차원을 드러낸다. 이는 문화유물론이 강조하는 문화의 물질성 부분이나 문화가 사회적 구성 요소임을 설명하는 존재론을 발전시키는 데 기여한다.

둘째, 문화유물론에서 강조하는 문화의 의미화 실천은 여성주의의 수행성 논의로 공고화될 수 있다. 문화유물론은 문화를 일종의 '기호화 체계'로 보고 이 과정에서 언어의 물질성과 더불어 그것이 의식에 미치는 영향 및 사회적 실천의 일부로서 그 의미가 역동적으로 변화함에 주목한다.[23] 언어의 이러한 '사회적이고 물질적인 역동성'은 여성주의의 가부장적 문화 비판으로 정교화될 수 있다. 여성주의는 여성과 관련된 섹스, 젠더, 섹슈얼리티에 대해 가부장적 매트릭스가 부과한 재현과 해석의 차원을 비판적으로 사유해 대항적 의미 체계를 생산하는 데 관심을 가져왔다. 가부장적 '이름'들이 가정하는 속성이 주체에 본질적이지 않다는 것을 지적하고 그 실천적 대안으로 언어적 행위가 곧 행동임을 보여서 다른 의미화 연쇄를 만들어가고자 하는 것이다. 이처럼 재의미화를 통해 의미를 새롭게 부여하는 수행성은 언어를 둘러싼 헤게모니를 표현하는 데 적합하다. 여자, 흑인, 퀴어와 같이 언어의 역사에서 트라우마를 가진 용어도 차이를 가진 반복적 사용을 통해 새로운 의미로 거듭날 수 있다고 보기 때문이다.[24] 이는 '여성'과 같이 여성들 간의 차이를 포괄하지 못하기 때문에 문제가 되는 어휘, 젠더나 섹스와 같이 억압적 분류 체계를 가진 어휘, 나아가 퀴어와 같은 혐오의 대상이 되었던 용어들도 어떻게 수행하느냐에 따라 재의미화될 수 있다고 보는 것이다. 여성주의의 이러한 수행성 이론은 여성의 문화를 통한 집단의 배제와 그러한 배제를 넘어설 새로운 발화의 지점들을 열어준다는 점에서, 지배문화 안에서 대항문화 출현의 과정을 의미론적 차원에서 밝혀주는 데 기여한다.

셋째, 문화유물론이 가정하는 변혁의 주체는 여성주의의 차이의 정치학에서 시사받는 바가 있다. 윌리엄스는 새로운 대항문화가 부상하는 원천으로 '계급과 배제된 사회적 영역'을 언급한다. 더 나아가 홀은 이를 성·인종·세대·민족·국가 등의 구체적 영역으로 확장한다. 그는 하나의 고정된 문화적 정체성을 가정하는 정체성의 정치학을 비판하고, 다양한 헤게모니적 관계를 횡단하는 최소자아minimal self를 주장한다.[25] 지배-종속 관계에서 각 개인이 처한 종속의 상황을 명시화하는 이러한 시도는 여성주의의 분석틀을 차용할 때 좀 더 명료하게 분석될 수 있다. 여성주의는 저항 주체를 기존의 통일된 전체로 이해하지 않고, 계급-성-성적 지향성-인종의 각 변이들을 고려한 하이픈 정체성으로 간주한다.[26] 주변화된 집단 안에 존재하는 차이들에 주목하면서도 저항적 집난의 연대성을 강조하는 것이다. 이는 문화유물론의 주체가 주변화된 집단들을 포괄하고 그 집단들 내의 차이와 연대를 가능하게 하는 그런 수위에서 설정되어야 함을 보여준다.

넷째, 문화유물론의 미래에 대한 기획은 여성주의의 대안적 형상화로 풍부해질 수 있다. 문화유물론은 역사 발전에서 토대의 모순을 극복하는 것과 더불어, 이데올로기 비판과 대안적 상상력 및 이에 기반을 둔 유토피아적 기획을 중시한다. 문화유물론은 문화가 지배가치를 전체화할 수 없고 언제나 그 내부에서 저항의 계기를 갖는다고 본다. 그리고 이는 지배문화가 표방하는 공식적 의식에 통합되지 않는 실천적 의식practical consciousness으로, "이는 사회물질적 성격을 띠고 있지만 (중략) 아직 태아의 국면에 놓여 있는 감정이자 생각"[27]의 역할을 강조한다. 여성주의 역시 이러한 의식으로부터 새로운 형상화를 만들어내는 데 주목한다. 이러한 형상화는 팔루스를 떠받치는 인류의 시각에서는 언제나 변칙, 기형, 괴물로 등장하지만, 이러한 상상력은 모든 주변화에 반대하는 새로운 관점을 열어준다.[28] 문화유물론의 '부상하는 문화'가 갖는 미래적 전망은 여성주의의 배제를 넘어서는 대안적 상상력과 만날 수 있을 것이다.

참고문헌 및 더 읽을거리

김용규,《문학에서 문화로》, 소명출판, 2004.

마르크스, 엥겔스,《도이치 이데올로기》, 박재희 옮김, 청년사, 1988.

밀너, 앤드류,《우리시대 문화이론》, 이승렬 옮김, 한뜻, 1996.

_____,《문화유물론의 이론적 전개》, 박거용 옮김, 현대미학사, 2005.

박명진,《문화, 일상, 대중: 문화에 관한 8개의 탐구》, 한나래, 1996.

브라이도티, 로지,《유목적 주체: 우리시대 페미니즘 이론에서 체현과 성차의 문제》, 박미선 옮김, 여성문화이론연구소, 2004.

브룩스, 앤,《포스트페미니즘과 문화 이론》, 김명혜 옮김, 한나래, 2004.

스토리, 존,《문화연구와 문화이론》, 박모 옮김, 현실문화연구, 1999.

스피박, 가야트리,《스피박의 대담: 인도 캘커타에서 찍힌 소인》, 이경순 옮김, 갈무리, 2006.

윌리엄스, 레이먼드,《문화와 사회》, 설준규, 송승철 옮김, 까치, 1989.

_____,《기나긴 혁명》, 성은애 옮김, 문학동네, 2007.

_____,《마르크스주의와 문학》, 박만준 옮김, 지만지, 2013.

카치아피카스, 조지,《신좌파의 상상력》, 이재원 외 옮김, 이후, 1999.

크리스테바, 줄리아,《시적 언어의 혁명》, 김인환 옮김, 동문선, 2000.

터너, 그래엄,《문화 연구 입문》, 김연종 옮김, 한나래, 1995.

해러웨이, 다나,《유인원, 사이보그, 그리고 여자: 자연의 재발명》, 민경숙 옮김, 동문선, 2002.

홀, 스튜어트,〈문화연구와 버밍엄 연구소: 몇 가지 문제틀과 문제들〉,《스튜어트 홀의 문화이론》, 임영호 편역, 한나래, 2005.

Barrett, Michele, *Destabilizing theory: contemporary feminist debates*, (Stanford University Press, 1992).

Centre for Contemporary Cultural Studies, Women's Studies Group, *Women Take Issue: Aspects of Women's Subordination*, (London: Hutchinson, 1978).

Franklin, Sarah, *Off-centre: feminism and cultural studies*, (Harper Collins Academic, 1991).

Gray, Ann, *CCCS selected working papers*, (Routledge, 2007).

Hall, Stuart, *Culture, media, language: Working papers in cultural studies*, 1972~1979, (Hutchinson, 1980).

_____, *Resistance through rituals: youth subcultures in post-war Britain*, (Hutchinson, 1986).

_____, *Stuart Hall: critical dialogues in cultural studies*, (Routledge, 1996).

Hennessy, Rosemary, *Materialist feminism: a reader in class, difference, and women's lives*, (Routledge, 1997).

Higgins, John, *Raymond Williams: literature, Marxism, and cultural materialism*, (Routledge, 1999).

Lovell, Terry, B., *British feminist thought: a reader*, (Blackwell, 1990).

Marx and Engels "A Contribution to the Critique of Political Economy", *Selected Works* I, 1962.

McRobbie, Angela, Feminism and youth culture: from Jackie to Just Seventeen?, (Unwin Hyman, 1991).

_____, *In the culture society: art, fashion, and popular music*, (Routledge, 1999).

Milner, Andrew, *Re-imagining cultural studies: the promise of cultural materialism*, (Sage, 2002).

Morris, Megan, "Things To Do With Shopping Centres", Shiach, Morag(ed.), *Feminism and cultural studies*, (Oxford University Press, 1998).

Nelson, Cary, *Marxism and the interpretation of culture*, (University of Illinois Press, 1988).

Prendergast, Christopher, *Cultural materialism: on Raymond Williams*, (University of Minnesota Press, 1995).

Wearing, Betsy, *Leisure and feminist theory*, (SAGE, 1998).

Williams, Raymond, *Culture and society* 1780~1950. ~1958, (Penguin Books, 196)3《문화와 사회》, 나영균 옮김, 이대출판부, 1988).

_____, *Problems in materialism and culture*, (Verso, 1980).

주

1 문화유물론이란 용어 자체는 1968년 마빈 해리스의 《인류학적 이론의 발생》에서 처음 사용되었다. 하지만 이는 역사유물론의 일종으로서의 문화유물론의 방향과는 다르다.

2 Williams, Raymond, *Marxism and literature*, (Oxford University Press, 1977), p. 5.

3 Williams, Raymond, *Problems in materialism and Culture: Selected Essays*, (New Left Books, 1980), p. 243.

4 Milner, Andrew, *Re-imagining cultural studies: the promise of cultural materialism*, (Sage, 2002), p. 22.

5 마르크스, 엥겔스, 《도이치 이데올로기》, 박재희 옮김, 청년사, 1988, 74쪽.

6 Marx and Engels "A Contribution to the Critique of Political Economy", *Selected Works* I, 1962, pp. 362~363.

7 Williams, Raymond, "Base and Superstructure in Marxist Cultual Theory", Durham, Meenakshi Gigi(ed.), *Media and Cultural Studies Keywords*, (Blackwell Publishers, 2001), p. 154.

8 윌리엄스, 레이먼드, 《문화와 사회》, 설준규 외 옮김, 까치, 1989, 11쪽.

9 스토리, 존, 《문화연구와 문화이론》, 박모 옮김, 현실문화연구, 1999, 13쪽.

10 홀, 스튜어트, 〈문화연구의 두 가지 패러다임〉, 《스튜어트 홀의 문화이론》, 임영호 편역, 한나래, 2005, 215~217쪽.

11 밀너, 앤드류, 《문화유물론의 이론적 전개》, 박거용 옮김, 현대미학사, 2005, 192쪽.

12 초대 소장 호가트(Hoggart)에 이어 홀(Stuart Hall), 존슨(Richard Johnson), 라레인(Jorge Larrain)을 중심으로 활동했다.

13 홀, 스튜어트, 〈문화연구와 버밍엄 연구소: 몇 가지 문제틀과 문제들〉, 《스튜어트 홀의 문화이론》, 임영호 편역, 한나래, 2005, 158쪽.

14 Williams, Raymond, 1977, p. 126.

15 이러한 배경에는 68혁명으로 대표되는 당시의 사회적 상황 즉, 경제적 착취뿐 아니라 인종적, 정치적, 가부장적 지배에 대한 주목이 있었다. 카치아피카스, 조지, 《신좌파의 상상력》, 이재원 외 옮김, 이후, 1999, 88~97쪽.

16 노동계급의 청년문화 분석은 Hall, Stuart, "Subcultures, Cultures and Class", Resistance through rituals: youth subcultures in post-war Britain, Hall, Stuart(ed.), (Hutchinson, 1986), 식민지 국가 문화의 자본주의적 상업화는 Hall, Stuart, "New ethnicities", *Stuart Hall: critical dialogues in cultural studies*, (Routledge, 1996). 여성 관객이 어떻게 텍스트에서 개인의 의미를 재구성하는지는 McRobbie, Angela, "Dance and Social Fantasy", *Gender and generation*, (Macmillan, 1984)에 잘 나타나 있다.

17 홀은 윌리엄스가 대항문화의 가능성을 인정하나 호명에 의한 주체화의 오인에 대해 깊이 고민하지 못한다고 비판한다. 홀, 스튜어트, 〈문화 연구의 두 가지 패러다임〉, 앞의 책, 227쪽.

18 일상문화 안에서 대항문화의 가능성을 본 점은 프랑크푸르트학파의 대중문화 비판의 전통과 구별되는 지점이다.

19 Centre for Contemporary Cultural Studies, Women's Studies Group, *Women Take Issue: Aspects of Women's Subordination*, (London: Hutchinson, 1978), p. 15.

20 여성 주체 형성과 자본주의의 존속에의 기여, 노동계층 소녀문화와 결혼에의 환상, 자본주의 사회에서 주부들의 소외에 대해서는 각각 Centre for Contemporary Cultural Studies, Women's Studies Group, 앞의 책에 실린 Steve Burniston 외, "Psychoanalysis and the cultural acquisition of sexuality and subjectivity", Lucy Bland 외, "Women 'inside and outside' the relation of production", Angela McRobbie의 "Working class girls and the culture of feminity"를 참고.

21 Morris, Megan, "Things To Do With Shopping Centres", Shiach, Morag(ed.), *Feminism and cultural studies*, (Oxford University Press, 1998), p. 11.

22 물질성의 새로운 정립은 그로츠의 '변화하는 몸'(그로츠, 엘리자베스, 《뫼비우스 띠로서 몸》, 임옥희 옮김, 여성문화이론연구소, 2001의 옮긴이 서문), 해러웨이의 몸에 관한 '물질-기호적' 접근(해러웨이, 다나, 《한 장의 잎사귀처럼: 사이어자 N. 구디브와의 대담》, 민경숙 옮김, 갈무리, 2005, 217쪽)을 예로 들 수 있다.

23 Williams, Raymond, 1977, 1부 2장 '언어' 부분 참고.

24 Butler, J., *Bodies that matter: on the discursive limits of 'sex'*, (Routledge, 1993), p.230

25 Hall, S., "Minimal Selves", *Black Britisch Cultual Studies*, (Univ. Chicago Press, 1996), p. 115.

26 이러한 접근으로는 스피박의 전략적 본질주의(스피박, 가야트리, 《스피박의 대담: 인도 캘커타에서 찍힌 소인》, 이경순 옮김, 갈무리, 2006, 254쪽)와 브라이도티의 '페미니즘적 유목주의'(브라이도티, 로지, 《유목적 주체: 우리시대 페미니즘 이론에서 체현과 성차의 문제》, 박미선 옮김, 여성문화이론연구소, 2004, 250쪽)를 들 수 있다.

27 Williams, Raymond, *Marxism and literature*, (Oxford University Press, 1977), p. 131.

28 가부장제를 비판하는 대표적 형상화로는 해러웨이의 '사이보그' 주체(해러웨이, 다나, 《유인원, 사이보그, 그리고 여자: 자연의 재발명》, 민경숙 옮김, 동문선, 2002, 268쪽)와 가부장제적인 상징계로 포섭되지 않은 공간의 형상화인 '코라'(크리스테바, 줄리아, 《시적 언어의 혁명》, 김인환 옮김, 동문선, 2000, 26쪽)를 들 수 있다.

사랑

기본적 정의

넓은 의미에서, 자신이 불완전자임을 자각하고 완전을 향해 끊임없이 노력하고 나아가려는 인간의 정신 또는 철학자의 정신인 '에로스'와, 친구나 동료, 인간에 대한 사랑, 사회적 공감이나 교감인 '필리아', 종교적인 무조건적 사랑. 인간에 대한 신의 사랑이나 자기를 희생함으로써 실현되는 인간의 신과 이웃에 대한 사랑인 '아가페' 등을 포함한다.

개념의 기원과 발전

프로이트Sigmund Freud는《문명 속의 불만Gesammelte Werke》에서 "이웃을 네 몸같이 사랑하라"는 오래된 계율에 대해 '이웃에 대한 보편적 사랑'이라는 기독교도들의 단순한 윤리적 해석에 동의하지 않는다. 프로이트는 사람들이 이 계율을 들을 때 일단 "왜 이웃을 내 몸처럼 사랑해야 하는지, 그게 우리에게 무슨 이익이 되는지" "놀랍고 당혹스러워 하는" 반응을 보일 것이라고 말한다. 그리고 나서 프로이트는 이 계율과 인간 일반의 내재적 공격성aggressiveness과의 관계를 주장한다. 프로이트에 따르면 "이웃을 자기 자신처럼 사랑하라는 이상적인 명령은 사실 인간의 타고난 공격성이 표출되지 않도록 하려는 문명의 노력"인 것이다. 물론 프로이트의 지적처럼 그와 같은 문명의 노력이 지금까지 큰 성과를 거두지 못한 것이 사실이며 프로이트의 통찰은 눈앞에서 전쟁을 목격하고 있는 지금의 시대에도 여전히 유효한 듯하다.

라캉Jacques Lacan 역시 인간 내부의 공격성으로 인해 이웃과의 관계가 사실상 불가능하다고 보는 프로이트의 해석을 유지한다. 그러면서도 라캉은 프로이트가 놀라고 당혹스러워했던 기독교의 계율에서 특히 '이웃'이란 어휘에 주목한다. 라캉에게 '이웃'이란 어휘는 단순히 나와 지리적으로 가까운 곳에 있는 타인을 뜻하지 않는다. 오히려 '이웃'은 주체 속에 있지만 주체가 인정하지 않으려는 것, 오랫동안 철학자들이 배제해왔던 것, 즉 주체 내부의 이질적인 타자라고 할 수 있다. 라캉은 이것을 '주이상스Jouissance' 혹은 '충동drive'이라고 부른다. 그 결과 '이웃을 네 몸처럼 사랑하라'는 기독교의 계율은 라캉의 논의에서 '내 안의 타자'를 사랑하라는, 또 다른 의미를 지닐 수 있다. 따라서 라캉은 헐벗은 거지에게 옷을 덮어주는 성 마틴Saint Matin의 거룩한 행동에서도 단순히 기독교적 사랑 혹은 자비를 보지 않는다. 오히려 라캉에 따르면 거지의 알몸을 덮어 가리는 성인의 행위는 정작 거지가 알몸으로 드러내고자 했던 '주이상스' 혹은 '충동'을 대면하지 않으려는 일종의 방어다. 라캉은 성 마틴의 예를 통해서 우리가 기존에 사랑이라 불렀던 것, 그중에서도 성스럽고 거룩한 것으로 보았던 (자비라는 이름의) 사랑이 사실은 주체가 인정하고 싶지 않은 '어떤 것(프로이트에게는 공격성, 라캉에게는 주이상스나 충동 혹은 욕망이라 부를 수 있는 것)'을 베일로 감추고자 하는 제스처임을 보여준다.

프로이트와 라캉은 정신분석학적으로 '사랑'을 접근하면서 에로스eros, 필리아philia, or friendly love, 아가페agape라는 철학적·종교적 의미의 사랑에 담긴 환상 혹은 이념을 들추어낸다. 그렇다면 에로스, 필리아, 아가페라는 사랑의 의미가 담고 있는 환상 혹은 이념은 무엇인가? 우리는 사랑이란 무엇인가라는 질문에 대해 간단한 정의를 내놓기보다는 프로이트나 라캉이 지적하는 이들 철학적 담론 속에 있는 사랑의 환상을 살펴봄으로써 사랑의 본질에 대해 점근선漸近線적으로 다가갈 수 있을 것이다. 사랑의 3대 의미라 할 수 있는 에로스, 필리아 그리고 아가페는 고대 희랍 시대 철학자들의 글에서 그 기원을 찾아볼 수 있다. 특히 그 글 속에 언급된 사랑의 본질이나 사랑의 대상은 철학적 담론에서 사랑이 어떻게 전유되는지를 잘 보여준다. 더불어 현재의 대중들에게 인기 있는 멜로드라마의 구조를 살펴보면 고대 희랍 시대의 철학 담론에서 시작된 사랑의 전유 방식이 수십 세기가 지난 지금의 대중들에게도 여전히 강력한 힘을 발휘하고 있음을 알 수 있다.

사랑에 관한 철학적 담론

사랑에 관한 철학적 담론은 플라톤의 《향연The Symposium》에서 출발한다. 《향연》은 사랑(에로스)을 찬미하려는 목적을 가진 소피스트들 간의 대화로, 6개의 이야기로 구성되어 있다. 이 이야기들에서 에로스는 우선 아름다움the beautiful과 선the good을 이끄는 신으로 묘사된다. 그러나 이때 아름다움과 선의 기준은 영혼과 육체, 남성과 여성이라는 위계적 구분의 토대 위에 있다. 예컨대 두 번째 연사인 파우사니아스Pausanias의 언급을 보면 사랑이 어떻게 이와 같은 위계적 구분의 유지에 봉사하는지 알 수 있다. 파우사니아스에 따르면 에로스에는 천상적heavenly 에로스와 세속적인earthly 에로스 두 가지가 있다. 그중 세속적 에로스에 사로잡힌 자들은 '부녀자'들과 소년들을 가리지 않고 사랑하고, 영혼보다 '육체'를 더 사랑한다. 또한 '우매한 것'들을 사랑한다. 반면에 천상적 에로스에 열광하는 자들은 '남성적인 것'을 향한다. 청소년들의 우정이 공동체의 바탕이 되며 그들의 우정을 바탕으로 한 공동체는 '영혼'의 아름다움에 기초한다. 이 천상적 에로스는 국가와 개인을 위해서도 최고의 가치를 지닌다. 요컨대 '부녀자'와 '육체' 그리고 '우매한 것'은 '세속적 사랑'에 속하고 '남성적인 것'과 '영혼' 그리고 '국가를 위한 최고의 가치'는 '천상적 사랑'에 속한다. 그리스 시대에 (특히 상류사회에서) 동성애가 사회적으로 권장되었던 것도 사실 젊고 건장한 10대의 소년과 중년의 성인 남자 사이의 사랑을 고귀한 것으로 여기고 남자들 간의 사랑이야말로 영혼의 아름다움을 보여주는 최고의 사랑이라고 평가했기 때문이다. 이렇게 플라톤 시대에 사랑(에로스)을 찬미하는 담론의 이면에는 불멸의 것the immortal을 진리의 영역으로 간주함으로써 '육체'가 아닌 '영혼'의 아름다움을 강조하고 그 '영혼'의 아름다움은 '남성들의 우정 혹은 사랑'에서 생겨난다는 플라톤 철학의 이념이 배어있다.

'불멸, 영혼, 남성' 대 '사멸, 육체, 여성'이라는 위계적 구분의 전통은 플라톤시대의 가부장제가 지속되는 지금의 시대에도 여전히 그 효력을 발휘한다. 예컨대 1950~1960년대 할리우드의 전형적인 멜로드라마를 보면 남자의 직업적 성공을 위해 헌신하는 여성의 모습이 자주 등장한다. 대개의 경우 남자는 직업적 성공과 여자의 사랑을 동시에 얻고, 여자는 성공한 남자의 사랑을 얻음으로써 행복한 결론을 맺는다. 엘리자베스 테일러가 여주인공으로 나오는 〈랩소디Rhapsody〉의 경우 남자들은 자신의 능력으로 직업적 성공(피아니스트나 바이올리니스트)을 이뤄내고 여자가 없이도 살아남을 수 있음을 증명한다. 한편 여자는 남자의 성공을 통해 (나르시즘적) 만족을 얻는 것으로 그려진다. 일에 대한 남자의 욕망이 여자의 욕망을 자극하고, 그런 남자의 사랑을 받기 위해 여자가 희생하는 식의 플롯은 할리우드 영화뿐 아니라 국내 영화에서도 흔히 볼 수 있다.

그런데 만일 여자 주인공이 전문적인 직업에 전념하는 경우라면 어떻게 될까? 〈제7의 베일The Seventh Veil〉이라는 영화의 여주인공 프란체스카는 삼촌이자 후원자인 남자, 니콜라스의 인정과 사랑을 받아들일 때에야 비로소 피아니스트로서의 직업적 성공과 사랑을 얻는다. 이와 달리 〈빨간 구두The Red Shoes〉의 여주인공 빅토리아는 애초에 스승과 사랑에 빠지지도 않으며, 자신이 선택한 남자에 의해 예술이냐 사랑이냐의 선택을 강요당하고 결국 자살을 택한다. 요컨대 여기 제시된 세 가지 멜로드라마의 결론은 남자 예술가의 경우 여자의 희생을 통해 직업적 성공과 여자의 사랑 둘 다를 성취하지만, 여자 예술가의 경우는 흔히 정신적인 스승으로 제시되는 남자와의 동일시가 있을 때에야 성공할 수 있고 그렇지 못하면 그녀가 선택할 수 있는 유일한 대안은 죽음밖에 없다는 것이다. 피아노나 발레에 대한 프란체스카와 빅토리아의 애착과 재능을 정신분석학적 용어로 '충동'이라고 본다면, 이 두 여자의 충동 혹은 주이상스는 정신적인 스승으로 표현되는 남자에 의해 길들여질 때에만, 즉 재능 있는 여자가 상징적 체계의 구속에 복종해야만 영화 속에서 여자의 성공을 기대할 수 있다. 사랑과 직업 둘 다 얻게 되는 프란체스카와 죽음을 맞게 되는 빅토리아의 상반된 운명이 이 점을 잘 보여준다. 요컨대 멜로드라마의 플롯은 전문적인 직업에 대한 정열이나 재능 면에서 남자의 우월성을 분명히 표시하고, 또한 정신적 스승의 남자가 하는 역할을 통해서 육체가 아닌 영혼의 우월성을 드러낸다. 수많은 멜로드라마는 남녀의 사랑과 성공이라는 플롯을 통해 플라톤시대부터 지속된 오래된 가부장적 사고의 거울 역할을 하는 것이다.

에로스가 정신과 남자의 우월성에 연관되는 것 이외에도 《향연》에서 에로스에 대해 주목할 만한 또 한 가지가 있다.

그것은 '전체the whole를 향한 열망'으로서 에로스의 본질에 관한 이야기다.《향연》에서 네 번째 연사로 나온 아리스토파네스Aristophanes는 에로스를 인간의 기원과 연관시켜 말한다. 아리스토파네스에 따르면 남자와 남자, 여자와 여자, 남자와 여자가 원래 한 몸이었던 인간의 조상이 신들에게 오만하게 굴었던 까닭에 제우스에 의해 반쪽으로 쪼개진다. 그 이후 인간은 항상 나머지 반쪽을 추구하는 성향을 띠게 된다. 이와 같은 아리스토파네스의 언급 이후로 '하나가 되려는 욕망', '전체로의 열망'이 에로스의 본질처럼 되었다. 이후 에로스는 사랑에 빠진 이들에게 그들이 마침내는 하나가 될 수 있다는 환상을 갖게 한다. 즉, 이것은 남녀 사이에 완벽하게 조화로운 사랑이 가능할 것이라는 생각이다. 이와 같은 사랑의 환상 역시 멜로드라마에서 잘 나타난다. 대부분의 멜로드라마에서 두 연인은 그들 사이의 장애물 때문에 사랑이 이루어지지 않는다고 여기는데, 여기에는 그런 장애물이 사라지면 둘의 사랑이 완벽해질 것이라는 가능성을 남겨두는 전략이 숨어 있다. 프로이트나 라캉의 통찰에 따르면 연인들 사이에 있는 장애물이 오히려 사랑의 전부다. 타이타닉호가 침몰되지 않고 잭과 로즈가 살아남았다면 과연 그들은 계급상의 차이를 뛰어넘는 완벽한 사랑을 이뤄냈을까? 영화는 마치 그런 완벽한 사랑이 가능할 수 있다는 환상을 남긴다. 이 같은 관점에서 볼 때, 로미오와 줄리엣의 비극은 그들 사이의 사랑을 가로막는 장애물이 사실상 사랑의 전부임을 보여주는 이야기다. 즉,《로미오와 줄리엣》은 완벽하게 조화로운 사랑이란 애초에 불가능함을 보여주는 사랑의 본질에 관한 담론인 것이다. 그런데 워튼Edith Wharton의 소설을 영화화한 〈순수의 시대The Age of Innocence〉는 멜로드라마의 플롯을 따르면서도 좀 색다른 결말을 제시한다는 점에서 예외적이다. 남자 주인공 뉴랜드는 약혼녀 메이의 사촌인 올렌스카 백작부인과 금지된 사랑을 나눈다. 그는 경직된 뉴욕 사회의 눈을 피해 "우리의 사랑을 이룰 어딘가 다른 곳"으로 가자고 백작부인에게 말한다. 그러나 올렌스카 백작부인은 "그런 곳은 어디에도 존재하지 않는다"고 말한다. 그리고 영화 마지막에 뉴랜드는 올렌스카와 아무런 구속 없이 재회할 수 있는 상황인데도 그녀를 만나지 않고 돌아선다. 뉴랜드 역시 애초에 올렌스카가 깨달았던 것, 즉 완벽한 사랑에 대한 환상을 벗어나게 되는 것이다. 그들의 행위는 멜로드라마의 주인공들이 품는 환상, 멜로드라마 자체의 환상을 벗어난다는 점에서 특이하다.

아리스토파네스의 언급 이후 사랑은 잃어버린 반쪽을 찾아 헤매는 과정, 즉 "하나에 대한 환상"이라고 할 수 있으며 이런 사랑의 논리는 늘 철학 담론의 중심에 있어 왔다. 결국 전체를 향한 열망으로서의 "사랑은 우리가 오직 하나the One라고 생각하는 논리로서 성관계sexual relationship를 제시하는 방법 중 가장 조야한 것"이라는 라캉의 진술이 타당성을 얻게 된다. 라캉적 관점에서 볼 때, 사랑에 관한 철학적 담론으로서 《향연》은 사랑의 담론에 내재한 환상, 즉 둘이 하나가 될 수 있다는 환상을 보여주는 시초다.

플라톤이 에로스에 관한 찬미를 통해 '육체'가 아닌 '영혼',

'여성'이 아닌 '남성'을 아름다움과 진리의 근본으로 제시했다면, 아리스토텔레스는 《니코마코스 윤리학》에서 에로스가 아닌 필리아를 통해 윤리의 핵심인 '절제'나 '중용'을 제시한다. 아리스토텔레스는 '친애' 혹은 '우정'이란 말로 번역될 수 있는 '필리아'를 군주와 신하, 남편과 부부, 혹은 부모와 자식 간의 사랑을 지칭할 때도 사용한다. 필리아가 아리스토텔레스에게 중요한 덕이 될 수 있는 이유는, 예컨대 가난한 자와 부자, 무지한 자와 유식한 자, 혹은 아름다운 자와 추한 자가 필리아를 통해 서로가 결여하고 있는 것을 주고받아 동등해질 수 있기 때문이다. 즉 아리스토텔레스는 중간적 상태에 이르는 것(중용이나 절제)을 '선', 혹은 '좋은 것'the good이라고 본다. 그리고 아리스토텔레스에 따르면 이 '좋은 것'을 포함해서 유쾌한 것the pleasant 그리고 유용한 것the useful이 필리아의 대상이 된다. 그중에서도 아리스토텔레스가 무엇보다 중요하게 여긴 필리아의 대상은 '선'이다. 예컨대 아리스토텔레스는 "누군가를 선한 사람으로 알고 사랑했는데 후에 악한 사람으로 바뀌면 단호하게 그 사랑을 끊어버리는 것이 전혀 이상하지 않다"고까지 언급한다. 즉 아리스토텔레스의 필리아는 주체에게 좋은 것이거나 유쾌한 것을 주는 대상에게로 향하며, 좋거나 유쾌한 것이 어느 한 사람에게 넘치지 않고 서로 나누어 동등해지는 절제나 중용을 지향한다.

여기서 우리가 주목해야 할 점은 좋은 것이나 유쾌한 것 그리고 유용한 것이 필리아, 즉 사랑의 대상이 된다는 점이다. 이와 같은 사랑의 대상 선택은 사랑의 본질을 잘 설명해

주는 것으로 사랑이 근본적으로 주체에게 '좋은' 대상만을 자기 것으로 취하고 '행복well-being'에만 주로 관심을 가지고 있음을 보여준다. 따라서 절제나 중용에 관심을 가졌던 아리스토텔레스는 정작 사랑의 논의에서 '쾌락원칙'을 넘어서지 못하는 셈이다. 프로이트에 따르면 사랑의 대상 선택에는 근본적으로 나르시시즘과 쾌락 원칙이 작용한다. 이와 같은 프로이트의 논의는 아리스토텔레스가 필리아를 통해서 드러내고자 했던 사랑의 특성을 좀 더 구체화한다.

프로이트에 따르면 불쾌한 대상을 배제하는 증오를 토대로 해서 생겨나는 것이 바로 사랑이다. 왜냐하면 사랑을 주로 관리하는 에고는 처음부터 불쾌의 원천이 되는 외부적 대상, 즉 이질적인 것에 무관심함으로써 쾌락을 유지한다. 만일 내부에서 불쾌한 자극이 생길 때에는 그것을 외부로 투사시키고, 쾌를 주는 외부의 대상을 자신에게 내적 투사시킨다. 그래서 프로이트는 사랑보다 증오가 먼저 발생한다고도 말한다. 사랑의 쾌락지향적인 특성은 '자기애', 즉 나르시시즘으로서의 사랑과도 연관된다. 프로이트에 따르면 주체가 애초에 사랑의 대상을 선택할 때 자신과 닮거나(나르시시즘적 유형) 자신을 돌봐주는(대상 의존적 유형) 유형의 사람을 택한다는 점에서 사랑은 근본적으로 나르시시즘적이다. 남자들이 성적 대상을 과대평가 하는 경우도 표면적으로는 대상을 이상화하고 에고를 낮추는 것으로 보이지만, 사실 그것은 사랑하는 대상이 완벽하고 이상화되어야 자신의 가치가 비로소 증명된다는 '나르시시즘'에서 기인하는 것이다. 중세시대에 유행했던 '궁정풍 사랑courtly love'의 경우에도 여인의 가치가 매우 고양되는 듯 보이지만 이상화된 여인을 통해 정작 남성 주체 자신이 나르시시즘적 만족을 얻는다. 프로이트는 자식에 대한 부모의 희생적인 사랑에도 이기적인 나르시시즘의 측면이 있다고 지적한다. 자식에 대한 부모의 과대평가는 그동안 상처 받았던 부모 자신의 나르시시즘이 부활한 것이라 할 수 있다.

그렇다면 흔히 이타적인 사랑으로 제시되는 아가페는 어떤가? 기독교 사상에 많은 영향을 준 아우구스티누스의《고백록Confessions》에는 플라톤의 에로스, 아리스토텔레스의 필리아와 구별되는 아가페적 의미의 사랑이 언급된다. 친구와의 사랑에 대한 체험을 직접 다룬 아우구스티누스의《고백록》은 필리아에서 시작된 사랑이 아가페적 의미의 사랑으로 이어지는 과정을 잘 보여주고 있다. 아우구스티누스는 "친구와의 우정이 지극히 고귀했고 그 시절의 희열은 모든 희열을 능가했다"고 술회함으로써 플라톤과 아리스토텔레스가 언급했던 남자들 간의 사랑을 직접 보여준다. 그러나 아우구스티누스에게 필리아를 나누었던 친구의 죽음은 또 다른 사랑, 즉 아가페를 언급하는 계기가 된다. 아우구스티누스는 우정을 나누던 친구의 죽음 앞에서 매우 고통스러워했으며 그 고통의 순간에 "하느님의 사랑을 통해서야 진정한 우정"이 형성된다는 깨달음을 얻었다고 고백한다. 왜냐하면 하느님의 사랑을 믿을 때 더 이상 친구는 죽은 것이 아닐 수 있다는 생각 때문이다. 이런 방식으로 아우구스티누스는 사랑하는 친구의 죽음이 가져다주는 슬픔을 극복하게 되고 (기독교의) 신의 사랑에 대한 이야기, 아가페에 대해 언급하기 시작한다. 루트리지 철학 사전에도 기록되었다시피 일반적으로 이 기독교적 아가페는 성인들의 사랑을 포함해 신의 사랑 혹은 신적인 사랑으로서 '이타적인selfless' 특성의 것으로 간주되고 그로 인해 에로스나 필리아와는 좀 다른 것으로 다루어진다. 그러나 앞서 언급한 바대로 "이웃을 네 몸처럼 사랑하라" 혹은 "원수를 사랑하라"는 기독교의 계율이 정작 감추는 것이 무엇인지를 염두에 둔다면, 혹은 기독교적 아가페를 실천한다는 사람들이 전쟁을 일으키는 지금의 시대를 염두에 둔다면, 아가페가 이타적이고 에로스와 필리아는 이타적이지 않다는 구분은 사실상 무의미하다. 성 마틴이 거지의 알몸을 옷으로 감싸줌으로써 정작 거지가 드러내고자 했던 것을 회피하려 했던 것처럼 아우구스티누스 역시 아가페를 통해 친구의 죽음을 회피하려 했던 것이다. 왜냐하면 사랑하는 대상, 쾌를 안겨주는 대상의 상실이 주체에게 상당한 고통을 안겨주기 때문이다. 아가페는 이와 같은 사랑의 이기적인 대응 방식을 감춘다.

사랑의 대상에 관해서도 아우구스티누스 역시 플라톤이나 아리스토텔레스가 언급했던 것과 상당 부분 일치한다. 그는 《고백록》에서 사랑을 받을 만한 대상에 대해 이야기한다. "아름다운 것 이외에 또 무엇을 사랑하겠는가? 그렇다면 아름다움이란 무엇인가? 우아한 아름다움이 없다면 결코 우리의 마음을 끌 수 없을 것이다. 그리고 육체 자체도 부분적인 미가

'전체적인 미'를 형성하고 있음을 비로소 알게 되었다." 여기서 아우구스티누스는 부분이 조화를 이뤄 전체를 이루는 아름다움, 즉 분열이 아닌 조화의 아름다움을 사랑할 만한 대상으로 간주하고 있음을 잘 드러낸다. 《고백록》에서 나타나는 사랑의 대상이 '조화'의 아름다움이라는 측면에서 보면 아우구스티누스의 사랑 역시 《향연》에서 시작된 '전체를 향한 갈망'으로서 에로스의 특성을 공유한다고 할 수 있다.

에로스, 필리아, 아가페의 철학적 기원이라 할 수 있는 글들에서 사랑은 공통적으로 인간의 삶을 유지시켜주는 상당한 에너지이면서 동시에 아름다움과 미덕의 근원으로 간주되어 왔다. 그러나 다음과 같은 두 가지 점에서 새로운 사유가 필요하다. 첫째, 에로스, 필리아, 아가페를 역설하는 철학적 담론 속에는 육체에서 영혼으로의 지향이라는 서양 형이상학의 이분법적 사고가 깊이 배어 있다. 그렇기 때문에 사랑을 역설하는 과정에서 여성은 육체와 함께 열등한 것으로 폄하된다. 둘째, 무엇보다도 하나가 되고자 하는 강렬한 열망으로서의 사랑은 '전체'를 이룰 수 있다는 환상을 담고 있다. 프로이트도 지적하듯이 '전체에 대한 갈망'으로서 사랑은 소유와 배제의 논리를 행사한다. 자신에게 좋은 것, 유쾌한 것을 소유하고 그렇지 않은 것을 배제하는 것이 바로 사랑의 논리다. 따라서 프로이트는 사랑을 근본적으로 나르시시즘적인 것, 쾌락지향적인 것, 혹은 이기적인 것으로 본다. 그리고 라캉 역시 환상과 전이로서의 사랑이 갖는 상상계적 특성을 지적한다. 하나의 전체가 되고자 하는 에로스적 성향이 집단 속에서 행사될 경우에는 전체주의 혹은 근본주의 같은 또 다른 형태의 폭력적 구조가 생긴다. 요컨대 사랑에 대한 프로이트와 라캉의 언급은 에로스, 필리아, 아가페라는 철학적·윤리적 의미의 사랑이 지니는 허구적 특성을 지적한다.

라캉의 경우 사랑을 전적으로 에로스, 필리아, 아가페의 의미로만 환원시키지는 않는다. 라캉은 '무한한 사랑limitless love'이라는 용어를 사용함으로써 사랑에는 에로스, 필리아, 그리고 아가페로 설명되지 않는 어떤 잉여가 있음을 암시한다. '무한한 사랑'이라는 것은 나르시시즘이나 환상으로서의 사랑과 달리, 쾌락이나 실용적 이익에 개의치 않는 사랑을 뜻한다. 오히려 '무한한 사랑'은 주체의 끊임없는 욕망과 관계가 있다. 예를 들면 위에서 언급한 《순수의 시대》에서 올렌스카는 나르시시즘적으로 쾌락을 쫓아 사랑하지도 않으며 에로스적 환상을 갖고 있지도 않다. 만일 그녀가 에로스적 환상을 지녔더라면 아마도 뉴랜드가 함께 떠나자고 했을 때 주저하지 않고 떠났을 것이다. 마찬가지로 마지막 장면에서 뉴랜드가 올렌스카를 다시 만났다면 그 역시 에로스적 환상에서 벗어나지 못하는 사랑을 했을 것이다. 즉, 두 사람은 단순히 쾌락을 지향하는 사랑을 하는 것이 아니다. 서로를 소유하려 들지 않는 두 사람의 선택은 하나가 될 수 없음에 대한 그들의 깨달음을 보여준다. 그리고 그 선택 때문에 그들은 오히려 영원히 욕망할 수 있다. 소포클레스 극의 여주인공인 안티고네의 경우에도 그녀가 산 채로 매장될 지경에 이르면서까지 오빠의 시체를 보호해주려 했던 과정에서 보여주는

애정은 나르시시즘이나 환상의 측면으로 설명될 수 없는 것
이다. 우리는 안티고네, 올렌스카 그리고 뉴랜드 세 사람 모
두의 평범하지 않은 선택 속에서 주체 자신의 욕망을 포기하
지 않는 데서 비롯된 '무한한 사랑'을 볼 수 있다. 나르시시즘
이나 쾌락지향적인 것으로만 환원되지 않는 사랑의 또 다른
본질은 일방적인 사랑의 정의를 불가능하게 하는 사랑의 잉
여로 남는다.

참고문헌 및 더 읽을거리

아리스토텔레스, 《니코마코스 윤리학》, 최명관 옮김, 서광사, 1990.
아우구스티누스, 《성아우구스티누스의 고백록》, 김평옥 옮김, 범우사, 2002
플라톤, 《소크라테스의 변명 향연》, 왕학수 옮김, 신원문화사, 2006.
Lacan, Jacques, *The Seminar of Jacques Lacan, Book VII: The Ethics of Psychoanalysis, 1959~1960*, trans. Dennis Porter, (New York: Norton, 1992).
Salecl, Renata, *(Per)versions of Love and Hate*, (London: Verso, 2000).

생존 회로

기본적 정의

생존을 위해 저임금과 불안정한 삶의 조건을 감내하면서 글로벌 경제의 하층부를 형성하는 것을 말한다. 생존 회로는 대부분 여성이나 유색 인종 이주자들로 채워진다.

개념의 기원과 발전

지구화를 단순하게 정의하면 정보 기술의 혁신과 이동 수단의 발달을 기반으로 전 세계의 경제, 정치, 문화, 사회가 지구적 체계로 통합되는 현상을 지칭한다고 할 수 있다. 그러나 지구화는 국제적 무역의 확대 및 자본 유출입의 증대 등을 통해 세계 시장을 수립하려는 자본주의의 내적 성향을 토대로 하기 때문에, 1970년대 이후 기술 혁신의 계기를 통해 나타난 고유 현상으로만 간주하기 어렵다. 또한 지구화는 사회, 문화, 군사, 환경 등 전 사회 영역을 계급, 인종, 젠더 관계 등을 축으로 분화시키는 현상이기도 하다는 점에서 순경제적 역동성만으로 파악하는 것은 한계가 있다. 특히 지구적으로 작동하는 자본 형태에 대해 정치적 우월성을 부여해 온 신자유주의 이데올로기가 사회의 모든 영역에 파급해 들어가면서 국가와 시민 사회를 포함한 삶의 전 영역을 재구조화하는 상황에서 지구화에 대한 개념적·분석적 접근은 더욱 복잡한 양상을 띠게 되었다. 이러한 다양한 차원들을 고려해볼 때 지구화는 단일한 조건이나 고정된 이데올로기라기보다는 특정한 맥락들과 결합되어온 역사적 형태이자 과정으로 고찰될 필요가 있다.

그런데 지구화에 대한 주류적 관심은 주로 자본의 시공간적 속박의 해체와 이동성의 증대에 대한 경제적 산출과 예측에 집중되어 있었다. 정보화 경제가 탄생시킨 실시간 통신과 전자 시장이 가져올 혁신, 그리고 글로벌 전문가들의 새로운 등장과 초국적 기업 문화의 탄생 등이 주로 운위되었으며 모든 지역과 장소의 거리감 및 집중성은 해소될 것으로 기대되었다. 이는 근본적으로 지구화가 지리적인 불균등 발전과 지역 간 불평등을 최소한 완화시키리라는 낙관적 전망을 시사하는 것이기도 했다. 그러나 이러한 논의들은 소수 거대 자본의 이동 메커니즘에 대한 관심만을 특권화하고 지구화가 발생시키는 지리적 함의와 특정한 형태의 노동 전개 과정을 비가시화한다. 요컨대 지구화에 대한 지배적인 서사는 자본의 초이동성과 그에 따른 자본의 수익성 창출에 주목하면서 하위 회로lower circuits가 아닌 상위 회로upper circuits를 설명하는 데 집중되어 있었다.[1]

'회로'는 도시사회학자이자 여성학자인 사센Sasskia Sassen이 세계 도시global city이론을 통해 1970년대 이래의 지구화에 대한 주류적 설명을 논박하는 데 사용한 고유 용법이다. 이 용어는 지구화의 과정을 역동적으로 설명할 수 있다는 점에서도 적절하지만, 단일하기보다는 복수적이며 중층적으로 전개되는 지구화의 분절적 과정을 가시화한다는 점에서도 유용하다. 사센은 이 회로 개념을 통해 지구화에 다층적 흐름이 존재하며, 이러한 지구화의 회로들이 지리적 경계의 해소나 분산이 아니라 오히려 새로운 집적과 중심성 강화의 논리와 조건을 통해 형성된다는 의미심장한 주장을 펼쳤다. 글로벌 경제 활동에 필수적인 자원 가운데 많은 부분은 오히려 초이동적이지 않으며, 최첨단 정보통신설비는 대부분 선진국의 대도시에 집중되어 소수의 이용자만이 독점하는 양상을 보인다는 것이다.[2] 최첨단 시설을 갖춘 도시나 값싼 노동력을 확보할 수 있는 수출가공지역과 같이 지구화가 특정한 지리와 국가적 영토에 긴박된다는 점을 강조할 경우, 지구화는 많은 주류 경제학자들이 전제하는 것처럼 지구적·국가적이라는 공간적 이원성 내에서 발생하는 것이 아니라는 점이 드러나게 된다.[3]

실제로 지구적 규모로의 자본의 이동성 증대는 확대된 조직을 운영, 관리하는 데 필요한 고차원적인 서비스와 시설을 제공할 수 있는 입지 조건을 요청하게 되었으며, 이에 따라 고도의 공간적 집적 경향이 나타났다. 특히 1980년대 이후 금융 산업의 지구적 통합 현상으로 글로벌 자본이 몇몇 금융 도시에 집중되면서 새로운 형태의 집중 양상은 더욱 가속화되었다. 그리고 이러한 기반이 집중되어 있는 이른바 세계 도시들은 상위 회로에서 움직이는 초국적 금융 자본의 이해에 부응할 수 있는 국제법률 및 회계 서비스, 경영 컨설팅, 금융 서비스 등을 제공하면서 선도적인 산업의 전략적 생산 거점으로 기능하고 있다. 이는 지구화가 장소를 중립화 neutralization할 것이라는 지배적인 담론과 달리 세계 도시 및 세계 도시에 기반한 거대 자본의 요구에 부응하는 역외 금융 센터와 같은 지리적 장소에 철저히 배태되고 있음을 확인시켜 주는 것이다.[4]

반면 이와 같은 세계 도시나 금융 중심지 혹은 관광지와 같이 지구화 과정이 이식될 수 있는 입지를 벗어난 지역들, 즉 글로벌 경제와 접합되지 못한 지역들은 급격히 쇠퇴하면서 도시들 간의 불균형은 오히려 지구화 과정에서 확대되고 있다. 무엇보다 세계 도시 내부에서 작동하는 지구화 회로들의 양극화는 지구화의 성격을 보다 역동적으로 보여준다. 고도로 발달한 선진국의 대도시에서는 글로벌 경제의 경영과 조정에 관련된 일들이 확대되면서 전문직 엘리트들에 대한 수요가 급격히 증대되었고 이들이 지구화의 상위 회로를 점하고 있다. 상위 회로의 행위자들에는 소위 데니즌denizen이라 불리는 '특권화된 외국인들'이 포함되어 있는데, 이들은 초국적 기업으로부터 의료, 교육, 주택 등 다양한 혜택을 제공받으면서 지구화의 이동성 증대가 가져온 편의들을 질 좋게 향유한다.[5]

그러나 세계 도시는 이러한 특권 계층의 생산 및 재생산 활동은 물론 이들의 소비 관행을 포함한 특정한 생활양식을 충족시킬 수 있는 노동력 역시 광범위하게 요구한다. 단순 사무직원, 건물 관리인, 고급 식당 직원, 청소부, 가정부, 보모 등 저임금의 노동 집약적 활동들이 주를 이루며, 하위 회로의 주요 행위자들은 이러한 노동을 통해 상위 회로의 원활한 흐름을 떠받친다. 하위 회로 행위자들은 주로 실업이나 가난을 피해 이동한 이주자들이며, 이들은 상위 회로에서 활동하는 특권적인 고학력 전문직 종사자들과 달리 생존을 위해 저임금과 불안정한 삶의 조건을 감내하면서 글로벌 경제의 하층부, 즉 생존 회로survival circuits를 형성하고 있다.[6] 이 생존 회로에서 살아가는 사람들 역시 글로벌 경제의 선도 부문과 긴밀하게 결합되어 있는 글로벌 행위자들임에도 불구하고 지배적인 지구화 담론에서는 거의 가시화되지 않는다.

대부분 여성이나 유색 인종 이주자들로 채워진 생존 회로를 둘러싼 이해관계는 매우 다층적이라는 데 주목할 필요가 있다. 지구화의 상위 회로의 활동에 필요한 노동력의 수요 확대뿐만 아니라, 지구적 체계의 주변부 국가들이 봉착한 외채 위기와 뒤이은 구조 조정 프로그램들의 파국적 결과들은 다양한 생존 회로를 형성하게 된 또 다른 배경 가운데 하나다. 경기 침체 및 빈곤의 확대는 이들 국가의 수입과 생존의 상당 부분을, 지구화의 하위 회로로 이동한 이주자들의 노동과 송금에 의존하게 만들었다.[7]

생존 회로의 형성에는 또 다른 글로벌 행위자들도 관여한다. 자본의 제한 없는 이동을 제도화하기 위한 국제기구와 규범들이 활발하게 조직되고 갱신되어왔던 것과 달리, 노동력은 여전히 국가적 영토에 결박되어 있다. 국가와 상위 글로벌 경제 행위자들에 의해 초국적인 경제 조건이 적극적으로 생산되고 있지만 이민자 정책은 여전히 통제와 규제에 기반하고 있으며, 유입국은 흔히 이주를 개인적인 행동의 결과로만 이해하고 스스로는 수동적인 역할을 하는 것으로 표상한다.[8] 이는 생존과 생계를 위해 지구화의 하위 회로를 향하게 되는 이주자들이 그 진입에 있어 불법 조직이나 범죄 단체 등을 선택하기 쉽게 만든다. 자본, 정보, 무역의 국경 간 흐름과 이동을 용이하게 하는 지구화의 토대들은 인신매매, 밀수, 돈세탁과 같이 비공식적인 지하 경제를 지구화하는 데에도 토대 역할을 하면서 범죄 조직을 지구적으로 확대시키고 있다. 다양한 인종 간, 지역적 네트워크를 통해 운송, 지역적 유통, 서류 위조 등을 더욱 손쉽게 활용하게 된 범죄 조직은 이주자들이 생존 회로로 이동하는 주요한 통로 구실을 하는 것이다.[9]

구조적 빈곤으로 인한 이주 압박과 비공식적 이주 방식을 강제하는 조건들은 생론 회로의 이주자들을 인신매매와 같은 극단적인 상황에 노출시킬 수도 있으며, 유입국의 배타적 혹은 선택적인 이민자 정책과 맞물리면서 불법 체류자나 불안정 노동력으로 고립시키는 원천이 된다. 이러한 생존 회로는 지구화에 대한 지배적인 담론이 제시하는 것과 달리 지구화의 흐름이 단일하지 않을 뿐만 아니라, 다층적 요소들 간의 상호작용을 통해 다양한 지구화의 회로들이 형성되고 있음을 보여준다. 또한 지구화의 상위 회로와 하위 회로가 생성되고 접합되는 일련의 과정들은, 지구화가 불균형과 불평등을 완화시킬 것이라는 낙관적 기대와 달리 갈등과 불만을 표출시킬 가능성을 높일 수 있음을 시사한다.

노동력의 여성화

지배적인 경제학의 담론은 지구화의 상위 회로에 집중되어 있었던 것만큼이나 젠더 문제를 중립적인 것으로 간주했다. 시장을 투명한 개인들의 선택에 따른 완벽한 경쟁 상태로 가정한 신고전주의 경제학이나, 노동 시장 진입 장벽의 해소를 통해 이를 부분적으로 개선하려고 했던 제도주의적 접근 모두 생산 및 재생산 영역 양자 모두에 구조적으로 기입된 젠더 관계의 비대칭적 권력 문제를 제기하지 않았다는 점에서 남성중심적이었다. 그리고 이러한 거시경제학의 암묵적 가정은 여성의 역할을 비가시화하거나 젠더를 노동 시장 참여 조건으로 단순히 '첨가'하는 방식으로 나타났다.[10] 보즈럽[11]은 농업 경제에 대한 분석을 통해 여성들의 경제적 기여를 가시화하는 한편, 근대화가 이러한 여성의 역할을 은폐하고 주변화하면서 젠더불평등을 심화시켰다는 주장을 펼침으로써 논의의 획기적인 전환점을 만들었다.

그런데 1980년대 이후 IMF(국제통화기금)와 세계 은행이 차관을 제공하는 대가로 개발도상국들에 구조 조정 프로그램을 도입하기 시작하면서 개발 정책과 젠더 관계에 대한 보다 구조적인 관점이 제출되었다. 외채 위기에 직면한 국가들에 수출 지향성 강화, 탈규제, 공공 부문 축소를 촉진하는 정책들이 강제되는 과정에서 많은 노동력이 여성들에 의해 채워지는 현상이 나타났다. 더 싸고 더 유연한 노동을 찾으려는 자본의 움직임은 노동력의 구성에 있어서 여성의 비중을 높여 나가면서 여성의 노동 시장 진출을 가시화했다. 제조업의 국제화 과정이 국제 하청 네트워크를 통해 지방, 국가, 대륙 간의 임금 격차를 활용하는 데 있어 젠더를 주요한 원동력으로 삼은 것이다.

이러한 '노동력의 여성화'를 어떻게 볼 것인가 하는 점은 논쟁적이었다. 여성들은 반복적이고 단조로운 일에 적합한 노동력으로 간주되면서 남성에 비해 더 적은 급여로 하청 및 시간제 노동, 계절 노동, 성과급 노동 등에 고용되었다.[12] 그리고 무엇보다 여성의 노동 시장 진출의 확대가 곧바로 노동 시장 내부의 남성중심성을 사라지게 하지 않았다. 엘슨[13]은 구조 조정 프로그램들은 오히려 여성의 종속을 심화시키는 역할을 한다고 주장하면서, 거기에는 이 정책들의 근간이 되는 개념적 틀에 내재한 중요한 남성 편향이 자리 잡고 있다고 밝혔다. 즉 노동의 성별 분업을 여전히 당연시하고, 인적 자원의 생산 및 유지에 필요한 무급 가사노동을 인정하지 않으며, 가구 경제는 구조 조정의 충격을 흡수할 수 있는 제도일 뿐 가계 내의 자원 배분의 문제는 분석할 필요가 없다고 전제하는 경향이 있다는 것이다. 이는 경제 성장과 발전이 젠더 불평등을 해소하는 데 기여할 것이라는 일반적인 가정이 허구적이라는 점을 드러낸다. 비대칭적이고 불평등한 가구 내 분배 체계가 유지되고, 개발과 근대화의 수준이 여성의 임파워먼트와 동반되지 않을 때 젠더 편견은 약화되기보다 오히려 강화되기 때문이다.[14]

그런데 개발과 구조 조정의 젠더적 성격에 관한 페미니스트의 연구는 매우 전환적인 논의임에는 분명하지만 주로 수출 기반 농업 경제에서 나타나는 여성 배제의 문제나 제조업의 국제화가 가져온 남반구나 주변부 국가 여성들의 종속 문제에 집중되어 있었다. 이는 이들 여성의 다양한 정체성을 단일화할 수 있는 문제[15]를 안고 있을 뿐만 아니라, 글로벌 경제의 고도화와 지구적 관계의 복잡성을 통해 젠더 관계가 새롭게 재편되고 있는 지점들을 역동적으로 포착하는 데에는 한계를 가지고 있다.

구조 조정 프로그램은 처음에는 주변부 국가의 외채 위기와 경기 침체에 대한 대응이었지만, 이후 지구적인 금융 안정성을 보장하기 위한 국제 금융 제도의 장기적 개발 전략으로 진화하게 되었다.[16] IMF와 세계은행을 위시한 국제기구의 규범적 지위의 강화와 WTO(세계무역기구)와 같은 다자간 무역 협정 및 자유 무역 협정의 확대 그리고 각종 지역 블록화 경향은 일국 단위의 재정, 통화, 무역, 투자 정책의 행위 효과를 제한하고, 지구적 수준에서 경제적·정치적 사건들 간의 상호 의존성을 높여나갔다. 무엇보다 지구적 차원의 금융 및 서비스 경제의 전면화가 공간적 집적 현상을 동반하면서 새로운 경제 활동의 체제를 형성하는 한편, 이윤 잠재력이 크지 않은 제조업은 탈산업 경제로 통합됨에 따라 쇠퇴하거나 경쟁력 확보를 위해 노동 착취 공장sweatshop 등의 형태로 비공식화되면서 노동 공급의 재조직화를 추동했다.[17] 이러한 변화는 지구화의 젠더적 성격을 남반구나 개도국에 대한 개발 정책이나 제조업의 국제화 과정을 통해서만 이해할 경우 지구화 회로들 간의 연쇄와 상호작용 가운데 일부분만을 가늠할 수 있게 될 뿐이라는 점을 시사한다.

서비스 경제로의 이동과 제조업의 비공식화와는 무엇보다 저임금 일자리의 지구적 규모의 확대를 가져왔는데 이는 지난 10~20년에 걸쳐 지구화의 회로들과 글로벌 경제에서 주요하게 부각되는 '이주의 여성화'를 설명할 수 있는 주요 단서가 된다. 역으로 '이주의 여성화'는 지구화가 계급, 인종, 섹슈얼리티 등의 경계를 따라 젠더를 의미화하고 젠더 관계를 특정하게 재편시키는 보다 총체적인 틀 속에서 움직인다는 점을 해석할 수 있게 한다.

1980년대 이후 주변부 국가들에 지속적으로 강제된 지구화와 글로벌 금융 경제의 새로운 추동 원리는 외채 상환 및 세입 확보의 곤란함을 가중시켰고, 결과적으로 나타난 실업과 의료, 교육 등의 공공 서비스 축소는 남녀 모두의 생계에 위협을 가져왔다. 그런데 이러한 결과는 가구 생계를 유지하고, 이윤을 창출하고, 정부 세입을 산출하는 등의 공동체 전체의 생존이 남성이 아닌 지리적 경계나 국경을 넘는 여성들에게 의존하게 되었음을 의미한다.[18] 비정규 노동, 돌봄노동,

성매매와 같이 지구화의 하위 회로에서 부각되기 시작한 일자리들은 남성이라기보다는 여성들을 위한 선택지였기 때문이다. 실제로 이주 여성들은 전형적으로 여성의 일로 취급되던 가사, 육아, 수발 및 성적 친밀성 등과 관련된 노동을 하기 위해 이주한다.[19] 이는 '이주의 여성화'가 국경을 넘는 여성의 수가 남성을 압도한다는 단순한 의미를 넘어서, 글로벌 경제의 흐름이 근본적으로 젠더화된 회로에 기반하고 있음을 함의하는 것이다.

여기에는 전 지구적인 차원의 돌봄의 위기가 근원적으로 자리 잡고 있다. 신자유주의 담론은 고용 가능성을 높이고 근로 의무를 강조하는 시장 친화적 방식을 내세우면서 여성에게도 남성과 마찬가지로 유급 노동에의 참여를 강조한다.[20] 그리고 여성의 노동 시장 진출로 인한 돌봄의 공백과 재생산의 위기는 주변부 국가나 선진국을 막론하고 모든 사회가 공통적으로 경험하고 있는 바다. 또한 신자유주의 이데올로기는 정부의 시장 간섭이나 재분배 정책이 시장을 왜곡시켜 효율성을 감소시킨다고 여기며, 이상적인 시민은 시장과 가족 자원을 통해 자신의 복지를 스스로 책임지는 사람으로 간주한다.[21] 따라서 가구에서 공백화된 재생산 노동은 시장으로 재배치된다. 그리고 직접적으로는 상품과 서비스로 구입되거나, 간접적으로는 고용 노동을 통해 구입되는 이러한 재생산 노동 가운데 많은 경우가 이주 여성들에 의해 채워지게 된다. 세계 도시에서 이른바 '하인 계급serving class'이 재출현하는 것[22]도 이러한 맥락에서이다.

생존 회로의 여성들은 비단 가구 재생산 노동의 경제 비용을 부담하는 행위자로만 나타나지 않는다. 지구화 시대에 글로벌 스탠다드는 소비문화를 통해 강력하게 유포된다. 서양 산업 자본주의하에서는 생산이 정체성과 계급 구분의 표식이었다면, 이제는 소비가 전면에 등장해서 경제적 욕구를 만족시켜주고 사회를 소비문화적으로 재구조화하도록 하면서 정체성을 파편화시킨다.[23] 이렇게 소비를 통한 자기실현을 강조하는 담론과 실천은 지구적 수준에서 젠더화된 섹슈얼리티의 상업화 및 시장화를 촉진시키면서, 엔터테인먼트 산업이나 성 산업의 지구화에도 기여한다.

전 지구적인 성 산업의 확산은 빈곤과 가난에 의해 일차적으로 구조화된 것이기도 하지만, 세계 은행과 IMF에 의해 개도국의 발전 전략으로 제시된 관광 산업의 국가적 추진에 의해 더욱 추동되었다. 엔터테인먼트 산업이나 섹스 관광지의 여성들은 섹슈얼리티를 판매하는 특정한 몸으로 전 지구적으로 재현[24]되기 시작했다. 그리고 이러한 형태의 소비가 지구화되는 과정에서 성매매는 여성들이 이주를 통해 지구화의 회로에 진입할 수 있는 주요 원천이 되고 있다. 게다가 해당 정부의 소득 창출은 물론, 증대 되는 여성들에 대한 수요 확보에 나선 지구적 규모의 인신매매 조직에도 이윤의 원천이 되고 있다. 이러한 상황은 생존의 여성화가 재생산 노동을 구입해야 하는 부유한 국가의 여성들과, 일자리를 필요로 하는 가난한 국가의 여성들 사이에서 벌어지는 단순한 개별 행위의 집합물이 아니라, 회로의 개념이 시사하듯 지구화와

글로벌 경제의 다양한 제도와 기제들을 따라 형성되고 있음을 보여준다.[25]

생존 회로의 여성들

여성들이 지구화의 생존 회로로 이동하는 공통적이며 보편적인 이유는 구조적 빈곤에 있지만 이것이 극단적인 가난만이 동기라거나 이들 모두의 욕망과 경험이 동질적이라는 것을 의미하지는 않는다. 빈곤이 중요한 역할을 하는 것은 사실이지만 이주 여성들은 가부장적 가족 구조로부터 탈출을 꿈꾸거나, 단순한 생존 전략만이 아니라 지구화 시대의 더 많은 자원과 문화를 향유하고 더 나은 삶을 향한 출세 전략으로 이주를 선택하기도 한다.[26] 실제로 최근 이주 여성들의 경우 남성 이주자들에 비해 학력 수준이 높고, 경제적으로 보다 여유가 있으며, 여자는 집에 있어야 한다는 사회적 압력에 저항할 수 있을 문화적 자원을 가진 사람들일 가능성이 크다.[27]

이는 비록 제한적일지라도 여성들의 임파워먼트에 있어 잠재성을 시사한다. 여성들은 가구 내 결정 사안들에 대해 더 많은 통제권을 갖게 되었으며, 공적 영역에서 공적 행위자로 등장할 가능성 역시 증대되었다. 그러나 생존 회로의 여성들은 글로벌 전략 경제와 직간접적으로 연결되어 있음에도 역사적으로 선도 부문 노동자들이 향유했던 것처럼 새로운 고성장 부문의 노동력으로 임파워먼트 되기보다는 비가시적이며 주변화된 노동력으로 산재해 있다.[28] 이는 직접적으로는 여성 노동의 성격과 그에 대한 역사적 비가시성과 관련된다. 생존 회로의 여성들은 많은 경우 돌봄노동에 직간접적으로 고용되어 있는데, 돌봄노동 자체가 매우 고립적인 노동이면서도 고용주 입장에서는 사회적 비가시성을 필요로 한다는 의미에서 이들의 낮은 지위와 비가시성 자체가 이들을 최고의 돌봄 제공자로 여기게 한다.[29]

생존 회로 여성들의 주변화와 비가시성은 지구화의 다양한 회로들에서 특정한 형태로 구성되고 재생산되는 남성성과 여성성의 이미지를 통해서도 확인할 수 있다. 지구화 과정에서 창출되는 새로운 권력과 지배 관계는 기존의 전통적인 가부장적 가치관을 재활용하는 데 기초해 있다. 남성생계부양자-여성의 부불 가사노동 담지자라는 서양의 젠더 계약은 실질적으로 사라졌음에도 불구하고 이러한 이상마저 사라지지는 않은 것이다. 가령 전 세계 여성 이주의 상당 부분을 차지하는 필리핀에서는 자국 내의 돌봄 및 가족의 위기에 대한 원인을 여성들의 해외 이주로 인한 모성 역할의 부재로 진단하면서 이주 여성들을 비난하는 한편, 공동체 및 남성의 돌봄노동에 대한 책임은 회피한다.[30]

이렇게 생산과 재생산의 지구적 분할 과정에서 여성들을 사적·공적 영역 가정성의 구현자로 재현하고 도덕적으로 규율하는 것은 여성의 노동에 대한 저평가와 불안정하고 차별적인 일자리를 정당화하는 논리를 통해 다시 순환된다.

OECD(경제협력개발기구) 각국의 정책과 ILO(국제노동기구)와 같은 국제적 노동 관련 기구들은 비정규 노동이 노동자들의 생활의 유연성을 높이고 노동 단절을 최소화할 수 있다고 주장하면서, 작업장 능률을 확대하기 위해 가족친화적, 여성친화적 작업장을 구성할 것을 권고한다.[31] '여성친화적'이라는 담론은 한국 정부의 여성인력활용정책, 저출산대응정책 등에서도 빈번하게 등장했듯이 '사회적 일자리'와 같은 저숙련/저임금 일자리가 여성들에게 적합한 것으로 간주되는 방식으로 나타나고 있다.

살싱헤르Leslie Salzinger[32]는 멕시코 북부 국경에 위치한 후아레즈Juarez 지역 마낄라도라 연구를 통해 순종적이고 값싼 젊은 여성이라는 틀에 박힌 이미지가 실제 노동력의 구성과 언제나 일치하는 것은 아니라는 점을 밝힌다. 그러면서 여성 노동자들이 파업을 통해 임금 인상을 요구하고, 더 나은 일자리를 찾아 떠날 수 있을 만큼 순종적이지 않다는 점이 드러나기 시작해도, 심지어 까다롭고 순종적이지 않은 남성을 점점 더 많이 고용할 때조차도 고용주들은 이러한 이미지들을 제도적으로 매우 강경하게 유지한다고 주장한다. 생존 회로에서 적합한 노동력은 여전히 '여성적' 노동자로 간주되는 한편, 남성의 진입이 노동의 가치나 임금 수준을 '남성화'하지는 않는다는 것이다.

반면 지구화는 전통적인 가부장적 체계와 담론들을 변용시키면서 헤게모니적 남성성의 이미지를 덜 형식적이고 덜 가부장적지만, 더 기술적이고 더 남성적으로 엘리트화한다.[33] 국적을 초월한 전 세계 기업가들의 모임인 다보스 맨Davos Man

의 연례 회의는 단순히 경제 영역을 넘어서 기업과 개인은 물론 국가의 행위 규범을 글로벌 의제로 정식화하는데, 이 글로벌 엘리트층은 지구적 차원에서 가장 강력한 시민권의 행사 주체로 지구적 통제에 대한 주도권을 조직하면서 헤게모니적 남성성의 이미지를 새롭게 창출한다. 이렇게 지구화의 상위 회로와 하위 회로에서 형성되는 젠더 이미지는 공사 구분을 기초로 해 차이를 위계화하기 위한 방편으로 활용되었던 남성성과 여성성의 할당이 글로벌 경제의 생산, 재생산 라인의 권력관계를 따라 새롭게 재생산되고 있음을 보여준다.

이러한 현상은 지구화가 동질화의 과정 혹은 사회관계의 지구적 수렴 현상이라기보다는 새로운 혹은 이전에 존재했던 사회경제적, 그리고 정치적 위계 서열을 재생산하는 데 관여하고 있음[34]을 분명하게 시사한다. 지구화의 회로에서 나타난 바와 같이 고소득 가구와 주민 사회에서 백인 중산층의 전문직 여성을 시중드는 이주 여성에 대한 하인 계급의 이미지는 지난 세기 백인 주인을 시중들었던 흑인 여성의 하인 이미지를 대체한다.[35] 그리고 제국주의 시대에 북반구 국가들이 빈국으로부터 자연 자원과 농산물을 추출했다면 이제는 빈국 여성들의 감정적·성적 자원을 소비하는 새로운 형태로 위계가 재생산되는 것이다.[36]

지구화는 언뜻 보기에는 보편적 가치와 인권의 문제를 부각시키는 기능을 하면서 남성/여성, 백인/흑인, 서양/동양, 원주민/이주자라는 이분법적 범주와 경계를 흐릴 것으로 기대되었다. 또한 지구화의 이동성 증대가 다양한 문화와 가치의 흐름들을 넘나들게 함으로써 시민과 외국인에 대한 엄격한 분리와 차별을 기초로 했던 근대적 시민권의 개념을 약화시키고, 새로운 기회와 가능성을 생성시켜줄 것이라는 믿음역시 동반되었다. 그러나 지구화 시대에 국가의 역할과 민족국가적 시민권에 대한 이상은 사라지기보다는 자본의 국내적·지구적 권리를 보증하라는 새로운 요구를 따라 재구성되고 있다.[37] 개별 국가들은 투자 협정이나 자유무역지대의 창설과 같이 자본 유치에 순조로울 수 있는 제도를 정비하고구축하는 역할을 부여받는 한편, 노동이나 환경에서의 다양한 공적 역할과 보편적인 이익을 꾀하고 강제해야 할 임무는회피한다. 시민권은 보다 다양한 정체성과 문화를 포용하는방향으로 진보하기보다는 오히려 시장의 주권적 지위를 강화하는 방식으로 편재됨으로써, 이주 노동자들은 원활한 시장 운용을 위한 단편적이고 유연한 인적 자본으로 간주될뿐이다.

이러한 경향은 생존 회로에서 활동하는 이주자들의 노동권과 시민권이 여전히 민족국가적 틀 내에 제한되고 있음을시사한다. 특히 지구적 차원의 노동력 유연화로 숙련화된 핵심 노동자와 비숙련·반실업 상태의 주변부 노동자 간의 분절 현상이 가속화되면서 노동자들 간의 집단 정체성과 유대가 점점 사라지는 가운데 젠더, 계급, 섹슈얼리티, 인종, 종교적 요소 등과 결합된 차별과 적대의 가능성 역시 증대되고있다. 실업 및 이주의 증가로 나타나는 사회적 갈등과 불안에 기반해 발호한 신보수주의가 다문화·다인종 사회를 위기로 진단하면서 도덕적 안정 및 전통적 가치의 회복을 주장[38] 하는 한편, 인종주의를 조장하는 것은 더 이상 낯선 현상이 아니다.

그러나 세계 도시들에서 벌어졌던 대안 세계화 운동이 시사하듯이 전자통신과 선진화된 네트워킹을 통해 지구화의 공간에서 형성될 수 있는 새로운 정치의 가능성은 열려 있다. 특히 이주자들의 하위문화로 재영토화되고 있는 초국적 공간에서 여성들은 이주자이자 유색 인종이라는 다층적 정체성을 가진 주체로, 무엇보다 가족, 공동체, 이웃 등 비제도화되어 있던 영역을 정치적 공간으로 전환시킬 수 있는 주요한 정치 행위자로서의 잠재력을 가지고 있다.[39] 다만 지구화의 갈등과 불만을 무마할 수 있는 사회통합 체계 구축 방안으로 소위 글로벌 거버넌스라는 규율 체계가 시민 사회를 체제 내화하려는 경향을 보아왔듯이 여성들의 행위성과 그에 기반한 새로운 세력화의 가능성은 이러한 지구화의 신자유주의적 전략과 어떠한 긴장 관계를 유지할 것인지에 달려 있다.

참고문헌 및 더 읽을거리

김현미, 《글로벌 시대의 문화번역》, 또하나의문화, 2005.
사센, 사스키아, 《경제의 세계화와 도시의 위기》, 남기범 옮김, 푸른길, 1998.
잔시, 마야, 〈여성, 세계화된 자본주의의 지배를 뒤흔들다〉, 세계화반대 제3세계 여성팀 편, 《세계화에 불만있는 여성들을 위한 자료집》, 국제연대정책정보센터(PICIS), 2001.
조순경, 〈신자유주의 정책의 생산과 여성주의 개입의 정치학〉, 김선욱 외, 《지구화 시대 여성과 공공정책의 변화》, 푸른사상, 2005.
황정미, 〈여성 사회권의 담론적 구성과 아내·어머니·노동자 지위〉, 《페미니즘연구》 7권 1호, 2007.

Acker, J., "Gender, Capitalism And Globalization", *Critical Sociology* 30:1, 2004.

Benería, L., *Gender Development, and Globalization*, (Routledge, 2003).

Boserup, E., *Women's Role in Economic Development*, (Allen and Unwin, 1970).

Brennan, D., *Selling Sex for Visas: Sex Tourism as a Stepping-stone to International Migration*, Ehrenreich, B. & Hochschild, A. R.(eds), (Global Woman, Owl Books, 2002).

Colás, A., "Neoliberalism, Globalization and International Relations", Saad-Filho, A. & Johnston, D. (eds.), *Neoliberalism: A Critical Reader*, (Pluto Press, 2005).

Ehrenreich, B. & Hochschild, A. R., *Introduction*, Ehrenreich, B. & Hochschild, A. R. (eds), (Global Woman, Owl Books, 2002).

Elson, D., "From Survival Strategies to Transformation Strategies: Women's Needs and Structural Adjustment", in Benería, L. & Feldman, S.(eds), *Unequal Burden: Economic Crises, Persistent Poverty and Women's Work*, (Westview Press, 1992).

Hochschild, A. R., *Commercialization of Intimate Life*, (University of California Press, 2003).

Hoggart, L., "Neoliberalism, the New Right and Sexual Politics", Saad-Filho, A. & Johnston, D. (eds.), *Neoliberalism: A Critical Reader*, (Pluto Press, 2005).

Hooper, C., "Masculinities In Transition: The Case Of Globalization", Marchand, M. H. & Runyan, A. S. (eds), *Gender And Global Restructuring: Sightings Sites And Resistances*, (Routledge, 2000).

Parreñas, R. S., *The Care Crisis in the Philippines: Children and Transnational Families in the New Global Economy*, Ehrenreich, B. & Hochschild, A. R.(eds), (Global Woman, Owl Books, 2002).

Philips, L., "Taxing the Market Citizen: Fiscal Policy and Inequality in an Age of Privatization", *Law and Contemporary Problems*, Vol. 63, No. 4, 2000.

Rai, S. M., "Chap.4 Global Restructuring and Restructuring Gender Relations: The Politics of Structural Adjustment", *Gender and the Political Economy of Development*, (Polity Press, 2002).

Rivas, L. M., *Invisibla Labors: Caring for the Independent Person*, Ehrenreich, B. & Hochschild, A. R.(eds), (Global Woman, Owl Books, 2002).

Salzinger, L., "From Gender as Object to Gender as Verb: Rethinking how Global Restructuring Happens", *Critical Sociology* 30:1, 2004.

Sassen, Saskia, *Globalization and It's Discontents*, (The New Press, 1998).

_____, "Women's Burden: Counter-geographies of Globalization and the Feminization of Survival", *Journal of International Affairs*, 53, no. 2, 2000.

_____, "Global Cities and Survival Circuits", *in Global Woman: Nannies, Maids, and Sex Workers in the New Economy*, Barbara Ehrenreich & Arlie Russell Hochschild, eds., (Metropolitan Books, 2002).

_____, "Local Actors in Global Politics", *Current Sociology*, vol. 52(4), (SAGE Publications, 2004).

Sen, A., "Women's Agency and Social Change", *in Development as Freedom*, (Oxford University, 1999).

주

1 Sassen, Saskia, "Global Cities and Survival Circuits", *in Global Woman: Nannies, Maids, and Sex Workers in the New Economy*, Barbara Ehrenreich & Arlie Russell Hochschild, eds., (Metropolitan Books, 2002).

2 사센, 사스키아, 《경제의 세계화와 도시의 위기》, 남기범 옮김, 푸른길, 1998.

3 Sassen, Saskia, 2002.

4 _____, 1994.

5 김현미, 《글로벌 시대의 문화번역》, 또하나의문화, 2005.

6 Sassen, Saskia, 2002.

7 _____, "Women's Burden: Counter-geographies of Globalization and the Feminization of Survival", *Journal of International Affairs*, 53, no. 2, 2000. 주요 송출국이자 특히 엔터테인먼트 산업으로의 여성 이주가 많은 필리핀에서 이주자가 보낸 송금액은 지난 몇 년 간 이 나라 외화 소득원에서 3위를 차지했다. 중동, 일본, 유럽으로 상당수의 노동자들이 이주한 방글라데시의 경우도 송금액이 전체 외화 거래량 가운데 3위를 점했다(Sassen, 2008[2003]).

8 Sassen, Saskia, *Globalization and It's Discontents*, (The New Press, 1998).

9 _____, 2002.

10 Benería, L., *Gender Development, and Globalization*, (Routledge, 2003).

11 Boserup, E., *Women's Role in Economic Development*, (Allen and Unwin, 1970).

12 잔시, 마야, 〈여성, 세계화된 자본주의의 지배를 뒤흔들다〉, 세계화반대 제3세계 여성팀 편, 《세계화에 불만 있는 여성들을 위한 자료집》, 국제연대정책정보센터(PICIS), 2001.

13 Elson, D., "From Survival Strategies to Transformation Strategies: Women's Needs and Structural Adjustment", in Benería, L. & Feldman, S.(eds), *Unequal Burden: Economic Crises, Persistent Poverty and Women's Work*, (Westview Press, 1992).

14 Sen, A., "Women's Agency and Social Change", in *Development as Freedom*, (Oxford University, 1999).

15 Acker, J., "Gender, Capitalism And Globalization", *Critical Sociology* 30:1, 2004.

16 Rai, S. M., "Chap.4 Global Restructuring and Restructuring Gender Relations: The Politics of Structural Adjustment", *Gender and the Political Economy of Development*, (Polity Press, 2002).

17 Sassen, Saskia, 2002.

18 _____, 2000.

19 Hochschild, A. R., 2002.

20 황정미, 〈여성 사회권의 담론적 구성과 아내·어머니·노동자 지위〉, 《페미니즘연구》 7권 1호, 2007.

21 Philips, L., *Taxing the Market Citizen: Fiscal Policy and Inequality in an Age of Privatization, Law and Contemporary Problems*, Vol. 63, No. 4, 2000.

22 Sassen, Saskia, *Globalization and It's Discontents*, (The New Press, 1998).

23 Múnk, Ronaldo, "Neoliberalism and Politics, and the Politics of Neoliberalism", Saad-Filho, Alfredo & Johnston, Deborah(eds.), *Neoliberalism: A Critical Reader*, (Pluto Press, 2005).

24 태국 정부는 1987년을 '태국 관광의 해'로 삼고 관광안내문을 발간했는데, "두리안보다 맛있는 태국의 과일, 젊은 여성을 만나러 오세요"라며 외국인 남성을 호객했다.

25 Sassen, Saskia, 2002.

26 Brennan, D., *Selling Sex for Visas: Sex Tourism as a Stepping-stone to International Migration*, Ehrenreich, B. & Hochschild, A. R.(eds), (Global Woman, Owl Books, 2002).

27 Ehrenreich, B. & Hochschild, A. R., *Introduction*, Ehrenreich, B. & Hochschild, A. R. (eds), (Global Woman, Owl Books, 2002).

28 Sassen, Saskia, 2002.

29 Rivas, L. M., Invisibla Labors: Caring for the Independent Person, Ehrenreich, B. & Hochschild, A. R.(eds), (Global Woman, Owl Books, 2002).

30 Parreñas, R. S., The Care Crisis in the Philippines: Children and Transnational Families in

the New Global Economy, Ehrenreich, B. & Hochschild, A. R.(eds), (Global Woman, Owl Books, 2002).

31 조순경, 〈신자유주의 정책의 생산과 여성주의 개입의 정치학〉, 《지구화 시대 여성과 공공정책의 변화》, 푸른사상, 2005.

32 Salzinger, L., "From Gender as Object to Gender as Verb: Rethinking how Global Restructuring Happens", *Critical Sociology* 30:1, 2004.

33 Hooper, C., "Masculinities In Transition: The Case Of Globalization", Marchand, M. H. & Runyan, A. S. (eds), *Gender And Global Restructuring: Sightings Sites And Resistances*, (Routledge, 2000).

34 Colás, A., "Neoliberalism, Globalization and International Relations", Saad-Filho, A. & Johnston, D. (eds.), *Neoliberalism: A Critical Reader*, (Pluto Press, 2005).

35 Sassen, Saskia, 2002.

36 Ehrenreih & Hochschild, 2002.

37 Sassen, Saskia, 1998.

38 Hoggart, L., "Neoliberalism, the New Right and Sexual Politics", Saad-Filho, A. & Johnston, D. (eds.), Neoliberalism: A Critical Reader, (Pluto Press, 2005).

39 Sassen, Saskia, 2004.

섹슈얼리티[*]

기본적 정의

광범위한 의미로 성역할, 성행위, 성적 감수성, 성적 지향, 성적 환상과 정체성을 정의하고 생산하는 모든 영역을 말한다.

개념의 기원과 발전

'섹슈얼리티sexuality'라는 용어는 신체적인 성관계 또는 성교를 의미하는 용어로 쓰이는 섹스sex보다 포괄적인 의미를 나타내기 위해 19세기에 소개되어 광범위하게 쓰여지게 되었다. 그러나 섹슈얼리티를 구성하는 요소이자 섹슈얼리티와 변별되어 사용되는 성sex, 성차/별gender, 그리고 섹슈얼리티 자체가 어떻게 이해되고 사용되어야 하는지에 대해서는 아직 어떤 합의도 된 것이 없다. 성차/별과 섹슈얼리티는 분석적으로 구분되어 있는 개념이지만 동시에 실질적으로 서로 관련된 개념이다. 성차/별과 섹슈얼리티의 이러한 관계 때문에 페미니스트들에게 섹슈얼리티는 결정적으로 중대한 사안

으로 인식되어왔다.[1]

대체로 '성sex'은 여자와 남자 사이의 생물학적 차이를 가리키기 위해 쓰이고 '성차/별gender'[2]은 여자와 남자를 사회적으로 구분하는 여성성과 남성성이라는 문화적 특성을 가리키기 위해 쓰인다. 이때 '성차/별'은 특히 페미니스트들이 여성성과 남성성이 사회적으로 형성되었다는 점을 강조하고 여자와 남자의 관계가 타고난 것이라는 생각을 문제 삼기 위해 채택한 개념이다. 물론 모든 페미니스트들이 이 구분을 사용하는 것은 아닌데 그 이유는 각기 다르다. 어떤 이들은 이 개념이 물질적인 몸이 가지는 차이를 부정하는 것이라서 그러한 주장을 하고 또 다른 이들은 어떤 이가 신체 구조학적으로 특정한 성sex이다,라고 보는 자체가 이미 사회문화적으로 구성된 것이라고 봐야 하기 때문이라고 말한다.[3]

섹슈얼리티를 구성하는 것인 the sexual, 즉, 성적인 것은 소위 성기라고 일컬어지는 생식기적인 것과는 다른 것으로 생식기와 무관하게 행해지는 보다 많은 행동과 행위를 포괄하는 개념이다.[4] 한국에서는 섹슈얼리티가 '성성性性'이라는 조어로 번역되어 소개되기도 했고[5] '성애性愛'라는 용어로 번역되어 쓰이기도 한다. 한편, '성性'이 가장 포괄적으로 사용될 수 있는 용어로 제안되기도 했다. 예를 들어, 장필화는 '성'이 '성별을 구분하는 의미이기도 하지만 성행위와 성관계를 의미하는 포괄적인 용어'이기도 하기 때문에 '신체 구조와 심리 구조, 사회적 규범들과 특정 사회 조직들에 의해 지지되는 복합적인 스펙트럼을 나타내는' 용어로 사용될 수 있다고 제안했다. 고정갑희 또한 '한국문화에서는 생물학적 성sex 과 사회적 성차gender 그리고 섹슈얼리티의 의미가 성이라는 용어에 모두 포함되어 쓰여왔다고 봐야 한다'고 주장한 바 있다. 그러나 여전히 '섹슈얼리티'라는 차용어가 가장 광범위 하게 쓰이고 있는데 이는 한편에서는 이에 상응하는 적절한 한국어 용어와 그 개념에 대한 합의가 아직도 이뤄지지 않았 기 때문이고 또 한편에서는 섹슈얼리티 자체가 그만큼 복합 적인 의미를 가진 용어이기 때문이다. 따라서 적절하게 통용 되는 한국어 개념어에 대한 합의가 이뤄질 때까지 당분간은 섹슈얼리티, 성, 성애 등의 용어가 맥락에 따라 혼용되며 사 용될 것으로 보인다.

흔히 섹슈얼리티 개념은 그것이 갖는 개념적 포괄성 때문 에 그리고 그것이 지칭하거나 주요하게 참조하는 개념들(예, 섹스, 젠더, 정체성 등) 자체가 유동적으로 변화하기 때문에 개 념적으로 명확하고 단일하게 정의되기보다는 다소 유동적이 고 포괄적인 것으로서 사용된다. 예를 들어, '성애적 욕망, 행 위, 정체성을 두루 일컫는 개념'[6]으로 규정되기도 하고, '사람 들이 서로에게 끌리게 하는 어떤 설명하기 힘든 감수성이라 는 의미를 갖는 동시에 한 개인을 다른 개인들로부터 구분하 는 개인화된 성적 감정'[7]으로 설명되기도 한다. 또 때로는 '성 행위에 국한되지 않은 성적 실천, 정체성, 에로틱한 욕망을 포함한 성적 감정과 관계 그리고 우리가 성적이라고 규정하 는 방법까지도 포함하는 개념'이며 '성적 욕망을 창조하고 구 성하고 표현하며 추구하는 사회적 과정'인 동시에 '성역할, 성

행위, 성적 감수성, 성적 지향, 성적 환상과 정체성을 정의하고 생산하는 모든 영역을 포괄[8]하는 매우 광범위한 개념으로 사용되기도 한다.

섹슈얼리티 형성

섹슈얼리티에 비교적 먼저 관심을 가지고 연구를 시작한 학문 분과는 성학sexology이었다. 성학은 섹슈얼리티를 생물학적 혹은 심리학적 현상으로서 다뤘고, 매우 협소하게 정의된 이성애적 규범에 기반해 그것과 다른 섹슈얼리티는 모두 병리적으로 취급하는 의학적 모델을 바탕으로 삼아왔다. 이러한 성학이 기본적으로 갖는 생물학적 결정주의 혹은 심리 구조적 결정주의와 같은 본질주의적 관점에는 많은 문제가 있다.

잭슨과 스캇[9]에 따르면 그 문제는 첫째, 본질주의가 문화적 영향을 전혀 받지 않은, 소위 오염되지 않은 '자연적' 섹슈얼리티가 있다고 하는 증명하기 어려운 가설에 의존해 있다는 것이다. 이 관점하에서는 인간 섹슈얼리티의 문화적·역사적 변화를 적절히 설명할 수가 없다. 더 나아가 본질주의는 섹슈얼리티에 대한 사회적 규제를 부정적인 힘으로만 개념화하기 때문에 권력이나 규제가 섹슈얼리티 형성에 오히려 생산적인 힘으로 작동할 수도 있다는 점을 용납하지 않는다. 둘째, 본질주의적 관점은 남성성 안에서의 차이와 여성성 안에서의 차이를 '자연적인' 차이 혹은 차별적인 억압 이외의 측면에서는 설명하지 못한다. 본질주의적 관점에서는 여성과 남성은 태어날 때부터 다르고 어떤 것도 이것을 바꿀 수 없으며 여성의 섹슈얼리티는 남성의 섹슈얼리티보다 훨씬 억압받아왔다고 설명된다. 여성의 섹슈얼리티가 더 억압받아왔다는 관점은 현재의 남성 섹슈얼리티를 억압받지 않은 섹슈얼리티의 표준, 다시 말해 섹슈얼리티가 갖추어야 할 모습으로 정의하는 것을 받아들인다. 이런 사고방식대로라면, 정상적이고 이상적인 섹슈얼리티는 이성애 남성의 섹슈얼리티고, 따라서 그것이 가정하는 것은 성차별적인 동시에 이성애중심주의적이다.

최근에는 인간 섹슈얼리티가 사회문화적으로 형성된다는 관점들이 더욱 설득력을 얻고 있다. 사회구성주의적 관점이라고 말해지는 이 관점에서는 남성주도적인 이성애적 관계가 전혀 이상이 없는 하나의 규범으로 다뤄지지 않는다. 오히려 그것은 비판적으로 검토되어야 할 것으로 여겨진다. 페미니스트들은 성적 행위 양식과 다양성 등을 주로 생물학적 관점에 근거해 주목하는 경향이 있는 성과학자들의 접근방식과는 달리 인간 섹슈얼리티의 유연성에 주목하면서 섹슈얼리티를 사회문화적으로 구성되고 관리되는 하나의 주요한 정치적 사안으로 간주해왔다.

섹슈얼리티가 역사적으로 그리고 문화적으로 가변적이라는 생각은 모든 사회구성주의적 입장에 근본적인 것이다. 섹슈얼리티가 모든 문화에서 똑같지 않다는 것과 한 문화 안에서도 역사적으로 변화해왔다는 사실은 생물학적 결정론과 같은 본질주의적인 관점에 반한다. 초기 인류학자들이 인간

사회에 존재하는 다양한 성 관습을 목록화해왔다면 최근의 연구는 성적 행위를 성립시키는 것들을 사전에 확연하게 결정하는 것은 아무 것도 없다는 사실을 보여준다. 넓게는 문화적 맥락과 당장은 대인 관계적 맥락에 따라 특정 행동에 주어지는 의미가 있고, 어떤 것이 성적sexual인지 아닌지는 이 의미에 달려 있기 때문이다.

비슷한 결론이 섹슈얼리티에 대한 역사적 연구에서도 드러났다. 일반적으로 빅토리아 시대는 성이 억압되었던 시대로 간주되고 20세기 후반에 들어와 성이 이러한 제약으로부터 벗어났다고 여겨진다. 이러한 관점은 어떤 주어진, 따라서, 자연적인 섹슈얼리티가 도덕적 관습과 제약에 의해 규제되어왔다는 관점을 전제한다. 그러나 이미 몇몇 이론가들이 이런 관점에 대해 의문을 제기했다. 특히 1970년대 후반, 푸코Michel Foucault의《성의 역사》연작은 섹슈얼리티의 역사에 대해 광범위한 재고를 하도록 만드는 데 큰 영향을 주었다. 푸코는 섹슈얼리티가 권리 박탈과 금지를 통해서 규제만 되는 것이 아니라, 법규와 격려를 통해 생산되기도 한다는 것을 주장했다. 다시 말해, 무엇을 하지 말라고 금지당하는 단순한 문제가 아니라 무엇을 할 수 있고 또 해야 된다고 우리가 계속해서 강제받거나 독려받는지의 문제가 더 중요할 수 있음을 지적한 것이다. 푸코는 19세기가 성적인 것에 대해 침묵했던 시대가 아니라, 오히려 개인의 행동과 기질을 목록화하고 분류해 새로운 성적 어휘들을 탄생시키는 등 섹슈얼리티를 둘러싼 담론이 '광범위한 폭증'을 일으켰던 시대였음을 밝혔다.

　이러한 맥락 안에서 페미니스트들은 섹슈얼리티를 핵심적인 정치적 사안으로 간주해왔다. 특히, '제2물결 페미니즘'의 등장과 함께 섹슈얼리티에 대한 관심이 증대되었다. '개인적인 것이 정치적이다'라는 슬로건 아래에서 페미니스트들은 개인적인 성에 대해서 뿐만 아니라 포르노그래피, 매매춘, 성폭력, 동성애와 레즈비어니즘 등과 같은 사안들에 대해서 페미니즘 특유의 뚜렷한 관점을 발전시켜왔다. 특히 정조대에서 재산법에 이르기까지 여성의 섹슈얼리티를 통제함으로써 여성을 가부장적 이성애 관계를 통해 한 남자에게 묶어두기 위한 엄청난 노력들이 있어왔다는 사실에 주목했다. 예를 들어, 이중적 성도덕 규범은 여성에게는 성적 자유를 부인하고 남성에게는 그것을 용인하거나 묵인한다. 이러한 남성중심적 성 규범 안에서 여성은 남성과 어떠한 성적 관계에 놓여 있느냐에 따라 존중받을 만한 존재가 되기도 하고 비난과 사회적 낙인을 받아 마땅한 존재가 되기도 했다. 남성에게 있어 성적 행위는 부추겨지거나 훈장과 같은 역할을 하지만 여성에게 있어 성적 행위는 '명예'를 잃거나 원치 않는 임신을 함으로써 정신적·육체적 고통을 받거나 생식력을 위협하는 질병에 걸릴 수도 있는 위험한 것으로 인식되기도 한다. 또한, 강압적이고 폭력적인 남성의 성적 강제에 의해 쉽게 피해를 입을 수도 있는 처지에 있으면서 동시에 그런 피해에 대해 오히려 책임을 요구받는 모순된 상황에 직면하기도 한다. 가부장적 사회에서 레즈비언의 경우에서처럼 여성들이 남성과의 성적 관계로부터 독립적으로 여성들 사이에서 성적 삶을 영위할 때 겪게 되는 사회적·문화적 폭력과 경제적 피해 또한 이런 맥락에서 이해할 수 있다.

그러나 페미니스트들 안에서도 섹슈얼리티에 대한 인식과 문제 해결을 위한 방안에 대해서 각기 다른 의견들을 경합해왔다. 페미니스트들은 여성 억압의 기원이 사회적이라는 것에는 모두 공감했고 '여성'으로서 모두가 공유하는 것과 여성들 사이의 차이 모두를 이해하기 위해 노력해왔지만 이 과정에 대한 분석 방식은 서로 다르게 또 다른 상태에서 각각 발전했다.

예를 들어, 개량주의적reformist 페미니스트들은 강간 피해자의 치료나 성희롱과 같은 문제들에 관련된 법률적 또는 관료적 변화에 더 초점을 두었다. 좀 더 급진적인 변화를 추구하는 페미니스트들도 역시 이런 사안들을 중요하게 생각하지만, 이들은 섹슈얼리티가 보다 근본적으로 사회문화적 질서 속에서 작동하는 것으로 이해하며 이 사안들을 이 맥락 안에서 보려고 한다. 섹슈얼리티에 대해 이론화해왔던 대부분의 페미니스트들은 이러한 급진적인 경향을 가진 이들이라고 볼 수 있다.

한편, 이 이론가들 대다수가 섹슈얼리티를 사회적으로 구성된 것으로 개념화해왔지만 그 구성 과정에 대해서는 수많은 이견이 존재한다. 또한 가부장제 사회에서 억제되고 억압받아온 진정한 여성적 섹슈얼리티가 있다고 주장하는 소수의 의견도 항상 있어왔다. 그리고 여성의 섹슈얼리티가 사회적으로 구성된 것이라는 견해와 태어날 때부터 잠재되어 있는 것이라고 보는 견해는 다른 이론적·정치적 구분을 가로지르며 나타난다. 이는 성차/별과 섹슈얼리티가 '인종'과 계급 같은 다른 사회적 구분과 교차하기 때문에, 한 사회 안에서도 각각의 개인들이 각각 다른 지점들에서 섹슈얼리티를 영위한다는 것이다. 따라서 성차/별과 섹슈얼리티에 관한 여성들 각각의 경험도 엄청나게 다양하다는 의견이다.

섹슈얼리티를 사회문화적으로 구성된 것으로 보는 이들은 사회적 구성의 어떤 측면에 초점을 두느냐에 따라 다시세 가지 주요 분석 요소를 중심으로 입장을 달리한다. 첫 번째는 남성 지배의 문제를 가장 우선시하면서 가부장적 구조와 관련지어 섹슈얼리티를 분석한다. 주로 소위 급진적 페미니스트들이 이러한 입장을 취한다. 두 번째는 개별 주체의수준에서 성적 욕망이 어떻게 구성되는지에 집중하는데, 이것은 인간이 어떻게 특정한 방식으로 성적sexual이 되는지를보는 것이다. 주로 소위 정신분석학적 페미니스트들이 취하는 입장이다. 세 번째는 인간의 성적 욕망의 다양성variability과유연성malleability에 대해 설명하고자 한다. 이는 주로 퀴어 페미니스트들이 취하는 입장으로 볼 수 있다. 물론, 세 측면 모두를 연결하고 있는 지점을 찾으려는 이들도 있고 잭슨과 스캇 같은 이들은 이것이 섹슈얼리티를 연구하는 페미니스트들이 페미니스트 섹슈얼리티 이론을 위해 앞으로 가져가야할 최선의 방향이라 보기도 한다.

이와 같은 움직임을 연대기적 흐름으로 살펴보면 다음과

같이 정리할 수 있다. 우선 제1물결 페미니스트들은 앞에서 언급한 많은 사안들에 대해 사회운동을 전개해왔지만 그들이 택한 운동 방식은 제한된 경제적 독립 기회와 생식에 대한 제한된 자기 통제 기회와 같은 그들이 살고 있던 사회의 물적 환경과 당시 만연하던 성도덕의 제약을 받았다. 예를 들어 여성에 대한 성적 착취와 이중적 성규범에 맞서기 위해 당시에 즉각적으로 실천 가능했던 전략은 여성의 성적 자유를 확장하는 요구보다 남성의 더욱 철저한 정조 관념을 요구하는 것이었다. 이와 달리 제2물결 페미니즘이 일어난 사회적·정치적 맥락은 매우 달랐다. 제2차 세계대전 이후, 전 시대에 비해 이례적으로 많은 여성들이 노동 시장에 진입했고, 더 큰 교육의 기회를 가졌다. 그렇지만 여성들은 노동과 교육 양 영역에서 여전히 불이익을 받았고, 여성의 영역은 가정이다라는 이데올로기 또한 여전히 굳건했다. 이런 가운데 제2물결 페미니스트들은 섹슈얼리티에 대한 새로운 여성주의적 관점을 만들었다. 또한 당시 섹슈얼리티에 대한 관심의 근본적인 취지는 여성해방운동과 게이해방운동이라는 정치적 목표에 기원을 두었다. 그렇지만 제2물결 페미니즘 초기의 섹슈얼리티 논의는 이성애에 관한 논의와 동의어였고, 남성과의 관계에서 만족감을 높이려는 여성들의 싸움에 중심을 둔 것이었다. 당시 페미니스트들은 이성애가 삽입 성행위를 '진정한 것'으로 강조하면서 남성의 쾌락을 우선시해왔고 이를 위해 질오르가즘 신화를 지속시켜왔다고 비판했다. 그리고 여성의 성적 절정이 질보다는 음핵에 집중해 있다는 논거들을 펴기 시작했다. 이 논쟁의 근거는 주류 성학 연구물을 여성주의자들이 목적에 맞게 차용한 것이었다. 이 '발견'은 많은 여성들로 하여금 성적 행위에 대해 다시 생각하게끔 만들었고 여성의 성적 만족에 남성의 생식기가 절대적으로 중요하지는 않다는 생각을 갖도록 영향을 주었으며 삽입 성행위를 부차적인 성행위로 간주할 수 있게 만들었다. 이는 특히 남성의 성적 욕구와 여성의 성적 의무라는 신화에 빠져 있었던 많은 여성들에게 여성이 성적 쾌락을 즐길 권리가 있다는 주장에 힘을 실어주었다. 그리하여 1970년대가 되면서 미국을 비롯한 서양에서는 성이 여성에게도 즐거울 수 있고, 즐거워야 한다는 인식이 주류 문화 속으로까지 들어왔다.

한국에서는 1976년, 밀렛Kate Millett의 《성의 정치학Sexual Politics》이 정의숙, 조정호에 의해 번역되어 출간되면서 섹슈얼리티에 대한 공론화가 시작될 수 있는 여지가 생겨났다. 하지만 1980년대까지도 섹슈얼리티에 대한 연구는 소위 '부르주아 학문'이라고 간주되면서 비판학문 진영에서조차 표면화되지 못했다.[10] 그러다가 1989년 한국여성학회 심포지엄 주제가 '섹슈얼리티 연구'로 정해지면서 한국 사회에서의 섹슈얼리티 연구는 큰 계기를 맞게 된다.

1990년대에 들어와 한국에서의 섹슈얼리티 담론은 '여성운동과 진보적 사회운동과의 관계, 성적 쾌락과 폭력에 대한 갈등적 인식, 동성애자 권리에 대한 논의 등으로 표출'되는 등 사회적·정치적 담론의 주요 요소로 부상하며 폭발적으로 확산되었다.[11] 섹슈얼리티라는 주제를 본격적으로 질의한 한국 최초의 논문은 1989년 《한국여성학》 5호에 게재된 장필화의 〈성sexuality에 관련한 여성해방론의 이해와 문제〉다. 이 논문에서 저자는 여성학적 관점에서 한국 사회의 섹슈얼리티의 문제를 성 규범의 이중 체계, 즉, 공식적 논리 체계와 비공식적 논리 체계의 공조와 이 속에서의 여성의 이분화와 대상화, 섹슈얼리티에 대한 '신체결정론적, 성기중심적, 남성중심적' 인식 등의 문제를 연관시켰다. 이러한 씨앗은 1990년대에 이르러 싹을 틔우기 시작해 1990년대 후반부터는 섹슈얼리티에 관한 연구가 본격적으로 진행되기에 이른다.

이 시기 연구물들의 특징은 첫째, 다양한 전공 영역에서 관련 연구물들이 작업되어 나왔다는 점, 둘째, 여성의 성과 동성애, 청소년의 성, 장애인의 성 등 기존의 기혼/남성/비장애인/이성애중심적인 규범적 섹슈얼리티의 영역을 넘어서는 영역이 연구 영역 안으로 포함되었다는 점, 셋째, 그럼에도 불구하고 동성애에 관한 보다 급진적인 논의는 전문 학술지보다는 대중 잡지에서 주로 다뤄졌다는 점 등이라 할 수 있다.

이 시기에 특히 여성학 분야에서 발표된 논문의 제목들을 보면 몸, 국가, 성 통제, 강간, 권력, 법, 결혼 제도, 성교육, 여성주의적 성 윤리, 여성의 성적 재현, 성적 주체로서의 여성, 성적 주체로서의 청소년, 성과 노동, 동성애, 매매춘, 한국 사회 너머에 있는 지역들에서의 여성들과 여성문제 등 급진적이고 다양한 주제들이 다뤄졌음을 알 수 있다. 이는 1990년대 한국 사회 섹슈얼리티 연구에서 페미니즘이 중요한 견인차 역할을 했음을 보여주는 대목이기도 하다.

페미니스트들의 이러한 견인차 역할은 2000년대에 이르러 섹슈얼리티 연구 분야의 급성장이라는 열매로 나타났다. 이 시기에는 특히 여성학에서보다 문학분야에서 더 많은 관련 연구물들이 대거 생산되어 나왔는데 1990년대의 페미니스트 섹슈얼리티 담론과 연구가 이 분야에 미친 영향을 짐작할 수 있게 한다.

그러나 이러한 긍정적인 모습 이면에는 증폭된 관심과 급증한 연구 결과물이 어떠한 관점을 바탕으로 이뤄지고 있는지까지는 보증하기가 어렵다는 점과 문학 작품 속에서의 재현의 문제, 서사 구조, 작가 분석 등을 중심으로 이뤄지는 연구들이 얼마나 정치적으로 실질적이고 구체적인 사회 변화에 이바지할 수 있을지에 대한 우려도 있었다. 섹슈얼리티 연구가 처음부터 페미니즘 정치학의 자장과 맞물려 구축되어 왔고 한국에서도 예외는 아니었기 때문이다. 예를 들어, 이승교 외[12] 등이 발표한 "남녀대학 신입생의 건강 실천에 따른 영양상태"라는 논문에서 저자들은 'sexuality' 개념을 소위 생물학적 성별을 가리키는 'female/male'을 구분하는 용어로 사용한다. 이영미와 천정환[13]의 〈문학사학을 위한 시론〉에서도 "섹슈얼리티(남성 혹은 여성)의 문학사"라는 표현이 있어 '섹슈얼리티' 개념이 남성과 여성을 구분해 일컫는 개념어로 사용되고 있음을 볼 수 있다. 섹슈얼리티 개념의 의미가 포괄적이고 유동적이기는 하지만 성차/별gender이나 성sex 등 사용할 수 있는 다른 용어가 있음에도 불구하고 저자들은 굳이 섹슈얼리티라는 용어를 사용했는데 왜 그렇게 하는지에 대한 설명은 제시되어 있지 않다. 다른 학술적 개념들도 그러하듯이 '섹슈얼리티' 또한 역사적이고 정치적인 맥락 안에서 특정한 의미를 가리키기 위해 고안되고 사용되어 온 용어다. 앞의 예에서 본 것과 같은 비맥락적으로 이 용어가 사용되는 경우가 많아질수록 '섹슈얼리티'라는 용어 사용이 가정해왔던 정치성은 소실될 수밖에 없을 것이다.

한편, 2000년대 초기 10여 년 동안은 세부적인 주제들이 발굴되어 논의되었다는 특징이 있다. 1990년대에는 '여성'이라는 범주가 통칭어로 사용되었다면 2000년대에는 신여성, 양공주, 모던걸, 까페 여급, 청소녀, 10대 여성, 10대 미혼모, 양성애/여성, 퀴어, 성소수자 등 그 안에서의 차이들이 들어나고 있음을 연구물들의 개괄을 통해 알 수 있다. 또한 연구자들의 전공 분야도 다양해져 간호학에서부터 유학과 연계된 한국학에 이르기까지 다양한 분야에서 섹슈얼리티 연구가 진행되고 있다.

그럼에도 많은 페미니스트들은 특히 특정한 형태의 폭력과 억압이 특정 성(여성)에게 가해지도록 만드는 구조적인 제도가 가부장제임을 문제 삼았다. 그리고 이 제도를 작동시키는 기제인 성적인 것의 범주가 어떻게 구성되는지, 이것을 만들어내는 장치가 무엇이고 그것이 어떻게 작동하는지에 대한 연구를 진행하기 시작했다. 이를 통해 섹슈얼리티에 관한 지배 담론이 만들어내는 (이성애) 남성중심적 성에 도전하면서 기존의 성 체계에 저항하는 담론을 만들어왔다.[14]

그러나 많은 페미니스트들은 섹슈얼리티 연구에서 주로

성폭력, 가정 폭력, 포르노그래피, '매매춘'[15], 결혼/이혼/'외도' 등 남/여 관계 안에서의 권력관계, 즉, 성차/별 권력관계에 집중해서 섹슈얼리티를 다루어왔기 때문에 두 가지 정도의 측면에서 제기되는 문제 제기에 한정되는 경향이 있었다. 하나의 측면은 남/여 성차/별관계에 대한 문제 제기를 함과 동시에 또한 그 관계항을 규범적으로 전제하는 경향을 내재함으로 인해 여성들 안에서의 차이(이성애자가 아닌 여성, 기혼여성이 아닌 여성, 법적 성인이 아닌 여성, 장애를 가진 여성, 중산층 이하 계층의 여성, 다른 국가에서 이주해 온 여성 등)를 민감하게 성찰하는 것을 간과하는 경향이다. 또 하나의 측면은 남/여를 중심으로 하는 하나의 이항대립쌍을 규범적으로 전제함으로 인해 이 전제 자체에 뿌리를 두는 어떠한 문제의식에 대해서도 이항대립적 순환 구조에서 자유롭게 논의될 수 없다는 경향이다. 이런 전제는 이항대립 관계 안에 있는 어느 쪽도 그 관계항에서 자유로울 수 없도록 만든다. 이는 이항대립 관계 안에 놓여 있는 한쪽(남/여 항 안에서의 '여성')의 위치에 대한 어떤 문제의식도 다른 한쪽('남성')의 위치를 재공고히 하는 결과에서 자유로울 수가 없다는 문제를 노정하는 것이었다. 이 점은 남/여 이항대립적 인식론의 한계를 비판하는 동성애 담론이나 트랜스젠더 담론에서도 반복되는 문제이기도 하다. 남/여, 남성성/여성성, 이성애/동성애 등 이항대립적 관계를 상정한 어떤 관계도 한쪽의 존재성을 주장하면 할수록 다른 쪽의 존재성 또한 강화하고 본질화시키는 결과에서 자

유로울 수 없기 때문이다.[16]

김은실[17]이 지적하듯이 남성중심적인 지배적 성담론을 비판해온 한국의 여성학 논의는 "섹슈얼리티는 신체에 속해 있고, 신체는 성별화되어 있다"는 관점을 견지해왔고, "남성과 여성을 신체화된 젠더로 이해"하는 경향을 보여왔다. 또한 이런 까닭으로 한국여성학에서 성은 "젠더 불평등으로 환원"되어왔고 "젠더로 체현된 섹슈얼리티를 다루는" 것을 넘지 못했다. 김은실은 이러한 한계는 "성에 대한 본질주의적 사고방식과 중산층 계급에 기반한 이성애중심주의의 로맨티시즘"에 바탕을 둔다고 지적한다.

사실 1990년대 이르러 성 담론이 대중문화 전면에 나타나고 여성학 내부에서도 관련 연구물들이 다수 등장하면서 레즈비어니즘, 게이 정치학 등 '젠더 이분법에 기초한 젠더화된 섹슈얼리티의 분석틀에 문제를 제기하고 젠더에 포섭되지 않는 섹슈얼리티 정치학'을 고려해야 한다는 주장이 없었던 것은 아니다.[18] 이런 움직임은 '영 페미니스트들'과 '성소수자' 운동 등 학문진영 바깥에서 더욱 두드러졌다. 성에서 '쾌락'과 '욕망'이 차지하는 위치에 주목하고 기존의 권력관계 해체에 있어 쾌락과 욕망을 긍정적으로 사고하는 것이 가진 급진성에 주목해온 이들은 다양한 욕망과 쾌락에 대한 '인정투쟁'과 '차별반대' 투쟁을 통해 욕망이 구성된다는 것과 제도적 혜택과 인정 세력으로서의 기득권을 마땅한 것처럼 누려왔던 이성애 또한 하나의 섹슈얼리티일 뿐이라는 것을 드러내려고 노력해왔다.

그러나 서동진의 지적처럼 한국 사회에서는 '이성애주의,

남성중심주의, 생식중심주의에 대한 급진적 성 정치학의 비판이 지나치게 순조롭게 큰 저항 없이 수용'되었고 반면에 실질적인 일상의 변화는 그다지 없었던 것이 현실이다.[19] 서동진은 이런 모순된 상황의 이면에 '자신의 섹슈얼리티를 조직하는 이데올로기적 차원을 성공적으로 상징화했다는 자족감에 빠진 채 자신의 욕망을 계속해서 추진하는 힘을 놓지 않는 여성주의 내부의 한계가 작동'하는 것은 아닌가 질문한다. 섹슈얼리티의 구성적 성격을 강조하면서 기존의 섹슈얼리티 연구에서 작동하는 이성애중심성과 성차/별 중심성을 비판하고 있음에도 불구하고 이를 그저 '드러내놓기만' 한 채 '종래의 성 체제에 순응하는 자동반복행위'를 하고 있다는 것이다.

이런 맥락에서 김은실[20]은 "가부장제 규범이 구성하고 있는 '여성'에 대한 해체 작업이 엄청나게 많이 이뤄져야" 하고 "'여성'이나 '성적인 것'이 이미 존재한다고 생각하지 말고 여성의 삶 자체가 성적인 것으로 문제화되는 것, 성애화되는 방식과 과정에 대한 구체적이고 분석적인 연구가 필요"하며 "여성에게 섹슈얼리티라고 명명되는 것이 무엇인가를 규명해 내는 작업이 이뤄져야 한다"고 제안한다. 김은실은 이런 작업을 통해서 "(마치) 모든 인간은 성에 관한 한 동일한 어떤 욕망을 가지고 있다고 생각하는 것"이 도전받기 시작할 것이고, 한국의 페미니즘이 "젠더화된 섹슈얼리티, 섹슈얼리티화된 젠더로 상호치환되는 이해에 대해 논쟁을 시작"할 수 있을 것이라고 말한다.

이와 같이 살펴보았듯이 1980년대 말 이후 한국 사회에서 섹슈얼리티는 지속적으로 연구되어온 주제이며 어떤 연구 분야 못지않은 양의 연구물들이 생산되고 있는 주요한 연구 분야가 되었다. 그러나 양적 발전이 어느 만큼의 질적 발전을 담보하는 것인지, 특히, 급진적인 정치적 개입으로서 섹슈얼리티 연구를 촉발시키고 견인해온 페미니스트 정치학의 관점에서 볼 때 어느 만큼 그 취지에 걸맞은 연구들이 진행되어왔는지를 평가하기 위해서는 보다 세밀한 검토가 필요해 보인다.

잭슨과 스캇도 지적하듯이 '성sex'을 '성적 행위the sex act'로 정의내리고, 그럼으로써 성을 이성애적 성교로 정의내리는 관점은 많은 페미니스트들이 문제 삼아왔지만 그럼에도 불구하고 섹슈얼리티에 관한 논쟁에서 가장 기본이 되는 '성sex'과 '성적sexual'이라는 개념은 여전히 일반적으로 '남녀 사이의 서로 다른 신체적 특성과 친밀한 성애적 행위'를 가리킨다. 이런 가운데 동성애나 양성애 등 다른 섹슈얼리티에 대한 이성애적 태도도 남성과 여성의 사회적 특성과 이 사이의 위계적 관계에 의해 형성되는 것처럼, 레즈비언과 게이 섹슈얼리티도 넓은 의미에서의 남성성과 여성성에 의해 구성되는 것이라고 설명된다.

생물학적 결정론을 문제 삼는 것은 여성주의자들에게 중요한 정치적 전략이지 단순히 학문적인 문제가 아니다. 행위성agency과 구조structure의 문제가 여기에 관련되어 있다. 잭슨과 스캇은 섹슈얼리티가 사회적인 것이라는 주장을 할 때,

생물학적 결정론을 또 다른 형태의 결정론으로 대체하지 않는 것은 중요하다고 역설한다. 그리고 우리는 섹슈얼리티를 강제하는 사회적 구조와 문화적 관습을 고려할 필요가 있지만, 거기에 더해 우리가 우리 자신의 섹슈얼리티를 적극적으로 구성하고, 이러한 제약 속에서 성적 실천에 관해 협상하는 방식에 대해서도 고려해야 한다고 말한다. 이때 우리가 거주하고 있는 사회구조와 행위자agent로서의 우리 자신과의 상호관계를 이해하지 않고서는 변화를 위한 어떤 전략도 만들어낼 수 없을 것이다. 페미니즘은 개인의 섹슈얼리티가 우리가 향유하는 문화에 의해 근본적으로 영향을 받기는 하지만 그것에 의해 전적으로 좌우되는 것은 아니라는 점을 오래전부터 인식하고 있었다. 페미니즘 성 정치학은 우리가 하는 선택과 자신의 행위에 대한 책임에 관심을 가져왔다. 페미니스트들은 섹슈얼리티에 미치는 복잡한 사회문화적 영향에 대해 인식해왔고, 여성들이 직면하는 문제를 지나치게 개별적인 방식으로 해결할 때 생길 수 있는 위험에 대해서도 인지해왔다.

이 같은 분석은 더 이상 우리가 섹슈얼리티를 우리가 표출하거나 표출하지 못하도록 억압받는 어떤 내적 욕망으로 간주할 수 없음을 말해준다. 이 점에 대해 사회문화적 구조와 개별 행위성을 모두 아우르며 이론화할 수 있는 방법을 개발하는 것이 페미니스트들이 당면한 과제다. 또한 섹슈얼리티 연구에서 성차/별 관계에 주목하는 것에 갇혀 오히려 해결되어야 하는 성차/별 권력관계에 공모해 이를 유지시키는 데에 복무하지 않도록 섹슈얼리티를 다각도에서 검토할 수 있는 체계가 갖춰져야 할 것이다. 즉, 향후 섹슈얼리티 연구는 성/성차/계급이 상호교차하는 지점에 주목함으로써 지금까지 성 중심, 혹은 성차/별, 계급 중심의 논의가 가지고 있던 한계를 극복해야 할 것이다. 그러기 위해서는 페미니스트들이 양적으로나 질적으로 지금보다 더 본격적이고 다각적으로 섹슈얼리티 연구에 천착해야 할 필요가 있다.

참고문헌 및 더 읽을거리

고정갑희, 〈여성주의적 주체 생산을 위한 이론 1: 성계급과 성의 정치학에 대하여〉,《여/성이론》
　　1호, 18~47쪽, 1999.
김은실, 〈지구화 시대 한국 사회 성문화와 성 연구 방법〉,《섹슈얼리티 강의, 두 번째: 쾌락, 폭력,
　　재현의 정치학》, 변혜정 옮김, 동녘, 18~48쪽, 2006.
박이은실, 〈양성애/여성 주체의 등장, 무엇을 말할 것인가?〉,《여/성이론》 23호, 76~116쪽, 2010.
서동진, 〈섹슈얼리티와 이데올로기—냉소적 성 정치학과 그 한계〉,《문화/과학》 30호, 161~175쪽,
　　2002.
장필화, 〈성(sexuality)에 관련한 여성 해방론의 이해와 문제〉,《한국여성학》 5호, 49~79쪽, 1989.
조은, 조주현, 김은실,《성해방과 성 정치》, 서울대학교 출판부, 2002.
Jackson, Stevi, 〈The Social Construction of Female Sexuality〉, *Feminism and Sexuality: a*
　　Reader, (Edinburgh: Edinburgh University Press, 1996), pp. 62~73.
Weeks, Jeffrey, *Sexuality: Key Idea*, (New York: Routledge, 2003).

주

• 이 글은 필자의 논문 〈급진적 섹슈얼리티 연구 재/구축을 제안하며〉(《여/성이론》25호,
　65~106쪽, 2011)에서 섹슈얼리티 정의 부분을 이 책의 취지와 구성에 맞게 발췌하여 수정한
　내용에 스테비 잭슨과 스캇(1996)의 논의를 빌어와 보충한 것이다.
1 Jackson, Stevi & Scott, Sue (eds.), *Feminism and Sexuality: a Reader*, (Edinburgh:
　Edinburgh University Press, 1996).
2 'gender'는 대체로 '성별(性別: 성으로서 구별됨)'으로 번역되어 사용되지만 gender로 이해되는
　사회문화적 '차이'를 보다 표면적으로 드러내어 문제 삼는 용어로서 '성차(性差)'가 보다 적절할
　수도 있다. 필자는 이미 다른 논문에서 사용해온 바 있는 '성차'를 함께 쓰기 위해 이 글에서는
　사회문화적 차이, 구별, 차별을 모두 포함하는 맥락에서의 gender를 나타내고자 '성차/별'을

쓰기로 한다.

3 Jackson, Stevi & Scott, 1996.

4 장필화, 〈성(sexuality)에 관련한 여성 해방론의 이해와 문제〉, 《한국여성학》 5호, 49~79쪽, 1989.

5 앞의 책.

6 Jackson, Stevi & Scott, 1996.

7 Weeks, Jeffrey, *Sexuality: Key Idea*, (New York: Routledge, 2003).

8 (힘, 1995; McNair, 1996; 조은, 조주현, 김은실, 《성해방과 성 정치》, 서울대학교 출판부, 2002: v 재인용)

9 Jackson, Jackson & Scott, 1996.

10 고정갑희, 〈여성주의적 주체 생산을 위한 이론 1: 성계급과 성의 정치학에 대하여〉, 《여/성이론》 1호, 18~47쪽, 1999.

11 조은 외, 앞의 책.

12 이승교, 2006.

13 이영미, 천정환, 2005, 94쪽.

14 김은실, 〈지구화 시대 한국 사회 성문화와 성 연구 방법〉, 《섹슈얼리티 강의, 두 번째: 쾌락, 폭력, 재현의 정치학》, 변혜정 옮김, 동녘, 18~48쪽, 2006.

15 '매매춘'은 '성매매', '성판매', '성노동' 등 다른 맥락과 정치적 입장에서 달리 호명되기도 한다. 이에 대한 논의는 [성노동](2007, 여성문화이론연구소 성노동 연구팀) 참조. 여기서는 이런 논의들에서 비판적으로 참조되어 온 초기 용어를 밝히고 문제삼는 차원에서 '매매춘'을 그대로 사용하였다.

16 박이은실, 〈양성애/여성 주체의 등장, 무엇을 말할 것인가?〉, 《여/성이론》 23호, 76~116쪽, 2010.

17 김은실, 앞의 책.

18 김은실, 앞의 책.

19 홍석천의 커밍아웃과 하리수의 등장, 퀴어문화축제의 시작 등에 힘입어 동성애와 트랜스젠더에 대한 가시화가 어느 정도 이루어져왔다. 그리고 영화 〈여고괴담 2〉(1999), 〈번지점프를 하다〉(2005), 〈왕의 남자〉(2005)와 〈쌍화점〉(2008), 다큐멘터리 〈이반검열〉(2005), 〈이반검열 2〉(2007), 텔레비전 드라마 〈커피 프린스〉(2007)와 〈바람의 화원〉(2008), 〈인생은 아름다워〉(2010) 등도 이러한 가시화에 도움이 되었다. 그러나 한 두 경우를 제외하고 대부분의 재현물들이 이성애 중심성과 이성애적 기득권을 비판적으로 접근하지 않고 결국 이성애로 귀결되는 결말들을 되풀이해 재현하였다. 그럼으로써 동성애를 단순히 관심 유발과 인기 몰이를 위한 '도구적 소재'로 삼고 있다는 혐의에서 자유롭지 못하다. 레즈비언 관계의 재현이 저예산 단편영화나 다큐멘터리 등에서나 겨우 이뤄지고 있는 점도 또 하나의 한계로 보인다. 이것은 남성중심적이고 이성애중심적인 '관객성'의 한계를 극복하지 못한 탓일 수도 있을 것이다. 2008년, 커밍아웃한 연예인 김지후의 비관 자살은 한국사회의 성소수자들이 맞닥뜨리는 일상이 생명과 맞바꾸어야 할 만큼 열악하다는 사실을 새삼스럽게 보여주었다. 그런 가운데 한 여성의 동성애적 성장기를 다루면서 레즈비언 섹스 장면을 과감하게 등장시킨 로맨스물이자 2013년 칸 영화제에서 황금종려상을 수상한 프랑스 영화 〈가장 따뜻한 색, 블루〉가 2014년에 다수의 영화관을 통해 상영되었고 이에 대한 반응이 의외로 나쁘지 않았다는 점도 주목할 만한 변화로 볼 수 있다.

20 김은실, 앞의 책.

숭고 •

기본적 정의

숭고는 불쾌한 감정이 쾌의 감정으로 전이되는 복합감정이다. 반면 여성적 숭고에서는 불쾌가 계속 불쾌로 남는다. 지속되고 증폭되는 불쾌감은 타자와의 만남을 통해 이제까지의 자기와 세계가 깨지고 확장되는 공포, 두려움과 같은 부정적 감정이다.

개념의 기원과 발전

'미美'는 서양 미학에서 가장 오래된 중심 개념이다. 고대의 미는 사물, 색채, 형태, 소리를 구성하는 물리적 형식 뿐 아니라 생각, 관습, 제도에도 적용되는 용어였다. 이처럼 미는 넓은 의미에서 이성의 판단 대상으로, 지식 영역의 참眞, 도덕 영역의 선善과 동의어로 간주되었다. 어떤 대상은 참되고 선할 때에만 아름답다고 불릴 수 있었다. 물론 고대에도 물리적 대상에 대한 지각적 경험에 한정해 그 대상의 아름다움을 논하는 경우도 있었다. 이것은 협의의 미로, 후에 서양 근대미학에서 부상한 '미적인 것the aesthetic'으로 계승되었다. 대표적으로 소피스트들은 미를 보거나 듣기에 즐거운 것, 곧 감각적 즐거움으로 한정지었고, 스토아학파도 미를 적합한 비례와 매혹적인 색채에 관한 것으로 언급했다.

서양 근대미학에서 고대의 통합 가치인 '미'로부터 '미적인 것'이 자율적인 영역으로 등장한 것은 획기적이었다. 지식, 도덕, 예술이 각기 독립적인 영역으로 구분되었고detached 전문화되었다. 이제 예술은 지식, 도덕, 종교, 정치를 위한 도구가 아니라, 즐거움pleasure을 제공하는 것을 고유의 목적으로 삼는다. 대상의 물리적 요소, 곧 형식에 대해 오감의 감각작용 sensation을 거쳐 '미적'이라는 판단을 내리게 되는데, '특정 대상이 미적'이라는 판단은 그 대상이 판단 주체에게 즐거움을 제공한다는 것을 뜻한다. 미적 판단은 주관적이고 감정적이다. 그래서 주관적이고 감정적인 미적 판단이 어떻게 보편성과 필연성을 확보할 수 있는지가 서양 근대미학의 주된 연구 주제였다.

그렇다면 대상이 미적 주체에게 제공하는 미적 즐거움이란 무엇일까? 고대의 협의의 미란 대상이 지닌 수학적 형식과 관계를 뜻했다. 그러나 근대에 이르러 대상이 야기하는 미적 즐거움은 훨씬 더 다양해지고 고대의 협의의 미, 곧 형식미는 미적인 것의 하위 범주 중 하나가 되었다. 18세기 이후 미적인 것에는 미 외에도 심오함, 창안, 조형성, 고귀함nobility, 적합성aptness, 어울림suitability, 잠재력, 고상미elegance, 품격, 완벽성, 풍부, 매력, 우미grace, 매혹glamour, 활력, 미묘함, 광휘, 세련미, 리듬감rhythmicity, 조화, 순수함, 위엄dignity, 화려함, 자연스러움naturalness, 숭고, 그로테스크, 공포, 오싹함 등등이 포함되었다.

미적인 것에는 미로 대표되는 긍정적인positive 감정 외에 추醜로 대표되는 부정적인negative 감정도 있다. 부정적인 미적 감정에는 불쾌함, 끔찍함, 역겨움, 비위를 거스름, 그로테스크, 혐오, 징그러움, 밉살스러움, 꼴불견, 추잡함, 더러움, 음란함, 무서움, 비열함, 오싹함, 볼품없음, 기형, 일그러짐, 분노, 등등이 속한다. 이렇게 부정적인 감정을 불러일으키는 미적 경험을 반미학anti-aesthetics이라고 한다.

숭고는 불쾌가 쾌로 전이되는 복합 감정이다. 숭고는 높이, 고양이라는 뜻을 가진 그리스어 '휩소스hypsos'에서 왔다. 휩소스는 고대 시인들이 신들린 상태에서 시를 낭송할 때 느끼는 영혼의 고양 상태enthusiasm를 지칭했다. 혼란에서 고양으로, 공포에서 희열로, 불쾌가 쾌로 바뀌는 숭고에서 부정적 감정은 최종적으로는 긍정적 감정으로 귀결되는데, 그것은 판단 주체가 이성적이고 도덕적인 존재라는 데에서 기인한다.

애초에 고대 광의의 미는 지식과 도덕 영역을 포괄하여 사용되었고, 이성적 판단을 요구했다. 때문에 미는 이성을 가진 남성들만이 판단할 수 있는 것이었다. 그러나 근대에 미적인 것들이 다양해지면서 미는 인간 인식력 내부의 형식적인 것들로 축소되었고, 이러한 형식을 지닌 것은 여성적인 것으로 간주되었다. 하지만 이와 대조하여 숭고는 인간의 인식력, 곧 오성의 한계를 뛰어넘는 미지의 거대하고 강력한 대상들에게서 얻을 수 있는 감정으로, 특정 대상이 숭고하다는 판단을 내리기 위해서는 미지의 대상으로부터의 위협을 완화할 수 있는 주체의 이성적·도덕적 능력이 필요하다. 그래서 숭고는 이성적 인식과 도덕의 주체인 남성들의 것으로 간주되었다.

버크Edmund Burke는 "숭고한 대상은 공포와 두려움을 불러일으키고, 고통을 야기한다. 그러나 이 대상은 우리에게 직접 해를 끼치지 않고, 일정한 거리 속에서 안도감을 야기한다. 거대함은 공포를 근거로 하며 공포가 완화되었을 때, 우리 마음속에 내가 경이astonishment라는 부르는 감정을 불러일으킨다"[1]고 했다. 또한 칸트Immanuel Kant는 숭고에 대한 판단은 감관이나 인식력에 폭력적이기는 하나 직접적인 만족을 주는 것에 관한 것으로, "감성에 거슬리되 실천이성의 목적에 우호적인 주관적 근거에 관계한다"[2]고 말한다. 미적 판단력이 상상력과 오성의 자유로운 유희라고 한다면, 숭고에 대한 판단은 상상력과 (실천)이성의 자유로운 유희다. 숭고란 그 표상이

미	숭고
서양 미학의 지배적이고 중심적 개념	18세기에 등장하기 시작
작음, 단정함	수학적 숭고, 역학적 숭고 거대함, 강력함, 고고함, 거리두기
물리적 형식에 대한 감정적 판단	이성적, 도덕적 판단
쾌pleasure	불쾌 → 쾌: 안도감delight
단선적	복합적
여성적 대상	남성적 대상

자연의 도달 불가능성을 이념들의 현시로 생각하도록 규정하는 (자연의) 대상이다. 이성적이고 도덕적인 주체는 불쾌한 대상이 결코 나를 해치지 못한다는 것을 알 때 그 대상에서 희열을 누린다.

앞의 표에서 보듯이 서양 근대미학은 숭고를 남성적인 것으로, 미를 여성적인 것으로 간주했다. 그러나 서양 근대미학에서 여성적 미란 여성이 주체가 되어 미적 기준을 세우고 판단을 내리는 것을 의미하지 않는다. 미가 여성적이라는 것은 '아름답다'는 술어가 귀속되는 대상이 판단 주체가 쉽게 파악할 수 있는 작고 약한 것이라는 의미다. 아름다움을 유발하는 대표적인 것이 여성의 신체였다. 미의 판단에서 여성은 주체가 아니라 대상일 뿐이다. 미적인 것이란 마음속에 발생하는 일종의 쾌로서, 이 쾌를 소유한 자는 남성 주체들이었다. 여성은 그들에게 쾌를 제공할 때 '아름답다'고 불렸던 것이다. 그렇다면 여성들의 미적 권리는 미를 통해 실현되기는 어려운 것처럼 보인다. 부정적 감정에서 긍정적 감정으로 전이되는 서양 근대미학의 숭고는 대상과 주체가 모두 남성으로, 그 속에서 여성의 자리를 찾는 것은 어려운 것처럼 보인다. 서양 모더니즘의 남성적 이성과 도덕이 미지의 불가해한 것을 압도하여 길들일 때 불쾌는 쾌로 전환되는 것이기 때문이다.

그러나 여성적 숭고female sublime는 단순히 숭고의 대상이 여성이라는 것을 의미하는 것은 아니다. 모더니즘의 남성적 숭고가 이성적·도덕적 주체에 의해 불쾌를 쾌로 다스리는 것이라면 여성적 숭고는 불쾌가 또 다른 불쾌로 증식, 변이되는 것이고, 불쾌의 지속적인 변이 속에서 미적 희열을 느끼는 것이다. 또한 여성적 숭고는 불쾌가 또 다른 불쾌로 전이된다는 점에서 남성적 숭고와 복합 감정의 내용이 다를 뿐 아니라, 이러한 감정 전이는 이성적이고 도덕적인 주체가 대상을 동화시킴으로써 일어나는 것이 아니라 숭고한 대상에 주체를 동화시키며, 기존의 주체를 배제, 변경함으로써 일어난다는 점에서 감정의 경험 과정도 다르다. 그렇다면 여성적 숭고를 통해 포스트가부장제를 상상하고 대안적인 미적인 즐거움을 모의할 수 있을까? 이제 여성적 숭고의 면모와 함의를 살펴보기로 하자.

여성적 숭고를 찾아서

– 버크와 여성 혁명가들

미를 사랑스럽고 수동적이고 약하며 부드러운 여성 신체의 특징에 비유해 정의했던 버크는 프랑스 혁명에서 아름다운 왕비 앙투아네트Marie Antoinette가 처형되는 것을 승인할 수 없었다.[3] 버크에게 여성의 미덕이란 기존 사회질서를 승인하며 언제나 자기 자리를 지키는 것이었다. 미는 주어진 규칙을 따르는 것이므로 여성들 역시 기존 사회질서에 순응해야 하며 그것이 여성의 미라는 것이다. 그런데 여성적 미를 부정하며 군주제를 붕괴시키고 프랑스 왕비의 죽음을 선동하는 여성들의 추한 행위는 버크에게 공포를 불러일으켰다.

고디노Dominique Godineau는 여성들이 수다, 소문, 청각적 폭력을 통해 프랑스 혁명에서 주도적 역할을 한 것에 대해 자세히 논의한다.[4] 프랑스 혁명사에서 여성들은 남성 혁명 전사들처럼 그 이름이 기록되지는 않았지만, 집단으로 몰려다니며 정보를 전달하고 혁명 의식을 고취하는 데 적극적으로 기여했다. 고디노는 왕비의 사치스럽고 어리석은 행위들이 시민들에게 알려진 것은 여성들의 수다를 통해서였으며, 전투나 공개 처형에서 여성들의 높고 날카로운 목소리, 곧 비명과 야유야말로 어떤 선동가의 연설보다 강력한 힘을 행사했음을 지적한다.

그러나 버크는 여성들의 이러한 행위들로부터 쾌를 경험할 수 없었다. 그에게 여성의 아름다움이란 수동성과 형식 준수였다. 그런데 여성들이 혁명에 가담해 목소리를 높이고 거칠게 뛰어다니는 것을 그는 용납할 수 없었다. 예를 들어 18세기 사교계의 부인은 솜씨 좋은 하녀와 미용사 그리고 재단사들이 만들어낸 (인공적) 작품이었다. 신체의 각 부분에서 전체에 이르기까지 부인과 하녀는 외모를 꾸미는 것으로 하루의 대부분을 보냈고, 완벽하게 치장된 부인은 조각과 같았다. 로코코 시대의 부인들은 완벽한 '나비' 이미지를 만들기 위해 엄청난 돈과 시간을 쏟아 부었다. 이렇게 완벽하게 만들어진 여성들은 서고, 걷고, 앉는 방법 등 동작에서도 규칙을 따르고 조심해야 했다. 예를 들면 당시 여성들이 빨리 걷거나 뛰는 것은 있을 수 없는 일이었다.[5] 혁명의 거리에서 여성들이 빠르게 뛰어다니며 숨을 몰아쉬고 큰 목소리로 떠들고 상기된 얼굴로 버럭 화를 내는 것은 '나비' 같은 여성의 소임이 아니었다.

버크에게 여성 혁명가들은 공포였으며 이 공포의 감정은 쉽게 쾌로 전이되지 않았다.[6] 공포의 감정이 쾌로 전이되는 것, 부정적 감정이 긍정적 감정으로 전이되는 것이 바로 숭고지만, 버크는 이러한 여성들에게서 숭고를 경험할 수 없었다. 그에게 숭고는 오직 남성의 것이었다. 작고 규칙적이며 예측 가능한 여성이 남성의 인식적 한계를 뛰어넘어 공포스럽고 압도적인 힘을 지닌 존재로 나타난다는 것을 가부장제의 남성 주체는 용납할 수 없었다.[7] 남성적 미적 주체들에게 여성 혁명가는 공포이고, 결코 쾌로 전이되지 않는 불쾌로 남았다.

– 칸트와 존엄한 남성

숭고는 공포를 불러일으키는 타자(대상)에 의해 결코 제한되거나 압도당하지 않는 주체의 통제력과 지배력의 승리로 귀결된다. 남성적 숭고의 경험은 공포스러운 타자에 대한 불쾌감에서 시작하나 그것이 최종적으로는 쾌로 변환된다는 점에서 복합적인 감정이라고 할 수 있다. 칸트에 따르면 인간은 세계 내의 인과적 힘, 곧 자연의 필연성으로부터 자유롭다. 이는 인간이 도덕적 존재라는 사실에 기대고 있는데, 인간은 본능적 욕망이나 자연의 인과관계를 벗어나 자유의지로 판단을 내리고 행위를 할 수 있다고 보았기 때문이다.[8] 물론 이때의 인간이란 '잘 교육받은 상류층 남성들'로 한정된다.

(숭고의 대상은) 감각의 기준을 넘어서는 거대한 것이며, 따라서 (숭고의 경험에서 대면하고 있는) 대상이라기보다는 우리가 대상을 대면하며 느끼는 정신적 적합성을 숭고하다고 판단하게끔 한 기체이다. (……) 진정한 숭고는 판단하는 인간의 마음(곧 정신적 적합성)에서 찾아질 따름이지, (대면한) 자연 대상이 이러한 마음과의 적합성을 유발한다고 해서 그 자연 대상에 찾아지는 것은 아니다.[9]

숭고의 대상은 유한한 인간에게 알려지지 않은 타자로서, 그 크기나 힘이 너무 커서 공포스럽고 불쾌한 것이다. 그러나 가부장제의 남성적 주체들은 이성적이고 도덕적이기에, 이들을 위협하는 타자들을 압도할 힘을 내부에 가지고 있다. 공포스러운 타자들은 주로 비합리적인 자연의 힘이거나 욕망의 분출로서, 가부장제의 남성적 주체는 이것들을 이성적이고 도덕적인 방식으로 다스리며 이를 통해 공포를 쾌로 전환한다.

이러한 복합적인 감정의 전이 과정이 숭고다. 그렇다면 숭고한 것은 대상이 아니라 숭고함을 판단한 주체 그 자신이다. 그리고 불쾌에서 쾌로 전이되는 숭고의 감정은 불합리하고 반도덕적인 대상, 곧 타자를 합리적이고 도덕적인 남성적 주체가 길들이는 과정이 된다. 제아무리 미지의 강력한 힘이라고 하더라도 남성적 주체의 이성과 도덕은 이를 제압할 수 있다는 것이다. 숭고는 타자가 실제로 자신을 해치지 못할 것이라는 안도감 속에서 공포스러운 대상을 즐기는 경험으로 알려져 있는데, 그 안도감은 이성과 도덕을 가진 남성적 주체의 자신감, 곧 지배력과 통제력에서 나온다.

숭고의 경험에서도 여전히 주체와 타자, 지배와 굴복의 이분법적 권력관계가 작동한다. 바로 이점에서 숭고는 성별화된gendered 개념이다. 페미니스트 미학자 베터스비Christine Battersby는 칸트가 말한 숭고의 주체는 '알 수 없는 일종의 과잉excess'으로 작용하는 대상과 자연으로부터 위협당하지 않을 거리distance를 확보하고 있음을 지적한다. 그녀는 칸트의 주체가 확보한 거리가 "통제된, 그러나 존중할 만한" 자연, 물질, '초월적 대상'으로부터 스스로를 분리하고 보호하며, 숭고 판단의 주체를 남성으로, 그 대상을 여성화된 타자로 규정하고 있다는 점을 비판한다.[10] 때문에 베터스비는 칸트로 대표되는 숭고란 '남성적 숭고'라 불러야 합당하며, 남성적 숭고는 남성 주체 중심의 서양 모더니즘을 그대로 반영하고 있음을 지적한다.

- 울스톤크래프트와 나쁜 숭고

이에 대해 페미니즘 미학자들은 '여성적 숭고'에 관심을 기울인다. 프리만Babara Claire Freeman은 여성적 숭고를 탈주체의 관점에서 논의한다. 여성적 숭고에서 주체와 대상은 상호 구분되고 배제되는 실체가 아니라 복합적 권력관계에서 서로 갈등과 연합 속에 구성된다. 이 갈등과 연합에서 불/쾌의 복합적 감정이 발생한다.

여성적 숭고는 수사의 양식이나 미학적 범주가 아니라, 범주화 그 자체에 저항하는 경험의 영역이다. 그 속에서 주체는 인식의 한계를 넘어선 표상 불가능한 타자와 관계 맺는다.[11]

코스마이어Carolyn Korsmeyer는 여성들이 가부장제를 거스를 미적 경험과 쾌락을 적극적으로 찾아야 한다고 주장한다. 그녀는 대안적인 미적 가치로 여성적 숭고와 그로테스크를 제안한다.[12] 지적했듯이 버크와 같은 가부장제의 미학자들은 '여성적 숭고'란 개념적 오류이며, 실제로도 쾌를 느낄 수 없기에 '숭고'로 간주할 수 없다고 단언했다. 버크가 근거로 삼은 것은 여성이 숭고의 대상도 주체도 될 수 없다는 것이다.

우선 여성이 숭고의 대상이 될 수 없는 것은 남성이 여성을 얼마든지 통제할 수 있다는 점에서 여성이 남성을 위협할 수는 없다고 생각하기 때문이다. 그런데 여성들이 남성들의 상상과 예측을 뛰어넘어 강력한 힘을 가진 거대한 존재로 나타난다면, 이 여성들은 남성들에게 공포일 뿐 어떤 식으로도 남성적 체제에 화합하고 조화하는 쾌로 전이될 수는 없을 것이라고 본 셈이다. 또한 여성이 숭고의 주체가 될 수 없는 것은 여성은 이성적 사유의 주체도, 도덕적 주체도 아니므로 여성에게는 공포의 위협을 물리칠 통제력이 없다고 생각하기 때문이다. 때문에 버크는 여성적 숭고는 이론적·실천적으로 불가능하며, 따라서 '나쁜 숭고'라 명명했다.

그런데 여성적 숭고가 나쁜가? 여성적 숭고가 나쁘다는

것은 남성과 여성, 이성과 비이성, 도덕과 몰도덕의 위계적 이분법에 손상을 가하기 때문이다. 그러나 이 위계적 이분법이 참이 아니라면 여성적 숭고가 나쁜 것이라는 주장은 성립되지 못한다. 정당성을 증명하지 못한 가부장제 미학 체제에 부합하지 않기 때문에 여성적 숭고를 비난하는 것은 어떤 식으로든 가부장제를 수호하려는 사람들의 정치적 주장에 불과하다. 여성적 숭고가 나쁘다는 것은 그로 인해 위협을 느끼는 가부장제 관점에서의 주장이다. 여성들이 여성적 숭고를 주장하는 것은 미와 숭고의 범주 체계를 둘러싼 남성의 특권과 여성에 대한 사회적 차별을 폐지하기 위해서다.[13] 여성적 숭고와 같은 새로운 미적 범주는 얼마든지 창안될 수 있다. 페미니즘의 관점에서는 정말로 여성적 숭고가 가부장제를 위협하고 폐지할 수 있다면, 여성적 숭고는 '나쁜 숭고'가 아니라 '좋은 숭고'라고 이름 붙여야 할 것이다.

18세기 말, 울스턴크래프트Mary Wollstonecraft는 여성적 숭고가 나쁜 것이 아니라 가부장제적인 정의를 가진 미가 나쁘다고 말한다. 가부장제에서 여성이 아름답다는 찬탄을 얻기 위해 갖춰야 할 것은 악과 어리석음이었다. 아름다운 여성이 되기 위해서는 남성 욕망의 대상이 되어야 했고 그 대가로 자신을 버려야 했다. 이제 여성은 굴종이라는 악과 어리석음을 버려야 할 것이고 그 결과물인 미 역시 거부되어야 할 것이다. 울스턴크래프트는 이러한 거부는 '부권제 사회에는 부재하는 숭고', 곧 여성적 숭고를 보여줌으로써 가능하다고 보았다.

이제 여성의 방식으로 혁명할 때이고, 여성이 잃어버린 위엄을 되찾아줄 때이며, 인류의 일원으로 세계를 재건할 여성을 재정립하기 위해 노력할 때이다. 남성의 신성한 권리와 왕의 신성한 권리가 전복됨으로써 (……) 인류를 퇴보시켜온 타락한 사회질서는 사라질 것이다. (……) 인간 존재의 목적이 그들 자신의 능력을 열어젖혀 의식 있는 덕의 위엄을 획득하는 것이라면, 남성에게 굴종하는 여성적 미는 그 자체로 왜곡된 자연의 이미지로 받아들여야 하며 (……) 자연의 참된 모습은 오직 (여성적) 숭고에서만 나타날 수 있다.[14]

– 여성적 숭고, 경계 넘기의 투쟁

여성적 숭고는 페미니즘의 대안 미학의 하나로 논의될 수 있다. 프리만이나 코스마이어는 페미니즘 미학이 이제 가부장제와 화해할 수 있는 여성미를 찾는 것은 그만두어야 하며, 차라리 가부장제를 거스르는 여성들의 미적 가치들을 찾아내 이를 체현할 것을 권장한다.

여성적 숭고는 남성적 숭고와 다르다. 여성적 숭고는 대상과의 관계 설정이 다르다. 여성적 숭고는 위협하는 타자를 길들이려고 하지 않는다. 여성적 숭고는 타자와 주체가 분리되어 있다고 전제하지 않는다. 또한 타자와의 화해는 주체의 지배를 통해 타자를 변경하는 것이 아니라 타자와의 통합을 통해 주체인 자기 자신과 자신이 속한 세계를 변경하는 것으로 나아간다. 즉 '여성적' 숭고에 '여성적'이라는 한정사를 단 이유는 위협을 가하는 공포스러운 타자가 여성이라는 의미도 있지만, 그 타자와 주체가 맺는 관계가 압도와 지배가 아니라 통합하는 것이고, 불쾌가 쾌로 전이되기 위해 주체가 타자를 길들이는 것이 아니라 주체 자신과 기존 세계 체제를 변경한다는 데 있다. 그러나 그 변경된 새로운 체제가 충분히 자리 잡지 못한 상황에서 주체는 투쟁을 계속해야하므로 불쾌는 손쉽게 쾌로 전이되지 않고 불쾌가 지속된다. 여성적 숭고는 남성적 숭고와 경험의 대상, 과정, 결과가 다르다. 이러한 차이로 숭고와 변별하여 '여성적 숭고'라고 부르게 한 것이다.

그런데 숭고의 경험에서 공포스러운 타자란 무엇인가? 우리가 공포를 느끼는 것은 그 타자가 정말로 광대한 크기와 강력한 힘이 있어서만은 아니다. 기운 센 여자들이 기괴하고 추하다는 비난은 가부장제 미학의 기준이 적용된 것이다. 칸트가 언급했듯이 미나 숭고 등 미적 개념을 특정 대상에 적용하는 것은 대상의 객관적 속성 때문이 아니다. 숭고에서 수학적·역학적 크기의 기준은 모호하다. 광대함과 강력함은 아직 경험해보지 않은 어떤 것들로 주체는 위협과 공포를 느낀다. 잘 아는 것이 공포스럽지 않은 것은 그것이 무엇인지, 그리고 그것과 어떻게 관계해야 하는지 알고 있기 때문이다. 미지의 것은 예측이 불가능하기에 공포스럽고 불쾌하다.

가부장제 세계가 오직 진실인가? 재구성되어야 할 진실이 얼마나 많은가? 가부장제 세계의 질서로는 포착할 수 없는 다층적 차이들, 경계를 넘어선 것들이 도처에 존재한다. 이성중심주의와 가부장제는 해맑게도 세계는 자신들이 포착하는 방식으로만 존재한다고 단언해왔다. 그래서 종종 자신의 관점에 부합하지 않거나 경계를 넘어선 타자가 나타나면 자신의 방식으로 길들이고자 한다. 그것은 대부분 그 타자를 왜곡하고 폄하하고 배제하는 방식으로 이뤄졌다. 예외들은 모두 지워지고 기록되지 않는다. 곧 세계는 가부장제에 부합하고, 가부장제에 부합하는 것만이 세계이다. 기존 질서는 오직 순환적 방식으로 재강화될 뿐이다. 그것으로 '그들의' 평화는 유지된다.

또한 여성적 숭고에서는 주체가 타자를 굴복시킴으로써 불쾌를 쾌로 바꾸는 일은 벌어지지 않는다. 여성적 숭고가 '부정적 숭고'인 것은 공포스러운 대상을 직면했을 때 불쾌가 쾌로 전이되지 않고 계속 불쾌로 남기 때문이다. 그러나 이 불쾌는 불쾌 그 자체가 제공하는 풍부한 매력에서 비롯한 희열, 곧 부정적 쾌negative pleasure에 이르게 된다. 여성적 숭고에서 주체는 타자와 구분되어 지배하는 존재가 아니라 타자와 관계를 맺고 타자에게 개입한다. 그 점에서 여성적 숭고는 가부장제의 범주화에 저항한다. 여성적 숭고에서 주체는 자신의 인식 체계나 표상 체계를 버리고 타자와 직접 관계를 맺는다.[15] 직접적 관계란 타자와 주체가 근본적으로 연결되어 있음을 인정하는 것이다. 이 관계는 주체가 아니라 타자의 관점에서 형성된다. 주체가 타자와 결합하면 이제 주체는 타자와 함께 세계를 위협하는 존재가 된다. 나는 타자이다. 더럽고 추하고 잔인하고 끔찍한 것, 경계를 넘어선 것, 위협하는 것으로서, 이제 나는 또 다른 주체들에게 (이미 내가 된) 타자와의 결합을 요구한다.

'불쾌로부터 불쾌로 이르는' 그 지속적인 부정적 숭고 속에 주체가 공포스러운 타자와 결합하면, 마침내 주체는 타자를 공포스러운 것으로 간주하게 만들었던 기존 세계 체계를 스스로에게서 분리해내고 새로운 세계의 가능성을 모색한다. 기운 센 여자들이 공포스럽고 기괴하게 보였던 것은 그녀들을 그렇게 바라보게 만들었던 가부장제 미학 때문이다. 따라서 변화되어야 할 것은 기운 센 여자들이 아니라 그 여자들을 괴물로 간주하는 가부장제 미학이다. 여성적 숭고는 단순한 화해가 아니라 근본적인 변혁을 요구한다. 기괴한 여자들을 가부장제의 미로 길들이는 것이 아니라, 이 여성들의 독특한 미적 가치들을 인정할 수 있도록 가부장제의 미학 패러다임을 바꿔야 한다.

그러나 실제로 여성적 숭고를 통해 가부장제 미학에 반기를 든 타자들이 미적 주체가 되고, 가부장제의 미적 주체들이 가부장제를 위협하는 타자가 되는 과정은 그리 쉬운 일이 아니다. 그것은 범주의 경계를 뛰어넘는 결합, 이질성들의 결합이기에 이들 사이에는 갈등이 계속된다. 결합에 이른 순간에도 주체가 느끼는 갈등은 부정적인 감정으로 나타난다. 타자와 결합하면서 주체 안에 내면화된 기존 질서의 추악함을 끊어내는 일, 곧 기존 세계 질서를 벗어난 타자와의 결합을 지속하면서 새로운 자신으로 승화하는 일은 가부장제에서 포스트가부장제로 향하는 지난한 과정이다. 여성적 숭고는 기존 질서의 외부 타자와 관계 맺고 그것으로부터 기존 질서의 추함을 인지하는 가운데 그것으로 떨어져 나와 스스로 승화하는 과정이다.

이 과정은 결코 평화로운 방식으로 순조롭게 일어나지 않는다. 가부장제와의 분리와 승화를 위해 내 자신 속에 숨어 있는 가부장제적 욕망과 투쟁해야 하며, 다른 한편으로 외부에서 여전히 억압 기제로 작동하는 가부장제와도 투쟁해야 한다. 내면과 외면에서의 투쟁이 함께 계속되어야 한다. 여성적 숭고에서 나는 가부장제이기도 하고 가부장제의 반대자이기도 하다. 이것이 내가 싸우는 위치다.

아브젝시옹, 불쾌가 주는 희열

여성적 숭고는 크리스테바Julia Kristeva의 아브젝트abject, 아브젝시옹abjection 개념을 통해 잘 설명된다. 크리스테바는 아브젝트란 명명하고 상상할 수 있는 대상이나 관계항이 아니라 오직 나에게 대항하는 것이라고 설명한다. 아브젝트는 타자가 아니라 '나 자신으로서' 일종의 자기 분열이나 변종이라고 설명할 수 있다. 나는 특정 위치에서 나의 정체성을 확인하지만, 바로 그 순간 아브젝트는 내 안에서 배타적으로 나타나 나의 정체성이 붕괴되는 장소로 이끈다.[16] 아브젝트는 어디에 속하기보다는 밀려나고 분리되고 방황하는 존재다. 아브젝시옹은 아브젝트에 이끌려 모든 곳에서 배제되고 길을 잃게 되는 것을 말한다. 아브젝시옹은 일종의 (모호한) 경계선을 만들어내는데 위협을 막는 경계가 아니라 주체에게 끊임없는 위험을 상기시킨다. 언제든 경계선 너머의 아브젝트들이 무한히 밀려들어올 수 있는 적대적인 상황인 것이다.

그런데 크리스테바는 이것이 희열을 가져다준다고 말한다.[17] 이제 이 희열의 특이성에 주목할 필요가 있다. 남성적 숭고에서 불쾌는 쾌로 전이된다. 이때 이성적 주체와 세계를 위협하는 불쾌한 대상은 곧바로 이성적 질서에 길들며 평화롭게 복종한다. 이성적 주체의 지배로 불쾌는 쾌가 되는 것이다. 그러나 여성적 숭고에서 불쾌는 쾌로 전이되지 않고 불쾌로 남는다. 이 불쾌는 도전, 해방, 경계를 넘어서기 등의 광활하고 풍부한 미적 감정이 된다. 즉 불쾌는 불쾌이되, 여기에서 반미학의 쾌를 느끼게 된다. 이는 다음의 두 단계로 설명할 수 있다.

여성적 숭고에서 분리의 단계는 가부장제의 추악함을 보여준다. 아브젝트에 빨려 들어가는 여성의 고통은 죄 없는 여인의 시련이 아니라 스스로가 아브젝트라는 인식에서 나온다. 이때 여성적 숭고는 가부장제에 거주하면서 여성의 신체 위에 새겨진 가부장제의 추악함을 더욱 강력하게 드러내 이에 대한 공포와 불쾌를 극대화한다. 이 공포와 불쾌를 더 날카롭게 체현할수록 분리에 더 가까이 다가간다. 분리는 아브젝트만을 잘라내는 것이 아니라 아브젝트와 묶인 나 자신을 분할하고 잘라내는 일이다. 우리 내면에 존재하는 가부장제를 끄집어내서, 외부에 존재하는 가부장제와 싸우게 하는 것이다.

보르도Suan Bordo의 이중적인 푸코 읽기는 정상화된 여성 신체와 저항으로서의 여성 신체를 모두 제안한다.[18] 여태껏 가부장제적인 가치로 각인된 우리 신체 안에서 어떻게 저항의 가능성을 찾아낼 수 있을까? 우리 몸에 익숙하게 아로새겨진 가부장제적 가치로부터 우리는 정말로 자유로울 수 있을까? 변혁의 가능성은 가부장제와의 친밀성을 끊어내는 데 있다. 이는 여성에게 표면적인 아름다움을 강요하면서 복종만을 승인하는 가부장제의 추악함을 여성 신체 위에 그대로 체현하는 것, 그리고 갈등하고 고통 받는 여성들의 자아 분열적 이미지, 폭발하는 힘, 분노를 그대로 드러내는 것 등을 뜻한다. 이처럼 여성들이 자신의 삶과 몸 안에 각인된 가치와 체계의 모순과 억압을 폭로하고 의문을 제기함으로써 스스로를 구성하는 가부장제 사회의 젠더 시스템이 변경되어야 한다는 것을 보여줄 수 있다.

다른 한편 승화는 불쾌의 쾌, 반미학의 쾌의 단계다. 아브젝시옹의 끝없는 적대적 상황은 해방의 탈주를 모색하게 만든다. 가부장제적 질서에 꽁꽁 묶인 여성 신체와 그 신체의 위력은 여성적 숭고의 미학에서 한순간에 폭발하며 터져 나온다. 가부장제의 방식으로는 공포스럽기 짝이 없는 이 여성들은 무질서, 기괴함, 끔찍함, 역겨움 등으로 나타난다. 분노, 고통의 극대화된 형태로 나타난 이 여성 이미지들은 우리에게 새로운 정체성과 삶의 가능성을 보여주는 극단의 쾌를 제공한다. 파괴와 폭발, 곧 예측할 수 없는 창조성은 무시무시한 희열을 준다.

아브젝시옹은 여성에게 가부장제의 위험을 상기시키며 그

것이 얼마나 강력하게 여성의 내부와 외부를 둘러싸고 있는지 각성시킨다. 1935년 벨머Hans Bellmer는 인공 연결고리를 달아 움직임이 자유로운 소형 인형을 만들었다. 그는 이것을 '인형'이라고 불렀으며 반복적으로 그 모형을 촬영했다. 벨머의 〈인형La Poupée〉은 '해부할 수 있는 가공의 여성'이고, 사진가인 남성은 '여성의 이미지에 자신의 신념을 강요'한다. 사진가가 사용하는 언어와 그가 창조한 이미지는 권력과 남성적 욕망의 표현 내부에 있는 폭력성이라는 뒤틀린 욕망을 반영한다.[19] 벨머의 인형은 분리 단계의 여성적 숭고로서 남성적 시선이 만들어내는 여성 신체의 대상화를 문자적으로 보여준다.[20] 〈인형〉에서 여성 신체는 절단되고 파편화되며, 해체되고 조립되기를 반복한다. 이때 신체는 가부장제에 숨어 있는 여성에 대한 공포스러운 환상과 유희를 그대로 보여준다.

그러나 벨머의 〈인형〉을 승화 단계의 여성적 숭고로 이해할 수 있다는 입장도 있다. 페미니즘 미술사가 노클린Linda Nochlin은 벨머의 〈인형〉이야말로 '해체 가능한 가공의 존재'로서 가부장제를 넘어서는 여성들의 강력함을 보여줄 수 있음에 주목했다. 경계 속에서 더 모호한 경계 안으로 들어가는 것, 그것이 아브젝시옹이 주는 희열이다. 가부장제 질서 안에서는 왜곡되고 뒤틀린 방식으로 존재할 수밖에 없었던 여성들의 힘은 그 자체가 아브젝트로서 가부장제적 여성 자아를 위협해 포스트가부장제의 여성으로의 전이를 독려한다.

1990년대 서양 미술의 주된 현상으로 대두한 '아브젝트 미술'은 곧 정체성 정치학이라 할 수 있다. 파편화된 신체나 피,

정액, 오줌, 침, 여성의 젖, 똥 등의 지저분한 오브제는 가부장제에 도전하는 새로운 미적 대상으로 평가할 수 있다. 아브젝트는 사회적으로 수긍되는 경계선이나 입장, 규율에 개의치 않는 파괴적인 힘이다. 그래서 셔먼Cindy Sherman이나 스미스Kiki Smith의 작품에서 아브젝트는 '괴물 같은 여성'들로 나타나며, 이는 여성이 자연을 상징한다고 보는 기존의 여성성에 의문을 제기한다.[21] 자연을 상징하는 여성에 대해 가부장제 담론은 생산성, 수동성, 물질성과 같은 개념과 유사한 것으로 제시해왔다. 그러나 사실 이 세 개념은 서로 모순적이라는 점에서 이들을 여성의 본질로 설명하는 여성 정체성은 모순이고, 따라서 여성이 공포스럽게 나타나는 것은 당연한 일이다.[22]

페미니즘 반미학

여성적 숭고는 여성들에게 가부장제의 위험을 상기시킨다. 여성적 숭고에서 여성 이미지는 가부장제의 추악함을 그대로 드러낼 뿐 아니라 가부장제의 미적 범주들로는 포착할 수 없었던 여성들의 힘을 드러낸다. 가부장제 미학이 여성들에게 요구하고 또 가부장제의 여성들이 자랑했던 아름다움과 달리, 이 이미지들은 과도한 동물성, 파편화, 기계화, 오물, 기이함으로 나타나거나 공포, 분노, 불안정, 불균형, 더러움, 추악함과 같은 감정을 불러일으킨다. 이 여성 이미지들은 가부장제를 위반, 탈주, 해방하며 반미학의 경계를 확장시킨다.

미학에서 '반미학'은 보통 두 가지로 이해된다. 첫째로 반미학은 더 이상 미적인 것the aesthetic을 염두에 두지 않는 미적·예술적 실천을 의미한다. 예를 들어 예술 작품의 경우, 작품의 최종 목적은 대상의 형식미로부터 직접 유발되는 감정적 경험에 있지 않다고 주장하면서, 예술로부터 미적 경험의 의미와 가치를 배제하는 것이다. 이런 입장은 예술에서 더 가치 있는 경험은 인식적·윤리적·정치적 메시지를 파악하거나 예술사의 맥락과 독창성 등을 파악하는 것이라고 주장한다. 또 다른 반미학은 자연, 인간, 예술 작품 등의 미적 대상을 바라보며 우리가 느끼는 감정에는 긍정적인 것과 부정적인 것이 있는데, 이 중 부정적 감정들에 초점을 맞춘다. 대표적 예로 '추'를 들 수 있다. '협의의 추'는 '협의의 미'에 반대되는 것으로 비례, 조화, 통일성, 균제와 같은 형식미를 갖추지 못한 상태를 의미한다. 그러나 미가 미적인 것을 대표하는 다양한 긍정적인 미적 가치들을 포괄하는 광의의 의미로 사용된다면, 추 역시 다양한 부정적인 미적 가치들을 포괄하는 광의의 의미로 사용될 수 있다. 이때 추는 형식의 결여, 불균형, 부조화, 외관 손상, 변형, 비참한 것, 꼴불견, 진부함, 우연적인 것, 임의적인 것, 엄청나게 큰 것, 볼품없는 것, 죽음, 공허한 것, 소름 끼치는 것, 무의미한 것, 구역질나는 것, 극악한 것, 괴기한 것, 악마·마녀·사탄에 관련된 것 등을 의미한다.[23]

이 글에서 페미니즘 반미학은 두 번째 반미학, 곧 광의의 추에 해당하는 부정적인 미적 감정을 추구한다. 그러나 부정적인 미적 감정과 긍정적인 미적 감정을 나누는 기준이 명확한 것은 아니다. '황홀한', '신기한', '굉장한', '환상적인', '마법 같은', '감탄스러운', '최고의'와 같은 것은 긍정적이기도 하고 부정적이기도 하다.[24] 그래서 에코Umberto Eco는 부정적·긍정적 미적 감정은 시대와 장소, 문화에 따라 상대적일 수 있음을 지적했다.[25] 그는 또한 미/추의 기준이 단지 자율적인 미적 기준에 의한 것이 아니라 정치적·사회적 기준에서 기인한다는 점을 지적했다. 힘센 여자, 목소리가 큰 여자, 행동이 거친 여자, 자기주장이 강한 여자, 다리를 벌리고 앉는 여자, 많이 먹는 여자 등이 추하다는 판단은 가부장제의 기준에 따른 것이다.

울스턴크래프트가 지적했듯이, 가부장제의 성별화된 미학이 문제다. 페미니스트인 여성들이 당당히 미적 권리를 행사하려면 가부장제 미학에 제약을 받지 않는 새로운 미적 기준이 필요하다. 이때 부정적인 미적 가치들을 적극 활용할 수 있다. 반미학의 가치들은 다양하고 풍부하며, 도덕적으로 비난받을 이유가 없다. 독일의 낭만주의 이론가 슐레겔Friedrich von Schlegel은 저서 《그리스 시 연구론Über das Studium der griechischen Poesie》에서 고전적 이상에 반대하는 낭만주의 예술의 새로운 매력을 추와 반미학으로 설명했다. 그는 미보다는 흥미로운 것, 이상적 전형성보다는 독특한 것, 개성적인 것, 변칙적인 것을 선택하기를 제안하면서, 반미학을 "갱생의 혼돈"의 관점에서 새로운 질서를 낳을 "자유로운 기발함"이라고 평가한다.[26]

반미학은 이성중심주의 미학사에서 주류에 위치한 적은

없었다. 그럼에도 반미학의 전통은 끊어지지 않았다. 반미학은 도덕적이거나 정치적인 이유로 끝없이 비난을 받았으나이 충격적이고 흥미로운 경험들 속에서 사람들은 세계의 비밀을 엿보고 충만한 해방감을 맛볼 수 있었다. 그래서 프랑스의 작가 위고Victor Marie Hugo는 《크롬웰Cromwell》에서 "그로테스크는 진리와 시학을 담고 예술의 영역으로 옮겨지는 흉하고 무시무시하고 혐오스러운 것으로, 예술의 창조를 가능케하는 가장 비옥한 것"[27]이라고 말했다. 위고는 그로테스크를 새로운 미의 전형이라고 주장한다. 그는 미적 영역을 반미학으로 확장할 뿐 아니라, 진정한 미적 경험은 반미학적인 것이라고 천명한 셈이다.

가부장제 미학은 이성중심주의 미학과 결합하면서, 추악하고 기묘하고 더럽고 황폐하고 사악한 여성들을 비난하고 몰아내고자 했다. 중세 유럽에서 마녀사냥의 희생자가 된 여성들은 거의 대부분 (그들을 지켜줄) 남성 보호자가 없는 미혼모, 사생아, (가족으로부터 버림받거나 집에서 도망 나온) 가출 여성이었다. 이 여성들의 부당한 희생을 항변할 남성과 가족이 없다는 것이 이들을 희생자로 삼는 손쉬운 이유가 됐다. 그러나 정치적 이유뿐 아니라 외모가 더럽고 추악하다는 미적인 이유도 이 여성들을 마녀사냥을 통해 단죄하고 살해하고 추방하는 근거가 됐다. 반미학의 더럽고 추악한 여성 이미지가 출몰했다는 것만으로도 이 여성들이 가부장제 공동체의 안정적 질서에 위해를 가한다고 여긴 탓이다.

페미니스트들에게 반미학은 슐레겔의 말처럼 새로운 질

서(포스트가부장제)를 낳을 "갱생의 혼돈"이다. 또한 반미학은 가부장제를 위반하고 틈을 벌리며 새로운 권력관계를 모색하는 "자유로운 기발함"이다.[28] 가부장제의 미적 범주로서는 포착하거나 해명할 수 없는 위반으로서 여성들이 체현한 혐오와 공포는 이 여성들을 배제하는 것이 아니라 가부장제를 배제하는 승화로 나아간다. 곧 여성들의 반미학은 포스트가부장제의 가능성을 실현하는 미적 액티비즘aesthetic activism인 것이다. 미적 액티비즘은 가상의 미학으로 그치지 않으며, 여성 개인의 정체성을 변경하고 우리가 거주하는 가부장제를 변경하는 정치학이다.

참고문헌 및 더 읽을거리

고디노, 도미니크, 〈도시의 여인들, 선동가들과 단두대에 열광하는 이들〉, 세실 도팽 외, 《폭력과 여성들》, 이은민 옮김, 동문선, 1997.

김주현, 《여성주의 미학과 예술작품의 존재론》, 아트북스, 2008.

_____, 《외모꾸미기 미학과 페미니즘》, 책세상, 2009.

노클린, 린다, 《절단된 신체와 모더니티》, 정연심 옮김, 조형교육, 2001.

버크, 에드먼드, 《숭고와 아름다움의 이념의 기원에 대한 철학적 탐구》김동훈 옮김, 마티, 2006.

보르도, 수잔, 〈페미니즘, 푸코, 신체의 정치학〉, C.라마자노글루 편, 《푸코와 페미니즘》, 최영 옮김, 동문선, 1998.

에코, 움베르토, 《추의 역사》, 오숙은 옮김, 열린책들, 2008.

우트리오, 카리, 《이브의 역사》, 안미현 옮김, 자작나무, 2000.

칸트, 임마누엘, 《판단력비판》, 백종현 옮김, 아카넷, 2009.

크리스테바, 줄리아, 《공포의 권력》, 서민원 옮김, 동문선, 2001.

클라크, 그라함, 《포토그래피: 이미지를 읽는 새로운 방법》, 진동선 옮김, 시공사, 2007.

퓰츠, 존, 《사진에 나타난 몸》, 박주석 옮김, 예경, 2000.

Battersby, Christine, The Phenomenal Woman: Feminist Metaphysics and the Patterns of Identity, (London: Polity Press; New York: Routledge, 1998).

Burke, Edmund, A Philosophical Enquiry into the Origin of our Ideas of the Sublime and Beautiful, (Notre Dame: University of Notre Dame Press, 1968).

Freeman, Babara Claire, "Feminine Sublime", Michael Kelly (ed.), Encyclopedia of

Aesthetics Vol. 4, (New York: Oxford Press, 1998).

Korsmeyer, Carolyn, *Gender and Aesthetics: An Introduction*, (New York: Routledge, 2004).

Mattick, Jr., Paul, "Beautiful and Sublime: 'Gender Totemism' in the Constitution of Art", Peggy Z. Brand & Carolyn Korsmeyer (eds.), *Feminism and Tradition in Aesthetics*, (University Park: The Pennsylvania State University Press, 1995).

Wollstonecraft, Mary, *Vindication of the Rights of Women*, (Harmonsworth: Penguin, 1975).

주

• 이 글은《외모 꾸미기 미학과 페미니즘》의 1장과 6장의 내용을 수정, 발전시킨 것이다.

1 버크, 에드먼드,《숭고와 아름다움의 이념의 기원에 대한 철학적 탐구》, 김동훈 옮김, 마티, 2006, 195~196쪽.

2 칸트, 임마누엘,《판단력비판》, 백종현 옮김, 아카넷, 2009, 280쪽.

3 Burke, Edmund, *A Philosophical Enquiry into the Origin of our Ideas of the Sublime and Beautiful*, (Notre Dame: University of Notre Dame Press, 1968).

4 고디노, 도미니크, 〈도시의 여인들, 선동가들과 단두대에 열광하는 이들〉, 세실 도팽 외,《폭력과 여성들》, 이은민 옮김, 동문선, 1997, 30~38쪽.

5 우트리오, 카리,《이브의 역사》, 안미현 옮김, 자작나무, 2000, 159~167쪽.

6 Mattick, Jr., Paul, "Beautiful and Sublime: 'Gender Totemism' in the Constitution of Art", Peggy Z. Brand & Carolyn Korsmeyer (eds.), *Feminism and Tradition in Aesthetics*, (University Park: The Pennsylvania State University Press, 1995), pp. 40~41.

7 버크는 군주정 전복을 반대하는 것이 아니다. 그는 밀턴(John milton)의 시를 군주정 붕괴와 혁명을 주제로 탐구했다. 그럼에도 여성 시위대와 단두대에서의 여성들의 선동은 거부했는데, 이는 밀턴의 시는 남성적 숭고의 대상이지만 그에게 여성적 숭고는 불가능했기 때문이다.

8 Korsmeyer, Carolyn, *Gender and Aesthetics: An Introduction*, (New York: Routledge, 2004), p. 135.

9 칸트, 임마누엘, 앞의 책, 112~113쪽. 괄호 안의 내용은 의미를 명확히 전달하기 위해 필자가 추가하였다.

10 Battersby, Christine, *The Phenomenal Woman: Feminist Metaphysics and the Patterns of Identity*, (London: Polity Press; New York: Routledge, 1998), p. 79.

11 Freeman, Babara Claire, "Feminine Sublime", Michael Kelly (ed.), *Encyclopedia of Aesthetics* Vol. 4, (New York: Oxford Press, 1998), p. 332.

12 Korsmeyer, Carolyn, 2004, pp. 130~133.

13 Mattick, Jr., Paul, 1995, p. 41.

14 Wollstonecraft, Mary, *Vindication of the Rights of Women*, (Harmonsworth: Penguin, 1975). p. 109, p. 132, p. 140.

15 Freeman, Babara Claire, 1998, p. 332.

16 크리스테바, 줄리아,《공포의 권력》, 서민원 옮김, 동문선, 2001, 22쪽.

17 앞의 책, 31쪽.

18 보르도, 수잔, 〈페미니즘, 푸코, 신체의 정치학〉, C.라마자노글루 편,《푸코와 페미니즘》, 최영 옮김, 동문선, 1998.

19 클라크, 그라함,《포토그래피: 이미지를 읽는 새로운 방법》, 시공사, 2007, 149~151쪽.

20 퓰츠, 존,《사진에 나타난 몸》, 예경, 2000, 76~77쪽.

21 노클린, 린다,《절단된 신체와 모더니티》, 조형교육, 2001, 84쪽.

22 아브젝트 미술은 여성 정체성에만 관련된 것은 아니다. 마이크 켈리(Mike Kelly), 로버트

고버(Robert Gober), 안드레 세라노(Andres Serrano), 로버트 메이플소프(Robert Mapplethorpe) 등의 작품들은 관객에게 불편함과 불안감을 자극하며 사회적으로 터부시되는 주제나 기존 젠더 체계에 의문을 제기해왔다. 앞의 책, 83~85쪽.

23 필자는 미적인 것과 완전히 분리된 정치적 메시지가 따로 존재하지 않는다고 생각하는 '통합적 심미주의자'다. 이 문제에 대해서는 다른 저서에서 이미 논의한 바 있다. 졸저, 《여성주의 미학과 예술작품의 존재론》, 아트북스, 2008.

24 에코, 움베르토, 《추의 역사》, 열린책들, 2008, 16쪽.

25 앞의 책, 12쪽.

26 앞의 책, 272~273쪽.

27 앞의 책, 280쪽.

28 필자는 슐레겔의 이 두 표현을 정말 좋아한다.

시민/시민권

기본적 정의

정치적·법적 권리를 갖게 되는 동시에 납세의 의무 등 일련의 의무를 지는, 국가와 개인의 계약을 말한다.

개념의 기원과 발전

시민市民, citizen citoyen은 현대 사회에서 국가와 개인과의 관계를 바탕으로 하는 개념이다. 근대와 더불어 개인이 부각되고, 그를 뒷받침하는 자본주의의 국가 속에서 개인이 살아남고자 하는 데 있어서의 기본적 권리로 받아들여지고 있다. 시민권은 말 그대로의 맥락에서는 일종의 권리인 것처럼 보인다. 그러나 실제로 시민권은 단순한 시민의 권리를 의미하지는 않는다. 시민이 된다는 것, 시민권을 획득한다는 것은 기본적으로 개인이 국가와 일종의 계약을 한다는 것을 의미한다. 개인이 국가에 대한 충성을 전제하면서 그에 대한 대가로 국가가 그 개인을 보호해주는 것이 오늘날 자본주의 국가에서 시민이 된다는 의미다. 개인은 시민권을 부여받음으로써, 정치적·법적 권리를 갖게 되고, 이와 동시에 납세의 의무, 군대와 관련된 일련의 의무를 지기도 한다.

시민의 의무 중에서, 납세의 의무는 그 역사가 매우 길다. 현대적 개념의 시민 이전에, 고대에서 시민은 도시에 거주하는 사람들을 일컬었다. 도시에 거주하는 사람 중에서도 토지를 소유한 사람들로서 일종의 정치적 결정권을 행사할 수 있는 사람들을 지칭했던 것으로 알려진다.[1] 즉 초기 단계에서 시민은 일정한 재산으로서의 토지를 획득한 사람에 국한되어 있었던 것으로 보인다. 이러한 개념은 중세 봉건 제도를 거치면서 자취를 잃어가다가 인문주의, 르네상스의 부활을 계기로 부르주아 시민인 개인의 등장 속에서 다시 부활한다.

근대사회에서 개인의 등장은 인간이라는 문제를 환기시키면서, 과연 그 인간이 누구인가를 둘러싼 지난한 논쟁을 지속시키고 있다. 근대의 개인은 서양의 역사 속에서는 1789년 프랑스 혁명에서 새롭게 정의되는 계기를 찾게 된다. 1789년 인권 선언을 통해 모든 인간은 '자유, 소유, 안전에 대한, 그리고 압제에 대항할 수 있는 천부 인권을 가진다고 천명되었다.[2] 그 이전의 개인은 당연히 한 집안의 가장으로서의 남성이었으나 이를 계기로 여성이라는 존재도 남성과 동등한 인간 반열에 들어서게 된다. 그러나 이는 단순한 글자 그대로의 인간의 반열에 여성이 포함된다는 의미였을 뿐이다.

단순한 인간을 넘어서서 시민으로서 시민권을 가진다는 것은 그 개인이 사회/국가에 참여함을 의미한다. 사회/국가로의 참여는 그 개인 스스로가 주체적으로 국가와 개인의 관계 속에서 국가에 대해 영향을 미치는 것이라고 해석할 수 있다. 개인이 국가에 영향을 미치는 방식을 마샬T.H. Marshall은 세 가지 경로—공민적civic, 정치적political, 사회적social—로 나누어 설명한 바 있다.[3] 마샬은 공민적 권리를 일종의 법적 권리로 보면서 기본적인 계약의 자유를 갖는 것으로, 정치적 권리는 선거권과 같은 정치적 행사력을 갖는 것으로, 사회적 권리는 복지 국가와 맞물리는 것으로 국가 경제로부터 자신의 몫을 배분 받을 수 있는 권리로 표현한다. 마샬은 이러한 권리의 확충이 불평등한 자본주의 사회와 충돌하지 않고, 오히려 시민권 확대를 통해 경제적 불평등이 완화되어 간다고 보았다.[4]

경제적 불평등과 충돌하지 않는다면, 성적 불평등과는 어떻게 연관되었는가? 여성들의 공민적·정치적·사회적 권리의 발달은 일반 남성적 개인과 다소 다른 길을 걸어온 것으로 보인다. 마샬은 공민적 권리를 19세기 초반에, 정치적 권리는 1918년에 이르러서야, 그리고 사회적 권리는 여전히 미래를 향해 열려 있는 것으로 보고 있다. 정치적 권리를 1918년으로 상정하게 된 것은 바로 영국 여성들의 투표권이 이 시점에 가서야 인정되었기 때문이다. 정치적 권리까지는 형식상으로나마 인정한다고 하더라도 경제적 불평등의 문제가 해결되지 않은 현 상황에서 사회적 권리는 여전히 요원하다고 할 수밖에 없다. 따라서 아직까지 여성에게 허용된 시민권은 극히 기본적인 법적 권리, 선거권의 영역에 국한된 것으로 정치적·사회적 시민권의 확대는 먼 길을 앞에 두고 있다고 할 수 있다.

먼 길을 가기 전에 여성들에게 주어진 기본적 권리의 역사를 좀 더 들여다보면, 서양 여성들의 선거권에 대한 논의는 특히 미국의 노예제 폐지 운동과 더불어 시작되었다. 1850년 대부터 시작된 이 운동을 통해 우여곡절을 겪으면서 1918년에 비로소 영국 여성에 대한 투표권이 인정되었다. 그리고 그밖에 뉴질랜드(1893), 오스트레일리아(1902), 핀란드(1906), 노르웨이(1913), 소비에트 연방(1917), 폴란드(1918), 스웨덴(1919), 독일(1919), 아일랜드(1922)에서 여성의 투표권이 인정되었으며, 프랑스, 이탈리아, 인도, 일본, 한국 등지에서는 제2차 세계대전 이후 여성들에게 선거권이 주어졌다.

노동 계급이 제2차 세계대전 이후에 정치적 권리를 기반으로 사회적 권리를 위한 운동에 힘을 기울이고 있을 때, 패전국·식민지국의 여성들은 새롭게 정의되고 부과된 인간의 권리 속에 여성의 투표권을 덜컥 부여받은 것이다. 제2차 세계대전 이후에 식민지를 벗어난 국가들에서는 남성들에게 투표권이 부여되는 것과 동시에 여성들에게도 투표권이 부여되었다. 그렇다면 같은 시기에 같은 헌법으로 부여된 선거권으로 여성들은 남성과 동등한 자격의 정치적 권리를 행사하고 있다고 해석할 수 있는가?

시민권의 한계

이제 시민권이 무엇인지를 좀 차근차근 들여다볼 때가 되었다. 시민은 분명히 근대에 와서 보다 구체화된 개념이다. 그리고 근대는 개인이라는 주체를 기본으로 시작되었다. 데카르트Rene Descartes가 더 이상 회의할 수 없음으로 존재를 확고하게 인정한, 생각하는 '나'라는 주체가 근대의 배경이 되고, 이러한 주체가 시민의 기본 구성원이 된다. 이러한 주체적 개인들이 모여서 만든 공동체가 있는데, 이 공동체 속에 각 개인들을 보다 효율적으로 결집시킬 수 있는 존재로서 국가가 존재한다. 공동체는 민족의 이름과도 만나면서 민족 국가, 국민 국가로의 변화를 거쳐 현대의 자본주의 국가로 진행되어 오고 있다.

이렇게 형성된 하나의 공동체 내부로 결속된 개인들의 정체성은 국가나 민족이라는 이름으로 상징화되면서 개인이 가졌던 힘의 총합 이상의 힘을 발휘한다. 이 하나의 공동체 내부에는 시민이라고 불리는 평등한 개인들이 시민권을 갖고 모여 있다. 논리적으로는 이렇게 설명된다. 그러나 구체적인 현실 속에서 이 개인은 아직도 만들어지는 과정 중에 있다.

여성주의자들은 이 같은 개인에 여성들을 포함시켜야 하는지 마는지를 놓고 여러 대안을 제시하고 있다. 19세기와 20세기 동안에는 남성중심적인 개인이라는 개념에 여성을 포함시키려고 무던히도 애를 써왔다. 이렇게 함으로써만 기본적인 정치적 시민권이 여성에게도 보장될 수 있었기 때문이다. 그러나 시민권이 사회적 권리의 문제와 맞물리면서 여성들의 선택은 달라지기 시작한다.

일반 여성들이 논의의 중심에 떠오른 것이 아니라, 어머니가 주된 논의의 대상이 되기 시작했다. 즉 제2차 세계대전 이후 복지 국가를 통한 여성의 시민권 확대 속에서는 탁아 정책과 모성 연금이 주요 사안으로 떠올랐다. '모성으로서의 여성'에 대한 지원이 증대되면서 모성으로서의 여성의 경험을 중시하는 시민권 개념이 형성된 것이다. 그러나 이는 보편 여성의 권리와 확대의 문제로 나아가기에 앞서 여성의 존재를 모성으로 국한시키는 결과를 낳게 된다.[5] 그리하여 이 시점에 이르면서 여성주의자들은 보다 더 심오하게 시민권의 문제를 고민하게 된다. 여성의 해방, 진정한 권리 확보가 단순한 시민권 확대의 문제를 통해서만 해결될 수 없다는 것을 점차 인식하기 시작한 것이다. 왜냐하면 시민권 확대는 기본적으로 가부장제적 국가의 틀 안에서 시작되기 때문이다.

페이트만Carole Pateman이 말하는 '울스톤크래프트 딜레마Wollstonecraft dilemma'[6]가 이런 고민의 실체를 요약한다. 즉 여성도 남성처럼 평등한 시민권을 주장하면서 기존의 가부장제 하에 놓인 시민권 개념을 받아들여야 하는 것인가, 아니면 여성성의 능력, 특성을 새롭게 강조하는 또 다른 대안적 시민권의 개념을 만들어낼 것인가의 와중에 놓이게 된 것이다. 또 다른 대안적 시민권의 개념을 만드는 것은 여성의 정체성만으로는 부족하며 다른 집단과의 연대 가능성을 모색하게 하는 열린 기회인 것처럼 보이기도 하지만, 이것은 기존의 가부장제적 국가의 틀 안에서는 가능한 대안으로 쉽게 제시될 수 없다.

이러한 딜레마를 둘러싸고 먼저 여성 고유의 특성을 강조하는 논의가 있었다. 길리건Carole Gilligan, 루딕Sara Ruddick, 엘슈테인Jean Bethke Elshtain 등[7]이 논의를 전개했는데, 이들은 기존의 자유주의적 페미니스트들이 시민권을 획득하는 과정에서 가부장제적 남성의 모습을 띤 시민권을 문제 삼지 않았다고 비판했다. 이들은 여성의 특성, 그중에서도 특히 '모성으로서의 여성'의 정체성을 강조했다. 이는 기존의 모성 중심 논의로의 회귀로 돌아가는 것처럼 비춰질 수도 있다. 이에 대해 디에츠는[8] 모성이 매우 특수한 차별성이 있는 행동과 관련되기 때문에 모성 덕목을 강조하는 것이 정치적이 될 수 없다고 논의했다.[9] 사실 모성을 중심으로 하는 논의는 많은 제약점을 가지고 있다. 그러나 다른 한편에서 여성의 정체성을 효과적으로 부각시킬 수 있는 다른 대안이 없는 속에서 모성 논의는 여전히 유효한 힘을 발휘하는 것으로 평가되기도 한다.

모성을 잠시 뒤로하고, 여성의 정체성을 기반으로 시민권 운동의 가능성을 모색하는 페이트만은 '성적 계약sexual contract'의 논의를 전개하면서 대안을 제시한다. 페이트만은 과거에 페미니스트들이 여성으로서의 법률적 평등과 승인을 요구하거나, 여성의 사적 영역을 시민권의 일부로 포함시키길 주장한 이유는 성차별적인 정치적 문제들에 대항하기 위한 것이었다고 설명한다. 그러나 이 같은 법률적 평등이 실질적인 평등으로까지 확대되지 않는 것은 원초적 계약 자체가 정치적 허구이기 때문이라고 논파한다. 원초적 계약original contract은 시민 사회와 정치적 권리의 새로운 형태가 성립된 기본 토대로 설명되는데, 페이트만은 이 같은 원초적 계약에서 여성이 배제되었다고 역설하며 남성만이 원초적 계약의 당사자였음을 논파한다.[10] 따라서 페이트만은 성적 계약의 이야기를 통해 성적 존재로서 구현된 여성을 이야기함으로써, 기존의 계약을 뒤엎는 자유를 향한 새로운 연대를 만들어야 한다고 주장한다.

이에 대해 무페는 성적으로 구분되는 특성을 만드는 것만으로는 충분하지 않다고 하면서, 성적 차이 자체가 부적절한 것이 되는 새로운 시민권 개념을 만들어야 한다는 대안으로 맞선다. 새로운 시민권은 개인의 자유를 존중하는 대의하에 개인들이 다양한 소속 집단에 충성심을 갖게 하면서, 사회적 주체들이 기반하는 입지에 영향을 미치는 접합 원칙articulation principle을 통해 가능해진다고 무페는 설명한다. 무페는 자유와 평등의 원칙이 적용되어야만 하는 여하한 지배의 공간은 단순한 성적 지배 이외에 사회적 관계 속에서 다양하게 드러남을 강조한다. 이 같은 논리는 무페의 급진적 민주주의radical democracy의 입장을 반영한 것으로서 결국 무페의 시민권은 단순히 성적 차이에 근거해서만 바라보지 않고 다양함을 포괄할 수 있는 전혀 새로운 시민권의 개념 창출로 이어진다. 다양한 집단들을 고려한 것은 영Iris Young에게서도 보여지는데, 영은 여성 뿐만 아니라 민족, 인종, 연령, 장애 등 차이에 의한 다양한 집단들이 존재하는 데도 불구하고, 시민권은 이 같은 차이들을 무시한 채 일반적 의지를 대변하는 것처럼 행사한다고 비판했다. 따라서 영은 '잡다한 대중heterogeneous public'의 창출을 통해 다양한 집단들, 특히 억압 받고 불이익

받는 이들의 목소리를 포함시켜야 한다고 논의했다.[11] 그러나 무페는 이 같은 집단 구분에 따른 개념을 일면 긍정하면서도 이것이 다른 한편으로 또 다른 정체성, 즉 '집단'이라는 정체성을 가져올 수 있다는 점에 대해 우려를 표명한다.

이러한 다양한 논의들은 아직 합의점에 도달하지 못하고 있으며, 또 이런 개념들은 현실의 수준에 비추어볼 때 다소 작위적인 감을 줄 수 있다. 무페의 경우에는 포스트의 세례를 받은 탓인지, 기존의 각기 다른 층위의 시민들이 각자의 위치에 마치 평등하게 자리 잡고 있는 것처럼 전제함으로써, 기존의 불평등한 억압적 질서를 무마할 우려가 있다. 그리고 페이트만의 경우에도 계약을 중심으로 설명함으로써, 계약 자체에 포섭되지 않는 세계의 절반 이상의 여성, 소수 집단, 빈민들에 대한 고려를 자칫 배제할 위험을 내포한다. 이렇게 시민권의 문제가 복잡하게 얽혀 있는 이유는 시민권 자체가 갖고 있는 이중적 성격 때문이다.

차별과 배제의 시민 공동체

시민권은 국가라는 공동체를 기반으로 한다. 그런데 이 공동체는 국가를 상정하는 속에서 그 구성원들을 포섭함과 동시에 그 속에 포섭되지 않는 또 다른 인간군을 배제한다. 근대 국민 국가는 대등한 인간관계를 부르짖었지만, 실제로는 대등한 인간관계가 아닌 대등하지 않은 인간군을 분류하는 장치로 기능해왔다. 즉 국가는 동일화 가능한 인간은 받아들이고, 동일화하기 힘든 인간은 배제하는 전략으로 자신들의 구성원을 구분해온 것이다.[12] 어떤 인간이 받아들여질 수 있고, 어떤 인간이 받아들여질 수 없는지에 대한 기준선에 관해서 처음부터 정해진 규칙은 극히 미미하다. 자의적인, 국가의 이익에 따라 기준선은 변화를 거듭한다.

틸리는 군대를 만들고 증대시키기 위한 일환으로 국민 국가가 시도한 것으로서 시민권 확대를 바라본다. 즉 프랑스에서 1792년의 법률을 통해 시민권이 제안된 것은 군대 복무를 할 수 있는 남성을 주된 시민 구성원으로 만들기 위한 데서 시작했다. 이들이 시민권의 포섭 대상에 포함된 반면, 범죄자, 방랑자, 하인, 여성, 빈민층은 이로부터 배제되었다고 보는 것이다.[13] 이렇게 시민권은 시민의 인간적 권리를 보장하기 위해, 인간을 위해, 고안된 장치이기보다는 군사력 증진을 목표로 하던 국가의 이익을 맞추기 위해 제안된 권리다. 따라서 이후 사회에서 시민권의 확대는 단순한 시민권의 확대가 아닌 국가가 원하는 목표를 이루기 위한 차원에서 제공되어진 측면을 간과할 수 없다. 왜냐하면 시민권이 근대의 씨앗이기 때문이다. 근대는 '나'라는 개인적 주체를 상정하면서 나 아닌 '타자'를 타자로서 구분 짓는 철학을 기본으로 한다고 언급한 바 있다. 나와 타자는 개인적인 수준에서 서로가 다를 뿐 아니라 한 공동체의 성원으로 규정되면서 집단 내 동일한 정체성을 강화시키는 한편으로 다른 공동체를 자기가 속한 공동체로부터 이질화시켜 배제한다.

따라서 근대의 시민권 확대 과정 속에 나름대로의 권리를 확보해온 여성은 시민권의 획득이라는 것 자체가 포섭임과 동시에 다른 성원들에 대한 배제의 논리가 포함된 것임을 인지해야 한다. 여성이 다른 구성원을 배제한다는 것이 아니라, 국가가 받아들이는 성원을 판별하는 데 있어 자의적이며, 그러한 구분 자체가 공동의, 그야말로 보편적인 기준에 의거하지 않은 채 국민 국가 각자의 영역에 맡겨진 것이다. 따라서 재산을 가진, 군 복무를 할 수 있는 남성이 시민권을 가지면서 가난한 사람들과 여성들이 배제되었듯이, 여성들이 시민권을 가지면서, 또 다른 범주의 사람들이 그 밖으로 배제될 수도 있는 것이다. 다시 말해 여성들이 시민권을 얻게 된 것은 여성들의 기나긴 운동에서도 기인하는 것임과 동시에 국가가 여성을 성원으로 필요로 한 측면이 분명히 있다는 것이다. 그러므로 시민권은 원칙적으로 개인에 의해서가 아닌 국가에 의해 주어지는 것이며, 국가는 누구를 받아들이고, 누구를 제한할 것인가를 자의적으로 결정하고 있다는 점을 분명히 인지해야 한다.[14]

그리고 시민권은 기본적으로 집단으로 주어지지 않는다는 측면을 고려해야 한다. 여성이 시민권을 얻는다는 것은 여성들 전체의 시민권이 확보된다는 것이 아니라 그 여성이 개인의 자격으로 시민권을 얻는다는 것이다. 즉 여성들은 시민권을 얻는 순간부터 여성 정체성으로 묶여서 집단적인 연대 세력으로 기능하는 것이 아니라, 국가와의 관계 속에서 개인으로서의 최소 역할만을 부여받게 되는 것이다. 그렇기 때문에 자본주의적·가부장제적 속성을 그대로 간직하는 국가가 복지 국가의 형태를 띤다고 해서 사회적 권리의 획득을 여성에게, 노동 계급에게, 빈곤한 나라에게, 신체적·인종적 차별을 받는 사람들에게 가능하게 할 것인지가 여전히 의심스러운 셈이다.

이처럼 시민권은 새로운 어떤 권력을 통해 부여하는 것이 아닌 인간으로서의 아주 기본적인 권리를 되찾는 것이라고 할 수 있다. 다르게 생각해보면, 이미 인간으로서 당연히 있어야 할 권리가 어느새 인간에게서 이탈되어 그것을 다시 찾는 과정이 이렇게도 오래 걸린 셈이다. 노동자들의 자연스러운 권리도 제2차 세계대전 이후 노동자들의 지난한 운동을 통해 되찾아지는 과정에 있고, 그와 더불어 지속된 여성들의 권리 회복 운동도 20세기 중반에 가서야 겨우 시작되고 있다. 그렇기 때문에 무페의 논의대로 여성의 해방 운동은 여성을 포함해서 기존의 빼앗긴 권리를 되찾고자 하는 모든 사람들과 연대하는 속에서만 가능해질 수도 있다.

시민으로부터 해방되는 인간으로

시민권의 획득은 현대 사회에서 기본적으로 인간이 살아가는 토대로서 당연한 것이다. 현대 사회의 시민권은 그 국가 성원의 누구에게나 열려 있으며 동일한 조건으로 부여된다. 공식적으로는 그 시민권 속에 성적·인종적·계급적·신체적 불평등은 존재하지 않는다. 그러나 문제는 국가가 하나가 아니라는 데 있다. 개인은 한 국가의 성원으로서 시민권을 부여받는다. 다른 공동체로의 연계 가능성은 시민권을 획득하는 순간에 단절되어버린다. 이 같은 단절은 공동체 내부에도 존재한다. 왜냐하면 공민적·정치적 권리는 사회적 권리에 비해 아주 형식적인 평등만을 보장하기 때문이다. 따라서 사회적 권리가 아닌 형식적 시민권의 취득은 모든 현실에 존재하는 불평등한 사회적·경제적 억압적 구조를 한순간에 평등하게 하지 않는다.

물론 시민권을 획득하는 일은 아주 중요하다. 아직도 지구 다른 한편에서는 시민권 중 공민적 권리인 법적 권리조차, 아니 심지어 기존 생명 유지조차 되지 않는 무수한 시민들이 시민권의 불모지대에 놓여 있기 때문이다. 이들에게 시민권은 일종의 기본적 인권으로 보일 수도 있다. 공민적·사회적·정치적 권리 이전에 1948년 세계인권선언의 기본 인권조차 이들에게는 보장되지 않기 때문이다. 따라서 성적·인종적·계급적·신체적 차이에 불구하고 모든 인간에게 인간의 기본적 시민권은 주어져야 한다.

그러나 그 시민권의 취득이 자본주의적·가부장제적 국가의 구성원이 되는 것에 합의하는 것을 내포한다는 데 하나의 문제가 있으며, 다른 한편으로는 그렇게 획득된 시민권을 가진 개인이 실상 그 시민권으로 할 수 있는 일이라고는 세금을 꼬박꼬박 내고, 선거에 투표 용지 한 장을 보태는 형식적 권리의 수준에 그친다는 데 있다. 권리는 형식에 그치고, 의무는 훨씬 더 강화된 상태의 시민권이란 결국 명목상의 권리를 보장하고 그 이면에 보다 억압적인 불평등을 더욱 강화할 가능성을 내포하는 것이다. 형식상의 정치적 투표권은 시민권을 부여받은 여성이 억압적 현실을 견뎌내는 속에서는 실질적 도움이 되지 않는다. 열심히 투표하고 선거 마당에 돌아다닌들, 가정 내에서의 억압적 구조는 달라지지 않고, 국가는 그 같은 구조에 방관하는 것이 현실이기 때문이다.[15] 1995년 북경여성대회가 '인권으로서의 여성의 권리women's rights as human rights'를 선언한 것은 여전히 여성에게 시민으로서의 인간적 권리라는 개념이 아직 현실이 아니라 획득되어야 할 미래적 목표임을 드러낸다. 이처럼 여성의 인간으로서의 권리는 아직은 시작 단계에 불과한 것이다.

따라서 형식상의 여성의 기본적 권리를 확보하는 시민권의 확대만으로는 진정한 여성해방은 이뤄질 수 없다.[16] 여성의 시민권은 한 측면으로 보면, 분명히 근대 속에서 근대의 성장을 통해 이뤄진 것이다. 그것이 결코 의미 없는 작업은 아니다. 그러나 그것은 원래 당연히 있어야 할 여성의 권리를 되찾은 것이지, 새롭게 또 다른 무엇인가를 부여받은 것은 아니다. 따라서 페미니즘의 해방은 바로 그 자리에서 다시 시작되어야 한다. 페미니즘이 근대의 산물이라면, 근대와 함께 페미니즘의 운명도 끝나겠지만, 페미니즘은 근대를 물어뜯고 태어난 '근대의 미운오리새끼'였다고 치즈코는 언급한 바 있다.[17] 이렇게 보면 근대의 미운오리새끼가 시민권을 물고 늘어지는 것은 오직 그것이 해체될 날을 꿈꾸는 몸짓인지도 모른다.

참고문헌 및 더 읽을거리

마셜, T.H., 보토모어, T., 《시민권》, 조성은 옮김, 나눔의 집, 2014.

오장미경, 《여성노동운동과 시민권의 정치》, 아르케, 2003.

킴리카, 윌, 《다문화주의 시민권》, 장동진 외 옮김, 동명사, 2010.

터너, 브라이언 S., 《시민권과 자본주의》, 서용석·박철현 옮김, 일신사, 1997.

주

1 배동인, 〈시민 사회의 개념: 사상사적 접근〉, 《한국의 국가와 시민 사회》, 한국사회학회·한국정치학회 엮음, 한울, 1992, 36쪽.

2 슬레지예프스키, 엘리자베트 G., 〈전환점으로서의 프랑스 혁명〉, 《여성의 역사 4》, 조르주 뒤비·미셸 페로 엮음, 새물결, 1998, 72쪽.

3 Marshall, T.H., *Class, Citizenship and Social Development*, (Chicago and London: The University Press, 1977), pp. 78~79.

4 _____, 1977, pp. 95~95, p. 128.

5 오장미경, 〈시민 사회론과 페미니즘〉, 《여성과 사회》 8호, 한국여성연구회 엮음, 창작과 비평사, 1997, 264쪽.

6 Pateman, Carole, *The Disorder of Women*, (London: Polity Press, 1980).

7 Ruddick, Sara, *Maternal Thinking*, (New York: 1989), Elshtain, Jean Bethke, *Public Man, Private Woman*, (Princeton: Princeton University Press, 1981).

8 Dietz, Mary G., "Citizenship with a Feminist Face. The Problem with Maternal Thinking", *Political Theory*, vol.13, no.1, February, 1985.

9 Mouffe, Chantal, *The Return of the Political*, (London: Verso, 1993), p. 79.

10 페이트만, 캐롤, 《남과 여, 은폐된 성적 계약》, 이충훈·유영근 옮김, 이후, 2001, 19, 25, 314쪽.

11 Mouffe, Chantal, 1993, p. 82~85.

12 히토시, 이마무라, 《근대성의 구조》, 이수정 옮김, 민음사, 1999, 184쪽.

13 Tilly, Charles, "The Emergence of Citizenship in France and Elsewhere", *Citizenship, Identity and Social History*, in Charles Tilly, ed., (Cambridge: University of Cambridge, 1996), p. 223.

14 9월 11일 뉴욕의 월드 트레이드 사건 이후 미국은 테러분자 색출을 위해 '테러분자의 체포를 돕거나 테러 공격을 중단하게 하는 유용하고 신뢰할 만한 정보를 제공하는 외국인'에게 이민 혜택을 제공한다고 밝혔다. 정보제공을 통해 비자를 발급받게 되는 이들은 미국거주가 허락되고 이를 통해 영주권을 신청해 궁극적으로 시민권을 획득할 수 있게 된다(〈미국, 테러정보 제공자 시민권 준다〉 《한겨레》 2001. 11. 30. 금요일). 이는 국가가 시민권을 부여하는 데 있어서 자의성을 갖는 적나라한 현실을 그대로 보여준다.

15 예를 들어 한국 가정 내에서 아내구타 문제는 1997년에 '가정 폭력범죄의 처벌 등에 관한 특례법'과 '가정 폭력방지 및 피해자보호 등에 관한 법률'이 통과됨으로써 비로소 국가의 관심을 받게 되었다.

16 서구 복지 국가에서는 형식적 시민권의 단계를 지나 사회적 시민권이 확대될수록 인간의 해방, 여성의 해방이 이루어지는 것을 기대하는 논의도 진행되고 있다. 이 같은 논의는 두 가지 측면에서 한계를 갖는다. 먼저 복지 국가가 되더라도 그것이 국가의 성격을 갖는 한에서는 여전히 가부장적 특성을 담지하는 것이고, 그렇게 되면 복지 국가일지라도 그 국가는 여성해방에 제약으로 작용하게 될 수 있다. 또 다른 측면에서는 복지 국가의 토대를 이루는 자본주의에 대한 문제이다. 자본주의 자체가 인간을 해방할 것인가에 대한 논의가 해결되지 않은 상황에서 여성 해방의 출구를 복지 국가에서 모색하는 것은 그다지 희망적으로 보이지 않는다.

17 치즈코, 우에노, 《내셔널리즘과 젠더》, 이선이 옮김, 박종철출판사, 1999, 96쪽.

양심적 병역거부

기본적 정의

종교적 혹은 양심적 동기로부터 나오는 깊은 신념에 따라 군복무 혹은 직간접적인 전쟁 및 무력 행위에 참여하는 것을 거부하는 행위이다.

개념의 기원과 발전

'양심적 병역거부Conscientious Objection to Military Service'의 원어인 Conscientious objection(CO)은 엄밀하게는 '양심적 거부'라는 뜻으로, 개인의 양심에 따라 금지 명령이나 행정 명령에 복종하지 않고 비폭력적으로 거부하는 행동을 말한다. 소로우의 납세 거부, 간디의 소금 행진 등은 잘 알려진 양심적 거부 행위이다. 하지만 영국에서 민병대 강제 징병에 반발해서 Conscientious objection을 '양심적 병역거부'의 의미로 사용했고, 제1차 세계대전 중 양심적 병역거부운동을 거치면서 보통 Conscientious objection이라 하면 '양심적 병역거부'를,

Conscientious objector는 '양심적 병역거부자'를 뜻하게 됐다.

양심적 병역거부의 형태는 다양하다. 보통은 모든 형태의 전쟁에 반대하는 보편적 거부Universalistic CO의 형태로 이뤄지지만, 특정 전쟁이나 명령을 거부하는 선택적 병역거부Selective CO, 전쟁 자체엔 반대하지 않지만 대량 살상 무기, 그중에서도 특히 핵무기의 사용을 거부하는 재량적 거부discretionary CO 등의 형태도 있다. 비전투적인 군 복무는 받아들이며 집총이나 군사 훈련만을 거부하는 집총 거부noncombatant CO, 군 복무를 대신해 민간 영역에서 하는 대체복무를 택하는 대체적 선택의 양심적 병역거부alternativist CO, 군 복무뿐만 아니라 대체복무제까지 모두 거부하는 완전 거부Total objection혹은 절대적 병역거부Absolutist CO까지도 양심적 병역거부에 포함된다. 한국에서는 주로 입영을 거부해 일체의 군 복무를 거부하는 형태로 양심적 병역거부를 하며 현재로서는 민간 영역에 한정된 대체복무제가 없기 때문에 대체복무제까지 거부하는 완전 거부자는 발생하지 않는다. 현행법상 입영을 거부한 징집 대상자는 병역법 88조 1항에 의해 입영 기피로 처벌을 받으며 1년 6월형을 선고받는 것이 판례가 됐다.[1] 현재 '병역법 88조 1항'은 헌법재판소에서 세 번째로 위헌 심판제청 결정을 기다리고 있으며 지난 2004, 2011년에 합헌 결정이 났었다.

한국에서는 양심적 병역거부가 사회적 의제가 되면서 단어의 적절성에 대한 논란이 있었다. 한국 사회에서 '양심'은 일상어로 '착한 마음' 혹은 '남이 보지 않아도 법을 잘 지키는 마음' 등으로 사용하기에 오해가 발생하며 양심적 병역거부를 반대하는 사람들은 병역을 이행하는 사람들은 '비양심적이냐'는 반대 논리를 편다. 이에 단어에 의한 오해를 줄이고 개인의 신념과 양심으로부터 도출된 행동이라는 것을 명확하게 드러내기 위해 '양심에 따른 병역거부', '신념에 따른 병역거부' 등의 용어를 사용하기도 한다. 하지만 UN(국제연합)을 비롯한 국제단체에서 쓰는 용어인 Conscientious objection을 한국의 학계에서 일반적으로 '양심적 병역거부'로 번역해 쓰고 있으며 이를 헌법재판소나 법원 등 사법부나 국가인권 위원회를 비롯한 정부 기관에서도 사용한다. 또한 사법부에서든, UN 자유권 규약 위원회에서든 이 문제에 대해 심의하는 기관들에서 핵심 쟁점을 헌법상 '양심의 자유' 문제로 보고 있기에 '양심'이라는 단어를 쓰는 데 문제는 없으며,[2] 양심에 따른 병역거부와 양심적 병역거부 사이에 의미 차이가 없고[3] 꽤 오랜 시간 논쟁을 거치며 '양심적 병역거부'라는 용어가 이미 사회화됐기에 용어에 대한 초창기의 논쟁 구도는 벗어나고 있다고 평가된다.[4] 하지만 대중적으로는 여전히 용어에 대한 오해가 남아 있다.

양심적 병역거부의 역사

양심적 병역거부는 오랜 역사를 갖고 있다. 세계적으로든 한국에서든 양심적 병역거부의 역사는 징병제의 역사와 맥을 같이 해왔다. 그 기원을 찾으면 로마 시대까지 거슬러 올라간다. 로마 시대에 기독교 신앙에 의해 병역을 거부한 사례가 기록돼 있다. 16~19세기 유럽에서 기독교 평화주의 교파에 의해 계속해서 이어졌으며 제1·2차 세계대전 때 많은 사람들이 징집 거부, 참전 거부를 선언하면서 사회적 문제로 부각됐다. 미국에서도 베트남 전쟁 당시 큰 사회적 운동이 형성됐으며 대부분의 징병제 국가에서 대체복무제를 만들어 양심적 병역거부를 인정하게 됐다. 1990년대 후반 UN의 결의와 선언을 통해 국제적인 보편적 인권 중 하나로 확립되기에 이르렀다.

한국에서 병역거부에 대한 최초의 기록은 1939년 일본과 조선, 대만, 중국 등지의 여호와의 증인 신도들을 구속시킨 '등대사 사건'으로 본다.[5] 대한민국 정부가 수립된 이후 한국전쟁 발발로 징병제가 본격적으로 시작되었고, 이에 재림 교회와 여호와의 증인 신도들은 종교적 신념에 따라 병역을 거부했다. 유신 이후 징병 체제가 공고해지고 강제 입영이 실시되며 형량이 증가하는 등 그 처벌이 가혹해졌다. 처벌이 계속되는 과정에서 재림 교회는 교리를 수정해 집총 거부를 포기했지만(여전히 계속 병역거부를 하는 신도도 일부 있다) 여호와의 증인 신도들은 계속해서 병역거부를 해왔다. 하지만 병역거부자의 권리나 제도 개선에 대한 논의가 공론장에서 이뤄지지 못했고 이러한 현상이 있다는 것조차 사회적으로 인식되지 못했다. 수십 년 동안 1만 명이 넘는 숫자의 병역거부자가 감옥에 수감됐음에도 불구하고 이러한 문제가 비가시화됐던 것은 한국 사회의 과도한 군사주의와 안보 논리, 개신교적 영향력이 강한 한국 사회에서 기독교계가 갖고 있는 뿌리 깊은 이단 종교에 대한 낙인과 보수 기독교계의 국가주의적 이데올로기와의 깊은 결합, 주된 피해자였던 여호와의 증인들의 정치적 중립성의 원칙, 평화 운동의 부재 등이 그 원인으로 분석된다.[6] 여전히 매년 600명에 달하는 양심적 병역거부자들이 감옥에 수감되며 현재에도 1,000여 명에 가까운 병역거부자들이 감옥에 있는 상황이다.

양심적 병역거부의 공론화

2000년대에 들어서 양심적 병역거부는 사회적 의제로 떠오를 수 있었는데 이에는 여러 배경이 있다. 우선 1998년 국민의 정부가 들어서면서 과거사 청산과 소수자 인권에 대한 관심이 커졌다. 국가 폭력에 대한 반성과 진실 규명에 대한 목소리가 높아지며 덮여 있던 과거사가 규명되기 시작했고 비전향 장기수와 양심수들에 대한 논의가 일었다. 인권 감수성이 높아지면서 차별받았던 소수자 집단에 대한 관심이 생기기 시작했고 동성애자, 여성, 장애인 등의 사회적 약자에 대한 차별 문제가 제기됐다. 동성애자 문제를 공론화시킨 홍석천의 커밍아웃도, 비전향 장기수를 북으로 송환한 것도 모두 2000년에 있었던 일이다. 또한 1980대 말 민주화가 되면서 민주화운동에 집중했던 운동 세력들이 다양한 방식과 갈래로 분화했고 문민정부에 들어 시민 사회가 급속하게 성장한 것도 이러한 변화가 생길 수 있는 토양을 만들었다. 특히 성장해가고 있던 여성운동과 막 생기기 시작한 평화운동의 내부에서 징병제와 군대 문제에 대해서 고민을 하던 시기이기도 했다. 특히 1997년 이회창 후보 병풍兵風사건[7], 1999년도 군 가산점제도 위헌 판결 앞뒤로 일었던 논쟁과 군 가산점제 폐지는 한국 사회에서 징병제와 군인이 가지는 의미와 역할을 주목하게 한 사건이었다.[8] 문민정부 후반부부터 개선되기 시작된 대북 관계는 국민의 정부 들어서 햇볕 정책 등으로 인해 대화와 협력 구도로 이어지면서 안보와 주적 개념에 균열을 내기 시작한 것도 큰 차원에서의 변화였다. 이렇게 한국의 사회적 분위기가 변화하는 시점에 한국과 유사한 징병제 시스템을 갖고 있었고 병역거부자에 대해 더 강한 처벌을 해왔던 대만에서 2000년부터 대체복무제를 도입했다. 그리고 2000년 한국에서 열린 회의에 참석했던 외국의 평화 활동가들이 대만의 사례를 이야기하며 한국에서도 이러한 운동을 제안[9]하게 된 것이 직접적인 계기가 됐다. 2001년 9.11테러와 이에 따라 발발한 아프간전, 이라크전은 한국 사회에서 반전 평화의 움직임을 크게 형성하며 양심적 병역거부의 사회화에 큰 기폭제가 됐다.

제안을 받은 활동가들은 양심적 병역거부에 관심을 갖고 논의를 하기 시작했다. 이 과정에서 언론에 의해 수천 명의 병역거부자가 구타, 따돌림 등의 가혹 행위를 당해왔고 계속해서 수감생활을 해왔음이 밝혀졌다.[10] 또한 그 당시에도 1,600여 명에 이르는 양심적 병역거부자가 감옥에 있음을 고발하고 독일, 대만 등의 대체복무제에 대해서 소개하며 소수자의 인권 문제로 양심적 병역거부 문제를 바라볼 것을 요구했다. 생각지 못한 큰 반응을 이끌어내며 많은 언론에서 이 문제에 대해서 다루기 시작했고 2001년 한 해 동안 1,500회가 넘는 언론 보도가 이어지며 사회적으로 뜨거운 토론 주제가 됐다. 특히 2001년 말 오태양 씨를 시작으로 병역거부 사유를 공개적으로 선언하고 제도 개선을 요구하며 사회 운동에 참여하는 '정치적 병역거부자'[11]들이 등장하면서 양심적 병역거부는 여호와의 증인이라는 소수 종파의 행위에서 벗어나 사회적 현상으로서 확장되기 시작했다. 국회의원들에 의해 병역법 개정안이 상정되며 정치적 이슈가 되기도 했고 2004년 서울남부지법 무죄 판결, 대법원 유죄 판결, 헌법재판소 합헌 판결 등으로 법조계에서도 큰 이슈가 되었다. 기독교, 불교, 천주교를 비롯한 종교계에서도, 학생 운동과 인권 운동에서도 각종 토론회와 활동을 벌였다. 학계의 관심도 높아져서 2002년부터 병역거부를 주제로 한 학술 자료들이 증가했고 이는 병역거부에 대한 담론을 더욱 풍부하게 만들었다.[12]

처음 이 문제에 관심을 갖고 활동했던 평화인권연대와, 2002년도에 30여 개 단체로 구성된 '양심에 따른 병역거부권 실현과 대체복무제도 개선을 위한 연대 회의', 그리고 2003년 양심적 병역거부운동을 목적으로 만들어진 전쟁 없는 세상 등의 시민 단체들은 양심적 병역거부를 지속적인 사회운동으로 만들어나갔다. 한국에서의 여러 활동 뿐 아니라 지속적인 국제연대활동으로 해외의 병역거부운동 활동가들과 교류하며 한국의 인권 침해 상황을 국제적으로 알리고

UN 자유권 규약 위원회의 권고를 받아내는 등 국제 사회의 관심과 반응을 한국 사회에 알렸다.

사회 전반의 관심과 노력의 결과로 2007년 9월 국방부는 양심적 병역거부자에 대한 대체복무제를 2009년부터 도입한다고 발표했다. 하지만 정권 교체 후 이명박 정부는 국민 여론을 근거로 대체복무제 도입을 무기한 보류했으며 이에 따라 여전히 양심적 병역거부자들은 사법적 처벌을 받고 있다. 강제 입영을 시키지 않아 사법적 판단의 주체가 군사 법정에서 민간 법정으로 옮겨졌고, 숱한 사회적 논쟁 과정을 거치며 양심적 병역거부라는 개념이 상식화됐으며 사법부의 태도가 공격적에서 동정적으로 바뀐 것이 최근 십수 년간의 표면적인 변화라고 볼 수 있다.

양심적 병역거부의 영향

양심적 병역거부에 대한 법제도적 변화는 미미했다고 볼 수 있다. 하지만 이를 둘러싼 논의의 양상은 크게 변했다. 불과 십수 년 동안 이뤄진 사회적 공론화 이전의 수십 년 동안 양심적 병역거부는 제대로 인식조차 되지 않은 채 특정 소수 종파의 돌출 행위로만 알려졌다. 하지만 2001년 처음 등장한 이후 60명이 조금 넘는 정치적 병역거부자들은 다양한 동기와 배경에 따라 양심적 병역거부를 했다. 이들은 공개적인 선언을 하며 기자 회견, 발언, 기고, 강연 등을 통해 적극적으로 자신의 병역거부를 알리고 자신의 병역거부 사유에 대해서 말했다. 저마다 다른 목적과 정체성을 갖고 병역거부를 정당화하는 과정에서 내·외부적으로 논의를 거치며 병역거부의 언어와 논리를 만들어나갔다.[13] 또한 다양한 병역거부자들의 존재는 본인이 의도했든 하지 않았든 간에 여러 반응과 분석을 이끌어내며 병역거부의 의미를 풍부하게 만들었다. 특히 여성주의 학자들은 병역거부운동 주체들과 교류하고 병역거부운동 과정에서 발생하는 사회적 논쟁들을 살피며 징병제와 군사주의에 대한 논의를 심화시켰다(뒤에 '여성과 군대, 그리고 양심적 병역거부' 꼭지에서 보다 자세히 다룰 것이다). 또한 국제교류가 활발해지고 외국의 사례와 경험들을 공유하면서 담론이 풍부해지기도 했다. 초창기의 정치적 병역거부자들이 주로 대체복무제를 요구하는 인권적 논의에 머물렀다면 최근 등장하는 다양한 병역거부자들은 병역거부라는 행위의 토대를 확장하고 다양한 차이를 정치화하는 쪽으로 변화하고 있다. 군대에 가는 사람-못 가는 사람으로만 나눠져 있던 상황에서 다양한 이유와 정체성을 근거로 군대에 '안 가는' 사람들의 등장은 군대를 중심으로 한 사람들 간의 다양한 차이를 세세하게 드러냈던 것이다. 이러한 변화는 군대, 징병제가 품는 많은 모순을 드러내며 군인이 된다는 것의 의미는 무엇인지, 남성만의 징병제의 기능과 그 동력은 무엇인지, 그것이 국민 국가의 시민권으로 연결된다는 것은 무엇인지 하는 질문을 던지며 군사력에 기초한 국가 안보의 당위성, 안보 담당자로서의 남성정체성을 비롯해 사회 전반의 탈군사화와 평화에 이르는 고민들과 연결되면서 새로운 문

제 제기를 만들어냈다.[14]

다양한 병역거부자의 등장

사회적 공론화 초창기에 양심적 병역거부는 양심의 자유를 중심으로 한 인권적 관점에서 논의됐다. 그동안 가려져왔던 피해자들을 부각시켜 소수자에 대한 인권 침해를 개선해야 한다는 주장이 계속해서 있었고 이는 개인의 양심과 권리가 어디까지 보장될 수 있으며 국방의 의무와 어떻게 공존할 수 있을까 하는 논의로 이어졌다. 이러한 논쟁은 법원과 헌법재판소 등의 사법부와 행정 법학자들을 중심으로 이뤄졌고 자연스럽게 병역거부자의 비범죄화라는 급한 목표에 의해 대체복무제라는 타협점으로 논의가 귀결됐다. 대체복무제가 도입되지는 않았지만 어느 정도 논쟁 구도가 정리되었고 특히 UN 자유권 규약 등에 의해 대체복무제가 정당화되면서, 또 정부에 의해 대체복무제 도입이 가시화되고 다양한 집단으로 논의가 확산되면서 병역거부를 둘러싼 쟁점은 보다 다양해졌다.

동성애자라는 정체성을 바탕으로 한 병역거부자들은 군사 문화에 대한 비판을 하며 군대와 동성애의 관계에 대해서 문제를 제기했다. 동성애를 질병이나 비정상으로 규정하며 차별하는 군대,[15] 또는 군대가 강요하는 군대 남성성[16]을 거부함으로서 군대가 갖는 본질적인 동성애 혐오와 이를 바탕으로 강화시켜나가는 남성성을 드러냈다. 이렇게 성소수자의 정체성을 바탕으로 한 것 이외에도 권위적이고 위계적인 군사 문화에 대한 거부[17]도 있었다.

대다수의 양심적 병역거부자가 여호와의 증인이라는 종교적 배경을 갖고 있었던 상황에서 불교,[18] 가톨릭,[19] 개신교[20] 등 다양한 종교를 가진 병역거부자가 등장하자 종교적인 논쟁도 일어났다. 각 종교 내에서 다양한 방식의 논쟁이 있었으며 종교의 교리를 바탕으로 해 평화와 전쟁, 이상과 현실에 대한 입장들이 쟁점이 됐다.[21] 병역거부에 대한 각 종교별 태도와 대응을 비교하거나 정치적 병역거부자의 등장으로 인해 그 차이가 간과됐던 여호와의 증인과 재림교회를 비교 분석하며 종교와 국가와의 관계에 대한 질문도 제기한 연구도 있었다.[22]

군대는 살인과 전쟁에 참여하는 것을 전제로 하며 평화주의적 신념으로 군복무를 거부하는 것은 군대의 본질에 대한 근본적 폭로다.[23] 많은 병역거부자들이 이러한 살인 훈련에 동참하지 못한다는 평화주의 신념에 의해 병역을 거부했다. 원칙적으로 인간을 죽일 수 없다는 비폭력적인 종교적 신념, 살상 행위, 혹은 살상 준비 행위로서의 군대, 특정 전쟁을 반대하는 거부, 전쟁을 양산하고 유지시키는 동력으로서의 군대, 군사주의를 유지하고 생산하는 집단이자 제도로서 군대를 거부하는 병역거부자들은 베트남 전쟁, 군사독재 유지, 이라크 파병 등에 대한 반성을 하고 가해자로서의 위치 짓기를 상상할 것을 요구하며 군인됨에 대한 실존적 고민을 하게 했다.[24] 이러한 평화주의적 신념의 병역거부는 다른 평화운동의 이슈들과 연대하거나 확장되기도 했다. 가장 주된 운동이었던 대체복무제 개선 운동과 더불어 군 인권 개선, 전의경 제도 폐지, 무기 거래 감시 등 다양한 이슈들이 병역거부와 함께 제기됐던 이슈들이다.

병역의무를 거부한다는 것은 한국에서 당연시됐던 징병제에 근본적인 문제 제기를 하게 됐다. '동족에게 총을 겨눌 수 없다'는 구호와,[25] 선과 악을 나누는 것에 대한 근본적 회의들은 적과 나를 나누는 것에 대한 본질적인 문제 제기[26]를 했다. 이러한 문제 제기는 안보란 무엇인가, 정상과 비정상은 무엇인가에 대한 의문을 던지게 됐고 차별을 재생산하는 성원권 부여 장치로서의 군대에 대한 문제 제기가 이어졌다. 실제로 국가인권위원회법에 명시된 차별받는 그룹 중 대부분은 그 병역 이행의 의무·권리가 없는 그룹이었다.[27] 이러한 문제의식을 바탕으로 정상-비정상, 1등-2등 국민, 보호자-피보호자를 나눔으로써 여성, 성소수자, 장애에 대한 차별을 만들어내는 군대에 저항하는 의미로서 병역거부는 실천되고 또 해석되며 남성됨과 국민됨의 다층적인 측면을 드러냈다. 징병제와 군대 자체에 대한 물음이 확장되면서 개인과 국가의 관계가 다시 고민되기도 했으며 아나키즘적 신념을 가진 병역거부자[28]도 등장했다. 대체복무제가 가시화되면서 대체복무제도 거부하는 완전 병역거부자, 대체복무제의 성격과 정당성, 모병제 등에 대한 논란은 보다 국가의 동원에 대한 보다 세밀한 고민을 가능케 했다. 군대가 본질적으로 가지는 반생태적이고 환경 파괴적인 성격에 대한 비판도 양심적 병역거부의 반군사주의로의 확장이 가져온 결과다.

여성과 양심적 병역거부

이러한 담론의 확장 과정에서 페미니즘와 양심적 병역거부
는 큰 연관을 갖는다. 한국에서 여성은 병역의 의무·권리가
없기 때문에 법제도하에서[29] 병역을 거부할 수 없다. 이는 여
성 징병제가 없는 대다수의 국가에서도 마찬가지다. 사회적
관심이 양심적 병역거부자에게 집중되면서 여성은 병역거부
의 주체가 되지 못하고 병역거부운동에서 주변화됐다고 비
판받았다.[30] 하지만 여성은 병역거부를 지지하거나 병역거부
운동에 참여하거나 페미니즘적 관점으로 징병제와 군대를
바라보는 시각을 제공함으로써 양심적 병역거부에 동참했
다. 성원권 획득 수단으로서의 군대,[31] 병역 기피와 거부의 차
이에 대한 생각의 전환,[32] 남성중심의 안보논리,[33] 병역거부운
동이 가지는 남성성에 대한 비판,[34] 성소수자와 군대와의 관
계[35] 등은 모두 페미니즘적 성찰의 영향이며 병역거부가 반
전 평화와 인권의 관점에서만 논의되는 것을 확장시키는 데
기여했다. 국내에서 논의된 군사주의에 대한 페미니즘적 관
점의 특징은 사회구성론적 입장[36]으로, 군사주의를 구성하
고 영속시키는 결정적 요인으로서 젠더와 구조화를 상정하
고 있는 점인데 이는 군사주의와 여성 및 그 상관성에 대해
체계적 연구를 하는 페미니즘 학자인 인로Cynthia Enloe의 영향
을 공통적으로 받고 있다.[37] 이러한 시각에 따르면 사회적 과

정으로서의 군사화에서 남성다움과 여성다움의 의미는 결국 군사화를 구성하고 유지하고 영속시키는 데 결정적인 역할을 한다. 따라서 전쟁과 군대는 여성과 밀접한 관련을 맺고 있으며 군대를 근대국가의 성원권 획득의 수단이나 젠더 차별의 생산자로서 볼 때 여성은 군대 문제에 직접적인 이해관계를 갖고 있는 당사자가 된다. 병역거부가 사회적으로 논의되면서 표출된 숱한 반대 논리와 반대 감정들은 페미니즘적 관점으로 분석되면서 징병제와 군대가 위치하고 있는 다양한 사회적 위치를 드러내기도 했다.

여성과 군대, 그리고 여성의 양심적 병역거부

양심적 병역거부가 징병제나 군사 문화에 대한 비판으로 이어지면서, 또 사회복무 성격의 대체복무제가 가시화되면서 필연적으로 여성과 징병제에 대한 질문이 본격적으로 제기됐다. 1999년 군가산점 위헌 판결, 부산대 월장 사태[38], 2002년 이대 총학 병역거부 기자회견 선언[39] 등은 격렬한 반응을 일으키면서 여성과 군대 문제가 첨예하게 대립하고 있음을 드러냈다. 2003년 여성주의 잡지 《이프if》에서 여성징병을 논하고, 또 2005년에 여성이 징병에서 제외되는 것이 위헌이라는 헌법소원[40]을 제기하면서 본격적으로 여성계 내부에서 여성징병제가 본격적으로 논의되기 시작했다. 여성의 징병제 참여는 크게 세 가지 차원으로 분류되는데 1)징병제에 직접 참여하거나 2)징병제를 인정하지 않고 모병제 등의 대안적 제도 도입에 주력하거나 3)군대를 반대하고 반군사주의적 평화 운동에 여성의 힘을 모아 나가자는 주장이다.[41] 특히 이스라엘과 스웨덴, 노르웨이에서 여성이 군대에 참여함으로 인해 양성평등에 기여하는 결과를 가져왔다며 평등의 수단으로서 여성의 군대 참여가 거론되기도 한다.[42] 하지만 여성의 군대 참여는 여성과 남성의 차이에 대한 무시와 여성의 남성화,[43] 혹은 군사(주의)로의 여성(주의)의 흡수라는 시각[44]에서 비판을 받는다. 또한 남성징병제가 계속 존재하는 상황하에서 군복무의 남성중심적 구성을 변화시킬 수 없으며 서양에서의 여성의 군대 참여가 남성징병제가 끝난 이후라는 것을 인식해야 한다는 비판[45]도 있다.

해외에서는 여성 양심적 병역거부자도 존재하는데 여성이 징병되는 국가인 이스라엘이 가장 대표적이다. 이들은 군사 문화 자체가 성별화된 사고 체계이며 이를 통해 성 평등을 이루는 것은 모순이라고 지적하고, 여성이 징병된다 해도 군대 내에서 성 역할이 나뉘어지는 등의 성차별은 여전하다고 말한다.[46] 군에 들어가면서도 여성적인 이미지가 강조되며 여성으로서 위치 지움은 여전하게 되어 평등한 시민권 확보의 실패를 가져온다는 분석도 있다.[47] 여성징병이 양성 평등에 기여하는가에 대해서 따져보면서 이스라엘이 세계에서 가장 군사화된 국가로 평가받는 점[48]도 고려해야 할 것이다. 이스라엘뿐 아니라 세계의 다양한 곳에서 여성 병역거부자들이 존재한다. 제1·2차 세계대전에서 군대와 연관된 복무를 거부하거나, 여성에게 부과됐던 대체복무제를 거부하는 완전병역거부를 선언하거나, 지원병제에서 특정 전쟁을 거부하거나 군복무를 거부하는 양심이 생긴 사례에서부터 심지어는 여성에게 병역의 의무가 없음에도 불구하고 그에 대한 문제를 지적하며 병역거부를 선언한 여성들도 세계 곳곳에 존재한다. 이러한 여성 병역거부자들의 존재와 언어는 페미니즘과 반군사주의, 그리고 징병제가 밀접한 관련을 맺고 있음을 보여주고 있다.[49]

양심적 병역거부가 던지는 질문과 과제

한국은 세계적으로 볼 때 매우 군사화된 사회이며 이러한 군사화는 여러 가지 이분법적인 이데올로기와 보상을 통해 유지된다.[50] 군대와 징병제는 군사주의, 국가안보, 민족주의, 가부장제, 그리고 남성다움-여성다움의 이분법의 핵심이자 상징으로 자리 잡고 성별, 장애, 성정체성, 인종, 국적 등으로 위계화된 국민 정체성을 생산한다.[51] 이러한 한국의 상황에서 양심적 병역거부는 이러한 폭력적인 분류에 저항하는 적극적인 실천으로, 또한 차별을 줄이고 평화를 가져오는 상상력을 제공하는 계기로 군사주의와 헤게모니적 남성성에 균열을 내고 있다. 또한 양심적 병역거부는 군사주의와 징병제에 대한 문제 제기를 하는 페미니즘 그룹에 대한 남성의 가장 강력한 연대 행위이며 군 내부의 핵심적 가치인 남성 결속을 깨어 성별화, 젠더화된 구별을 깨려는 시도이자 남성중심적 국민 정체성을 해체할 수 있는 실천적 가능성이기도 하다.

대체복무제가 도입되지 않아 여전히 양심적 병역거부가 범죄시되고 있으며 이를 막기 위한 대체복무제 도입 운동에서는 사회적 지지와 공감대를 얻기 위해 다양한 병역거부의 차이를 사소화하고 인권 문제로서만 병역거부를 주장하고 실천하도록 한다. 이러한 문제 때문에라도 대체복무제의 도입 혹은 모병제로의 전환을 통해 양심적 병역거부를 비범죄화하고 병역거부자에 대한 처벌과 차별을 멈춰야 할 필요가 있다. 하지만 동시에 현 상황하에서도 병역거부자들간의 차이와 맥락에 대해 정치화하고 다양한 문제를 드러내는 현상으로서 병역거부를 조명하고, 더욱 다양한 병역거부자들의 등장과 그들이 제기하는 여러 가지 질문들에 대해서 꾸준히 논의하고 연구해야 할 필요가 있다. 특히 양심적 병역거부의 방관자나 지지자가 아닌 주체로서의 여성과 페미니즘의 적극적 참여가 있다면 양심적 병역거부는 단지 소수 남성들만의 영역이 아니라 모두의 고민과 실천이 될 것이다. "양심적 병역거부는 우리가 징병이 되든 안 되든, 우리가 남성이든 여성이든 우리 모두에게 연관된 문제다."[52]

참고문헌 및 더 읽을거리

강인화, 〈병역, 기피·비리·거부의 정치학〉, 《여성과평화》 제5호, 2010.
_____, 〈한국사회의 병역거부운동을 통해 본 남성성 연구〉, 2007
권인숙, 〈군대 섹슈얼리티분석〉, 《경제와사회》 2009년 여름.
_____, 〈징병제의 여성참여〉, 《여성연구》 2008년 1호.
_____, 《대한민국은 군대다》, 청년사, 2005
김돈희, 〈양심적 병역거부의 포기와 유지〉, 2009.
김두식, 《평화의 얼굴》, 교양인, 2007.
김현영, 〈병역의무와 근대적 국민정체성의 성별정치학〉, 2002.
문승숙, 《군사주의에 갇힌 근대》, 또하나의문화, 2007.
안경환·장복희, 《양심적 병역거부》, 사람생각, 2002.
오미영, 〈군사화에 의한 젠더 위계체제 강화〉, 2001.
윤진숙, 〈여성의 병역의무에 대한 법이론적 고찰〉, 《공법학연구》, 제8권 제4호, 2007.
이남석, 《양심에 따른 병역거부와 시민불복종》, 그린비, 2004.
이석우, 《양심적 병역거부: 2005년 현실진단과 모색》, 사람생각, 2005.
임재성, 〈평화운동으로서의 한국 병역거부운동 연구〉, 2009.
_____, 《삼켜야 했던 평화의 언어》, 그린비, 2011.
전쟁없는세상·한홍구·박노자, 《총을 들지 않는사람들》, 철수와영희, 2008.
정희진, 〈국가는 어떤 몸인가?―'비국민'의 입장에서 본 안보위협〉, 《평화백서: 시민, '안보'를
    말하다》, 아르케, 2008.
_____, 〈양심적 병역기피를 옹호함〉, 《씨네21》 (2005. 12. 30).
진석용, 〈양심적 병역거부의 현황과 법리〉, 《한국사회과학》 제30권 제1호, 2008.
최정민, 〈병역거부운동과 여성의 연대〉, 《정치비평 14호》, 2005.
Elster, Ellen and Sørensen, Majken Jul, "Women And Conscientious Objection — An
    Anthology", *War Resisters International*(WRI), 2010.
Sandler, Sergeiy, 〈이스라엘의 반전운동 개괄〉, *The Broken Rifle* 제58호, 2003.

주

1 거의 대부분의 병역거부자가 1년 6월 형을 선고 받는 것은 1년 6월 형 이상의 금고형을 받아야
   제2국민역으로 편입돼 병역에서 제외되기 때문이다. 따라서 법적으로는 양심적 병역거부가
   인정되는 것이 아니라 병역기피로 형사처벌을 받는 것이며 1년 6월 형 이상의 형사처벌을 받았기
   때문에 병역에서 제외되는 것이다.
2 진석용, 〈양심적 병역거부의 현황과 법리〉, 《한국사회과학》 제30권 제1호, 2008.
3 강인화, 〈한국사회의 병역거부운동을 통해 본 남성성 연구〉, 2007.
4 임재성, 〈평화운동으로서의 한국 병역거부운동 연구〉, 2009.
5 전쟁없는세상·한홍구·박노자, 《총을 들지 않는사람들》, 철수와영희, 2008.
6 임재성, 앞의 책, 2009; 이석태, 2002; 강인화, 앞의 책, 2007.
7 당시 집권당인 한나라당의 유력 대선 후보였던 이회창 후보의 두 아들이 병역면제 의혹을 받아
   지지율이 급감한 사건을 말한다. 한국 사회에서 만연한 특권층의 병역면제에 대한 광범위한
   반감이 드러난 사건으로 대선 결과에 큰 영향을 미쳤다고 평가된다.
8 〈병역의무와 근대적 국민정체성의 성별정치학〉, 2002; 권인숙, 《대한민국은 군대다》,
   청년사, 2005; 강인화, 앞의 책, 2007.
9 "아셈회의(아셈에 반대하는 아셈피플스포럼을 지칭)에서 AFSC(American Friends Service
   Committee, 미국 퀘이커 봉사위원회)에서 동아시아 담당하시는 카린 리가 대만에서
   대체복무제가 도입된 이야기를 하면서 한국에서도 징병제에 대한 문제 제기 활동을 할 때가
   되지 않았냐는 제안을 했다."(임재성, 2009).

10 신윤동욱, 〈차마 총을 들 수 없어요〉, 《한겨레21》 제 345호, 2001.

11 김현영, 앞의 책, 2002; 권인숙, 앞의 책, 2005; 강화화, 앞의 책, 2007.

12 김돈희, 〈양심적 병역거부의 포기와 유지〉, 2009.

13 강화화, 앞의 책, 2007; 임재성, 《삼켜야 했던 평화의 언어》, 그린비, 2011.

14 _____, 〈병역, 기피·비리·거부의 정치학〉, 《여성과평화》 제5호, 2010.

15 임태훈.

16 유정민석.

17 조정의민.

18 오태양.

19 고동주.

20 하동기.

21 정종훈, 2004.

22 강인철, 2005; 강인철, 2006; 진상범, 2006; 김돈희, 앞의 책, 2009.

23 임재성, 앞의 책, 2011.

24 앞의 책.

25 유호근.

26 김태훈.

27 이남석, 《양심에 따른 병역거부와 시민불복종》, 그린비, 2004.

28 안지환.

29 일부 국가에서 여성에게 징병의 의무가 없음에도 불구하고 병역거부를 선언하는 여성들이
    존재한다. 이들의 병역거부는 '법제도하'에서는 무의미하다. 때문에 한국에서는 '법제도하에서'
    여성이 병역거부자가 될 수 없다는 표현을 썼다.

30 임재성, 앞의 책, 2011.

31 김현영, 앞의 책, 2002.

32 정희진, 〈양심적 병역기피를 옹호함〉, 《씨네21》(2005. 12. 30).

33 _____, 〈국가는 어떤 몸인가?—'비국민'의 입장에서 본 안보위협〉, 《평화백서: 시민, '안보'를
    말하다》, 아르케, 2008.

34 강인화, 앞의 책, 2007.

35 권인숙, 〈군대 섹슈얼리티분석〉, 《경제와사회》 2009년 여름.

36 군사주의에 대한 분석은 사회구성론적 관점 외에도 군사주의를 자본주의의 생산물로서 보는
    관점과 고유한 국가본성의 결과로 보는 관점 등이 있다. (Enloe, 1987; 오미영, 〈군사화에 의한
    젠더 위계체제 강화〉, 2001에서 재인용)

37 권인숙, 2000; 권오분, 2001; 오미영, 앞의 책, 2001; 김현영, 앞의 책, 2002; 권인숙, 앞의 책,
    2005; 강인화, 앞의 책, 2007; 권인숙, 앞의 책, 2009.

38 2001년 4월 25일 부산대 여성주의 웹진 〈월장〉이 '도마위의 예비역'이라는 기획 기사로 예비역
    남학생들의 군사주의 문화에 대해 문제를 삼았다. 이에 월장 게시판에는 수백 개의 욕설과
    폭력이 올라와 서버가 다운되는 등 사이버 성폭력이 일어나고 안티월장이 결성돼 토론회,
    법적대응 등이 일어난 일단의 사건을 말한다.

39 2002년 9월 26일 이화여대 총학생회와 지지단체 10여 군데에서 "여성을 억압하는 징병제와
    군사주의 반대! 양심에 따른 병역거부자 지지!"라는 제목의 성명서를 발표했다. 이 때
    이화여대 총학생회 게시판 등 사이버공간에서 욕설과 성폭력 발언이 폭발했으며 이화여대
    총학생회원들에게 협박/성희롱 전화가 걸려오기도 하는 등의 반응이 있었다.

40 고등학생이었던 여성이 남성만이 병역의무를 지는 것이 평등권 침해라는 요지로 헌법소원을
    했으나 각하됐다. 2006년 군인인 남성이 같은 내용의 헌법소원을 했고 헌법 재판소는 2010년
    11월 25일 평등권 침해가 아니라는 취지의 합헌결정을 했다. (2006헌마328) 헌법소원과
    합헌결정은 반복된다. (99헌마744, 2010헌마460, 2011헌마825) 남자만의 군대는 남성과
    여성 양측에서 문제 제기되고 있다.

41 권인숙, 〈징병제의 여성참여〉, 《여성연구》 2008년 1호.

42 앞의 책.

43 윤진숙, 〈여성의 병역의무에 대한 법이론적 고찰〉, 《공법학연구》, 제8권 제4호, 2007.

44 최정민, 〈병역거부 운동과 여성의 연대〉, 《정치비평 14호》, 2005.

45 문승숙, 《군사주의에 갇힌 근대》, 또하나의문화, 2007.

46 임재성, 앞의 책, 2011.

47 Sharoni, 1992; 오미영, 앞의 책, 2001에서 재인용.

48 Sandler, Sergeiy, 〈이스라엘의 반전운동 개괄〉, *The Broken Rifle* 제58호, 2003.

49 Elster, Ellen and Sørensen, Majken Jul, "Women And Conscientious Objection—An Anthology", *War Resisters International*(WRI), 2010.

50 문승숙, 앞의 책, 2007.

51 김현영, 앞의 책, 2002.

52 Elster, Ellen and Sørensen, Majken Jul, 2010.

여성들의 여행

기본적 정의

여성들의 여행은 가부장제의 굴레로부터 벗어난다는 점에서 해방을 의미한다.

개념의 기원과 발전

국립국어원에서 편찬하는 표준국어대사전은 '여행'을 "일이나 유람을 목적으로 다른 고장이나 외국에 가는 일"로 정의한다. 과거 사람들은 먼 곳에 대한 동경과 미지의 것을 알고자 하는 욕구로 점점 더 멀리 여행을 떠났다. 세계 곳곳을 여행한 사람들은 수많은 여행기를 남겼고, 여행에서 돌아온 사람은 세계를 편력한 사람이자 교양 있는 사람으로 여겨져 어디에서나 환영받았다. 자본주의가 시작되는 17세기에 이르면, 유용성을 지녔다고 평가받는 '그랑 투르grand tour'가 유행하게 된다. 괴테는 그랑 투르를 "유럽을 돌아다니는 품격과 전통을 갖춘 동아리 여행"으로 정의한다. 여행을 통해 사상가들의 교류를 활발하게 해 지적 성숙에도 기여한 것이다. 이때 여행은 주로 남성들에게 허락된 특권이었다. 오이디푸스에서 괴테에 이르기까지, 유명한 여행객들은 모두 남자였다. 여성들의 여행과 그 경험을 담은 여행기가 등장하기 시작한 것은 18세기 후반부터다.

여성들의 여행은 가부장제의 굴레로부터 벗어난다는 점에서 해방을 의미한다. 여행은 똑똑하고 용기 있는 여성들에게 주어진 새로운 기회였다. 이들은 여행을 떠나기 위해 성지순례나 선교 등을 이유로 들곤 했다. 남편이나 보호자를 동반한 경우도 있었다. 이들 여성 여행객들은 여행을 통해 자신들의 지성을 확인했으며, 긴 여행을 소화할 만한 능력이 있다는 것을 입증했다. 뿐만 아니라 가족, 가사, 주변의 시선으로부터 자유로워질 수 있었다. 여성들의 여행 체험은 여행 이후의 현실을 환기할 때, 더욱 중요한 의미를 갖는다. 규범적 질서로부터 해방감을 느꼈던 여성들이 현실에 복귀했을 때, 이는 현실을 변화시킬 수 있는 가능성이자 힘으로 존재했기 때문이다. 그러나 여행하는 여성들은 양가 감정에 시달리기도 했다. 남성의 영역으로 여겨지던 '여행'을 통해 공적 영역에 진출함으로써 여성성의 가면을 쓰기도 했으며, 아시아와 아프리카 등을 여행하면서 상대적 우월감을 느끼기도 했다. 이들 초기 여행객들은 식민지배자이자 하위주체였다.

이후 포스트모던의 도래와 함께 여성은 변화하고 있다. 여행이 지닌 사회·정치적 의미는 분화된다. 카플란Caren Kaplan은 이러한 분화를 모던과 포스트모던 사이의 연속성과 불연속성을 중심으로 관찰한다. 보다 문학적이고 사상적인 차원에서 다루어졌던 모던 시대를 지나, 포스트모던 사회로 옮겨오면서 여행의 의미가 다각도로 나눠진다는 것이다.[1] 브라이도티Rosi Braidotti는 여기서 더 나아가 이국적인 것, "타자"에 대한 낭만화나 전유를 피하면서 전략적인 위치재설정re-location이 필요하다고 제안한다. 피난민들이나 전재민들에게 망명이나 소속될 권리, 출입권, 수용소의 권리들은 너무나 심각한 문제이기 때문에 망명객은 새로운 이상으로 은유화될 수 없다는 것이다. 대신에 그녀가 제안하는 것은 유목민으로서 페미니스트다. 이때 유목민은 집 없음이나 강제적인 장소 이동이 아니라 고착성에 대한 모든 관념이나 욕망, 향수를 폐기하려는 종류의 주체를 형상화한다.[2]

이처럼 유목민이나 망명객의 탈영토성에 대한 신화화는 신자유주의 앞에서 무너진다. 한 쪽에는 세계를 무대로 자본을 휘두르는 코스모폴리탄이 있고, 다른 한 쪽에는 노동, 성 등을 판매하는 노동자가 있다. 골드만Emma Goldman이 말했던 것처럼, 부자에게는 국가가 없다. 국가가 있는 것은 노동계급뿐이다.[3] 세계 곳곳에 집을 가지고 있는 코스모폴리탄 유목민들에게는 국가의 경계가 장벽이 될 수 없다. 하지만 노동자계급의 경우는 다르다. 뉴욕, 도쿄와 같은 메트로폴리스에는 이들 두 계급이 이주를 거듭하고 있다. 한 쪽은 국가의 경계를 초월하고, 다른 한 쪽은 번번이 장벽에 가로막힌다. 비자에서부터 구직, 체류 기간에 이르기까지 녹록한 것이 하나도 없다. 이 노동력의 회로에서 여성은 하인노동의 주 담당층이 된다.[4] 하인노동의 주 내용이라 할 수 있는 가사, 양육 등이 모두 보살핌 노동의 영역에 속하기 때문이다. 파레냐스Rhacel Salazar Parreñas는 여성 이주 가사노동자는 불완전한 시민권, 가족 별거의 고통, 모순적인 계급 이동, 이주민 공동체 내에서 겪는 사회적 배제 혹은 무소속감을 경험한다고 지적한다.[5] 이는 디아스포라의 은유가 낭만적일 수만은 없다는 점을 보여준다. 새롭게 등장한 여성 디아스포라들은 인종과 계급의 차원에서 사각지대에 처한다. 이들의 시민권은 그들이 본래 속한 국가에 귀속된다. 그 속에서 여성들의 이동과 생존 등은 경계에 부딪힌다.

여성 여행기를 통해 살펴본 여행의 역사

여행이 하나의 예술적 행위로 인식되던 근대사회에서, 여행은 여성의 영역이 될 수 없었다. 예술 전반에 걸쳐 여성들의 참여는 주변적인 것에 머물러 있었으며, 여성은 젠더, 지식, 권력 등에 있어서 남성보다 하위에 놓여 왔기 때문이다. 그림이나 음악과 같은 예술 영역이 완고한 성채로 남아 있었던 18세기에 여성들은 상대적으로 접근이 용이했던 여행기나 소설과 같은 장르로 진입하기 시작한다. 이는 여행의 특수성에서 기인한다. 여행은 여성주체와 남성들의 세력권과의 사이를 벌려 놓았고, 여성에게 용기를 주었다. 여행기를 쓴 여성들은 정치적·사회적·문화적 특권을 가진 '신사들'의 배제를 뚫고 작업을 진행한 것이라고 할 수 있다.[6]

18세기 유럽의 여성들은 개인주의의 영향력하에서 자기 규율의 원칙을 실천해왔다. 근대국가의 일원으로 인정받지 못한 여성들이 투쟁을 시작한 것이다. 이러한 흐름에 힘입어 1892년 버드Isabella Bird Bishop, 마스덴Kate Marsden, 셸던May French Sheldon 등의 여성들이 왕립지리학회the Royal Geographical Society의 일원이 될 수 있었다. 이들 초기 여성 여행객들은 여행을 탈출의 일종으로 생각했다. 그들은 여행에 대한 흥분, 가정의 의무로부터 벗어난 자유로움에 대해 이야기했다. 여성 여행객들은 여행을 해방구로 생각했던 것이다. 하지만 이들 역시 양가적 감정에 시달리게 된다. 진취적이고 힘 있는 남성적 가치를 선취함과 동시에 덜 공격적인, 여성에게 적합하다고 여겨지는 태도 역시 취해야 했기 때문이다. 여성이 생존하기 위해 여성성이라는 가면을 써야 하는 일들은, 여행의 와중에서도 발생한다. 오히려 여행이라는 남성적 영역에 진출했기 때문에 더욱 필요해지는 것이기도 하다. 이러한 양가성은 그들의 글쓰기에서도 발견된다.

　　여행을 통해 여성들은 아버지나 남편 등의 간섭에서 벗어나 직접 자신의 일을 조직하고 실천할 수 있게 된다. 많은 여성들이 남성의 에스코트나 가이드 없이 여행하는 것을 선호하며, 독립적으로 자신의 일을 꾸릴 수 있는 데 환호했다. 이들은 글을 쓰면서 자신을 제국의 지배자라는 남성적 위치에 놓고 식민지나 여행지를 타자화시켰다. 그러나 동시에 여성이기 때문에 여성다움, 즉 진정한 여성성을 드러내야 한다는 강박으로 인해 극적인 여성다움을 포즈로 취하기도 한다. 남성성과 여성성을 모두 과잉 수행하는 것이다. 여성 여행객들의 글쓰기는 남성적인 목소리를 내고, 남성 담론의 영역으로 진출하는 것이라는 위험을 안고 있다.[7] 남성성과 여성성 사이의 갈등과 길항작용, 이것이 18, 19세기 유럽 여성들의 여행기를 통해 확인할 수 있는 여성들의 여행이다.

이때 흥미로운 점은 이들 중 상당수가 아시아를 여행지로 택했다는 것이다.《동방을 꿈꾸며》는 몬테규 부인Lady Mary Wortley Montagu을 아시아와 자유를 연결시킨 최초의 여성으로 기록한다. 그녀는 터키 여성들이 누리는 자유(복장의 자유, 외출의 자유)를 이야기하면서 자유를 찾는 여성들에게 동양에 대한 판타지를 제공했다. 이후 1717년부터 1930년까지 오스만 제국을 다녀간 여성들은 아시아에서 자유를 발견했다. 여행은 여성들이 인습에서 벗어나고, 교육 수준의 차이를 극복할 수 있는 기회가 되었다. 여성들은 동양 여성들과 자신을 비교하면서 자신의 지식이 대단하다는 사실을 깨닫고 자신감을 얻게 되었고, 남성들과 동등한 대우를 받아야 한다고 생각하게 되었다. 버드는 동양에 가봤던 여자는 다시는 이전의 삶으로 돌아가지 못할 것이라고 말하기도 했다. 그러나 이러한 서양 여성들의 동경은 동아시아에는 해당되지 않았던 것으로 보인다.

한국을 방문한 것으로 유명한 버드는 지병을 핑계로 평생 여행을 계속했다. 그녀는 여행을 떠날 때마다 요양이나 휴양 등 의사의 권유를 이유로 들었다. 이는 여성들이 여행을 하기 위해서는 적절한 구실이 필요하다는 것을 보여주는 지점이다. 세상은 그녀가 바지를 입고 돌아다닌다는 등 스캔들을 지어내곤 했다. 하지만 그녀는 이에 굴하지 않고 전 세계 오지를 계속해서 여행하면서 여행기를 남긴다. 특히 1894년부터 1897년 사이 네 차례 한국에 방문한 것을 토대로 출간한 《한국과 그 이웃 나라들Korea and Her Neighbours》은 구한말 조선의 실정과 일본의 움직임에 관한 정보를 유럽에 알렸다. 그녀는 조선 사람들의 일상과 왕실에 관한 이야기까지 다양한 측면을 접하고, 기록으로 남겼지만, 그중 흥미로운 것은 그녀가 바라본 조선 여성들의 삶이다.

버드는 부산에 도착해서 본 낙후된 조선의 풍경 속에서 이채로운 것을 발견한다. 바로 낮에는 거리에서 여성들을 발견할 수 없다는 점이다. 조선의 하층 계급 여성들의 삶을 "가정의 노예"라고 지칭하기도 한다.

이들 중 대부분은 가정의 노예이며, 한국에서는 여성들 모두가 최하층 계급의 일원이라고 감히 말할 수 있다. 한국 여성은 다른 어떤 나라의 여성들보다도 더 철저히 예속적인 삶을 꾸려가고 있다. 저녁 8시경이 되면 대종이 울리는데 이것은 남자들에게 귀가할 시간이라는 것을 알려주는 신호이며 여자들에게는 외출해서 산책을 즐기며 친지들을 방문할 수 있는 시간이라는 것을 알려주는 것이다.

버드는 그야말로 소인국에 간 걸리버와 같은 느낌으로 조선을 관찰했다. 그녀가 본 여성들의 예속 상태 역시 그러하다. 조선 여성들에게 외출이란 쉬운 일이 아니었다. 여행은 더욱 그랬다.

서양에서 여성들의 여행과 글쓰기가 18세기 후반 이후부터 활성화되어 19세기에 중점적으로 발달했던 것처럼, 한국에서도 여성들의 여행 흔적을 19세기부터 찾아볼 수 있다. 정부인 연안 이씨의 〈부여노정기〉(1802), 광주 이씨의 〈이부인 기행가사〉(1821), 은진 송씨의 〈금행일기〉(1845) 등의 여행 가사가 남아 있다. 〈부여노정기〉나 〈금행일기〉의 경우, 구체적인 여행의 체험이나 노정의 기록보다 여행을 가게 된 계기와 여행지를 중심으로 가족을 둘러싼 다양한 사건을 보여주기도 한다.[8] 이는 사대부들의 여행 가사가 계절과 경치를 설명하는 데 치중하는 것과 대조적이라고 할 수 있다. 양반 여성들에게 여행은 가족과 떼려야 뗄 수 없는 것이기 때문이다. 이중 가장 문학성이 높다고 평가되는 〈이부인기행가사〉를 잠시 살펴보도록 하자.

〈이부인기행가사〉는 사대부가의 여성이 청주 덕천에서 충청도 공주, 은진, 전라도 여산과 장성을 지나 나주에 도착하기까지의 여정을 담고 있는 텍스트다. 특히 외부 세계로의 체험, 즉 여행 자체가 목적이 되어 여행 중에 마주하는 '경물'에 집중한다. 이때 관심을 끄는 지역이나 경물은 단순한 나열이 아니라 '정감'을 가지고 투사한 대상이라는 점이다. 정서적으로 체험한 것들을 대상으로 여행기를 서술함으로써 "새로운 세계를 접하는 계기로서의 여행을 온전히 즐기는 모습"을 보여준다.[9] 당시 여성들에게 규방 바깥으로의 여행은 심리적인 체험으로서의 성격을 강하게 띠고 있었다.[10] 삶의 긴장이 풀어지는 감정적 이완을 경험하는 셈이다. 이는 앞서 등장했던 18~19세기 유럽 여성들의 여행과도 상통한다. 현실이 주는 무게로부터의 탈출이 여행을 통해 가능해진 것이다.

버드의 책으로부터 약 10년 뒤, 한국 신소설의 시초로 일컬어지는《혈의 누》의 주인공 옥련은 청일 전쟁으로 인해 부모와 헤어져 자신을 구해준 일본군을 따라 오사카로 간다. 옥련은 조선에서 오사카로, 오사카에서 미국으로 공간을 이동하며 배움을 계속한다. 그녀가 이처럼 이동을 거듭할 수 있는 것은 '교육'이라고 하는 근대적 매개가 있기 때문이다. 이처럼 한국에서 여성들의 여행이 가능해진 것은 학교 교육에 힘입은 바가 크다. 대다수의 여성들이 결혼 전에는 집밖을 나서는 것조차 금지되던 시대, 학교 교육은 여성들의 외출을 가능하게 해준 제도로서, 여성을 집으로부터 '해방'시키는 기능을 했다. 근대 여성들의 여행에 관한 기록으로 대표적인 것은 소풍에서 느낀 점을 기록한 원족기이다. 다음은 1899년 이화학당 학생들의 봄 소풍을 기록한 것이다.

> 아- 우리 동무들이여! 우리가 1년에 2번씩 가는 이 원족이 안이면 가정이나 학교에서는 맛볼 수 업는 이런 유쾌한 늣김을 엇지 맛볼 수 잇겠슴닛가 참 원족이란 조흔 것이외다[11]

학교에서 가는 원족(遠足, 소풍)이 아니면 가정 밖을 벗어나기 힘들다는 이 고백은 여성들의 여행이 20세기의 목전에도 쉽지 않은 일이었음을 보여준다. 여학생들에게 허락된 여행은 학교에서 가는 소풍뿐이었다. 이로 인해 근대적 여행기의 초기 형태인 원족기는 여성들의 기억에 의해 낭만화, 이상화되는 경향을 나타냈다. 온천이나 해수욕장, 산책 등을 중심으로 한 원족 문화는 사실상 이국적인 취향으로 받아들여졌고, 여행을 경험함으로써 고급한 문화의 영역에 합류했다는 기쁨을 맛본 것이다.

또한 이들 여학생들은 유럽이나 미국, 일본 등지로 여행이나 유학을 떠날 수 있었다. 신여성들은 남편이나 가족과 함께, 또는 홀로 여행을 떠났다. 이때 여행에는 식민지 조선이라는 역사적 현실의 무게가 자리 잡고 있었다. 유럽의 여성들이 식민지배자로서의 제국주의적 시선과 여성으로서의 하위주체적 시선을 동시에 가지고 있었다면, 식민지 조선 여성들은 엘리트라는 우월 의식과 서양에 대한 동화 의식, 동시에 근대화의 물결 속에 배제된 식민지의 국민이라는 열등감을 가지고 있었다. 다양한 각도의 양가 감정이 이들 여성 여행객들을 사로잡고 있었던 셈이다. 이중에는 신혼여행의 즐거움을 노래한 소박한 여행기에서부터 유럽과 미국 대륙을 조선과 비교하는 긴 에세이에 이르기까지 넓은 스펙트럼을 형성하고 있다.

1920년대 후반 나혜석, 허정숙 등은 세계를 여행한다. 그리고 이들은 서양 여성들의 삶에 관심을 기울이며 조선 여성들의 삶과 비교한다. 스스로 여성으로서의 자신을 자각하고,

여성으로 살아가는 방식을 모색하기 시작한 것이다. 여기서 흥미로운 점은 이들 여성들이 서양과의 동일성을 지향하면서 스스로 타자로 자리매김하는 방식이다. 신여성들은 서양 여행을 통해 학습한 내용과 결과를 정리해 전달해야 한다는 계몽적 의도를 가지고 있었다. 여행 대상국인 서양의 사상과 문화를 배워, 고국에 있는 사람들에게 알리는 것이다. 이는 유럽 여성들이 제국지배자의 시선을 가지고 아메리카나 아시아 등지를 여행한 것과 비교해볼 수 있다. 서양 여성들이 아시아를 신비화하며 감탄한 것처럼, 조선의 여성들 역시 서양을 신비화, 이상화한 것이다. 그 과정에서 여성 여행객들은 바라보는 주체가 됨과 동시에 응시의 대상이 되기도 한다. 여행을 하러 유럽에 간 그들이 도리어 구경거리가 되는 상황, 그 상황 앞에서 아시아의 식민지 조선에 살고 있는 여성들은 자괴감을 느끼기도 한 것이 사실이다.

1927년부터 1929년까지 1년 9개월간 지속된 나혜석의 구미 유람은 시베리아를 횡단해 터키, 그리스, 폴란드, 체코슬로바키아, 영국, 독일, 이탈리아, 프랑스, 스페인, 스웨덴, 미국 등지를 거쳤다. 프랑스에서는 프랑스 부부의 삶을 조선 부부의 삶과 비교해보며 일부일처제의 중요성을 이야기하기도 한다. 그녀의 이런 체험은 조선을 낯설게 만든다.

쌀밥을 먹으니 숨이 가쁘고 우럭우럭 취했다. 잠자리는 배기고 늘어선 것은 보기 싫었다. 부엌에 들어가 반찬을 만들고 온돌방에 앉아 바느질을 하게 되었다.

시가 친척들은 의리를 말하고 시어머니는 효도를 말하며, 시누이는 돈 모으라고 야단이다. 아, 내 귀에는 아이들이 어머니라고 부르는 소리가 이상스럽게 들릴 만치 모든 지난 일은 기억이 아니 나고 지금 당한 일은 귀에 들리지 아니하며 아직 깨지 아니한 꿈속에 사는 것이었고, 그 꿈속에서 깨어보려고 허덕이는 것은 나 외에 아무도 알 사람이 없었다.[12]

나혜석은 약 2년간의 여행을 마치고 돌아온 뒤, 아이들이 '어머니'라고 부르는 소리마저 어색해졌다고 고백한다. 여행의 자유는 간 곳 없고, 현실은 그대로였기에 오히려 가혹했다. 현실을 꿈으로 명명하는 것은, 여행이 곧 현실이길 바랐기 때문이다. 이는 한국의 1세대 신여성인 예술가 나혜석의 고뇌를 보여주는 것이기도 하다.

나혜석이 구미, 유럽의 문물에 감탄과 경의를 표했다면, 사회주의자인 허정숙은 자본주의 국가에 대한 강한 비판정신을 드러낸다. 1926년 5월 30일 아버지 허헌과 함께 출발해 하와이를 거쳐 샌프란시스코에 도착한 허정숙은 그 뒤 콜롬비아 대학에서 유학생활을 하다 1927년 말 귀국한다. 그녀는 자신의 미국 체류 경험을 〈울 줄 아는 인형의 여자국, 북미인상기〉(《별건곤》 10호, 1927년 12월호)를 통해 기록한다.

또 이 나라의 부인에 대하야는 나는 처음 그들을 대할 때에 놀난 것이 잇습니다. 그들은 조곰도 부족한 점이 업는 완전한 인형(능히 동할 수 잇는)인 그 점이외다. 일본의 여자가 인형갓다고 하는 말은 전에 누구에게 들엇든 바 미주의 여자를 대할 때는 정말로 이것이 인형이다 하는 감이 들엇습니다. 일본의 인형은 흔들어도 울 줄 모르는 인형이지만은 미주의 인형은 남자에게는 임의자재한 인형이면서도 역시 감각이 잇는 울 줄도 알고 동할 수도 잇는 인형이외다. 조각가의 만드는 인형은 생명이 업는 인형이지만은 자본주의 문명은 생명 잇는 인형을 제조하는 힘까지 잇는 것입니다. 이러케 아름답고 생명 잇는 인형, 돈이라면 얼는 삼키는 인형은 자본주의 국가인 이 나라가 아니면 볼 수 업슬 것이외다. 또 이 인형의 특색은 돈! 돈을 잘 아는 것임니다. 이 돈의 나라는 인간인 여자를 돈 잘 아는 인형으로 제조화하는 공장이외다.

허정숙은 미국의 여성들을 "울 수 있는 인형"이라고 표현한다. 나혜석이 미국과 유럽의 여성들을 통해 일부일처제의 행복한 가정을 보았던 것과 달리, 허정숙은 여자를 인형으로 제조하는 공장인 자본주의 국가 미국을 본다. 이는 철저한 사회주의자로서 허정숙 자신의 정체성을 드러내는 것이기도 하다. 이처럼 여행은 자신의 정체성을 강화하는 효과를 낳기도 한 것이다. 《인형의 집》의 노라가 공론장을 휩쓸고, 새로운 여성으로서의 자각과 의식이 싹트던 1920년대 여성들은 여행을 자아 발견의 계기로 삼았다. 이들 신여성들은 자신들이 생각하던 '해방'의 패러다임을 여행지와 비교해보면서, 비판적으로 성찰하며 여행을 기록했다.

식민지 조선이 해방되고, 미국의 냉전 체제에 편입된 한국은 UN 총회나 펜클럽 회의와 같은 각종 국제회의에 대표를 파견하기 시작했다. 모윤숙, 김활란 등의 여성명사들이 대한민국 여성의 대표자가 되었다. 모윤숙은 1949년 10월부터 1950년 5월까지 UN 총회 참석 차 미국을 거쳐 파리까지 여행한 결과를 〈내가 본 세상〉이라는 제목으로 연재했다. 여기서 모윤숙은 "원시적"인 자신의 모습을 부끄러워하며 "나 사는 나라의 본색이 드러날까 해서 시치미를 떼노라니 마음이 가빠진다"고 고백한다. 미국인들의 옷차림과 매너에 자신의 타자성을 인식하게 된 것이다. 이는 미국에서 만난 조선 사람들을 보고 느꼈던 감정이기도 했다. 한복을 입고 조선인들끼리만 어울리는 유학생을 답답하게 생각하는 모윤숙은 근대화되지 못한 조국을 해외에 나가서 절실하게 깨닫는다.[13] 또한 1950년대 전후를 기점으로 급증한 외국(특히 미국) 유학생 수는 미국과 유럽 여행기의 증가를 가져왔다. 독일 뮌헨에서 유학생활을 한 전혜린의 글이 다양한 매체를 통해 소개되고, 여성 망명객의 이미지가 생겨나기도 했다. 이처럼 1960년대까지 여성들의 여행은 진귀한 소재로 다루어졌다.

이러한 '특별한 소수'의 여행이 아닌 여행의 대중화는 산업화가 궤도에 올라선 박정희 체제에 와서야 가능해진다. 국민소득이 올라가고, 고속도로가 확장되면서 휴가를 관광지에서 보낸다는 개념이 생겨나기 시작한다. '국민관광'은 관광 산업에 대한 강조와 더불어 진행된다. 관광은 제3차 경제 개발

계획에서 국가기간 산업의 하나로 지정될 만큼, 중요하게 여겨졌다. 1989년 해외여행이 자율화되고, 2000년대 이후 대학생들의 배낭여행이 활성화되면서, 여성들이 단독으로 아시아 일대를 여행하는 것이 유행처럼 이어지기도 했다. 한국보다 경제적으로 빈곤한 '아시아'로의 여행이 가능해지면서 '주변적' 위치에 있는 한국 여성들이 상대적으로 저렴한 비용으로 해외여행을 할 수 있게 되었다. 이는 한국 사회의 지배규범으로부터 벗어나고 싶은 여성들이 혼자 여행을 할 수 있는 기회가 확대되었음을 의미한다. 추상적 의미 공간이었던 아시아가 여행을 통해 타인과의 관계를 통해 변화되며 정체화되고, 젠더·국적·인종적 위치가 자아내는 모순적 상황을 경험하면서 취할 수 있는 자원과 불리한 상황들을 지식화하며 자신의 여행을 즐겁고 안전하게 구성하기 위한 전략을 모색하는 행위성을 발견할 수 있게 되었다.[14]

또한 여성주의적 여행이라는 개념도 등장하기 시작한다. 기존의 관광 패러다임이 갖고 있던 '남성적 여행자(플라뇌르)'의 이미지에 대한 비판적 대안으로서, '공정여행'을 모색하는 사례들이 늘어난 것이다. 이는 여행이 이벤트가 아닌 생애 프로젝트로서 자리 잡고 있음을 보여주는 사례라고 할 수 있다.[15]

지금까지는 여성들이 주체로서 여행을 체험한 기록들을 살펴보았다. 그러나 여성과 여행의 관계를 살펴보는 데 있어서 잊지 않아야 할 것이 있다. 여행의 전 과정에 여성의 노동이 개입한다는 점이다. 관광 산업이 활성화되면서 여성들은 값싼 노동력으로 등장했다. 숙박업소나 음식점의 의식주 노동, 관광 가이드 등은 여성들의 몫이었다. 1960년대 후반부터 여성들의 유망 직종으로 꼽히던 관광 가이드는 성희롱을 동반한 감정노동이었다. 뿐만 아니라 여성 자체가 관광의 대상이기도 했다. 국가와 관광협회 등이 적극적으로 추진한 기생 관광은 외화 수입의 대다수를 차지한다고 할 만큼 큰 비중을 차지했다. 88올림픽을 맞아 기생 관광을 척결하자는 움직임이 일었던 것을 보면, 이는 비단 1970년대에 한정된 이야기는 아니다. 1996년 기생 관광의 상징과도 같았던 대원각이 사찰로 바뀐다고 대대적으로 보도된 것을 보면, 1990년대 초반까지 여전히 한국 관광의 주목적은 기생 관광과 연결된 것이었음을 짐작할 수 있다. 이제 한국은 섹스 관광 국가에서 '탈피'해 손님을 보내는 국가가 되고 있다. 많은 수의 한국 남성들이 필리핀, 베트남 등지의 아시아 국가들에서 섹스 관광을 즐기고, 그로 인한 성매매, 사실혼, 혼혈 자녀 문제 등이 발생하고 있다. 이러한 측면 역시 여성과 여행의 관계를 살펴볼 때 빼놓아서는 안 될 부분이다.

참고문헌 및 더 읽을거리

골드만, 엠마, 《저주받은 아나키즘》, 김시완 옮김, 우물이있는집, 2001.

김선화, 〈한국 여성의 자유배낭여행 경험을 통해 본 주체성 변화에 관한 연구: '아시아' 지역을 홀로
　여행하는 20~30대 여성들의 경험을 중심으로〉, 이화여자대학교 여성학과 석사학위논문, 2007.

김양선, 〈1950년대 세계여행기와 소설에 나타난 로컬의 심상지리: 전후 여성작가들의 작품을
　중심으로〉, 《한국근대문학연구》 22, 한국근대문학회, 2010, 205~230쪽.

나혜석, 《나혜석 전집》, 이상경 편, 태학사, 2002, 319쪽.

노선이, 〈국내 공정여행의 가능성에 대한 연구: '도보' 여행의 여성주의적 함의를 중심으로〉,
　이화여대 여성학과 석사학위논문, 2011.

마츠이 야요리, 《여성이 만드는 아시아》, 정유진 외 옮김, 알음(들린아침), 2005.

박선미, 《근대 여성, 제국을 거쳐 조선으로 회유하다》, 창비, 2007.

버드, 이사벨라, 《한국과 그 이웃 나라들》, 이인화 옮김, 살림, 1994.

브라이도티, 로지 《유목적 주체》, 박미선 옮김, 여성문화이론연구소, 2004.

사센, 사스키아, 《경제의 세계화와 도시의 위기》, 남기범 옮김, 푸른길, 1998.

살라자르 파레냐스, 라셀, 《세계화의 하인들》, 문현아 옮김, 여성문화이론연구소, 2009.

신은경, 《내방가사와 페미니즘》, 《고전시 다시 읽기》, 보고사, 1997.

케이, 이블린, 《이사벨라 버드》, 류제선 옮김, 바움, 2008.

탈파드 모한티, 찬드라, 《경계 없는 페미니즘》, 문현아 옮김, 여성문화이론연구소, 2005.

호지슨, 바버라, 《동방을 꿈꾸며》, 조혜진 옮김, 말글빛냄, 2006.

A. Bohls, Elizabeth, *Women Travel Writers and the Language of Aesthetics, 1716~1818*,
　(Cambridge University Press, 1995).

Foster, Shirley, *Across New Worlds; nineteenth-century women travellers and their
　writing*, (Harvester Wheatsheaf, 1990).

Kaplan, Caren, *Questions of travel*, (Duke University Press Books, 1996).

주

1　Kaplan, Caren, *Questions of travel*, (Duke University Press Books, 1996).

2　브라이도티, 로지, 《유목적 주체》, 박미선 옮김, 여성문화이론연구소, 2004.

3　골드만, 엠마, 《저주받은 아나키즘》, 김시완 옮김, 우물이있는집, 2001.

4　사센은 가사도우미나 청소부 등의 역할을 하는 여성들이 전 세계를 돌아다니며 저임금·비정규직
　노동을 담당하고 있는 사실을 지적하며, 이를 '하인노동'이라고 칭한다. 사센, 사스키아, 《경제의
　세계화와 도시의 위기》, 남기범 옮김, 푸른길, 1998.

5　파레냐스 역시 여성의 노동이주를 통해 재생산노동의 국제적 분업을 지적한다. 파레냐스는 이
　관계를 통해 초국적 페미니스트 연대를 고민해야 한다고 문제를 제기하는 것이다. 살라자르
　파레냐스, 라셀, 《세계화의 하인들》, 문현아 옮김, 여성문화이론연구소, 2009.

6　A. Bohls, Elizabeth, *Women Travel Writers and the Language of Aesthetics, 1716~1818*,
　(Cambridge University Press, 1995). pp. 1~22 볼은 여성이 예술의 주체로 말하기 시작하면
　어떻게 되는지에 대해 질문한다. 남성들을 중심으로 짜여 있던 예술 분야에서 대상으로
　존재하던 여성들이 주체로 등장했을 때, 여성들이 취할 수 있는 태도에 대해 이야기하는 것이다.
　이때 그녀가 꼽은 것이 여성의 여행기이다. 여성들이 여행이라는 남성의 영역에 진출한 점,
　규율에 의해 제약받는 국가로부터 벗어난다는 점에서 '여행'의 창조성을 높이 사는 것이다.

7　Foster, Shirley, *Across New Worlds; nineteenth-century women travellers and their
　writing*, (Harvester Wheatsheaf, 1990). pp. 1~26.

8　김수경, 〈'여행'에 대한 여성적 글쓰기 방식의 탐색: 여성 기행가사의 형상화 방식과 그 의미〉,
　《한국고전여성문학연구》 17, 한국고전여성문학회, 2008, 47~87쪽.

9　김수경·윤정선, 〈'이부인기행가사'에 나타난 19세기 여성의 여행체험과 그 의미〉,

《한국고전여성문학연구》 4, 2002, 313~340쪽.

10 신은경, 〈내방가사와 페미니즘〉, 《고전시 다시 읽기》, 보고사, 1997.

11 정애, 〈삼수사의 가을〉, 《신여성》 1권 2호, 1923.

12 나혜석, 《나혜석 전집》, 이상경 편, 태학사, 2002, 319쪽.

13 이를 김양선은 '주변인으로서의 정체성과 애국주의에 기초한 과잉 민족주의자로서의 정체성'이라고 지적한다. 김양선, 〈1950년대 세계여행기와 소설에 나타난 로컬의 심상지리: 전후 여성작가들의 작품을 중심으로〉, 《한국근대문학연구》 22, 한국근대문학회, 2010, 205~230쪽.

14 김선화, 〈한국 여성의 자유배낭여행 경험을 통해 본 주체성 변화에 관한 연구: '아시아' 지역을 홀로 여행하는 20~30대 여성들의 경험을 중심으로〉, 이화여자대학교 여성학과 석사학위논문, 2007.

15 노선이, 〈국내 공정여행의 가능성에 대한 연구: '도보' 여행의 여성주의적 함의를 중심으로〉, 이화여대 여성학과 석사학위논문, 2011. 노선이는 '남성적 여행자'에 대한 대안으로 성별구분을 뛰어넘어 상호작용이 가능한 주체성을 가진 행위자인 '코라스터'를 제안하기도 한다.

여성 살해*

기본적 정의

여성들에 대한 남성들의 여성 혐오적 살인. 성차별적 테러리
즘의 가장 극단적 형태

개념의 기원과 발전

"페미사이드femicide"는 여성을 대상으로 한 살인을 명명하고
개념화해 그것의 실체를 드러내고자 서양에서 새롭게 제안
된 용어다. femicide는 '여자'를 의미하는 말인 femi-와 '죽임'
'살해(자)'를 뜻하는 접미사 -cide를 결합한 조어다. 이 말은
1801년, 1827년, 1848년에 가해자의 고백록이나 법률 용어
집 등에서 나타난다.[1] 그러나 이때의 femicide는 단순하게 피
해자의 성별이 여자임을 의미할 뿐이었다. 이 용어를 페미니
스트의 관점에서 사용한 첫 번째 시도는 1974년경 미국에서
올럭Carol Orlock이 femicide를 제목으로 하는 책을 구상한 것이
었는데, 실제로 출판하지는 않았다. 여기에서 힌트를 얻은 러

셀Diana E. H. Russell은 1976년 벨기에 브뤼셀에서 열린 1차 '여성 대상범죄 국제 재판'에서 처음으로 이 용어를 공식화했다. 여기에서 러셀은 여성 살해를 "남자들에 의해서 자행되는 여자들에 대한 혐오 살인"으로 정의했다.[2] 러셀은 여성 살해라는 개념을 가장 먼저 제안하기도 했고 또 누구보다도 활발하게 저작 활동과 현장 활동을 펼친 페미니스트다. 따라서 그녀의 여성 살해 개념 사용의 변천을 좀 더 따라가보고, 다른 이들과의 논쟁을 통해 수정된 최종적인 개념 정의를 살펴보는 것이 좋다.

이후 러셀은 개념을 좀 더 세밀하게 그러나 더 단순하게 다듬기 시작했다. 1990년 카퓨티Jane Caputi와 공동 작업한 글에서 여성 살해는 "여성들에 대한 증오, 경멸, 쾌락 또는 숭배관에 따른 동기를 가진 남성들에 의한 성차별적 테러리즘의 가장 극단적 형태"로 정의된다.[3] 2년 뒤 래드포드Jill Radford와 러셀은 함께 편집한 논문집에서 여성 살해를 "여성들에 대한 남성들의 여성 혐오적 살인"으로 재정의한다.[4] 이후에 여러 연구자들이 여성 살해를 조금씩 다르게 정의하는 시도들을 해왔다. 엘리스Desmond Ellis와 디케서레디Walter Dekeseredy는 1996년에 의도적인 남성 살해를 호미사이드homicide로, 의도된 여성 살해를 페미사이드(여성 살해)로 정의했다. 1998년에는 캠벨Jackelyn Campbell과 러니언Carol Runyan이 "동기나 가해자의 신분에 상관없이, 여성의 살해"를 모두 여성 살해에 포함시켰다.[5]

이때까지 러셀은 가해자를 '남성'에 한정하고 '여성 혐오'

를 동기로 하는 사안만을 여성 살해로 인정했다. 이는 여성이 죽임을 당하는 '어떤' 사건들은 가부장제나 성차별주의가 그 근본 원인임을 강조하기 위한 것이다. 만일 캠벨과 러니언의 개념처럼 여성 살해의 '모든' 경우들을 여성 살해라고 칭하게 되면, 우리는 단순 강도 사건이나 무차별적인 폭탄 테러처럼 피해자의 성별이 살인의 동기와 직접적인 관련이 없는 경우에도 피해자가 여자이기만 하면 그 사건을 여성 살해로 규정해야 한다. 이는 오히려 여성 살해라는 개념의 창안이 갖는 정치적 의미를 모호하게 만들며, 따라서 역설적으로 이 용어를 사용해야 할 필요성을 제거해버리는 결과를 낳는다. 반대로 엘리스와 디케서레디의 정의는 포괄 범위가 너무 좁은 것이 문제다. 러셀이 지적하듯이, 고의성을 조건으로 두게 되면 죽일 의도는 없었으나 심각한 구타의 결과로 죽게 된 경우를 여성 살해에 포함시킬 수 없게 되기 때문이다.

그런데 러셀은 위의 다른 연구자들의 여성 살해 개념을 검토하기 전에 이미 1992년에 자신이 제시한 정식을 최종적으로 수정한 상태였다. 2001년 편집자로 참여한 책에서, 러셀은 여성 살해를 "여자라는 이유로 남자들이 여자들을 살해한 것"이라고 정의한다.[6] 그녀는 여성 살해가 남성 지배와 성차별주의의 극단적 표현임을 명시하면서, 여성 살해를 성 정치학의 장 안으로 들여옴으로써 이것을 사적이거나 병리학적인 문제로 다루는 태도를 단호하게 거부한다. 이 최종 공식은 살인 동기를 '여성 혐오'에 한정하던 것을 수정해 여성 혐오 외에도 남성 지배나 성차별주의에서 비롯되는 다양한 원인들을 포괄할 수 있도록 하면서, 이를 "여자라는 이유로"라는 구절로 표현함으로써 개념을 복잡하지 않게 했다.

지금 여기

최근 몇 년 사이 언론들은 그 어느 때보다 더 열정적으로 여성이 살해당한 사건들을 보도해댔다. 특히 장애여성과 아동, 청소년을 대상으로 한 성폭력 사건 및 살인 사건이 큰 주목을 받으면서 정치인들은 이례적으로 한 목소리로 성급한 제안들을 내놓았다. 형량 강화는 물론이고 전자발찌나 화학적 거세에 대해서 신중하게 접근하는 경우가 거의 없어서 사회적 합의나 공적 토론이 불필요해보일 정도였다. 그러나 정부나 언론, 대중 여론까지도 여성을 살인 사건의 피해자의 대표 이미지로 삼고 있지만, 정작 어떤 여성이 어느 공간에서 누구에 의해 무엇을 이유로 살해당하는지 관심을 기울이는 경우는 없다. 한 국가의 주요 언론이라고 하는 매체들에서 알려주는 것이라고는 기껏해야 노출이 심한 차림을 한 술 취한 여성이 밤늦은 시각에 어두운 골목에서 불우한 성장 배경을 가진 사이코패스에게 재수 없게 (그러나 어느 정도는 피해자가 요인을 갖고 있어서) 당한다는 것이다.

이는 성폭력 사건과 관련해 매우 익숙한 남성중심적 설명 방식으로, 여성의 살인 사건에도 동일하게 사용된다. 피해여성에게 탓을 돌리는 분위기는 덜하지만 오히려 피해자가 '여성'이며 가해자가 주로 '남성'이라는 점은 쉽게 은폐된다. 이로 인해 살해당한 여성은 단지 범행을 저지르기에 더 쉬운 상대였을 뿐, 피해자와 가해자가 놓여 있는 성의 사회적 맥락은 거의 고려되지 않았다. 피해자와 가해자의 성이 강조될 때는 가해자가 겪고 있는 (혹은 그렇다고 가정되는) 심리성적이고 병리학적인 문제가 중심이 된다. 이는 한편으로 살인이라는 중성적인 언어와 생명의 박탈이라는 살인 사건의 보편적이고 극단적인 성격에 기인하는 걸로 보인다. 하지만 분명 여성이 살해당한 사건은 다른 사건들보다 더 개인화된다. 수원에서 일어난 칼부림 사건과 같은 소위 '묻지마 범죄'의 경우 빈곤, 현대 사회의 공동체 붕괴, 사회적 약자의 소외 등을 원인으로 설명하려는 노력들이 있다. 뿐만 아니라 최근에는 장애인 화재 사망 사건, 쌍용자동차나 한진중공업 노동자의 자살 등 직접적인 타살이 아닌 경우에도 사회적 차원에서의 살인으로 명명하기도 한다. 이런 것을 생각하면 왜 어떤 살인, 즉 여성이 살해당한 사건은 개인적 차원에서만 설명되는지를 묻지 않을 수 없다.

2013년 3월 7일, '세계여성의날'을 하루 앞두고 '한국여성의전화'(이하 〈여성의전화〉)가 제공한 자료에 따르면, 2012년 한 해 동안 최소한(언론에 보도된 경우만 조사함) 120명의 여성들이 남편이나 애인 등 친밀한 관계에 있는 남성의 손에 살해당했다.[7] 2009년부터 2011년까지 3년간, 보도된 사건만을 조사대상으로 했을 때, 289명의 여성이 국내에서 남편이나 애인에 의해 살해당했다. 같은 기간에 대한 통계청 조사에 의하면 3년간 총 835명의 여성이 살해당했다. 이 수치를 〈여성의전화〉

의 자료와 대비시켜보면, 여성의 살인 사망 사건의 가해자 중 최소 약 35퍼센트가 남편이나 애인이었음을 알 수 있다. 또 1997~2006년 사이의 살인 사건을 대상으로 한 조사에 따르면, 피해자가 남성인 경우에는 현/구 배우자 혹은 애인의 의한 범행이 25.9퍼센트였다. 반면 여성이 피해자인 경우에는 가해자가 현/구 남편이나 애인이었던 사건이 37.5퍼센트에 달했다. 여성이 살해당한 사건의 경우 가해자가 모르는 사람인 비율은 26.1퍼센트로 (현/구) 친밀한 관계인 경우보다 10퍼센트 이상 낮았다.[8]

이러한 조사 결과는 어두운 밤 흉흉한 바깥세상으로부터 여성을 지켜주고 보호해준다고 간주되는 가정이나 보호자로 여겨지는 남성이 여성에게 더 위험하다는 것을 보여준다. 특히 '여성의전화'의 자료에 따르면 친밀한 관계에서의 여성 피해자의 49퍼센트가 40~50대인데, 이는 "지속적인 가정 폭력이 결국 살해라는 극단적인 상황"으로 이어진 것임을 보여준다.[9] 이런 점에서 볼 때, 남편이나 애인에 의해 살해당한 여성들의 '살아 있는' 목소리는 이 사건들이 우발적인 사고가 아니며 가부장제나 성차별주의 혹은 남성중심주의와 무관한 것도 아님을 가르쳐준다.

그러나 이러한 직관에 구체적이고 근거 있는 설명력을 부여해 여성 살해 사건을 페미니스트의 관점에서 의미화하고 맥락화하기에는 많은 것이 부족한 실정이다. 여성 살해의 일반적 특징, 다른 살인 사건들과 대비되는 특수성, 세부적인 유형들, 가부장제나 남성중심주의와의 관련성, 다른 요소들의 개입과 영향력 등을 구체적으로 분석할 수 있는 자료가 국내에는 전무하다. 여성 살인 사건에 대한 국가, 언론, 대중 여론의 엄청난 관심에도 불구하고 우리가 접근할 수 있는 통계 자료는 살인에 의해 사망한 여성의 숫자나 비율과 같은 아주 단순한 통계뿐이다. 대검찰청이 제공하는 자료가 알려주는 것은 사건이 발생한 시각, 지역이나 장소, 당시의 날씨, 가해자의 학력 수준 등인데, 사건의 '사회적 의미'를 해석하는 근거로 이것들을 사용하기는 거의 힘들다. 그런데 조사와 연구, 해석의 부재는 그 자체로 여성 살인에 대한 사회적 관심이 공포, 가해자 처벌, 개별 '사건'에 대한 선정적 호기심 등의 언어로만 점철되어 있을 뿐임을 보여주는 징후 같은 것이 아닌가? 더 나아가 여성에 대한 폭력을 페미니즘의 관점에서 해석하는 것을 방해하는 어떤 장애물들이 존재한다는 것을 보여주는 징후가 아닐까?

여성에 대한 폭력의 가장 극단적인 형태로서 여성을 대상으로 한 살인을 명명할 필요가 있다. 어떤 것에 이름을 부여하는 것, 그것을 나름의 입장을 가지고서 개념화하는 것은 그것의 실체를 드러내기 위한 첫 번째 조건이다. 페미니스트들은 '성폭력'이라는 말을 발명함으로써 은폐되어 있던 성폭력의 구조와 특수성을 발견하고 현실을 분석하고, 여성의 목소리와 힘을 결집시켜 해결 방안을 모색할 수 있었다. 이와 마찬가지로 여성을 대상으로 한 살인을 페미니스트의 언어로 명명하는 작업은 문제의 심각성과 중요성을 일깨우는 역할을 할 것이다. 이는 관련 연구와 운동의 출발점이 될 뿐 아니라, 어떤 관점을 취해 어떻게 문제 설정을 할 것인지, 그 근거들과 자료들은 어떤 방식으로 모을 것인지, 문제의 해결 방안을 누구와 함께 어디에서 어떻게 만들어나갈 것인지를 결정하는 데 핵심적인 방향키가 될 것이다.

성장치로서의 여성 신체에 가해지는 가부장제의 처벌

그러면 다시 여성 살해의 개념 문제로 돌아가보자. 러셀의 개념 정의에서 "여자이기 때문에" 혹은 "여자라는 이유로"라는 대목은 매우 간결하지만 사실 상당히 복잡한 문제를 야기한다. 러셀은 여성 살해가 "여성에 대한 성차별주의적 테러의 연속체의 극단"이라고 설명한다.[10] 한편 래드포드는 "성폭력 sexual violence의 한 형태"라고 기술하고 이렇게 "여성 살해를 성폭력 연속체 내에 재위치시키는 것은 여성 살해의 중요성을 성의 정치학이라는 점에서 수립하는 것"이라고 본다.[11] 좀 더 최근의 연구 결과들을 다루고 있는 구스티나는 "여성에 대한 폭력의 가장 잔혹한 형태로서, 여성 살해는 젠더화된 폭력의 연속체 내부에 자리한다"고 주장한다.[12]

여성 살해를 성폭력의 하나로 보는 것은 여성 살해를 너무 협소화하는 것이기도 하고 또한 성폭력을 너무 넓게 규정하는 것이기도 하다. 여성 살해는 종종 성적 학대나 강간을 수반하기는 하지만 늘 그런 것은 아니기 때문에 '섹슈얼'한 폭력으로 한정할 수 없다. 또 섹슈얼한 요소가 결정적 특징을 구성하지 않는 다른 종류의 폭력이나 학대, 테러 등을 성폭력 범주에 포함시킬 경우, 결과적으로 여성에 대한 모든 종류의 폭력이 아무 구별 없이 뒤섞이게 될 것이다. 반면 여성 살해를 젠더 폭력으로 보는 것은 여성 살해에 포함된 쾌락적 요소와 섹슈얼리티와 섹스를 통제하는 측면을 탈각하게 된다. 물론 구스티나가 말한 젠더화된 폭력은 젠더폭력과 정확히 일치하는 것은 아니며, 이는 오히려 피해자와 가해자의 관계가 젠더화되어 있다는 것을 의미할 것이다. 그러나 우리는 러셀의 지적을 귀담아 들을 필요가 있다. "젠더 차별적인 살인"과 같은 용어는 "어떤 젠더가 차별 살인의 피해자가 되는지" 그 특수성을 보여주지 못한다는 것이다.[13] 하지만 러셀이 제시한 성차별주의적 테러라는 범주 역시 문제가 없지 않다. 성차별주의라는 말은 가부장제의 물적 토대, 성적 관계들을 조직화하는 다양한 장치들, 무의식적이거나 심리적인 차원 등을 충분하게 담아낼 수 없기 때문이다.

러셀이 지적하듯이 폭력은 지배자의 권력이 피지배자에 의해서 위협당한다고 느낄 때 자기 권력을 유지하기 위해 지배자가 사용하는 강제력이다.[14] 이런 의미에서 래드포드는 여성 살해가 "일종의 사형으로서 (……) 성 계급으로서의 여성을 통제하는 수단으로 기능하며, 그런 한에서 여성 살해는 가부장제적 현상 유지에 핵심에 있다"고 주장한다.[15] 남성은 여성에 대해 가부장적 권력을 가진 지배자로서 여성을 보호한다는 명분으로 여성을 통제하기 위해 폭력을 사용하며, 또한 여성이 통제에서 벗어났을 때 처벌하기 위해서도 폭력을 사용한다. 따라서 어떤 때에는 한 사회의 성적 불평등의 정도가 높을수록 여성 살해가 증가하지만, 다른 때에는 불평등이 완화될 때 여성에 대한 남성의 폭력이 증가한다. 말하자면 남성들이 자기 권력의 관할 구역이 줄어드는 것을 어디까지 용인할 수 있는가 하는 것이 반여성적 폭력의 증감을 결정하는 것이다. 이렇게 보면 여성 살해가 왜 어떤 상황에서 누구에 의해서 어떤 여성을 대상으로 자행되는지를 추적하고 세밀하게 분석하는 작업이 중요하다.

이를 위해서는 섹스-젠더라는 이분법적 개념과 성차별주의라는 개념을 넘어설 필요가 있다. 이런 맥락에서 우리는 《성이론》에서 고정갑희가 제안하는 새로운 개념들을 참조할 수 있을 것이다. 이 책은 섹스, 젠더, 섹슈얼리티 모두를 포함하는 용어로서 '성' 개념을 제안하며, 가부장체제를 작동하게 하는 성관계, 성노동, 성장치들을 분석한다.[16] 이런 개념들은 여성 살해의 다층적 측면을 담아내어 풍부하게 이해하면서 동시에 성폭력, 젠더폭력, 섹슈얼리티폭력 각각과 여성 살해의 관계를 살펴볼 때 적용해볼 만하다. 서양 언어에서는 찾아보기 힘들지만 한국어에서는 '성'이라는 단어는 섹스, 젠더, 섹슈얼리티의 측면 모두를 지칭함으로써 세 측면의 분화와 통합적 특징을 전부 담아낼 수 있다. 이는 여성 살해가 성폭력, 젠더폭력, 섹슈얼리티폭력 각각의 연속체에서 가장 극단적인 형태이지 어느 하나에만 해당되는 것이 아님을 설명할 수 있도록 할 것이다. 그럼으로써 여성 살해는 가부장체제 내에서 여성에게 가해지는 각각의 특수한 폭력들과 그것들의 조합의 최극단에 있는 것으로 위치시킬 수 있다.

나아가 고정갑희의 "성장치" 개념은 "성차별주의적 테러"라는 러셀의 용어가 갖는 분석적 한계를 넘어선다. 성차별주의적 테러라는 말은 여성에 대한 폭력의 이데올로기적 측면만을 고려하면서 그 물질적 차원을 구체적으로 보기 어렵게 한다. 또한 여성의 신체에 가해지는 물리적 폭력이 여성에 대한 다른 억압, 지배, 차별, 통제의 생산과 재생산, 여성 정체성의 가부장제적 구성 등과 어떻게 관련되는지를 면밀히 살펴볼 수 있는 개념은 아니다. 반면 성관계, 성노동과 함께 가부장체제의 성체계를 유지하는 것으로서의 성장치 개념은 1) 이데올로기적일뿐 아니라 물질적인 장치이며, 2)신체, 국가, 가족, 시장, 서사, 교육, 미디어, 종교 등의 여러 성장치들 사이의 상호작용과 성장치와 성관계, 성노동 사이의 상호관계를 전제한다. 이런 점에서 성장치 개념은 러셀을 비롯한 기존의 여성 살해 연구자들이 해온 것보다 더 세밀하고 풍부하게 여성 살해를 분석하는 데 유용할 수 있다.

"성장치는 성관계와 성노동을 유지 재생산하는 장치들"이다.[17] 여성 살해의 경우 무엇보다도 가장 관련이 깊은 것은 '신체'라는 성장치일 것이다. 여성 살해를 비롯해 여성 신체에 가해지는 폭력은 가부장제 질서에서 요구하는 규범을 위반한 여성에 대한 처벌이다. 고정갑희는 성장치로서의 신체를 생산/재생산, 소비, 쾌락에 따라 분석하는데 이를 여성 살해라는 특정 범주에 적용하면, 생산/재생산, 소비, 쾌락이라는 각 요소가 여성 살해의 동기들을 구성하는 방식을 설명할 수 있을 것이다. 하지만 신체라는 성장치에 의한 여성 살해 혹은 여성에 대한 폭력을 좀 더 구체적으로 고찰하려면 폭력과 공포가 신체에 대한 처벌과 규율로서 어떤 방식으로 작동하는지에 초점을 맞출 필요가 있다.

그런데 신체라는 성장치는 독자적인 것도 별개의 것도 아니다. 신체 뿐 아니라 다양한 종류의 성장치들이 상호작용하면서 가부장제적 성관계와 성노동을 생산, 유지, 재생산 하는 방식을 볼 필요가 있다. 여성에 대한 폭력과 관련된 서사, 미디어가 사건을 재현하는 방식, 가족이라는 공간의 폭력성, 국가가 여성에 대한 폭력을 감시하고 처벌하는 방식들 사이의 모순과 변화 과정, 교육의 공간에서 발생하는 여성에 대한 폭력과 이 폭력을 가르치고 배우는 방식, 종교 교리에 내재된 반여성적 폭력성 등은 이미 많은 페미니스트들이 작업을 해왔던 쟁점들이다. 그 작업들을 성장치라는 개념하에서 통합적이고 유기적인 관점으로 다시 볼 수 있다.

여성 살해의 범위와 유형

여성 살해에 대한 논의에서 중요한 쟁점은 여성 살해의 범위를 결정하고 특정한 기준에 따라 유형을 분류하는 일과 관련된다. 여러 연구자들도 마찬가지지만 러셀의 작업은 이런 측면에서 말끔하게 정리되어 있지는 않다. 우리는 러셀이 다른 연구자들의 견해를 고려하면서 자신의 정식화에 포함되지 않는 사안들을 여성 살해와 관련해 어떻게 위치시키는지를 따져봄으로써, 여성 살해의 범위와 유형화와 관련된 여러 쟁점들을 추출해볼 수 있다.

– 가해자의 범위: 여성은 여성 살해의 가해자가 아닌가

러셀은 인도의 페미니스트들이 제기한 '남성의 이익을 위한 여자들의 여자 살인'에 대해서 언급한다. 여기에는 아들이 아니라는 이유로 엄마가 여아를 무관심 속에 방치함으로써 죽게 만드는 것이나, 결혼 지참금 문제로 시어머니가 며느리를 살해하는 경우들이 포함된다. 러셀은 이것이 자신의 여성 살해 정의를 지역의 특수성에 맞게 적용한 것이라고 보고 여성 살해 유형화에 도움을 준다고 말한다. 그러면서도 러셀은 이를 여성 살해 안에 포함시키지 않고, '여자의 여자 살인'이라는 별도의 범주로 분류한다. 러셀은 살인과 관련된 용어들을 젠더화할 필요성을 피력하면서, 여성 살해를 살인자와 사망자 사이의 관계를 젠더화하는 용어 중 하나로 위치시킨다.[18] 반면 크로포드Maria Crawford와 가트너Rosemary Gartner는 친밀한 파트너에 의한 여성 살해를 정의할 때 가해자를 남성으로 한정하지 않으며, 남아프리카의 연구자들 역시 마찬가지다. 글래스Nancy Glass는 동성 파트너에 의한 여성 살해와 관련된 별도의 연구를 진행하기도 했다.[19] 사실 러셀 역시 자신의 주장과 모순되게 "여자가 저지른 여성 살해 유형화"라는 제목의 도표를 제시한다.[20] 이 표에는 음핵절제술을 여성이 시행했거나 방조한 경우, 미망인이 된 딸을 어머니가 화형에 처하도록 하거나 그런 화형을 방조한 경우, 명예 살인을 시행하거나 방조한 경우 등 여성이 가부장제의 대리인으로서나 남성 가해자의 대리인으로 가담하는 경우들이 포함된다. 뿐만 아니라 질투나 경제적 이유로 며느리나 남편의 애인, 레즈비언 파트너를 살해한 경우나 다른 여성의 학대가 원인이 되어 자살하는 경우까지도 포함되어 있다. 하지만 러셀은 "살인자와 피해자 관계에 기초한 여성 살해 유형화"라는 제목의 표에서는 다시 여성 가해자를 제외한다.[21] 그녀는 그 이유에 대해서는 논증하지 않는다.

이러한 태도는 한편으로는 여성에 대한 살해가 남성에 대한 살해와 대칭점에 놓여 있지 않다는 것을 두드러지게 하는 장점을 갖는다. 하지만 그동안 페미니스트들은 여성들이 단순히 '피해자'이기만 한 것이 아니라 가부장제나 성차별주의와 협상하고 공모하기도 하며 거기에서 이득을 얻기도 하고 또 견딜 수 있는 한도에서 저항하거나 이탈하려는 모순적이고 동요하는 '주체'라는 점을 배워왔다. 여성을 가해자의 영역에서 배제하는 것은 여성을 자신의 행위에 대해 책임을 지고 설명을 할 수 있어야 하는 주체로 인정하지 않는 것으로 보일 수 있다. 나아가 여자를 살해한 모든 사건이 여성 살해가 아니라면, 그리고 한 사건이 여성 살해인지 아닌지를 결정하는 핵심이 살해 동기라면, 성차별주의적이고 가부장제적인 살해 동기를 공유하는 여성들을 가해자 범주에서 배제하는 필연적인 근거가 무엇인지에 대한 분명한 답변이 있어야 한다.

– 여성 살해 유형 분류에 적합한 기준은 무엇인가

이 문제는 첫 번째 쟁점과 관련되어 있다. 대체로 많은 연구자들이 여성 살해를 세부 범주로 유형화할 때 피해자와 가해자의 관계를 그 분류 기준으로 삼는다. 러셀은 앞서 언급한 도표에서 여성 살해를 ①파트너 여성 살해 ②가족 여성 살해 ③그밖에 면식범에 의한 여성 살해 ④낯선 사람에 의한 여성 살해로 분류한다. 엘리스와 디케서레디 역시 거의 유사한 방식을 취한다. 이는 일반적으로 살인 사건을 분석할 때 피해자–가해자 관계가 살인의 맥락과 역학을 이해하는 데 핵심적이라고 보기 때문이다. 이 방식은 여성의 보호자로 간주되는 친밀한 관계의 남성과 안전지대로 여겨지는 가족이라는 공간이 실제로는 상당히 위험할 수 있다는, 여성에 대한 폭력의 특수성을 잘 보여주는 장점이 있다.

이와 달리 왓츠Charlotte Watts의 분류 기준은 다소 일관성이 없어서 적절한 분류라고 판단하기는 어렵지만 러셀보다 더 다양한 종류의 사건들을 포괄할 수 있는 장점이 있다. 그녀는 ①친밀한 관계의 여성 살해 ②다른 가족 성원에 의한 여성 살해 ③성적 여성 살해 ④마녀사냥 여성 살해 ⑤의례에 따른 여성 살해 ⑥폭력을 경험하고 있는 여성의 자살 ⑦강도에 의해 살해당하는 경우로 유형화를 제시한다.[22] 이는 러셀이 누락시키는 집단적이고 제도적인 여성 살해와 학대당한 여성의 자살을 고려할 수 있는 분류이다. 러셀이 여성 살해의 사회적 맥락과 구조를 강조하고는 있지만, 위의 분류는 그 방식으로 인해 개별 사건에 초점을 맞추게 된다. 예컨대 음핵절제술에 의한 죽음의 경우 러셀의 분류 체계에서는 가족에 의한 여성 살해나 면식범에 의한 여성 살해 정도에 포함되지만, 왓츠의 분류 방식에서는 의례에 따른 여성 살해로 분류됨으로써 개별적인 피해자와 가해자보다는 가부장제적 제도나 관습 자체에 초점을 맞추게 된다. 그러나 왓츠의 유형화에서 학대당한 여성의 자살은 여전히 논쟁적인 영역이다.

위디아너Monique Widyono는 좀 더 복잡한 방식을 제안한다. 그녀는 여성 살해를 먼저 '살인'과 '여성 혐오적 실천들, 유기·굶주림·여성 성기 절제·에이즈·임신에 의한 죽음'으로 크게 나누고, '살인'의 영역을 세부적으로 다룬다. 살인은 ① 남성 면식범 ②여성 가해자 ③미상으로 분류되며, 남성 면식범은 친밀한 파트너와 친밀하지 않은 파트너로 분류된다. 그중 후자에는 아는 사람, 낯선 사람, 다른 가족이 포함되며, 친밀한 파트너는 현재 파트너, 과거의 파트너, 다른 가족이 포함된다. ③의 미상에는 무력 충돌, 강도나 갱단 등이 포함된다.[23] 이 분류는 러셀의 것보다 더 세분화되어 있으며, 직접적인 살인과 다른 요인에 의한 죽음을 구별해놓은 것이 장점이라고 볼 수 있다. 하지만 위디아너 역시 피해자와 가해자의 관계를 분류 기준으로 삼음으로써 집단적이고 제도적인 사례들을 분명하게 드러낼 수 없다.

이에 비해 백수진의 유형화는 훨씬 도움이 된다.

① 개인 남성에 의한 여성 살해 – 아내 살해, 염산 테러, 연쇄 살인

② 종교에 의한 여성 살해 – 마녀사냥, Suttee, 여성성기절제

③ 제도에 의한 여성 살해 – 지참금 살해, (포기에 의한) 여아 낙태/유기

④ 가부장적 문화에 의한 여성 살해 – 명예 살인, (선호에 의한) 여아 낙태

⑤ 분쟁에 의한 여성 살해 – 전쟁 중 여성 살해[24]

이는 여성 살해의 사회구조적 측면을 매우 잘 드러내면서도 다양한 경우들을 포괄할 수 있고, 각각의 범주마다 피해자-가해자 관계에 따른 세부 분류도 가능하기 때문에 여성 살해에 다각적으로 접근할 수 있다. 하지만 첫째로 '가부장적 문화에 의한 여성 살해'는 나머지 범주 모두를 포괄할 수 있기 때문에 다른 범주들과 나란히 놓일 수 없는 상위의 범주로 보는 것이 더 타당하다. 더 논쟁적인 지점은 '여아 낙태'다. 이것은 별도의 쟁점이 될 수 있을 정도로 큰 문제다.

– 여아 낙태를 여성 살해로 볼 것인가

러셀은 여아 낙태를 여성 살해에 포함시키지 않는다는 것을 분명히 한다. 그 이유를 상세하게 설명하지는 않지만, 그녀는 "이 성차별주의적 관행에 적합한 용어는 여자 태아 살해"라 주장한다.[25] 러셀은 기본적으로 여성 살해를 피해자와 가해자의 관계에 따라 분류하고 직접적인 살인으로 한정하는 경향이 있다. 하지만 좀 더 은밀한 형태의 여성 살해가 있다는 것을 부정하지 않으며, 자신의 개념이 모든 종류의 성차별주의적 살인에 적용될 수 있다고 본다. 예를 들어 임신·출

산·낙태 등을 결정할 권리가 여성에게 주어지지 않는 곳에서 부적절한 방법으로 낙태를 시도하다가 죽는 경우, 검증되지 않은 피임약 테스트에 의해 죽는 경우, 남아 선호에 의해 여아가 죽는 경우 등이 이러한 은폐된 형태의 여성 살해이다. 그러나 남아 선호에 의해 여아가 죽는 경우에는 성 감별 낙태는 포함되지 않고, 출산 후에 음식을 주지 않아 방치하거나 아니면 직접 살해하는 경우에만 해당된다. 러셀은 홈 Shron Hom이 여성의 생명의 평가 절하에 따른 결과들까지를 '사회적 여성 살해'로 포함시키는 것에 반대하면서, 여성의 생명을 평가 절하하는 것은 "모든 가부장제의 특징으로서 (……) 지나치게 포괄적"이라고 지적한다.[26]

둘째로 문제가 되는 것은 임신·출산·임신 중지에 대한 여성의 결정권과 관련된다. 이 권리는 페미니스트들이 오랫동안 쟁취하려고 애쓰는 여성의 권리 중 하나다. 성감별 후 여아 낙태로 한정해 여성 살해로 인정한다고 하더라도, 태아를 여자나 여성으로, 즉 하나의 독립적 인격체로 인정하는 셈이 되기 때문에 페미니스트들의 일반적 주장에 대립하게 된다. 문제는 중국에서처럼 여아 낙태가 남아 선호 사상과 인구 정책이 결합되어 매우 대규모로 그리고 노골적으로 이뤄지는 경우다. 이때는 여성 살해를 의제화하고 문제 해결을 위한 액티비즘을 구성하기 위해 여아 낙태가 상당히 핵심적인 위상을 가질 수도 있다. 따라서 여성 살해와 남아 선호로 인한 여아 낙태의 관계를 좀 더 분명하면서도 세밀하게 보여줄 수 있는 논리가 절실하다.

– 여성 살해에 포함시켜야 할 '여성'과 '죽음'의 영역은 어디까지인가

앞에서도 보았듯이 러셀은 직접적인 살해가 아니라 좀 더 은밀한 형태의 여성 살해가 있다는 것을 인정하지만, 여성 살해와 다른 여성의 살해와의 관계를 보여주거나 여성 살해의 종류를 유형화할 때는 이런 은밀한 형태의 여성의 죽음을 엄밀한 의미에서 여성 살해로 보지는 않는다. 우리가 무언가를 개념화할 때는 현실에서는 그렇게 명확하게 구별되지 않는 것들을 개념적으로 구별해 경계 표시를 할 필요가 있다. 그것은 이론적으로 좀 더 세심하고 분명한 분석틀을 제공하고 인식론적으로 어떤 특정한 관점을 취했을 때 간과하기 쉬운 특수한 경험들과 조건들을 놓치지 않기 위해서다. 또한 운동을 조직하고 캠페인을 벌이고 필요한 제도를 마련할 때 무엇부터 어떻게 해나갈지를 결정하기 위해서이기도 하다. 이 절에서는 가부장체제에서의 성관계, 성노동, 성장치에 의한 여성들의 죽음의 사례들을 살펴보면서, 이런 죽음들을 여성 살해에 포함시켜야 하는지 아닌지 하는 물음을 던져보고자 한다.

첫째로 여성 성소수자들의 죽음이 있다. 레즈비언과 트랜스젠더는 이성애라는 규범과 젠더 정체성이라는 규범을 심각하게 위반한 죄로 비난, 폭력, 죽음의 위협에 노출되어 있는 집단이다. 래드포드는 여성 살해 유형들을 나열하면서, 동성애 혐오적 여성 살해 혹은 레즈비사이드lesbicide라는 용어를 사용한다. 하지만 동성애 혐오와 여성 살해 사이의 관계에 대한 적극적인 탐구는 아직까지 찾기 어렵다. 일반적으로 여성 살해 연구는 친밀한 관계에서의 살해에 초점을 맞추지만, 레즈비언이나 트랜스젠더의 경우 친밀한 관계에서의 살해가 이들의 죽음의 역학을 가장 잘 보여준다고 하기는 어렵다. 물론 레즈비언 커플 사이에서도 여성 혐오나 동성애 혐오로 인한 폭력이 있을 가능성을 배제할 수는 없다. 하지만 레즈비언에 대한 이른바 '교정 강간' 및 폭력과 살해는 대부분 이성애자 남성이 저지르는 것이고, 게이에 대한 강간, 폭력, 살해가 상대적으로 적다는 점은 레즈비언 살해의 특징을 두드러지게 보여주기 때문이다. 따라서 여성 성소수자들이 살해당하는 것은 훨씬 더 복잡할 수 있다.

레즈비언의 경우 남성중심주의라는 견지에서 바라본다면 이들은 가장 먼저 '정상적인 여성성을 추구하지 않아서' 폭력을 당하는 것이겠지만, 이성애중심주의라는 견지에서 보면 핵심은 '이성애자가 아니라'는 데 있다. 레즈비언에 대한 살해가 동성애혐오에 의한 것인지 아니면 여성 혐오나 성차별주의에 의한 것인지 날카롭게 구분되지도 않을뿐더러 구분해야만 하는 것은 아니다. 그러나 여성 살해의 개념과 범위를 규정하려고 한다면 이성애중심주의와 남성중심주의의 관계라는 상당히 복잡한 문제가 선결되어야 한다. 이 두 가지는 모두 가부장 체제의 성관계를 구성하는 요소이다. 트랜스젠더의 경우, 위와 유사한 문제(트랜스젠더 혐오나 여성 혐오나)와 더불어 여성 살해의 'femi-'라는 부분과 관련된 복잡한 문제가 발생한다. 예를 들어 피해자가 성전환 수술을 하지 않아 신체적 특징의 측면에서는 남성이지만 자신을 여성으로 정체화하는 경우, 혹은 자신을 여성이나 남성 어느 쪽

과도 동일시하지 않는 경우에 (가해자의 살해 동기가 분명하게 성차별주의에서 비롯되었음을 전제로) 어떤 판단을 내릴 것인가?

둘째로 생각해볼 것은 성별 분업에 기반한 직업군에서 나타나는 질병이나 산업 재해로 인한 사망이다. 가부장체제가 구성하고 강제한 노동 분업 체계에 결박되어 있는 여성들에게 문제는 직장 내 성희롱에서 끝나는 것이 아니다. 성별 분업은 그 자체로 성차별적이고 성억압적이며 성착취적이다. 이런 관점을 취해서 두 가지 경우를 비교해볼 수 있다. 러셀과 카푸티는 성매매를 '성노예'로 규정하면서 반여성적 테러의 한 형태로 간주한다.[27] 그렇기 때문에 여기에서 성매매와 여성 살해는 동일선상에 놓이게 된다. 이런 입장을 취하면 매춘 여성이 그 일과 관련해 어떤 이유로 사망했을 때 그것은 직접적인 살해가 아니더라도 적어도 은밀한 형태의 여성 살해로 인정될 수 있다. 반면 이들을 포함한 대부분의 연구자들은 성별 분업에 따른 다른 노동에서의 죽음은 여성 살해로 언급하지 않는다.

그런데 성매매를 '성노예'가 아니라 '성노동'의 하나로 보는 관점에서는 가부장체제하에서 여성들이 수행하는 노동이 기본적으로 '성노동'일 수 있다. 가사노동도, 특정 직업군에서의 노동도, 매춘노동도 모두 '성노동'이다. 이렇게 볼 때, 만일 우리가 매춘 여성이 혐오에 의해 살해당하는 직접적인 경우 외에도, 업소의 열악한 환경이나 그 여성들이 모여 지내는 거주지의 안전 문제로 인해 사망하는 것 혹은 매춘노동에 따른 여파로 (예컨대 에이즈에 감염) 사망하는 것을 여성 살해로 인정한다면, 삼성 반도체에서 근무했던 여성들이 백혈병으로 사망하는 경우도 여성 살해로 인정하지 않을 수 없다. 한국에서뿐 아니라 전 세계적으로 반도체 공장에서 세밀한 작업을 수행하는 이들은 대부분 여성들이며, 미국의 경우에는 특히 유색인 여성들이다. 고등학교 졸업을 앞두고 반도체 공장에 취직한 10대 여성들이 죽음에 대한 두려움을 안고서도 그 직장을 던져버릴 수 없는 것은 그들이 대학 졸업장이 없는 여성 노동자이기 때문이다.

요컨대 매춘을 성적 학대로 규정할 때는 매춘에 의한 죽음이 여성 살해로 규정될 수 있지만, 그것을 성노동으로 개념화한다면 매춘노동에 의한 모든 죽음을 여성 살해로 단순하게 볼 수는 없다. 또한 성노동으로서의 매춘노동에 의한 죽음을 여성 살해로 규정한다면 다른 성별 분업에 따른 여성의 노동에 결과로 죽음에 이르는 경우는 어떻게 이해할 것인가 하는 물음도 제기될 수 있다.

마지막으로 성폭력과 학대의 결과로 여성이 자살을 하는 경우도 여성 살해로 볼 것인지에 대해 생각해볼 수 있다. 성폭력과 지속적인 가정폭력에 노출된 여성들이 무기력해지고 우울증에 시달리며 극단적인 선택을 하는 일이 적지 않다는 것은 잘 알려져 있다. 특히 성폭력과 가정폭력에 대한 정부와 사회의 인식 수준이 낮을수록 여성들은 이 상황에서 빠져나올 수 있는 아무 도움도 받지 못하기 때문에, 자살을 하거나 아니면 가해자를 살해한다. 범죄 연구자들뿐 아니라 페미니스트들조차 이런 경우에 '매 맞는 아내 신드롬'과 여성이 가해자를 살해하는 여성 살인 범죄에 주로 초점을 맞추어 왔다. 국내에서도 포털사이트에 '여성 살해'를 검색하면 극악무도한 살인 사건에 대한 선정적인 보도들과 함께 여성이 남편이나 애인을 살해한 사건들을 분석한 논문 자료들이 주로 발견된다.

상대적으로 관심을 덜 받는 자살의 경우, 최근 한국 사회에서 잇따라 발생하는 노동자들의 자살이나 장애인이 이동권을 보장받지 못해 화재 등으로 사망한 사건을 '사회적 살인' 혹은 '사회적 타살'이라고 명명하기 시작한 것과 관련해 생각해볼 만하다. 성폭력이나 학대를 경험한 여성들은 도움을 거의 받을 수 없는 사회적 조건 속에서, 자신이 죽거나 가해자를 죽여야 문제 상황을 종결지을 수 있는 폭력적인 양자택일로 내몰리고 있다. 이때의 자살을 단순히 개인의 비윤리적 선택으로 볼 수는 없다. 여기까지는 대부분이 동의할 수 있겠지만, 문제는 '사회적 살인'이라는 말을 수사적으로 사용할지 아니면 실질적인 효과를 노리는 개념으로 사용할지, 다시 말해 의제를 설정해 그에 대한 이론적 토대를 마련하고 액티비즘을 조직하기 위한 개념으로 사용할지 하는 것이다.

밀렛Kate Millett은 이미 《성의 정치학Sexual Politics》에서 비전문적인 낙태로 인한 죽음, 임신으로 인한 자살 등을 "간접적인 사형"으로 규정한 바 있다. 또 우리는 앞에서 페미니스트들이 자기결정권의 박탈이라는 사회적 조건하에서 비전문적 낙태 시술에 의해 죽는 경우를 은밀한 형태의 여성 살해에 포함시킨다는 것을 보았다. 물론 여성이 죽을 수도 있는 가능성을 알면서도 비전문적 방법을 선택했다고 그것을 자살과 동일시할 수는 없다. 하지만 판단 기준이 직접적으로 죽음을 선택했는지 여부보다는 죽음을 무릅쓰게 만드는 사회적 조건이라고 한다면 성폭력이나 학대로 인한 자살 역시 은밀한 형태의 여성 살해에 포함시킬 수 있을 것이다.

펼쳐보기와 초점 맞추기

지금까지 살펴보았듯이 여성 살해는 개념적으로 아직 여러 가지 논쟁적인 문제들을 완전히 해결하지 못했다. 위에서 미처 다루지 못한 인종, 국가, 계급, 종교, 장애 여부 등에 따른 차이들과 특수성들도 여성 살해 개념 정립과 유형화 및 사건발생에 영향을 미치는 요소들이다. 예를 들어 일반적으로는 여성들의 소득이 낮을수록 여성의 살해 비율이 높아지는 것으로 보이지만, 미국에서 흑인 여성의 경우 소득의 고저는 유의미한 변수로 작용하지 않는다.[28] 흑인 커뮤니티에서는 여성의 노동이 가족과 흑인 집단을 부양하는 중요한 역할을 하기 때문에 여성의 소득 증가가 흑인 남성에게 위협이 되기보다는 오히려 보호와 도움을 제공하는 것으로 여겨지기 때문일 것이다. 또 아프리카 남부 지역에서는 성 경험이 없는 여성과 성관계를 맺으면 에이즈가 치료된다는 미신 때문에 남성 에이즈 환자들에 의해서 여성들이 강간당하고 에이즈에 감염되어 죽는 경우들이 관심의 대상이 된다. 멕시코의 경우 여성 살해는 마약 산업 및 갱단, 포르노 산업과 연루되어 있다.

이러한 여러 차이들과 수많은 요인들을 하나하나 펼쳐놓고 각각의 것들이 여성 살해의 가장 중심이 되는 근본 원인으로서의 가부장체제에서 어떤 방식으로 서로 영향을 주고받는지, 그리고 여성에 대한 폭력과 그 극단적 형태인 여성 살해의 발생에 어떻게 관계되는지를 구체화하는 작업이 필요하다. 하지만 동시에 핵심이 무엇인지를 결정하고 초점을 맞추는 일도 매우 중요하다. 너무 많은 종류의 여성의 살해를 여성 살해로 규정하면 오히려 여성 살해의 개념화가 갖는 정치적 힘이 퇴색될 수 있기 때문이다. 그러면서도 여성 살해가 갖는 극단적인 성격으로 인해 여성에 대한 폭력이 갖는 일상적이고 친숙한 얼굴이 망각되도록 해서도 안 될 것이다.

한국에서 살인 사건은 해마다 감소하는 추세이며, 여성의 살인 사망률은 남성에 비해 낮은 편이다. 하지만 중요한 것은 여성 살해의 동기와 피해자-가해자 관계가 점점 더 반여성적이고 성차별적인 특징을 보인다는 점이다. 구스티나의 연구에 따르면 성 평등의 수준과 여성에 대한 폭력의 발생 비율은 일관되게 비례 관계이지도 반비례 관계도 아니다. 어떤 경우에는 여성의 사회적·경제적 지위가 상승할수록 여성 살해가 줄어드는 것으로 나타났지만, 다른 경우에는 그 반대의 결과를 보이기도 한다. 후자의 경우를 남성의 반격으로 설명하는 페미니스트들은 여성 평등의 증대로 인해 위협을 느낀 남성들이 권력 유지 수단으로 폭력을 사용한다고 주장한다.[29] 최근 몇 년간 한국 사회에는 이 반격 이론의 증거들이 자주 그리고 거세게 나타나고 있다. 남성들은 한편으로는 경제적 능력을 가진 여성들, 사회 규범에 순종적이지 않은 젊은 여성들, 과거에는 남성의 영역으로 여겨졌던 것들을 누리지만 그것을 '제대로' 수행하지 못하는 여성들, 결혼이나 연애에서 협상을 주도하려는 여성들을 된장녀, 꼴페미, 김여사, 보슬아치 등으로 세세하게 분화해 경멸적인 이름표를 붙인다. 남성들의 이러한 분노, 공포와 당황스러움이 지금은 인터넷상의 언어적 폭력으로 나타나지만 언제 어디에서 물리적 폭력으로, 그리고 여성의 살해로 전개될지는 모르는 일이다.

여성 살해는 1970년대 중반에 제기되어 지금까지 꾸준한 논의가 있었지만 몇몇 지역을 제외하고는 페미니즘과 여성운동의 중심 의제로나 핵심 개념으로 자리 잡지는 못했다. 러셀을 위시한 몇몇 페미니스트들이 주장하듯이, 여성 살해를 경험한 여성 자신의 목소리가 생존해 있을 수 없기 때문에 그경험에 의미를 부여하는 작업이 쉽지 않다. 또한 죽음이 갖는 보편적이고 극단적인 성격으로 여성의 살해가 갖는 젠더화되고 반여성적이며 여성 혐오적인 특성이 은폐되는 한편 상당히 예외적인 개별 사건으로 치부되어 온 것도 사실이다. 그러나 한국에서는 무엇보다도 여성에 대한 폭력이 강간과 살해로 대표됨으로써 가정과 일터를 비롯한 온갖 일상적 공간에서 일어나는 폭력들이 무시되는 상황에 대한 우려가 더 컸을 것이다. 지난해 오마이뉴스와의 인터뷰에서 권인숙은 "성범죄 보도의 증가가 '공안통치'를 향한 위정자의 욕망, 그리고 언론의 상업주의와 무관하지 않다"고 지적하면서 "몇몇 극단적인 성범죄 사례에 대한 언론의 선정적인 보도가 여성이나 아이들에게 '과장된 공포'를 심어준다"고 우려를 나타냈다.[30] 이에 대해 동의하지 않는 페미니스트는 없을 것이다. 하지만 이러한 우려 때문에 페미니스트 관점에서 문제 설정을 하고 담론과 운동을 만들어가는 작업을 미룰 필요는 없다.

참고문헌 및 더 읽을거리

강은영, 박형민, 《살인범죄의 실태와 유형별 특성: 연쇄살인, 존속살인 및 여성살인범죄자를 중심으로》, 한국형사정책연구원, 2008.

고정갑희, 《성이론》, 여성문화이론연구소, 2011.

백수진, 〈여성주의 관점에서 Femicide 개념 구축하기〉, 한국여성학회 제25차 추계학술대회 "장소로서의 몸", 2009.

유성호, 홍현진, 〈"성폭력 보도 4배 증가"…그들이 노리는 것은?〉, (2012. 09. 06.), 오마이뉴스 권인숙 명지대 교수 인터뷰 기사, http://www.ohmynews.com/NWS_Web/View/at_pg.aspx?CNTN_CD=A0001775839

한국여성의전화 보도자료, "2012년 작년 한해 남편이나 남자친구에 의해 살해당한 여성 최소 120명", "2013 한국여성의전화 상담통계 및 언론보도 분석", http://www.hotline.or.kr

Guistina, Jo-Ann Della, *Why Women Are Beaten and Killed: Sociological Predictors of Femicide*, (Edwin Mellen Press, 2010).

Radford, Jill, "Introduction", *Femicide: The Politics of Woman Killing*, Edited by Russell, Diana E. H. & Radford, Jill, (Twayne Puplishers, 1992).

Russell, Diana E. H., "Defining Femicide and Related Concepts", *Femicide in Global Perspective*, Edited by Russell, Diana E. H. & A. Harmes, Roberta, (Teachers College Press, 2001).

_____, "Femicide: Some Men's 'Final Solution' for Women", *Femicide in Global Perspective*, Edited by Russell, Diana E. H. & A. Harmes, Roberta, (Teachers College Press, 2001).

_____, "Preface", *Femicide: The Politics of Woman Killing*, Edited by Russell, Diana E. H. & Radford, Jill, (Twayne Puplishers, 1992).

_____, "The Origin and Importance of The Term Femicide", 〈Stop Femicide!〉 Conference in Amsterdam, 2011. (www.dianarussell.com)

_____ & Caputi, Jane, "Femicide: Sexist Terrorism against Women", *Femicide: The Politics of Woman Killing*, Edited by Russell, Diana E. H. & Radford, Jill, (Twayne Puplishers, 1992).

Watts, Charlotte, Osam, Susanna & Win Everjoice, "Femicide in Southern Africa", *Femicide in Global Perspective*, Edited by Russell, Diana E. H. & A. Harmes, Roberta, (Teachers College Press, 2001).

Widyono, Monique, "Conceptualizing Femicide", Conference 〈Strengthening Understanding of Femicide -using research to galvanize action and accountability〉, 2008.

주

- 이 글은 《여/성이론》에 게재한 것을 양측의 양해를 구하여 〈지구지역행동네트워크〉 웹진 "글로컬 포인트"(http://blog.jinbo.net/glocalpoint) 창간 준비호에 함께 실었던 것이다. 후자에 실린 글이 더 최신의 것이므로 이를 바탕으로 본 단행본의 형식에 맞게 수정했다.

1 1801년에는 《19세기 벽두 런던 풍자관》에서 '여성의 살인'을 의미하는 것으로 쓰였다. 1827년에는 《처벌 받지 않은 여성 살해에 대한 자백》이라는 글이 출판됐는데, 이는 여성을 살해한 가해자인 윌리엄 맥니쉬 자신이 작성한 것이다. 1848년에 출간된 《법률용어집》에는 여성 살해가 기소할 수 있는 범죄가 되었다고 설명되어 있다. Russell, Diana E. H., "Defining Femicide and Related Concepts", *Femicide in Global Perspective*, Edited by Russell, Diana E. H. & A. Harmes, Roberta, (Teachers College Press, 2001), p. 13.

2 Russell, Diana E. H., "The Origin and Importance of The Term Femicide", 〈Stop Femicide!〉 *Conference* in Amsterdam, 2011. (www.dianarussell.com)

3 Russell, Diana E. H. & Caputi, Jane, "Femicide: Sexist Terrorism against Women", *Femicide: The Politics of Woman Killing*, Edited by Russell, Diana E. H. & Radford, Jill, (Twayne Puplishers, 1992), p. 15 1990년에 잡지 〈Ms.〉에 실렸던 "Femicide: Speaking the Unspeakable"을 본 논문집에 다시 실음.

4 Russell, Diana E. H., "Preface", 1992, xi

5 _____, "Defining Femicide and Related Concepts", 2001, pp. 14~15.

6 _____, "Introduction: The Politics of Femicide", 2001, p. 3.

7 한국여성의전화 보도자료, "2012년 작년 한해 남편이나 남자친구에 의해 살해당한 여성 최소 120명", "2013 한국여성의전화 상담통계 및 언론보도 분석", http://www.hotline.or.kr

8 강은영, 박형민, 《살인범죄의 실태와 유형별 특성: 연쇄살인, 존속살인 및 여성살인범죄자를 중심으로》, 한국형사정책연구원, 2008, 327쪽.

9 한국여성의전화, 위의 자료, 2쪽.

10 Russell, Diana E. H., 2001, p. 4.

11 Radford, Jill, "Introduction", *Femicide: The Politics of Woman Killing*, Edited by Russell, Diana E. H. & Radford, Jill, (Twayne Puplishers, 1992), pp. 3~4.

12 Guistina, Jo-Ann Della, *Why Women Are Beaten and Killed: Sociological Predictors of Femicide*, (Edwin Mellen Press, 2010), p. 7.

13 Russell, Diana E. H., "The Origin and Importance of The Term Femicide", 2011.

14 _____, "Femicide: Some Men's 'Final Solution' for Women", 2001, p. 176.

15 Radford, Jill, 1992, p. 6.

16 고정갑희, 《성이론》, 여성문화이론연구소, 2011.

17 앞의 책, 201쪽.

18 Russell, Diana E. H., "Defining Femicide and Related Concepts", 2001, p. 13. 여기서 러셀은 살인 관련 전문용어 젠더화를 다음과 같이 분류한다. ① 살인 자체를 젠더화하기: woman-killing, girl-killing, female-killing, man-killing, boykilling, male-killing ② 살인자를 젠더화하기: male-perpetrated kliller, female-perpetrated kliller ③ 살인자-사망자 관계를 젠더화하기: a.남자의 남자살인, b.남자의 여자살인(여성 살해, 비여성 살해 살인), c.여자의 여자살인, d.여자의 남자살인.

19 Widyono, Monique, "Conceptualizing Femicide", Conference 〈Strengthening Understanding of Femicide–using research to galvanize action and accountability〉, 2008, p. 8.

20 Russell, Diana E. H., Table 2.1, 2001, p. 17.

21 Table 2.2, 2001, p. 21.

22 Watts, Charlotte, Osam, Susanna & Win, Everjoice, "Femicide in Southern Africa",

Femicide in Global Perspective, Edited by Russell, Diana E. H. & A. Harmes, Roberta, (Teachers College Press, 2001), pp. 91~92.

23 Widyono, Monique, 2008, Figure1, p. 11.

24 백수진, 〈여성주의 관점에서 Femicide 개념 구축하기〉, 한국여성학회 제25차 추계학술대회 '장소로서의 몸', 2009, 50쪽.

25 Russell, Diana E. H., "The Origin and Importance of The Term Femicide", 2011.

26 _____, "Defining Femicide and Related Concepts", 2001.

27 _____ & Caputi, Jane, 1992, p. 15.

28 Guistina, Jo-Ann Della, pp. 38~41.

29 _____, pp. 17~19, 42~48(Table 1. Gender Equality Variables in Femicide Studies.) 참조.

30 유성호, 홍현진, 〈"성폭력 보도 4배 증가"…그들이 노리는 것은?〉, (2012. 09. 06.), 오마이뉴스 권인숙 명지대 교수 인터뷰 기사, http://www.ohmynews.com/NWS_Web/View/at_pg.aspx?CNTN_CD=A0001775839

우울증

기본적 정의

보통 사랑하는 대상의 상실로 인해 장기적이고 병리적으로
우울감이 지속되는 상태를 지칭한다.

개념의 기원과 발전

우울증은 멜랑콜리, 멜랑콜리아, 혹은 디프레션이라고도 불
린다. 지속된 슬픔으로 인한 우울증 증상으로는 활력 저하,
의욕 상실, 집중력 결여, 무기력감, 피로감이 있으며 수면 장
애, 식욕 장애, 성기능 장애를 동반해 일상생활이나 직장 업
무의 곤란으로 이어지기도 한다. 때로는 원인 불명의 신체증
상이 나타나기도 하고 심하면 죽음에 대한 반복적 생각이나
자살 충동이 들어 실제로 자살을 시도하는 행동으로 옮겨지
기도 한다. 의학적으로 우울증의 원인에는 생화학적 요인, 유
전적 요인, 환경적 요인이 논의되지만, 정신분석학에서 말하

는 우울증은 주로 환경적 요인 중에서도 사랑하는 사람을

잃은 심리적 슬픔과 연관된다. 주체는 애정의 대상을 상실해서 사랑의 리비도를 거둬들일 때 슬픔과 고통을 느끼는데 자신이 무엇을 상실한 것인지, 또 왜 상실한 것인지가 분명치 않을 경우 이런 슬픔과 고통은 극복하기가 어렵다.

정신분석학의 창시자 프로이트Sigmund Freud는 1917년 〈애도와 우울증Mourning and Melancholia〉에서 사랑하는 대상을 상실했을 때 주체가 보이는 심리적 반응을 애도와 우울증으로 구분해 설명한다. 애도나 우울증은 사랑하던 대상의 상실로 인한 지속적 슬픔과 우울의 상태라는 점에서 유사하다. 또 상실한 대상 외의 세계에 대한 적극적 관심이나 삶에 대한 능동적 참여도가 현저히 줄어든다는 공통점이 있다. 다만 애도의 경우와 달리 우울증에서는 주로 자신의 자아나 자존감과 관련된 변화가 특징적으로 나타난다. 우울증 환자는 자기 외부의 대상에 대한 관심이 없으며 자신을 비난하고 스스로 무가치하다고 여기거나 과도한 죄책감과 죄의식을 보인다.

프로이트에 따르면 애도와 우울증의 차이는 크게 세 가지로 나타난다. 애도와 우울증 모두 사랑했던 대상을 잃고 주체가 보이는 고통스런 슬픔의 반응이지만 애도의 경우 상실한 대상이 누구인지가 분명한 반면, 우울증의 경우에는 누구를 혹은 무엇을 상실했느지가 불분명하다. 혹은 상실한 대상을 안다 해도 대상의 어떤 부분을 상실했는지 잘 알지 못한다. 애도의 대상은 의식적인 반면, 우울증의 대상은 무의식적이라는 말이다. 두 번째로 애도는 대상에 대한 사랑, 즉 대상애와 관련되지만 우울증은 자아의 형성이나 자기애와 관련된다. 자아 동일시가 일어나는 나르시시즘기로의 퇴행은 우울증만의 특징이다. 그래서 애도의 경우 공허하고 무의미해지는 것은 사랑하는 사람이 떠난 세상이지만, 우울증의 경우 쓸모없고 허망해진 것은 그 사람과 연결된 자기 자신이다. 애도중인 사람은 일정 기간이 끝나면 그 리비도를 회수해 다른 대상에게 집중시키면서 새로운 사랑으로 전환할 수 있지만, 우울증 환자는 사랑의 대상을 자신의 에고로 합체해버리기 때문에 다른 대상애object love로 전환할 수 없다. 세 번째로 애도의 경우에는 상실한 대상에 대한 사랑이 그대로 유지되지만, 우울증의 경우 대상에 대한 사랑이 증오로 변하기도 한다. 애증의 양가감정이 활발하게 작용하는 것이다.

프로이트의 설명에 따르면 우울증은 사랑의 대상을 잃은 주체가 자기애적 자아 동일시 단계로 퇴행하여 상실한 대상을 자신의 에고에 합체한 뒤 그 대상을 증오하고 공격하는 성향이라 할 수 있다. 원래 자아는 초자아가 되고 원래 대상은 자아가 되면서, 자아가 대상을 사랑했던 강도만큼 이제 초자아는 대상을 공격하고 박해한다. 초자아의 자아 비난은 사실상 자아의 대상 비난에서 온 것이기 때문에 우울증 환자의 자기 비하와 자살 충동은 스스로를 비난하는 마조히즘적인 것이 아니다. 자신을 버리고 떠나간 사랑의 대상에 대한 증오와 공격성이기 때문에 오히려 사디즘적 쾌락에 가깝다. 그래서 우울증자의 자기 비난은 당당하고 수치심이 없다.

프로이트의 우울증은 세 가지 과정을 거쳐 나타난다. 우선은 사랑하는 애정의 대상을 상실한다. 두 번째로 그 대상을 자신의 몸에 합체하면서 대상애를 자아의 구성으로 전환한다. 마지막으로 애증의 양가 감정 때문에 애정을 증오나 혐오로 전환한다. 누군가를 사랑하게 된 후 그 대상에게서 버림받게 되면 그 대상 관계는 깨지게 마련이다. 사랑했던 대상이 죽거나 떠나버려서 애도할 때는 일정 기간이 지난 후 대상에게 집중되었던 리비도를 다른 대상에게로 전환해 정상적인 새로운 사랑의 경로를 밟지만, 우울증의 경우 대상 카텍시스가 없어지면서 리비도는 자아 속으로 들어가게 되므로 사랑했던 대상도 사라지고 새로운 사랑도 불가능해진다. 또 애정은 증오로 변해서 자신과 동일시한 대상을 증오하고 비난하고, 비하하고, 모욕하는 것이다. 우울증은 겉보기에 자기 피학증처럼 보이지만, 가만 들여다보면 역설적이게도 대상에 대한 가학증에 가깝다. 대상에 대한 우울증적 카텍시스가 겪는 이중의 변화는 자기 동일시로의 퇴행과 양가감정에 따른 새디즘으로의 전환이라 할 수 있다.

개념의 변화와 새로운 해석들

1924년 에이브러험Abraham Maslow은 우울증을 에고의 반작용으로 보는 당시 미국 에고심리학의 영향을 받아 '충동의 퇴행regression of drive' 부분을 강조했다. 우울증의 정동은 일시적인 에고의 퇴행 때문에 생기며, 자존감이 추락하는 정신병적 우울증도 거기서 비롯된다고 본 것이다. 에이브러험은 강박적 신경증과 우울증을 구분해, 전자는 항문기로 퇴행이지만 후자는 그보다 앞선 단계인 구순기로의 퇴행이라고 보았다. 우울증 환자는 구순기 나르시시즘 단계로 퇴행하기 때문에 떠나간 대상을 재-합체re-incorporation할 수 있다. 주체는 내투사를 거쳐 자신을 떠나간 대상과 동일시하고, 사랑했던 대상에 대해 복수할 수 있다. 에이브러험에 따르면 우울증의 상태를 만드는 것은 네 가지 요소의 조합이다. 그 네 가지 요소에는 구순기 성애의 증가, 구순기 단계로 리비도의 고착, 사랑에 실망해서 나르시시즘에 상처를 받는 것, 그리고 그 이후 이런 과정의 반복이 있다. 에이브러험의 경우에도 프로이트와 유사하게 상처받은 나르시시즘, 사랑하던 대상의 포기, 공격적 충동에 대한 과민 반응 등을 우울증의 특징으로 꼽는다.

1950년대 대상관계학자 클라인Melanie Klein은 심리 발달의 중심에 있는 것은 타고난 죽음충동death drive이라고 보았다. 유아는 우울한 위치depressive position에 있을 때 사랑과 증오가 공존한다는 것을 인식하고 그 증오의 공격적 파괴성에 대한 죄의식 때문에 침체기의 우울증을 경험한다. 우울한 위치란 엄마를 완전한 대상으로 간주하던 아이가 엄마를 '좋은' 대상과 '나쁜' 대상으로 나누고, 하나의 대상에 대해 리비도 본능과 적대 본능을 교차 발현하는 것이다. 우울증 혹은 불안감은 엄마를 잃거나 파괴할지 모른다는 환상과 관련되고, 이런 가상의 공포와 불안은 다양한 방어기제를 형성하게 한다. 이 시기의 유아가 과도한 조증과 극단적 울증을 일정한 간격을 두고 반복해서 보여주는 것도 이 때문이다. 조증과 울증은 편집증의 위치와 우울증의 위치로 교차 반복된다. 그러다가 사랑의 대상이 유아에게 안정적으로 투사되면 우울증의 불안은 극복된다.

클라인이 보기에 성인 우울증 환자는 이런 유년기의 우울한 위치를 무의식적 환상, 갈등, 꿈을 통해 다시 작동시키는 것이다. 이것은 한편으로는 대상 및 에고에 영향을 미치는 일련의 변화와 관련되고, 다른 한편으로는 타인을 향한 본능과 상관된다. 즉 하나의 대상 안에서 '좋은' 면과 '나쁜' 면이 분명한 구분 없이 분열을 일으킨 뒤, 그 대상에 대해 공격적 본능과 리비도 본능이 뒤섞이면서 복합적 양상이 구현되는 것이다. 이런 양가 감정은 하나의 대상 안에 혼재되어 있는 좋은 대상과 나쁜 대상에게로 집중 발현된다.

프랑스 기호학자 크리스테바Julia Kristeva는 1989년《검은 태양Black Sun》에서 여성의 우울증을 어머니와의 관계를 중심으로 설명하려 했다. 여성이 남성보다 우울증에 많이 걸리는 것은 어머니와의 관계를 완전히 극복할 수 없기 때문이다. 여성은 나중에 어머니를 대신할 다른 사람이 오리라는 보장 없이 자신을 어머니와 분리해야 하기 때문에 분리가 잘 되지 않고, 그 과정에서 남성과 적대적 관계를 맺는다. 여성의 우울증적 반응에 주목하는 것은 중요한데, 많은 경우 우울증은 심신 상관적 증상, 빈번한 사고, 애인과의 관계에서 생기는 문제 등을 숨기고 있기 때문이다. 여성은 어떤 관계가 수년간 단절되었거나 제한적이더라도 애인과 자신을 분리하기 어려워하는 경우가 많다. 여아는 원초적 장면에서 어머니를 거세하는 인물로 경험하기 때문에, 자신을 어머니와 동일시하면서 자신이 아버지의 남근을 거세하리라는 두려움을 갖고 있다. 이런 공격적인 항문-가학기의 환상이 죄의식을 불러오고, 그 때문에 나중에 성인이 되었을 때는 애인과의 관계 분리에 대해 죄의식을 갖게 된다. 현재의 관계 분리가 예전의 공격적 충동의 반복으로 느껴져서 죄의식과 우울증을 수반하는 것이다.

크리스테바는 멜랑콜리와 디프레션이 사실 경계가 불분명한 혼합체라고 주장한다. 우울증 환자는 정신병과 정상의 경계에 있으며, 대상의 상실과 더불어 의미도 상실한다. 일시적인 슬픔이나 애도는 우울증에서 보이는 망연자실한 상태와는 전혀 다르다. 언어는 무의미해지고, 주체는 활동 정지나 자살이라는 리비도 회수 방식을 벗어나지 못하기 때문이다. 상실한 대상이 무의식적이라는 점은 프로이트의 우울증 해석과 유사하지만, 크리스테바는 주로 언어나 기표의 측면을 강조하고, 이런 언어적인 무를 '모성적 대상'과 연관시켜 논의한다. 우울증적 정동은 우울증자의 도착적 과시라서, 그것은 주체를 자살이나 정신병에서 보호하면서 망망대해 같은 공허를 채우고 죽음을 몰아내는 애매한 쾌락의 근원이 되기도 한다.

크리스테바에게 우울증적 기질은 시인의 전제조건이기는 하지만, 그것이 예술적인 언어로 승화되기 위해서는 궁극적으로 극복되어야 할 병리적 징후로 설명된다. 사실 우울증자는 정상과 정신병의 경계에 있는 경계례 환자borderline patient다. 우울증을 '검은 태양'이라고 부르는 것도 이것이 잘 극복되어 승화될 경우 홀바인, 네르발, 도스토예프스키 같은 위대한 예술가의 예술적 잠재력이 될 수 있지만 잘못하면 정신병으로 변할 수도 있기 때문이다. 애도의 주체는 일차적인 어머니 대상의 상실을 인정한다는 면에서 페티시즘적인 '부정negation'의 국면에 있는 반면, 우울증 주체는 이 '부정을 부인denial of negation'하는 이중적 작용 때문에 '거부repudiation'라는 정신병의 기제로 넘어갈 수 있다. '부정성negativity'은 우울증의 핵심적 기제로 이런 '부정의 부인'이 억압되면 정신병이 되는 것이다.

또 우울증은 무의식적인 상실 중에서도 '언어적인 무'와 관련된다. 부인의 결과로 생긴 정동의 고통은 '무의미한 의미meaning without signification'다. 우울증 환자는 아무것도 말하지 않으며 말할 것이 없다. 또 모국어의 의미와 그 의미의 가치를 상실해서 외국인이 언어를 대하듯 자신의 모국어를 대한다. 그들은 죽은 언어를 말하고 죽은 언어는 자살을 전조하면서 산 채로 묻혀 있는 '물Thing'을 감춘다. 이들은 '물'에 고착되어 대상이 없으며, '물'은 의미화가 불가능한 대상이다. 그것은 '그저 무無이고, 그들의 무이며, 죽음mere Nothing, their Nothing, Death'이다. 물에 고착된 대상 없고 무의미한 총체적 의미화의 불가능성이다. 그래서 우울증은 그저 무이고 죽음을 의미한다.

한편 우울증 환자는 모성적 대상과 관련해서 감정의 극단적인 양극을 오가는 정동의 양상을 보여준다. 우울증 환자가 보이는 부정의 부인은 무의식적인 것에서 비롯된다. 이 상실은 어떤 대상에 대한 것이 아니라 '정동'이나 '시간의 기억'과 같은 심리적 대상에 관한 것이기 때문에 주관적 구성물이며 심리의 무덤 속에 있는 불분명한 재현물이라는 점에서 '모성적 대상'과 관련된다. 또한 이 무의식적인 우울증은 감정적 대척점에 있는 조증을 동반한다.

크리스테바는 《검은 태양》에서 자신이 임상적으로 분석했던 3명의 여성 우울증 여성 환자를 소개한다. 그들은 헬렌, 마리 앙쥬, 그리고 이자벨이다. 이들의 특징은 겉보기에는 남성과 대립하거나 적대하는 것처럼 보이지만, 사실은 남성과의 관계보다 여성과의 관계, 특히 어머니와의 관계를 삶의 중추적 요건으로 삼는다는 특성을 보인다. 이들은 어머니와 미분리된 상태에서 살며, 자아와 타인의 분리가 불분명한 경계례 환자들이다.

크리스테바의 첫 번째 우울증 환자 헬렌은 카니발적인 고독과 죽음을 무대에서 상연하듯 연극적으로 보여주는 여성이었다. 그녀는 어머니의 재현물을 몸 안에 가두고 어머니를 먹어서 어머니와 동일시된다는 환상을 겪기도 했다. 헬렌은 성적 침체기와 성적 쾌락의 향연 사이를 주기적 반복하면서 남근적 주이상스와 타자의 주이상스를 반복했다. 그리고 침체기에는 죽은 척 드라마틱한 연기를 펼쳤다. 헬렌은 불감증과 성적 향연을 교차 반복하는 극단적인 양극 현상을 보여주었다.

두 번째 환자는 마리 앙쥬였는데 그녀는 혼외정사를 즐기는 남편에게 보복하는 대신, 남편의 정부에게 폭력적인 복수를 시도했다. 그녀는 상대를 해치우지 못하면 자신이 당하고 말 것이라는 식으로 극단적 악행을 일삼았다. 남편의 정부가 마실 음료에 수면제나 독극물을 탄다거나, 자동차 타이어를 난도질한다거나, 혹은 고의로 브레이크를 파손시키기도 했다. 남편의 배신에 따른 복수심과 폭력성은 그녀에게 남근적인 힘을 부과해서 그 배신으로 인한 모멸감을 보상하게 만든 것처럼 보이지만, 사실 이 우울증에는 동성애라는 성적 비밀이 들어있다. 이런 폭력성은 남편보다는 남편의 정부에 대한 애증의 양가감정이 발현된 것으로 해석되기 때문이다. 바람둥이 돈 주앙의 아내는 남편에 대한 슬픔의 감정보다는 정부에 대한 동성애적 애증 때문에 테러 행위를 반복했다. 가족사적으로 보면 마리 앙주에게는 언니 1명과 여러 명의 남동생이 있었는데 그중 언니는 아버지의 총애를 받았고, 어머니는 연달은 임신 때문에 관심의 대상이었다. 그래서 그녀는 어머니와 언니에 대한 질투나 증오를 남편의 정부에게 줄 독약 탄 술이나 음식으로 표현한 것이다. 남편은 성적 대상이 아니라 동성애적 쾌락을 위한 도구에 불과했으므로 그녀는 사실 남편이 아니라, 남편의 도착적 대상인 정부를 통해서만 주이상스에 도달했다. 마리 앙쥬는 남편에게 정부가 있을 때에만 쾌락을 느꼈고, 동성애를 추구하기 위해 남성의 상대 여성이라는 은폐막과 매개자가 필요했다.

　세 번째 환자는 이자벨이었는데 그녀는 동정녀 마리아처럼 정신적 침묵의 블랙홀을 살면서도 딸 앨리스에게 과도한 집착을 보였다. 대단히 적극적인 성생활을 했던 10대 때와는 달리, 우울증 당시는 마치 죽기 위한 삶을 사는 것처럼 죽은 삶을 살았다. 그런데 그녀의 생애를 돌이켜보면 그녀의 삶 자체가 양극단을 오가는 것이었다. 도발적 성생활과 동정녀, 도착과 극기, 외부적 행동주의와 내부적 마비 사이를 극단적으로 오갔던 것이다. 크리스테바는 이를 유년기의 에로틱한 아버지와 위엄 있는 아버지 사이의 분열에서 기인한 것으로 분석한다. 우울증이 심하다가 임신하게 된 이자벨은 엄청난 행복에 빠졌으나 곧 태아가 기형일 염려와 걱정 때문에 극도의 불안감과 강박적 집착에 시달렸다. 임신 중의 행복감은 사랑의 상실을 부정하고 절대자가 되려는 욕망으로 분석된다. 미혼이면서 유명인사인 어머니가 되어서, 어머니인 동시에 아버지도 되고 싶은 것이다. 이런 욕망은 죄의식을 부르고 그래서 불안감과 우울증을 발생시키는 원인이 되기도 한다.

마지막으로 현대 미국의 퀴어 이론가 버틀러Judith Butler는 젠더 주체가 형성되는 하나의 메커니즘으로 우울증을 설명한다. 이제는 금지되거나 배제된 사랑의 대상이나 성적 경향이 완전히 금지되지도 배제되지도 못한 사랑 때문에, 주체를 구성하는 방식이 우울증적인 젠더 구성 방식으로 제시된다. 대상애가 자아를 형성한다는 프로이트의 논의에 퀴어 정치학을 접목시킨 버틀러는 우울증이 몸의 자아bodily ego, 즉 '젠더화된' 자아를 형성하는 방식이라고 말하는데, 이 젠더화된 자아는 근친상간의 금기 이전에 원천적으로 봉쇄된 동성애의 배제에 입각해 있다고 주장한다. 그런데 배제된 동성애는 완전히 배제되어 사라진 것이 아니라, 그 부정이 부정되어 '이중 부정'의 방식으로 주체의 내부에 이미 들어와 있다. 그래서 남성 안에 여성이 있고, 이성애자 안에 이미 동성애가 있는 것이다. 남성이 여성을, 이성애가 동성애를 이중부정의 방식으로 선취하고 있다면 남성우월론도, 이성애 토대주의도 이미 불가능하다. 이에 따라 진정한 레즈비언 우울증 환자는 이성애 여성이며, 진정한 게이 우울증 환자는 이성애적 남성이라는 역설이 가능해진다.

우울증적인 몸이 완전히 애도하지 못해 안고 있는 것은 동성 부모에 대한, 금지 이전에 아예 배제된 사랑이다. 여아는 아버지에 대한 근친상간적 사랑에 앞서, 어머니에 대한 동성애적 사랑을 갖는데 이 사랑이 사랑으로 인정조차 되지 않고 인식조차 되지 않아서 여자아이의 자아의 일부를 구성한다는 의미다. 배제되었지만 이미 배제의 방식으로 선취된 욕망은 젠더화된 자아를 구성한다. 따라서 버틀러에게 우울증을 앓는 현대 젠더 주체의 몸은 이성애중심주의가 배제했던 동성애를 불완전하게 합체한 사람들이다. 자아의 한가운데에는 완전히 애도하지 못한 타자가 놓여 있고, 이러한 타자야말로 '자아'의 완전하고 자족적인 자아 정체성의 획득을 불가능하게 만든다. 이제 자아는 이미 타자에 의해서 붕괴된 자아이고, 거부된 동일시로서 자아의 한가운데 놓인 타자야말로 바로 자아가 있을 수 있는 전제 조건이 된다. 그리고 이 자아가 바로 '우울증'의 형식으로 구성되는 젠더 자아다.

확장된 의미에서 보면 버틀러에게는 젠더 자체가 이미 '우울증'적으로 구성된 것이다. 원천적으로 봉쇄된 동성애적 욕망이 주체의 일부를 구성하므로, 거부되었으나 완전히 사라지지 않고 부정의 방식으로 주체의 젠더를 구성하는 방식은 우울증에 나타나는 상실한 대상의 에고 합체와 유사하기 때문이다. 우울증적 동일시는 거부가 완전히 이루어지지 않고 '거부의 거부', '이중 거부'가 되는 구조를 취한다. 이는 마치 나의 외부에 있으나 부정의 방식으로 들어와 나를 구성하는 '구성적 외부constitutive outside'와도 같다. 내 안에 들어온 타자는 내 젠더 정체성의 단일성이나 안정성을 허물고 여러 의미로 열린 젠더 자아를 형성한다.

그런 의미에서 버틀러에게 우울증은 극복해야할 질병이라기보다는 부정해도 부정의 방식으로 타자를 품고 살게 되는 모든 비결정적 주체의 보편 상황에 가깝다. 우울증은 근친애 금기 이전에 이미 배제되었던 동성애 성향, 이성 부모를 사랑하기 이전의 동성 부모에 대한 애정이 거부된 뒤 그 거부가 부인되어 내 안에 합체된 동성애 성향으로 설명될 수 있다. 아들의 아버지에 대한 동성애, 딸의 어머니에 대한 동성애 성향은 근친애의 금기 이전에 원천적으로 배제되었으나 이중 부정으로 합체된 젠더 양상으로 제시된다.

미숙한 개체는 자아 형성을 이룬 후, 성숙 상태에서 대상에 대한 사랑으로 나아간다지만 사실 자아 형성과 대상에 대한 사랑은 완전히 구분되거나 분리되지 않는다. 포기된 사랑의 대상이 자아를 구성할 수 있기 때문이다. 딸이 동성애 금기 때문에 어머니에 대한 애정을 상실하고 포기했는데 그 포기된 사랑의 대상이 자아의 내부로 들어와 딸의 자아를 구성하는 것이 딸의 우울증적 젠더 정체성이 된다면, 금지된 사랑은 금지되지 않고 이중 거부의 방식으로 젠더를 구성하며, 대상에 대한 사랑도 나르시시즘 단계로 퇴행해 자아를 형성하는 계기가 된다.

버틀러는 상실에 대한 우울증적 애착을 병리화하기보다는 그것이 발생한 사회적 기반과 예측 불가능한 정치적 양상에 주목하고자 한다. 그래서 애도와 우울증을 구분해 설명하는 프로이트의 〈애도와 우울증〉보다는 에고가 포기된 대상 카텍시스의 잔여물로 구성된다는 후기의 〈에고와 이드〉의 입장을 더 적극적으로 수용한다. 남성은 여성을, 이성애자는 동성애자를 그 안에 우울증의 방식으로 합체하고 있다면 남성중심주의나 동성애 근본주의가 불가능한 것이 되고 된다. 여기서 페미니즘과 퀴어 정치학이 발생한다. 버틀러에게 우울증은 극복해야 할 질병이기보다는 남성중심, 혹은 이성애중심 사회 속에 떠도는 불확실한 젠더 주체를 설명하는 양식이다.

정신분석학에서의 우울증은 프로이트로부터 시작되어 클라인, 크리스테바, 버틀러에게 다양한 방식으로 설명된다. 특히 우울증은 여성에게 유병률이 높은 심인성 질환이기 때문에 많은 여성학자들의 관심의 대상이기도 하다. 그것은 상실의 슬픔에서 비롯된 우울감의 병리적 양상만이 아니라 어머니와의 대상관계, 어머니와의 애착 관계, 여성 동성애 성향 등 다양한 관점으로 재해석될 수 있다.

참고문헌 및 더 읽을거리

Butler, Judith, *Gender Trouble*, (New York: Routledge, 1990).
_____, *Psychic Life of Power*, (Stanford: Stanford UP, 1997).
Freud, Sigmund, "Mourning and Melancholia", *SE XIV*, Trans. Stratchey, James, (London: Hogarth, 1975).
_____, "The Ego and the Id", *SE XIX*, Trans. Stratchey, James, (London: Hogarth, 1975).
Klein, Melanie, *Contributions to Psychoanalysis*, (London: Hogarth Press, 1950).
Kristeva, Julia, *Black Sun: Depression and Melancholia*, Trans. C. Roudiez, Leon, (New York: Columbia University Press, 1989).
Laplanche, Jean and Pontalis, J. B., *The Language of Psycho-analysis* Trans. Donald Nicholson-Smith, (New York: Norton, 1973).
Schafer, Roy, *A New Language for Psychoanalysis*, (London: Yale University Press, 1976).
Wright, Elizabeth, Ed. *Feminism and Psychoanalysis: A Critical Dictionary*, (Oxford: Balckwell, 1992).

재생산

기본적 정의

임신, 출산 외에도 성, 가사노동, 자녀 양육에 이르기까지 광
범위한 영역을 포괄하는 개념이다.

개념의 기원과 발전

일반적으로 재생산reproduction이란 용어는 여성의 임신과 출
산 과정 혹은 이와 관련된 행위로 정의할 수 있으며 생식, 출
산이라는 용어로 번역된다. 하지만 여성학에서 재생산은 임
신, 출산 외에도 성, 가사노동, 자녀 양육에 이르기까지 광범
위한 영역을 포괄하는 개념으로 사용되고 있다. 여성학에서
reproduction을 재생산으로 번역하는 데는 재생산이 단순히
여성의 임신과 출산의 기능만을 언급하는 것이 아니라 여성
이 사적 영역에서 수행하는 전 노동이 포함됨을 강조하기 위
한 것이다. 나아가 여성의 재생산 노동은 생산과 연계되어서
사회의 노동력 재생산에 기여한다는 점을 강조해 사회적으

로 가치 부여를 하기 위한 것이라 할 수 있다.

재생산이라는 개념은 여성주의 내부에서도 일관된 정의를 가지고 있다고 하기는 어렵다. 재생산이라는 개념에 포함되는 범위가 다양한 것은 여성주의 내부에서 어떠한 이론에 기반을 두고 있는가 혹은 여성의 재생산 영역에서 어떤 부분이 여성주의적으로 문제가 되는가에 따라서 달라지는 데서 기인한다.

1960년대와 1970년대에는 재생산 영역 중에서도 임신, 출산 및 수유 등 여성의 생물학적 특수성을 강조하는 입장(급진주의 페미니즘)과 다른 한편에서는 양육 및 가사노동을 강조하는 입장이 공존했다(마르크스주의 페미니즘). 1995년 북경 세계여성대회 이후에는 여성 건강의 개념이 포함되어 재생산 개념이 포괄하는 분야는 점차 확장되고 있는 상황이다. 현재 여성주의 이론에서 재생산이라는 개념에 포함되는 영역들은 임신, 출산, 월경, 폐경, 피임, 낙태, 성병, 에이즈 등과 아울러 재생산 기술의 발전에 따라 태아 복제, 대리모, 인공 수정 등의 영역을 들 수 있다.

여성주의 이론에서 재생산 논의

마르크스주의 페미니즘은 생산과 연계된 개념으로서의 재생산을 강조한다. 재생산이란 미래의 노동자를 공급하는 세대 재생산과 가사, 육아, 성을 통해 노동자들의 노동력을 재생산하는 일상적 노동력 재생산 두 가지로 크게 나뉜다. 이제까지 여성들이 주로 맡아 왔던 재생산 노동은 기존의 정치경제학에서 배제되어온 영역이었으나 마르크스주의 페미니스트들은 노동력 재생산과 소비라는 두 축을 통해 정치경제학과 연계됨을 밝혔다. 이를 통해 여성의 재생산이 사회적으로 가치 있는 노동이라는 것을 부각시켰고 이로 인해 그들은 무보수로 여성들이 담당해야만 하는 것에 대해 문제 제기를 했다. 동시에 여성 억압과 성별 분업의 연관관계를 분석해 여성의 사회적 노동의 참여를 위해 가사노동의 사회화를 주장했다.

급진주의 페미니즘은 여성의 재생산 중 생물학적인 측면에 치중하는 경향이 있다. 급진주의는 주로 모성과 섹슈얼리티 부문을 중심으로 여성 종속의 원인 규명을 한다. 이들은 여성의 생물학적 특성으로 인해 모성과 성의 영역에서 여성들이 남성의 통제를 받는 것이 남성 우월 사회를 유지하는 핵심 기제임을 보여줌으로써 이에 작동하는 성 정치학을 규명했다. 급진주의자들은 여성해방을 위해 여성들이 자신의 몸에 대한 권리를 찾는 것, 즉 재생산 권리를 확보해야 할 것을 강조한다. 하지만 이들은 여성의 생물학적 특성을 지나치게 본질화해 생물학적 결정론에 빠질 위험을 내포하고 있다.

사회주의 페미니즘은 여성의 재생산 기능이 여성 억압의 중심축임은 인정하지만 여성의 생물학적 특수성 그 자체보다는 여성이 사회역사적으로 억압되고 구성되는 방식에 대해 문제 제기를 한다. 따라서 이들은 임신, 출산, 양육, 성과 관련된 여성의 활동들이 어떻게 다른 사회관계들과 연결되면서 여성을 소외시키는지에 관심을 갖는다. 사회주의 페미니즘 역시 여성해방을 위해 재생산 자유를 확보해야 함을 강조한다. 하지만 이들이 말하는 재생산 자유란 여성들이 재생산과 연관된 사안에서 자유로운 선택을 할 수 있도록 사회적 조건을 변화시켜야 함을 강조한다는 점에서 특기할 만하다. 따라서 이들은 강제적 이성애, 여성에 대한 모성 강요에 대한 도전과 아울러 자본주의 사회 내에서의 경제적 불평등의 해소를 동시에 주장한다. 나아가 탁아 시설, 학교 교육, 주거 시설, 복지 정책, 임금 차별 등의 영역에서 여성을 위한 실질적인 지원이 필요함을 강조한다.

여성 억압과 재생산

여성주의 내에서 재생산이라는 개념은 각각의 입장에 따라 이론적 차이가 약간 있기는 해도 여성 억압의 중심축이 된다는 것에는 모두가 동의하는 상황이다. 여성들은 임신과 출산이라는 생물학적 특수성에 의해 자녀를 낳고 기르는 일을 전담하게 되었고 이러한 사실은 역사적으로 여성들이 남성과 동등한 사회적 권리를 확보하는 데 장애가 되어 왔다. 여성의 생물학적 특수성으로 인해 남성은 공적 영역에 진출하고 임금노동을 하는 반면, 여성은 가정이라는 사적 영역에 남아서 무보수로 자녀 양육 및 가사를 담당하는 성별 분업이 형성되었으며, 가부장 사회는 이를 정당화시키는 기능을 했다. 여성들의 재생산 기능은 여성들을 사회문화적인 차원에서 남성 지배하에 놓고 이를 영속화하는 데 다양한 방식으로 작동했다.

버틀러Josephine Butler는 여성은 임신, 출산, 양육의 기능으로 인해 "본질적으로, 일차적으로 아이를 낳는 동물적 존재"로 규정되었다고 한다. 이로써 여성들은 이성적 기능을 가진 남성보다 문화적으로 열등한 존재로 인식되었고 공적 영역에서 배제되었다고 한다.

파이어스톤Shulamith Firestone은 여성의 임신, 출산, 수유라는 생물학적 특성으로 인해 여성은 육체적 생존을 위해 남성에게 의존해야만 했고, 이를 위해 남성-여성-자녀로 이루어지는 생물학적 가족을 형성하게 되었다고 한다. 이 가족 내에서 남성은 경제 부양, 여성은 임신·출산·자녀 양육, 아동은 의존이라는 분업이 일어나게 되며, 이로써 남녀 간의 권력 불평등이 초래되었다고 한다. 따라서 여성해방은 여성을 생물학적 생식의 지배로부터 벗어나게 하는 것이며 이를 위해 인공 임신 및 인공 출산 등의 기술 개발을 통해 여성의 몸 밖에서 임신과 출산이 일어나도록 해야 한다고 했다.

오브라이언Mary O'Brien은 재생산의 변증법적 과정을 분석하면서 이를 통해 여성 억압의 역사성과 구조를 밝히려고 시도했다. 오브라이언은 재생산 과정을 월경, 배란, 성적 결합, 소외, 수정, 임신, 진통, 출산, 점유, 양육이라는 계기들로 구성된 복합체로 보고 있다. 여성들은 재생산의 과정에서 자연적인 영속성을 유지할 수 있지만 남성들은 성적 결합 외에는 소외되어 버린다. 그러자 남성들은 인위적인 방식으로 영속성을 얻기 위해 부권을 통해 자녀를 점유하고 동시에 여성들을 사적 영역으로 제한시킨다. 이를 통해 남성들은 자녀에 대한 부권뿐만 아니라 여성에 대한 지배권을 획득하게 된다고 오브라이언은 주장한다.

미첼Juliet Mitchell은 여성 억압의 영역으로 생산, 재생산, 성, 어린이의 사회화라는 네 가지 구조를 제시하면서 여성의 임신, 출산 및 양육이 여성을 소외시키고 억압에 이르게 함을 강조했다. 미첼의 경우는 여성 억압이 여성의 생물학적 특수성이라는 사실 자체에서 기인하는 것이 아니라, 사회문화적으로 여성의 생물학적 특수성을 고정 불변의 자질로 인식하게 만들어, 여성으로 하여금 출산 및 양육, 가사를 책임지게끔 이데올로기를 형성하는 데서 비롯된다고 강조한다.

재생산 자유, 재생산 건강권

여성의 재생산이 여성 억압의 핵심 구조가 되므로 여성의 재생산 영역에서의 자유 확보 혹은 권리 보장은 여성주의에서 핵심적인 논의가 되었다. 재생산 권리란 여성들이 생식과 성에 관련된 모든 사안에서 여성의 이해에 따라 스스로 결정할 수 있는 권리를 말한다.

여성주의자들이 여성들에게 재생산 권리를 가져야 할 것을 주장하는 이유는 생물학적으로 여성들이 아이를 출산하기 때문이기도 하지만 사회적으로 육아와 아동 복지는 여성의 일로 간주되기 때문이다. 뿐만 아니라 여성들이 정치적·경제적 권리를 확보하기 위해서 재생산 권리는 가장 기본적으로 보장되어야 하는 것이기도 하다.

여성주의에서 재생산 권리 혹은 재생산 자유 개념이 도입된 것은 1970년대 페미니스트들에 의해서이다. 이들은 재생산 영역에서 여성들이 자기 결정권을 행사하는 것이야말로 여성의 가장 기본적인 인권임을 주장하면서 이에 기반해 여성건강운동을 전개했고 관련 이론들을 생산하기 시작했다.

1970년대에 여성건강운동에서 강조했던 재생산 권리는 안전한 피임과 낙태의 보장, 강제적 불임 수술로부터의 자유, 임신과 분만에서의 건강 보호 등이었다. 1980년대 이후로 들면서 시험관 아기 기술, 복제 기술, 인공 자궁 기술, 태아 성감별 기술이 개발되고 이에 따라 대리모나 인공 수정 등의 실천이 가시화되기 시작했다. 이들은 이러한 기술적 발전이 여성의 몸에 대한 의료 전문가들의 지배력을 증대시키고 남성의 이해에 따라 여성의 생식 능력을 도구화시킬 수 있다고 문제 제기를 했다.

1990년대로 들면서 재생산권은 UN의 여성 지위 향상 노력과 맞물려 전 지구적 차원에서 보장되어야 하는 인권으로 강조되고 있다. 1995년 북경세계여성대회에서 여성의 재생산권은 재생산건강권으로 명명되기 시작한다. 그와 동시에 재생산건강권은 여성에 대한 강제, 차별, 폭력으로부터의 자유를 포함하는 보다 광범위한 인권의 한 분야로 확고하게 자리매김하게 된다.

북경세계여성대회는 여성의 재생산건강권은 생식과 성의

영역에서의 건강뿐만 아니라 영양 증진, 각종 질병 등에 대한 예방과 처치의 영역, 성폭력 및 가정 폭력으로부터의 자유라는 영역으로까지 확대시켰다. 또한 각국의 경제 개발 단계, 고용과 교육에서의 여성의 지위, 각국의 종교나 문화, 관습의 차이에 따라 여성들의 재생산과 건강 관련 이슈들이 다양하다는 점이 인정되기 시작했다. 이는 여성의 재생산 경험을 과도하게 보편화해 서양 여성들의 경험을 중심으로 제3세계 여성들의 문화적 차이나 관습적 차이를 비판했던 문제를 해결할 수 있게 했으며 전 지구적 차원의 여성 건강 운동을 실현할 수 있는 계기를 마련했다.

무엇보다 특기할 만한 사안은 국제기구를 통해 여성의 건강 및 성적/재생산 건강권을 침해하는 문제들을 드러내고 이를 시정하는 데 개별 국가가 적극 개입할 것을 요구한다는 점이다. 국제기구는 다양한 차별 관련 국제협약이나 조약들을 통해서 개별 국가가 적극적으로 여성인권증진을 위한 노력들을 이행할 것을 촉구한다. 1994년 현재 세계 130개국이 이 협약의 당사국이 되어 이행보고서를 제출하고 있다. 이는 여성의 재생산건강권 확보를 위한 운동이 여성단체에 의해서만 이루어지는 것이 아니라 개별 국가가 함께 참여해 실질적인 권리 보장을 하게 움직인다는 데 의의가 있다.

재생산권에 대한 여성주의의 논의들을 살펴보면, 고든Linda Gordon은 이것을 여성이 재생산통제권을 확보하는 것으로 정의했고, 리치Adrienne Rich는 여성들이 재생산 의무로부터의 자유 및 모성을 회복하는 것으로 규정하기도 했다. 조형은 재생산권을 여성의 톰과 복지와 관련된 선택을 할 때 여성이 자율권을 가지는 것으로 정의한다.

WHO의 재생산건강권에 대한 포괄적 정의는 1)성적 건강 2)재생산 및 성과 관련한 모든 사안에 있어서 완전한 육체적 정신적·사회적 복지 3)안전하고, 효율적이며, 저렴하고, 수용하기 쉬운, 선택이 가능한 가족계획 방법 4)만족스럽고 안전한 성생활이라는 항목을 포함하고 있다. WHO의 정의는 재생산의 자유뿐만 아니라 성적 자유의 확보가 재생산 권리의 핵심적인 두 축이 됨을 강조한다. 나아가 여성의 건강 권리는 신체적인 측면에만 국한되는 것이 아니라 심리적인 차원과 사회적인 복지 차원에서 다루어야 하는 것임을 부각시킨다.

딕슨-뮬러Ruth Dixon-Müeller는 재생산권을 1)여성들이 자녀를 가질 것인지 아닌지, 가진다면 몇 명이나 언제 가지게 될지에 대해 자유롭게 결정할 권리 2)여성들이 자신의 생식력을 통제할 수 있는 정보와 서비스에 접근할 권리 3)여성의 몸과 재생산성을 통제할 수 있는 권리로 정의했다. 자녀 선택 권리와 아울러 강요된 성, 강요된 결혼, 매매춘, 강제 영구 불임술, 동성애 금지에 반대할 수 있는 권리, 성폭력으로부터의 자유, 불완전함 피임, 원치 않는 임신, 강요된 자녀 양육, 원치 않는 의료 개입에 도전할 수 있는 권리가 포함됨을 주장했다.

여성주의 이론에서 여성들이 어떻게 재생산 권리를 획득하게 될 것인가에 대한 논의는 여성 개인 차원에서 접근하는 것은 한계가 있고 사회적으로 성취될 수 있도록 접근해야 함을 강조한다. 페체스키Rosalind Petchesky는 여성의 재생산 권리는 여성의 개인적 권리와 아울러 여성의 사회적 권리라는 두 가지 차원의 권리를 함께 다루어야만 가능하다고 주장한다. 여성의 개인적 권리는 여성의 몸에 대한 학대나 침해로부터 자유로울 권리와 재생산과 성에서 능동적인 행위자 혹은 의사결정자가 되어야 하는 권리를 말한다. 사회적 권리란 국가, 국가를 대신하는 기관들, 가정, 병원, 작업장, 종교단체, 지역사회 등의 모든 수준의 사회 제도와 조직에 변화를 요구하는 것을 말한다.

따라서 여성이 재생산과 성의 영역에서 자유를 확보하고 인간으로서의 존중을 받기 위해서는 자신의 몸에서 일어나는 여러 가지 사안들에 대해 주체적으로 결정할 수 있는 권리가 보장되어야 한다. 동시에 가족과 지역 사회, 고용의 영역에서 여성의 지위 향상을 위한 구조적인 조건의 변화가 있어야 하고 이를 지원하는 법, 제도 및 국가정책의 변화가 일어나야만 하는 것이다.

여성이 재생산의 주체가 되려면 여성의 요구를 공적으로 드러내어 가시화하고 사회구조적인 차원에서 변화를 모색하는 작업은 필수적이다. 셔윈Susan Sherwin은 이러한 작업을 사회적인 프로젝트화라는 용어를 써서 강조했다. 이러한 관점에서 볼 때 여성이 재생산과 성의 영역에서 억압을 드러내고 주체적인 행위성을 되찾기 위해서는 여성들의 집단적인 실천행위와 여성건강운동이 중요하다.

참고문헌 및 더 읽을거리

Dixon-Müeller, Ruth, *Population Policy&Women's Rights: Transforming Reproductive Choice*, (Praeger, 1993).

Firestone, Shulamith, *The Dialectic of Sex: The Case for Feminist Revolution*, (New York: William Morrow, 1970).

Gordon, Linda, "The Struggle for Reproductive Freedom: Three States of Feminism", *Capitalist Patriarchy and the Case for Socialist Feminism*, in Eisenstein, Zillah R., Ed., (New York: Monthly Review Press, 1979).

Mitchell, Julliet, *Women's Estate*, (New York: Pantheon Books, 1971).

O' Brien, Mary, *The Politics of Reproduction*, (Boston: Routledge&Kegan Paul, 1981).

Pollack Petchesky, Rosalind, *Negotiating Reproductive Rights: Women's Perspectives Across Countries and Cultures*, (London and New York: Zed Books, 1988).

Rich, Adrienne, *Of Woman Born: Motherhood as Experience and Institution*, (New York: W. W. Norton, 1976).

Sherwin, Susan, "A Relational Approach to Autonomy in Health Care", *The Politics of Women's Health: Exploring Agency and Autonomy*, Sherwin Susan, et. al eds., (Temple University Press, 1988).

재현

기본적 정의

여성에게 주체성을 부정하는 다양한 장치의 네트워크를 말한다.

개념의 기원과 발전

재현/대표representation는 근대 자본주의 이후 재현 대상(실재 대상)과 재현물의 관계를 논의할 때는 미학과 인식론에서의 재현으로, 윤리학적 정치적 의미를 띠는 대의를 둘러싼 여러 쟁점으로 논의되어 왔다.[1] representation이 재현, 표상 혹은 대표 등 그 무엇이든 간에 그것의 모든 형태는 이데올로기적 기능을 수행하며 사회적·정치적 관계를 반영한다. 재현/대표 문제의 핵심에 권력, 욕망, 이해관계가 있다. 모든 재현/대표에는 정치가 있으며 역사를 지닌다. 재현/대표는 정치적이고 윤리적이자 담론 권력의 문제로 접근할 필요가 있다.

재현은 포스트모더니즘, 포스트구조주의 논자들의 핵심

과녁이었으며, 현대 포스트-이즘들의 재현 논쟁을 중심으로 보자면 20세기 후반은 재현을 "탈자연화"하려는 백가쟁명의 시대라 할 수 있다.[2] 현대 페미니즘은 포스트-이즘 논자들의 (무의식적인) 남근이성중심적 경향을 문제시하면서, 재현을 특정한 주장을 공인된 지식으로 생산하고 합법화하는 인식론의 관점에서 개입해왔다. 예컨대 페미니즘은 재현 체계를 여성에게 주체성을 부정하는 다양한 장치(알튀세르 식으로 말하면 이데올로기적 국가 장치)의 네트워크라고 파악한다. 그러면서 페미니즘은 (여성) 주체를 재현 권력관계 속에 위치시켜 다양한 재현물을 통해 전수되는 지식을 여성의 경험과 관점에서 재독해한다. 페미니즘의 이론적 개입은 재현을 탈자연화하면서 재현의 사회적·담론적 기능을 분석하는 데 공헌했다. 페미니즘이 재현을 둘러싼 인식론적 개입의 핵심에는, 젠더가 재현의 결과물이자 잉여로서 구성된다는 인식이 자리한다.[3]

재현이란 무엇인가? 고대부터 재현은 미학과 문학을 이해하는 중추적 개념이었다. 아리스토텔레스는 모방 본능을 인간의 핵심적 특징으로 꼽으면서 모든 예술은 재현의 양식을 띤다고 정의했으며,[4] 수많은 철학자도 인간이 재현하는 동물 homo symbolicum이라는 데 동의했다. 근대 이후 대의정부의 출현과 함께 그리고 대의정치가 근대정부의 근본을 이루게 되자 재현은 정치학적으로도 중요해졌다. 리얼리즘 논자들은 재현의 자명성을 믿었다. 그러나 우리가 어떤 사회적 상황에서 재현을 사용하기 시작하는 순간 우리는 제대로 된 의사소통과 오해의 가능성이 공존하는 곳으로 들어서게 된다. 다시 말해서 재현은 의사소통의 수단이면서 동시에 의사소통을 방해하는 잠재적 장애물이라는 이중적 역할을 한다. 이러한 이유로 재현의 자명성에 대한 믿음은 의심받아야 마땅하며 의심 없이 받아들여지기에는 너무나 복잡한 문제가 된다. 따라서 재현에 대한 좀 더 탄력적인 이해가 필요하다.

재현이란 무엇인가

우선 재현이 권력, 지배와 나름의 공모성이 있으며 재현 체계의 권력이 존재한다는 점을 인식했던 것은 비단 포스트모더니즘과 페미니즘 진영이 그 시초가 아니다. 시인 추방론의 시조인 플라톤은 문학이 삶의 재현이라는 상식적 견해를 받아들였다. 그러나 바로 그러한 이유로 시인을 자신의 이상 공화국에서 추방해야 한다고 말했다. 플라톤에 따르면, 재현이란 사물을 대체하는 것일 뿐이며 더욱 위험하게는 반사회적 감정을 선동하는 거짓되거나 혹세무민할 수 있는 대체물이다. 이러한 플라톤의 생각은 문학을 포함한 일체의 재현(예술)에 대한 단순한 적대심이 아니다. 플라톤의 견해는 사회적 맥락 속에서 사회적 합의에 기초해 이뤄지는 의사소통인 재현이 정치적·이데올로기적 문제와 동떨어진 것이 아니며 이 의사소통의 축을 누가 가지고 있느냐에 따라 재현의 힘이 다르게 작동할 수 있다는 것을 간파한 통찰이다.

알튀세르Louis Althusser는 재현에 가정된 투명성을 의심에 부치며 재현과 정치, 이데올로기를 논의한다. 알튀세르는 이데올로기를 "특정 사회에서 역사적 존재와 역할을 부여받는 재현 체계"로 정의한다.[5] 재현물의 생산을 담당하는 것이 바로 이데올로기라는 것이다. 여기서 주의할 점은 재현이 본래적으로 이데올로기적 내용을 가지는 것이 아니라, 재현물이 의미생산을 결정하는 데 이데올로기적 기능을 수행한다는 점이다. 재현은 필연코 권력의 이해관계를 대변한다. 이데올로기적 국가 장치를 논의하면서 알튀세르는 재현의 모든 제도화된 형식은 그에 상응하는 권력 제도를 공고히 해준다는 점을 강조한다.[6] 알튀세르가 제시한 재현 체계로서 이데올로기론은 재현을 지식 생산 및 합법화 체제인 담론으로 정치화시켜 이해하는 길을 열어준다. 우리가 세상을 재현물을 통해서 이해한다면 재현 체계는 지식을 생산하고 강제하며 어떤 지식들은 합법화하고 어떤 지식들은 지식이 아닌 것으로 배제하는 일종의 담론 체제라 할 수 있다.

그렇다면 담론 체제로서 재현과 정치적 대표(act for하는 대표자) 사이에는 어떤 관계가 있는가? 재현이 원래 고대의 극장에서 나온 단어였음을 상기하면서 이미지 메이킹 전략에 부심한 현대의 정치인을 생각해보면 재현과 대표 사이에 긴밀한 관련이 드러난다. 우리는 정치인이 부각시키려는 이미지(재현)가 반드시 그들의 실제 모습이 아니라는 것을 알고 있다. 그러면서도 때로 우리는 그 이미지를 받아들이고 표를 던진다(대표). 또 (미학적) 재현과 (정치적) 대표 관계를 논의하는 데 자주 회자되는 배우 출신 정치가(로널드 레이건이나, 미국 캘리포니아주 주지사가 된 아놀드 슈왈제네거)를 보자. 정치에 뛰어들기 전 영화배우 레이건이 대통령 역을 연기했을 때는 그의 연기와 실제 생활에 분명히 차이가 있었지만 후에 레이건은 자신이 연기했던 대통령의 이미지를 사용해 대통령이 되는 데 성공한다. 레이건의 성공담은 재현과 대표에 구조적 유사성이 있다는 점을 시사한다. 슈왈제네거 역시 이미지 정치의 괴력, 재현-대표의 공모적 불연속성을 또 한번 예증한다. 즉, 대표는 재현물처럼 행세한다. 재현은 대표에 공모한다.

재현-대표의 공모적 불연속성은 스피박Gayatri Chakra-vorty Spivak을 위시한 제3세계 페미니즘 이론에서 통렬하게 예증된다. 스피박은 '제3세계' 여성 하위주체의 재현/대표 문제를 거론하고 있는 글[7]에서 '급진', '자유' 운운하는 포스트-이즘들이 알고 보면 '제국'에 유리하게 전개되는 전 지구적 자본 재배치 과정에 공모한다는 점을 낱낱이 분석한다. 스피박은 자신의 논문 〈하위주체는 말할 수 있는가?Can the Subaltern speak?〉에서 재현의 핵심에 이해관계 이론을 재도입해야 한다고 주장한다. 이해관계란 특히 전 지구적 자본 재배치하에 있는 이론가의 정치적 입장을 말한다. 스피박이 보기에, 주권적 주체에 대해서 가장 급진적이고 정치한 논의를 제시한 비판 이론가들(예컨대 푸코와 들뢰즈)조차 전 지구적 자본주의와 그에 따른 국제적 노동 분업에서 자신들이 '제1세계'의 특권적 지식인이라는 스스로의 입장을 간과한다. 하위주체연구에서 연구자는 하위주체를 대상으로 재현, 표상, 대표한다. 그러는 사이 하위주체에 대한 지식생산자인 연구자의 주체입장 및 이해관계는 은근슬쩍 가려진다.

이 때문에 스피박은 국가와 정치경제에서의 대표와 주체 이론에서의 재현 사이의 공모적 불연속성을 사유할 필요성을 제기한다. 스피박은 마르크스의《루이 보나파르트의 브뤼메르 18일Der achtzehnte Brurnaire des Louis Bonaparte》에 주목한다. 이 책에서 마르크스는 "흩어지고 전위된 계급주체의 구조적 원리"에 주목해 대표와 재현의 불연속성이 작동하는 계급적 구조를 사유한다. 또한 마르크스는 왜 프랑스 소자작농이 자신을 대변하는 것 같지 않았던 나폴레옹을 자신의 대표자로 선택했는가 하는 점을 논의한다. 이 저작에서 그 유명한 구절이 나온다. "그들은 스스로를 대변할 수 없다. 그들은 대변되어야만 한다. 그들의 대표자는 동시에 자기들의 주인으로서 자기들에게 권위를 행사하고 자기들을 다른 계급으로부터 보호해서 위로부터 비와 햇빛을 보내주는 무제한적인 정부 권력으로 나타나야만 한다." 나폴레옹이 소자작농의 대표자로 낙점당한 사건은 재현과 대표가 동일한 것은 아니지만 대표가 재현물처럼 행세한다는 점을 일러준다. 마르크스가 인식했던 재현과 대표 사이에 필연적으로 존재하는 불연속적 간극을 이해해야 재현과 대표의 상관적이면서도 은폐적인 공모성을 제대로 이해할 수 있으며, 그 핵심에 경제적인 것이 있다고 스피박은 말한다.

스피박이 서양 주류(남성) 비판 이론을 광범위하게 비판적으로 재검토한다면, 모한티Chandra Talpade Mohanty는 현대 페미니즘 내부에서 '제3세계' 여성을 둘러싼 재현을 쟁점화한다. 모한티는 '제3세계' 여성을 논의하는 주류 페미니즘 담론과 비주류 당사자 담론 생산을 동시에 비판적으로 재검토하면서 재현 문제를 논의한다. '제3세계' 여성을 둘러싼 재현과 대표의 문제는 (이 여성들을 대변해 말한다고 믿는) (서양) 페미니즘 내부의 담론적 식민주의 비판에서 출발하며, 다른 한편 서양 주류 담론과 동일한 전략을 사용해 자신이 속한 '제3세계'에 대해 글을 쓰는 '제3세계' 출신 학자들이 생산한 담론에 대한 비판적 개입을 필요로 한다.

모한티는 1986년에 발표한 글 〈서양의 시선 아래〉에서 다음과 같이 지적한다. 1970년대 이후 페미니즘은 다양한 재현 담론을 통해 구성된 대문자 여성과, 집단적 역사를 지닌 현실의 물질적 주체로서 서로와 여러 차이를 지닌 여성들의 관계를 탐구한다. 그러면서 '제3세계' 여성들이 지닌 물질적 역사적 이질성을 식민화하고 그럼으로써 단일한 '제3세계' 여성을 생산·재현하곤 한다. 서양 페미니즘은 자신의 이해관계에 유리하게 '제3세계'적 차이를 생산하고 이 여성들의 삶을 특징짓는 복잡성을 '제3세계'로 사이비 보편화해 식민화한다. 이러한 담론적 동질화와 체계화 과정은 '제3세계' 여성이라는 집단정체성을 가정하고 시작된다. 특수한 차이를 지닌 여성들이 인도 여성, 아프리카 여성, 아랍 여성 등 아무런 의심이나 검토 없이 "당연스레" 지역연구의 범주로 일반화되곤 한다. 사회, 국가마다 상이한 특수성을 띠기 마련인 착취도 동질화된 대문자 여성의 이름으로 분석될 뿐이다. 이것이 권력관계의 구조와 기능에 의미하는 문제점은 (사회변화를 시도하는) 모든 투쟁을 강자 대 약자의 이항구조로만 가둔다는 점이다.

'제3세계' 여성 문제를 운운하는 서양 페미니즘은 서양의 급진적 자유주의 페미니즘의 틀 안에 있기에 현실 해석과 지식 생산의 측면에서도 문제적이다. '제3세계' 여성은 서양 페미니즘의 '대상'의 지위 이상을 넘어서지 못하고 휴머니즘적 재식민화의 과정 속에 놓인다. 서양성/백인성은 비가시적인 규범으로 작동하고 '제3세계'는 '보편적' 저개발성을 지닌 '영원한 타자'로 규정된다. 이는 다시 '제1세계' 서양 여성을 해방된 여성, 자기 삶을 통제하는 주체로 재현하게끔 한다. 요컨대 모한티는 '제3세계' 여성을 식민화하는 재현 담론을 통해서 '제1세계' 서양인(여성)이 특권화된다는 점을 지적한다.[8]

서양 휴머니즘의 사이비 보편주의, 유럽중심주의를 떨치지 못하는 서양 주류 페미니즘에 대한 모한티의 비판은 '제3세계' 여성들 사이의 차이를 거론한 트린Trinh T. Minh-ha의 문제의식과 맞닿아 있다. 트린은 이렇게 지적한다. 차이는 정체성, 동일성에 특권을 부과하는 방식으로 "나와 내가 아닌 것 사이에 분명한 분할선으로서" 사용되어 왔으며, 이런 점에서 정체성/동일성이란 "내가 아닌 것, 타자"에게는 낯선 것일 뿐인 "본질적이고 진정한 핵심이라는 개념으로" 이해되어왔다.[9] 차이와 동일성의 문제를 권력관계 안에 위치시키는 트린은 차이가 "인종적·성적 본질에 기초해서 권력을 실행하는 분리의 도구"로 사용되어선 안 되며 대신 "억압과 지배의 다층적 형식에 문제를 제기하는 창조적 도구"로 사용되어야 한다고 주장한다.[10] 차이야말로 정치의 출발점이자 새로운 세계를 만들어가는 원동력이다. '제3세계' 여성은 차이를 자신들의 용어로 정의한다. 그러면서 "자신의 공간을 재전유하고" "젠더가 없는 헤게모니적 표준화에 저항하며 새롭게 차이를 주장"한다.[11]

다른 이들이 자신을 대신해 재현/대표하는 것을 거부하고 "자신들의 용어로" 차이를 재정의할 때 '제3세계' 여성은 서양중심적 (백인중산층 중심의 페미니즘) 재현 경제에 "부적절한 타자"가 된다. 이들은 이 주류 재현 체계에 딱 들어맞지 않기에 "전유되지 않은 타자"로 남는다. 이 "전유되지 않은 타자"는 자신이 지닌/정의한 차이가 단일논리 혹은 그것의 변형판인 이원론, 다원론으로 환원될 수 없음을 증명한다.[12] 이 "전유되지 않은 타자"는 차이, 특히 여러 '제3세계'적 차이가 서양 정체성의 동일성을 보증하는 수단으로 사용되지 않는 잉여/초과의 지점이 있음을 보여준다.

모한티는 〈서양의 시선 아래〉가 15년간 불러일으킨 논쟁과 오해를 검토하면서 2002년 글[13]에서 '제3세계'적 차이의 특수성을 전 지구적 페미니즘 연대 속에서, 새로이 정의된 "보편적인 것"과 연결한다. 비서양을 타자로 재현함으로써 은연중에 서양을 규범적 코드로 만들어버리는 담론적 정치적 덫을 피하고자 모한티는 서양 대 비서양, '제1세계' 대 '제3세계'라는 용어 대신, 부자와 빈자를 나누는 남과 북, 1/3세계, 2/3세계로 명명하자고 제안한다. 그리고 서양인의 시선 "아래"에서가 아니라 "아래에서지만 그 내부에서" 전 지구적 자본에 대항하는 페미니즘 연대를 창출해야 한다고 역설한다.

더 가속화되는 초국가적 자본착취에 더 이상 서양 페미니즘의 담론적 식민화만을 붙잡고 있을 겨를이 없다. 오히려 페미니즘과 여성학은 지역 경제와 전 지구적 경제의 흐름을 예의 주시하면서 적극적으로 자본과 전 지구화에 저항하는 전략을 짜내고 실천해야 한다는 것이다. 전 지구적 자본에 맞서는 전 지구적 페미니스트 연대는 자본이 인종차별주의적·가부장적·이성애중심적 지배 관계들에 의존하고 또 이를 강화함으로써 기능한다는 점에서 더 절실하다.

반자본주의 페미니스트 연대를 주창하는 모한티의 정치학은 해러웨이Donna J. Haraway가 주장하는 절합articulation의 정치학과 닮아 있다. 해러웨이는 "절합의 정치기호학과 재현의 정치기호학 사이에 중요한 차이가 있는가?"를 곰곰이 따져보는 1992년 글[14]에서, 재현의 정치는 이제 그만하고 절합의 정치로 가자고 제안한다. 해러웨이가 주장하는 대로, 자연과 세계를 허구이자 사실arte-factual로 보고, 인간을 유기적인 것과 그렇지 않은 것, 인간과 기계, 인간과 자연 등 사이에 분명한 구분이 그어지지 않는 복잡한 네트워크 상의 매듭들로 본다면, 우리는 재현/대변하거나 재현되는 쪽 중 한 편이 되는 것이 아니라 이 역동적인 네트워크의 공동–행위자co-actors가 된다. "공동–행위자들"이란 개념은 여성, 유색 여성, 노동계급, 자연 그리고 "우리"가 남근이성중심적인, 백인 가부장제 자본주의의 역사 속에 일방적으로 배치되는 것이 아니라는 점을 분명히 하려는 개념이다. 다시 말해, "우리"는 우리가 놓인 복잡하고 혼종적인 네트워크 혹은 무대를 재배치할 수 있는 공동행위자들이라는 것이다. 이는, 우리들 각각의 정치적 주체 입장에 유리하게 이 무대/네트워크를 다시 만들수 있는 가능성이 언제나 있다는 점을 의미한다.

절합의 정치는 재현의 정치가 지닌 위험을 피하고자 제시된 것이다. 누가 누구를/무엇을 위해 말하든지speak for 간에 그것은 "사회적 자연이라는 항시 역사적이고 이질적인 핵심의 한 매듭" 속에서 가능하다. 재현의 정치는, 그 논리상 재현하는/대변하는 쪽에 암묵적으로 권위를 부여하는 반면 재현되는/대변되는 쪽을 말 못하는 하위주체 혹은 재현/대변 행위의 수용자라는 수동적 지위로 환원시킨다. 이러한 환원을 통해 재현/대변되는 쪽의 권한과 힘은 박탈된다. 절합의 정치에서, 관련 당사자는 (인간이든 동물, 벌레, 그 무엇이든간에) 공동-행위자가 되며 사회적으로 맞물려 존재하는 서로의 파트너가 된다. 공동-행위자이자 행위의 파트너로서 "우리"는 쟁점에 따라 강력한 집단을 구성하는데 참여한다.

공동-행위자 집단의 창출이야말로 해러웨이는 테크노과학정치의 임무라고 본다. 예컨대, 에이즈 관련 정치연합의 활동은 재현이 아니라 절합의 정치학이 성공적으로 작동한 사례다. 재현/대변하는 쪽과 재현/대변당하는 쪽의 위계 대신, 모두가 자신의 이해관계를 따라 집단적이고 기동력 있게 합종연횡해 잠정적이고 일시적인 유목적 집단을 이루는 절합의 정치학은 권력의 패턴, 흐름, 강렬성을 변화시킨다. "불순한, 경합적인 실천"인 절합은 새로운 집단을 형성하는 새로운 가능성에 항상 열려 있다.

정치적인 것에는 재현으로 환원될 수 없는 차원이 있다. 재현의 정치는 그만하고 절합의 정치로 가자는 해러웨이의 주장은 역설적으로, 담론 체제로서 재현에 여전히 불가피하게 정치적인 차원이 있다는 점을 보여준다. 해러웨이가 지적한 대로, 재현의 정치는 재현되는 쪽의 권한을 박탈하는 정치적 문제가 있다. 재현 행위는 정의, 명명, 분류, 범주화, 한계 설정의 형식이자 권력의 양식이요, 재현하는 주체의 입장에서 재현되는 주체를 종속적 주체로 만드는 과정이다.[15] 정치적 연대의 측면에서 해러웨이의 절합의 정치학이 훨씬 효과적이지만, 종속적 주체화 과정이자 담론 체제로서 재현이라는 관점에서 보자면 권력의 양식이기도 한 재현에 섹스/젠더 문제를 강력하게 재각인할 필요성은 여전히 남는다.

바로 이 지점에서 젠더를 재현 체계로 본 로레티스Teresa de Lauretis의 말을 경청할 만하다. 푸코의 섹슈얼리티 이론과 알튀세르의 이데올로기 이론을 차용해 로레티스는 이질적·복수적 사회장과 결합된 젠더를 사회적 생명과학장치의 산물로 보아야 한다고 주장한다. 로레티스에게 젠더는 육체나 인간에게 원래부터 존재하는 속성이 아니라 "복잡다단한 정치적 테크놀러지"의 배치에 의해 "육체, 행위, 사회적 관계 속에서 생산된 일군의 효과"다.[16] 이러한 젠더는 다음과 같이 설명된다. 첫째, 젠더는 자연 상태나 성이 아니라 개인 이전에 존재하는 특정 사회관계에서 각 개인을 재현하는 것이므로 성-젠더 체계로 보아야 한다. 즉 성-젠더 체계는 사회문화적 구성물이면서 기호장치, 개인에게 의미를 부여하는 재현 체계이다. 따라서 젠더 구성은 이러한 재현의 결과이자 과정이다. 둘째, 재현으로서 젠더는 알튀세르가 정의한 이데올로기처럼, 구체적 개인을 남자와 여자로 구성하는 기능을 담당한다. 젠더는 개인을 성차화된 주체로 호출하는 이데올로기의 한 심급이다. 셋째, 젠더의 이러한 구성적 힘은 개인만이 아니라 일상, 지식, 심지어 페미니즘에까지 파고든다. 넷째, 그러나 젠더는 재현 효과이면서 어떤 재현도 균열시킬 수 있는 과잉을 지니기 때문에, "자연화된" 젠더의 해체에 의해서 재현 역시 탈자연화된다. 그렇다면 이러한 해체, 탈자연화에 의한 재구성이 누구에게 이익이 될 것인가 하는 점은 급진적인 문제로 남는다.[17]

젠더를 재현 효과이자 테크놀로지로 보는 로레티스의 관점은 담론 체제이자 주체 복속화 과정인 재현을 끊임없이 문제화하는 장점을 지닌다. "스페이스-오프" 개념[18] 등을 가지고, 재현을 끊임없이 문제화하자고 로레티스는 제안한다. 로레티스의 젠더, 재현정치학은 "넘어서면서도 내부에서beyond yet inside"의 입장이다. 즉 젠더가 담론적 재현에 의해서 생산된 것이라면 그러한 공간을 떠나 재현이나 담론 외부에 위치한 공간으로 이동하자는 발상을 로레티스는 한사코 반대한다. 오히려 비가시화되는 것을 가시화하고 자연적인 것을 탈자연화하면서, 젠더의 재현 안팎과 사이를 넘나드는 주체 생산이야말로 긴급한 사안이며, 이러한 주체야말로 페미니즘의 주체라고 주장한다.

로레티스의 이러한 입장은 소위 "제3세대" 페미니즘 내부의 육체 논쟁에 시사하는 바가 크다. 1세대 페미니즘은 평등에, 2세대 페미니즘은 차이에, 그리고 지금의 3세대 페미니즘은 몸의 문제에 천착한다. 2세대 페미니스트들에게 몸이 사회적 구성에 앞서는 것으로 사유되었다면, 3세대 페미니스트들은 1, 2세대 페미니즘의 전 재현적인pre-representational 신체관을 문제시하면서 몸을 동일성과 차이의 대립을 해체하는 것으로 사유한다. 이들에게 몸은 전 재현적이고 전 언어적인 지반이 아니라 강렬하게 정치적인 지점이며, 몸 스스로가 스스로를 근본적 토대foundation로 행세하게끔 하는 재현의 결과다. 이제 몸은 존재being에서 생성/되기becoming로 가는 통과점으로 인식된다.[19] 생성/되기로서 몸은 전 정치적인pre-political 것도 주어진 것도 아니요 정치적 혹은 이데올로기적 재현의 결과물만도 아니다. 이렇게 되면, 몸을 둘러싼 재현도 상당히 수행적인 것, 즉 정치적·담론적 표현을 통한 자기 형성의 과정이 된다. 바로 이 지점에서 로레티스가 일러주는 젠더의 테크놀로지라는 페미니즘적 유물론의 통찰을 염두에 둘 필요가 있다. 존재에서 생성/되기로가 주체의 부박한 의지에 의해서만 달성될 수 없는 것이듯, 우리를 가부장적 전 지구적 자본주의의 순종적 주체들로 고착시키려는 본질론적 "존재being" 영역에서 좀 더 해방적인 생성/되기의 영역으로 나아가는 움직임은 존재를 불변의 본질로 재현하는 정치를 끈질기게 문제 삼으며 대안적 재현물을 제시해야 한다.

재현은 역설 그 자체다. 재현은 무언가를 드러내면서 동시에 해체한다. 재현에는 언제나 엉뚱하고 다양하게 이해할 수 있는 가능성이 있다. 우리의 이해라는 것도 알고 보면 수많은 것들을 배제한 끝에 도달하게 되는 것이다. "대표자 없이는 세금도 못 내겠다no taxation without representation"는 미국 혁명의 구호는 재현에 모종의 대가가 따른다는 점을 되비쳐준다. 모든 재현은 의도와 실현, 원본과 복사본의 형태 속에서, 즉 발성과 현존을 사라지게 함으로써 재현의 대가를 치른다. 쉽게 말해서 재현이란 재현하고자 하는 대상을 지움으로써 가능한 역설적인 과정이요, 표현과 해체를 동시에 내포한 것이다. 옛날이야기에 인적 없는 산길을 가던 장정이 힘센 호랑이를 만나 싸웠고, 마침내 힘이 약한 사람이 호랑이를 이겨서 그 가죽을 안고 내려온다는 이야기가 있다. 어째서 힘센 호랑이가 진 것일까? 물리력으로 본다면, 그리고 실제로는 아마도 수많은 이들이 산중에서 호랑이를 만나 비명횡사해갔을 것이다. 동료 호랑이의 죽음을 늦게나마 알게 된 호랑이가 이 이야기를 썼다면 어떻게 되었을까. 약한 자가 강자를 물리치는 이런 이야기들은 약자인 인간들이 만들어낸 것이기 때문에 사람이 힘센 호랑이를 이긴 것이리라. 이 이야기에서조차 알 수 있듯, 아무리 재현을 둘러싸고 존재론적 · 인식론적 문제점이 많다 한들, 우리는 재현을 포기할 수 없다. 재현이 냉소적 이성에 의해서 그 문제점이 들추어지면서도 동시에 강력한 담론 체제로 기능하는 지금의 상황이라면 더더욱 포기할 수 없다. 오히려 그것에 끊임없이 개입하면서 새롭게 다시-제시re-present하고, 현재의 재현 생산물을 해석하는

덜 배타적이고 좀 더 해방적인 방식을 창안해내야 할 것이

다. 허천Linda Hutcheon이 지적한 대로, 재현 문제에 관한 한, 재현을 끊임없이 문제화하는 길 말고는 다른 길이 없다. 어떤 의미에서 우리는 재현의 구속 외부에서 말하고 재현할 수 없다. 우리는 권력의 양식이자 담론 체제인 재현의 그 내부에서 그것에 맞서고 문제화하면서 새로운 가능성을 창출한다.

참고문헌 및 더 읽을거리

미첼, 줄리엣, 〈재현〉, 렌트리키아, 프랭크 외 지음, 《문학연구를 위한 비평용어》, 황주연 옮김, 한신문화사, 1994.

밀렛, 케이트, 《성 정치학》, 김전유경 옮김, 이후, 2009.

스피박, 가야트리, 《포스트식민 이성 비판》, 태혜숙·박미선 옮김, 갈무리, 2005.

알튀세르, 루이, 《레닌과 철학》, 이진수 옮김, 백의, 1997.

_____, 《맑스를 위하여》 7장, 이종영 옮김, 백의, 1997.

탈파드 모한티, 찬드라, 《경계 없는 페미니즘》, 문현아 옮김, 여성문화이론연구소, 2005.

힐 콜린스, 패트리샤, 《흑인 페미니즘 사상》, 주해연·박미선 옮김, 여성문화이론연구소, 2009.

Aristotle, *The Poetics of Aristotle*, Trans. and Commentary by Halliwell, Stephen (Chapel Hill: University of North Carolina Press, 1986).

Colebrook, Claire, "From Radical Representation to Corporeal Becomings", *Hypatia 15.2*, Spring, 2000.

_____, "Questioning Representation," *Substance 92*, 2000.

Haraway, Donna, "The Promises of Monsters: A Regenerative Politics for Inappropriate/d Others", *Cybersexualities: A Reader on Feminist Theory, Cyborgs and Cyberspace*, Ed. Wolmark, Jenny, (Edinburgh University Press, 1999).

Hall, Stuart, Ed. *Representation: Cultural Representations and Signifying Practices*, (London: Open University Press, 1997).

Hutcheon, Linda, "The Politics of Representation," *Signature: A Journal of Theory and Canadian Literature 1* Summer, 1989.

Linker, Kate, "Representation and Sexuality", *Art After Modernism*, Ed. Wallis, Brian, (Boston: David R. Godine Publisher, 1992).

Mitchell, W. J. T., "Representation," *Critical Terms for Literary Study*, Eds. Lentricchia, Frank and McLaughlin, Thomas, (Chicago: University of Chicago Press, 1995).

T. Minh-ha, Trinh, "Not You/Like You: Postcolonial Women and the Interlocking Question of Identity and Difference" (1987/90), *The Longman Anthology of Women's Literature*, Ed. K. DeShazer, Mary, (New York: Longman, 2001).

Wallis, Brian, Ed. *Art After Modernism: Rethinking Representation*, (Boston: David R. Godine Publisher, 1992).

주

1 포스트모더니즘에서 재현을 둘러싼 인식론적 쟁점에 대해서는 예컨대 다음을 참조. Colebrook, Claire, "Questioning Representation," *Substance 92*, 2000, pp. 47~67 Hutcheon, Linda, "The Politics of Representation," *Signature: A Journal of Theory and Canadian Literature 1* Summer, 1989, pp. 23~44.

2 이에 대해서 간명한 설명은 다음을 참조. Mitchell, W. J. T., "Representation," *Critical Terms for Literary Study*, Eds. Lentricchia, Frank and McLaughlin, Thomas, (Chicago: University of Chicago Press, 1995), pp. 11~22 Hutcheon, Linda, 1989, pp. 23~44 *Art After Modernism: Rethinking Representation*, Wallis, Brian, Ed., (Boston: David R. Godine Publisher, 1992). Hall, Stuart, Ed. *Representation: Cultural Representations and Signifying Practices*, (London: Open University Press, 1997), Colebrook, Claire, 2000, pp. 47~67 최근 (미국) 페미니즘 내 "스타" 이론가들의 육체 이론, 재현 논쟁에 대해서는 Colebrook, Claire, "From Radical Representation to Corporeal Becomings", *Hypatia 15.2*, Spring, 2000, pp. 76~93를 참조.

3 De Lauretis, Teresa, *Technologies of Gender*, (Bloomington: Indiana University Press, 1987), p. 3.

4 Aristotle, *The Poetics of Aristotle*, Trans. and Commentary by Halliwell, Stephen (Chapel Hill: University of North Carolina Press, 1986), p. 31.

5 알튀세르, 루이, 《맑스를 위하여》 7장, 이종영 옮김, 백의, 1997.

6 _____, 〈이데올로기와 이데올로기적 국가 장치〉, 《레닌과 철학》, 이진수 옮김, 백의, 1997, 135~192쪽.

7 스피박, 가야트리, 《포스트식민 이성 비판》, 태혜숙·박미선 옮김, 갈무리, 2005, 3장 참조. 3장은 스피박의 유명한 1988년 논문 〈하위주체는 말할 수 있는가?: 다원화주의의 문제〉를 수정·확대한 글임. 이 논문의 번역본은 《세계사상》 4호, 1998을 참조.

8 탈파드 모한티, 찬드라, 《경계 없는 페미니즘》, 문현아 옮김, 여성문화이론연구소, 2005, 1장 참조.

9 T. Minh-ha, Trinh, "Not You/Like You: Postcolonial Women and the Interlocking Question of Identity and Difference" (1987/90), *The Longman Anthology of Women's Literature*, Ed. K. DeShazer, Mary, (New York: Longman, 2001), pp. 929~933.

10 앞의 책, p. 930.

11 T. Minh-ha, Trinh, *Woman, Native, Other*, (Bloomington: Indiana University Press, 1989), pp. 79~118.

12 앞의 책.

13 모한티, 〈서구의 시선 아래〉, 앞의 책.

14 Haraway, Donna, "The Promises of Monsters: A Regenerative Politics for Inappropriate/d Others", *Cybersexualities: A Reader on Feminist Theory, Cyborgs and Cyberspace*, Ed. Wolmark, Jenny, (Edinburgh University Press, 1999), pp. 314~371.

15 Linker, Kate, "Representation and Sexuality", *Art After Modernism*, Ed. Wallis, Brian, (Boston: David R. Godine Publisher, 1992), pp. 392~393.

16 De Lauretis, Teresa, 앞의 책, 1987.

17 앞의 책, 1장.

18 화면의 틀 내에서는 보이지 않지만 그 틀이 가시화하는 것으로부터 비가시화된 것들을 유추해낼 수 있는 공간.

19 Colebrook, Claire, 앞의 책, 2000, p. 86.

젠더

기본적 정의

여성과 남성의 관계가 사회적으로 조직되는 방식을 지칭하는 용어이다.

개념의 기원과 발전

대략 1960년대부터 현대 페미니즘 이론은 남성중심적 주류 담론에서 종종 누락되고 비가시화된 여성의 경험을 출발점으로 삼아 성sex, 젠더gender, 섹슈얼리티를 사회 현실을 분석하는 새로운 범주로 도입했다. 새로운 분석 범주를 포함시키는 것은 페미니즘 이론이 주류 담론에 개입하는 한 방법이다. 20세기 후반에 페미니스트들은 젠더를 여성과 남성의 관계가 사회적으로 조직되는 방식을 지칭하는 용어로 사용했다. 젠더는 생물학적 차이가 부여된 여성/남성의 몸을 규율하며 성에 따라 다르게 의미를 부여하는 사회문화적 구조가 존재함을 강조하는 용어다. 페미니즘에서 젠더는 이 구조가 성차에 기반하고 성차를 활용하는 정치적 권력관계임을 분석하는 데 가장 기본적으로 사용되는 개념이다.

젠더가 페미니즘에서 지배적인 용어로 채택된 것은 보부아르Simone de Beauvoir의 《제2의 성》이 (1960년대에) 널리 읽히면서부터다. "여성은 여성으로 태어나는 것이 아니라 여성으로 만들어지는 것이다"라는 보부아르의 유명한 언급은 (인간의 경험을 설명하는 근본적인 범주로서 타자성인) 여성성에 대한 자연주의적인 설명, 즉 생물학적 결정론을 비판한 것이다. 보부아르는 여성을 "열등한" 존재로 규정해온 역사, 전통, 문화의 역할을 강조함으로써 "자연적인" 성과 사회문화적인 젠더를 구분한다. 보부아르가 성과 젠더를 구분하면서 꾀했던 것은 (생물학을 포함한) 과학 담론을 남성 지배에 유리하게 사용해 여성의 "열등함"을 당연시하는 남성중심적 환원주의의 토대를 드러내는 것이었다. 이를 통해 보부아르는 서양 문화에 뿌리 깊이 박힌 여성 혐오를 문제시했다. 《제2의 성Le Deuxième Sexe》은 과학과 학문의 성차별주의 혹은 여성 혐오적 정치적 편향을 비판하는 페미니스트 지식 생산의 토대를 마련하는 데 기여했다.

1960년대부터 전개된 현대 페미니즘은 자연/문화의 이분법을 해체하고 여성을 자연 범주에서 떼어 인간의 역사와 문화 속에 넣었다. 1960~1970년대에 젠더는 개인이 여성, 남성 주체로 길러진다는 점을 강조하는 용어로 사용되곤 했다. 이러한 용법에서 젠더는 여성적/남성적인 것/행위의 의미가 전적으로 사회적이고 문화적인 것이지 천성에 따른 것이 아니라는 점을 강조한다. 젠더는 인간을 성적으로 구분하고 의미화하는 권력 구조이며 여기에 불변의 본질적인 근원은 없다. 그러므로 젠더를 강조하는 것은 문화가 변형될 수 있음에 주목하는 것이다. 이러한 젠더에 주목하는 것은 '본질적으로' 여성적·남성적이라고 말해지는 부분들이 사실 자연적이라고 정당화되어온 이데올로기라는 점을 밝히는 작업에서 시작된다.

젠더, 사회문화적 구성물

인간의 인식과 역사적 지식의 구성에 어떤 영향을 끼치며 이러한 영향은 무엇을 의미하는가? 이러한 질문에 기반해 젠더는 페미니즘 이론이 발전되는 과정에서 마르크스주의의 계급에 상응하는 범주적 위치에 오르게 되었다. 일반적으로 인간의 성과 신체는 자연적인 것이라고 여겨진다. 젠더는 성sex과 신체에 대한 우리의 관념이 사회적으로 구성된 것임을 강조하고자 제기된 개념이다. 페미니즘이 제시한 새로운 분석 범주로서 젠더는 관계성을 강조한다. 젠더 연구는 여성 문제만을 다루는 것이 아니라 인종, 성, 섹슈얼리티, 계급 등이 서로 맞물리며 작동하는 방식에 주목해 사회 현실을 분석한다.

생물학적 성과 사회문화적 젠더의 구분은 1960~1970년대에 지배적이었다. 의학에서의 섹슈얼리티 연구도 성과 젠더의 구분에 영향을 미쳤다. 스톨러Robert J. Stoller는 《섹스와 젠더Sex and Gender》에서 성전환자the transsexuals를 성과 젠더를 구분

함으로써 설명한다. 스톨러에 따르면 생물학적 성biological sex
은 그에 맞는 적합한 젠더 정체성을 결정하진 않지만 이를
증대시키려는 경향이 있다. 반면 젠더 정체성은 우선적으로
심리적 영향의 결과물이다. 이러한 심리적 영향은 남/녀의 성
이라는 생물학적 요소를 압도할 수 있는데 그 대표적인 예가
성전환자다. 이들은 독립적 개인의 정체성을 확립하는 데 필
수적인 어머니와의 공생적 관계에서의 분리를 허용하지 않
으려 해 스스로를 어머니의 육체의 연장으로 인식한다. 스스
로를 남성의 육체에 갇힌 여성으로 본다는 것이다. 이것은 이
들의 젠더 정체성이 생물학적인 것이 아니라 '사회적'이라는
점을 시사한다.[1] 스톨러의 연구는 주로 남성 성전환자에 대
한 분석에 치우쳐 있지만 그의 연구는 성과 젠더의 관계를
밝힘으로써 생물학적 결정론을 공박한다. 그의 연구는 성차
에서 남녀의 동등함을 이론적으로 정당화할 수 있는 토대를
마련했다는 점에서 페미니즘에 중요한 통찰을 주었다. 밀렛,
오클리, 초도로우, 디너스타인 등 많은 페미니스트가 젠더를
사회문화적 구성물로 보는 관점을 받아들였다. 특히 밀렛은
《성의 정치학Sexual Politics》에서 "태어날 때 두 성 사이에는 아
무런 차이가 없다"고 언급했다.

　이렇게 젠더는 여성에게 부여된 생물학적 "운명"을 근본적
으로 해체하는 데 사용되었다. 성이 생물학적 성이고 젠더는
사회적으로 생산, 구성된 것이라는 개념적 구분은 1970년대
여성운동에도 중요하게 받아들여진다. 영향력 있는 저널과
이론가들은 성보다 젠더라는 용어를 선호했다. 젠더가 사회

적 습득물이라는 관점은 성차를 남녀가 본질적으로 다르다고 보는 지배적 관점을 해체하고, 또한 여성의 사회적 지위가 생물학적 구조에 의해 결정되고 남성 지배는 남성의 생물학적 우월성에 근거한다는 생물학적 결정론을 근본적으로 반박했다. 성이 아니라 젠더가 여성성, 남성성을 구성하고 젠더가 사회문화적으로 생산되는 것이라면 이는 생물학에서 주장하는 것처럼 불변고정의 것이 아니라 사회와 문화에 따라 변화할 수 있음을 뜻한다. 이리하여 1970년대에 서양 페미니즘은 생물학적 결정론에 반대하고 여성의 사회적 지위와 여성 억압의 사회·역사적 맥락을 젠더 구분의 상태로 설명하는 이론적 시도로 가득찼다. 이러한 젠더 이론의 정치적 지향점은 성이나 여성 억압에 자연스러운 토대가 존재하지 않는다는 점을 밝힘으로써 사회 변화를 꾀하는 것이다.

젠더 개념이 생물학적 성차 이론 및 성 본질주의의 위험을 방어하긴 하지만 젠더 구분이 성을 배제하는 것은 아니다. 젠더는 항상 성과 관련되어 정의된다. 1970년대 급진 페미니스트들은 성을 여성 억압과 젠더 정체성 형성의 근본적 원천으로 보았다. 파이어스톤Shulamith Firestone은 오히려 생물학적 결정론의 시각에서 여성 억압을 설명한다. 그녀에 따르면, 역사의 진정한 추진력은 사회가 출산으로 인해 구분되는 2개의 생물학적 계급으로 분할되는 성의 변증법이다. 이 두 계급이 재생산 수단에 대한 권력을 놓고 벌이는 투쟁이 결혼, 출산, 육아의 양식을 만들어내고 이 양식에 기반해 남성은 여성을 지배하고 착취한다. 남녀불평등의 기원은 다름 아닌 여성이 지닌 출산의 기능이다.[2] 이 기능은 본래부터 불평등한 권력 분배를 지닌 생물학적 가족의 형태를 초래하고 이런 형태의 가족은 (1)물리적 생존을 위해 여성이 남성에게 의존해 있다는 것, (2)어머니-아이의 상호의존성과 아이가 성장하기까지의 긴 육아기, (3)자연적 생식의 차이에 기초한 노동의 성적 분업이라는 요소들에 의해 유지된다.[3]

여성의 종속이 역사적으로 아이를 낳고 양육할 필요에서 온 것이라고 보는 파이어스톤에게 여성해방은 여성이 아이를 낳고 양육할 필요가 제거될 때, 즉 남성과 여성이 자연 출산을 포기할 때 가능해진다. 그래서 그녀는 앞으로의 테크놀로지는 여성의 육체를 통하지 않고도 아이를 낳을 수 있는 수단을 제공함으로써 여성해방을 향한 해결책을 제공할 것이라고 제안한다. 테크놀로지에 대한 파이어스톤의 희망적 낙관은 그녀가《성의 변증법》을 쓸 즈음에서야 피임약이 대중화되기 시작했음을 고려한다면 이해할 만하다. 그러나 우리가 지난 몇 십 년 동안 목도한 대로, 파이어스톤의 다소 순진한 낙관은 재생산 테크놀로지 혁명이 여성해방과 쉽사리 연결되도록 내버려두지 않는, 테크놀로지를 둘러싸고 벌어지는 여러 세력의 경합과 권력 투쟁의 복잡성을 미처 관찰하지도 예견하지도 못했기에 가능한 것이었다.[4] 또 자본주의 사회에서 (의료) 테크놀로지의 수혜자는 주로 중산계급 여성이라는 사실을 간과했다. 무엇보다 파이어스톤의 논의는 사회를 구조화하는 가장 근본적인 힘을 남녀의 생물학적 차이로 보기 때문에 다양한 문화적·사회적 측면들은 부차적으로 되면서 결국은 생물학적 설명으로 환원되는 한계를 지닌다. 파이어스톤의 생물학적 결정론은 이론적으로 거부되긴 하지만, 생물학적으로 결정된 억압으로부터의 여성해방투쟁에 성을 노동보다 우선적인 범주로 둔 것은 이후의 많은 페미니스트에게 영향을 주었다.

페미니즘에서 성과 젠더 구분이 이론사적으로 중요한 하나의 계기였다면, 젠더를 재정의하고 분석한 중요한 계기에는 러빈Gayle Rubin의 논문 〈여자 거래: 성의 '정치경제'〉가 포함된다. 러빈은 이 글에서 마르크스, 엥겔스가 자연적인 것으로 가정한 이성애, 그리고 "자연적" 이성애를 토대로 한 사회 분석에서 종종 이분법적으로 규정되는 (생물학적) 성과 (사회문화적) 젠더의 구분이 남성 지배의 한 부분임을 보여준다.[5]

러빈은 생물학적 섹슈얼리티를 인간 활동의 산물로 변화시키고 그 결과로 잇따르는 역사적으로 구체적인 성적인 욕구를 충족시키는 사회관계들의 체계를 성-젠더 체계sex-gender system라고 정의한다.[6] 성-젠더 체계는 "한 사회가 생물학적 섹슈얼리티를 인간 활동의 산물로 변형시키고 이 속에서 변형된 성적 욕구를 만족시키는 일련의 기제"다. 모든 사회에는 성-젠더 체계가 있으며 성과 관련된 모든 영역은 사회적 행위에 종속되고 변화된다. 우리가 아는 성과 성으로 간주되는 모든 것은 사회적 산물이다. 젠더는 섹슈얼리티의 사회적 관계의 산물이며 한 성에 대한 동일시뿐 아니라 다른 성에 대한 성적 욕망을 수반한다. 노동 분업 역시 젠더와 얽혀 있다. 성별 노동 분업과 욕망의 심리적 구성(특히 외디푸스 드라마)이야말로 남성에게 여성에 대한 권리를 부여하는 방식으로 인간을 생산하는 체계의 토대다. 즉, 성과 젠더는 각각 생물학/자연/경제와 사회학/문화/정치와 대응되는 관계가 아니라 몸과 욕망의 규율을 통해서 서로 연결되는 정치경제로 작동한다. 그리고 분리된 것처럼 보이지만 연동된 이러한 체계에서 당연시되어온 이성애가 강제적인 것임을 드러낸다.[7] 이성애는 젠더 체계 혹은 가부장적 질서를 떠받치는 제도가 된다.[8]

성(생물학적 자연)과 젠더(사회문화적 구성물)를 구분하지 않고 성-젠더 체계로 젠더화된 주체를 설명한 것과 달리, 10년 후인 1984년에 쓴 논문에서 러빈은 젠더와 섹슈얼리티를 분리해야 한다고 주장한다. 포르노와 섹스 산업이 증대되고 한편으론 동성애에 대한 더욱 보수적인 시각이 만연한 지금 젠더보다는 섹스와 섹슈얼리티가 더 문제가 됨에 따라 섹슈얼리티의 사회적 조직에 대한 논의가 시급하게 되었기 때문이라는 것이다. 그래서 젠더의 위계에 대한 비판을 성에 대한 급진적 이론으로 흡수하고 페미니스트들은 성억압sex oppression에 대한 비판 작업을 해야 할 것이라고 촉구한다.[9]

프랑스의 남성 사회학자인 부르디외Pierre Bourdieu는 생물학적 차이가 육체적·윤리적 열등함과 결함으로 둔갑되면서 남성 지배를 공고히 하는 사회적 과정을 고찰한다. 이러한 사회적 과정은 비가시적이고 때로 무의식적인 것이다. 남성 지배는 사회적 차이를 자연적 차이로 인식하게 만드는 것을 통해서 이루어진다. 이러한 자연화 과정은 신화와 집단의식ritual에 잘 드러나며 신화와 의식에는 젠더화된 상징적 폭력이 종종 수반된다. 부르디외가 제시한 흥미로운 개념인 '아비투스 habitus'는 세계관의 발현인 기본 범주를 육체에 각인하며 사회적인 것을 육체의 일부로 만들어 신체 습관을 만들어내는 과정을 통해 단련되고 반복 실천되는 신체 습관이다. 아비투스는 교육과 여러 제도에 의해 지속된다. 아비투스가 형성, 유지되는 과정을 살펴보면 사회적 규범의 자의성이 자연의 필연성으로 변환되는 신체적 과정도 보게 된다. 또한 문화적인 것의 육체화가 무의식의 일부분을 이루는 과정도 볼 수 있다. 이렇게 자연화 된 사회적 프로그램은 모든 사물에 적용되며, 언어와 신화적 세계관에 나타나는 이항대립 체계, 분리원칙에 따라 생물학적 성의 차이로 구축되고 제도화된다. 남성과 여성 육체 사이의 생물학적 차이는 원래 존재하는 것이 아니라 바로 이런 과정을 통해 구성된다. 그리고 이 해부학적 차이는 남녀차별의 근거로 사용된다. 하지만 이것은 남성 지배라는 인위적 관계의 산물이다. 남성 지배, 여성 폄하와 억압은 사회적 차이를 자연적 차이로 해석함으로써 객관화된다.[10]

마르크스주의 페미니스트들은 자본주의, 계급, 노동 문제와 여성 억압의 관계에 주목한다. 마르크스주의는 계급 모순을 우선시하므로 착취자, 피착취자의 젠더를 직접적으로 언급하지 못하는 한계를 지닌다. 성이 계급보다 우선적이라고 보는 급진페미니즘에도 비판적 거리를 두는 마르크스주의 페미니스트들은 젠더 또는 여성 억압이 자본주의에 선행한다는 점에 동의한다. 가장 일반적인 수준에서 남성적, 여성적이라는 관념과 그에 맞는 행동 양식, 섹슈얼리티, 성관계는 다양한 (그러나 한결같이 남성중심적인) 젠더 이데올로기에 의해 자연적인 것으로 여겨진다. 이러한 이데올로기는 젠더 구성의 중요한 기구이다. 젠더 구분은 근본적으로 권력의 불평등에 기초해 있으며 필연적으로 정치적 성격을 띤다. 개인적인 것이 정치적인 것은 바로 이 때문이다.[11]

델피Christine Delphy는 남성과 여성을 생물학적 집단이 아니라 '사회적' 집단이고 여성 억압은 체계이며 젠더가 사회적 구성물이라는 점에서 출발한다. 그녀에 따르면, 젠더는 "성적 이분법의 사회적 차원을 인식한 것임과 동시에 해부학적 측면으로부터 당연히 분리된 것"이지만, 사회적 구성물이라 해서 자의적으로 형성되는 것이 아니라 "해부학적 성질을 띤다." 이것이 젠더라는 용어가 만들어진 후 독립적으로 쓰이지 못하고 성/젠더와 같은 복합어로 쓰이는 이유다. 젠더는 "성이라는 제약을 가하는 그릇의 내용물"이며 그 내용은 사회마다 다르나 그릇 자체의 존재는 다르지 않다. 델피는 계급 관계가 아니면서 젠더 분화를 구성하는 다른 체계들이 존재한다는 점에 주목하는데 그것은 가정, 가내생산 양식, 가부장제이다. 우선 가부장제는 (마르크스주의가 가부장제를 경제적 생산 양식이 아닌 재생산적인 측면으로 규정한 것과 달리) "현대 산업 사회에서 발생하는 남성에 대한 여성의 종속 체계"이며 '가내생산 양식'이라는 경제적 토대를 지닌다. 가내생산 양식은 자본주의 생산 양식과는 달리 임금지불 없이 유지되며 소비와 생산이 분리되지 않고 상품 분배가 돈으로 조정되지 않는다. 또 세습이라는 순환 양식을 가지는데 이것은 자본주의의 계급을 재구성하는 역할을 한다. 이 지점에서 자본주의와 가내생산 양식이 결합하고 여성 억압이 공고화된다. 그러나 가부장제와 계급 관계만이 아니라 여러 사회집단을 젠더화된 집단으로 만드는 다른 체계도 존재하며 이 체계들은 다양한 방식으로 서로 연결되어 있다. 그러므로 이 조합들의 구축과정, 의미 등은 더 연구해야 한다고 제안한다.[12]

성/젠더 이분법은 1960년대 이후 페미니즘의 공리처럼 여겨졌다. 그러나 버틀러Judith Butler는 성/젠더 이분법을 무너뜨려 성 자체를 젠더의 효과라고 논의한다. 성은 "젠더만큼이나 문화적으로 구성된 것이다. 성은 이미 언제나 젠더이고 그 결과 성과 젠더의 구분은 구분이 아니게 된다."[13] 버틀러는 본질주의든지 구성주의 입장이든지 페미니스트들이 아무런 의심 없이 사용한 '여성'이 단일한 주체로 설정된다는 점을 비판하는 것으로 논의를 출발한다. 버틀러는 여성(woman이든 women이든)은 어떤 정체성도 내포하지 않는다고 보면서 페미니스들이 주장하는 '여성'의 대표성에 의문을 제기한다. 버틀러에게 젠더는 인종, 성, 계급, 지역에서 분리될 수 없으며 우리 모두 성이나 젠더로부터 자유롭게 태어나는 것이 아니다. 라캉이 논증한 대로 통합적인 성 정체성은 (통일된 주체가 신화이듯) 존재하지 않는다. 성과 젠더 체계는 감찰 효과policing effect를 발휘하지만 우리를 다양한 곳에서 행위하도록 내버려둔다. 젠더 이론의 '구성' 개념이 동일시를 전제로 한다는 점을 반대한다. 즉 젠더가 구성되는 측면이 없지 않으나 젠더가 고정되거나 일관된 것으로 이해되어서는 안 된다는 입장이다.

버틀러에게 젠더는 "문화적 수행, 즉 남근이성중심주의 및 강제적 이성애와 같이 우리가 누구인가를 정의해주는 제도들에 기반하며 서로 경쟁 중인 권력관계들의 효과"다. 이러한 것인 젠더는 하기doing 즉 "알지 않고도 하려고 하지 않고도 수행되는 끊임없는 행위"다. 여기서 버틀러가 젠더 수행성을 강조한 맥락은 1980년대 중후반에 성차는 페미니즘 이론에서 강렬한 개념적 긴장 지점이었던 시절이었음을 기억해두자. 수행성 개념은 본질에 기반한 정체성보다는, 사회적 규범과 헤게모니가 몸에 아로새겨지고 개인이 사회적 규범을 따라하는 과정에서 발생하는 변이variations에 주목하는 개념이다. 버틀러의 젠더 수행성 개념은 규범이 언제나 변이를 동반하는 것이기 때문에 본질로서 존재하는 규범의 원본은 없으며, 규범이란 본질이나 당연한 것처럼 여겨져야만 규범으로 기능한다는 점을 보여준다. 또한, 젠더 수행성 개념은 1970년대와 1980년대 페미니즘 이론 논쟁의 핵심 지점들 중 하나이자 동시에 교착 지점을 형성했던 구성(주의) 대 본질(주의)이 지닌 담론적 덫을 돌파하는 생산적인 해독제를 제공한 바 있다.

《젠더 트러블Gender Trouble》에서 젠더가 해체될 수 있다는 점을 강조했다면《젠더 허물기Undoing Gender》에서 버틀러는 젠더의 사회적 규범성을 강조한다. 사회적 규범으로서 젠더는 "남성적이니 여성적이니 하는 것들이 생산되고 물질화되도록 하는 장치apparatus"다. 젠더는 "규범들을 설치하려 하고 헤게모니적 심급을 자연화하면서 그 헤게모니적 심급을 와해시킬 수 있다는 점을 생각할 가능성을 애초부터 미리 배제하는 권력을 규율적 작동을 수행하는" 강력한 사회적 장치다.[14]

푸코의 섹슈얼리티 이론과 알튀세르Louis Althusser의 이데올로기 이론을 차용해 로레티스Teresa de Lauretis는 이질적·복수적 사회장과 결합해 젠더를 사회적, 생의학적 기구의 테크놀로지 과정의 산물로 보아야 한다고 주장한다. 우선 그녀는 이제까지 논의된 성차로서의 젠더 개념은 보편적인 성 대립을 가정해 여성들 사이의 차이를 간과했다고 비판한다. 푸코의 용어를 사용해 로레티스는 젠더가 육체나 인간에게 원래부터 존재하는 속성이 아니라 "복잡다단한 정치적 테크놀로지"의 배치에 의해 "육체, 행위 그리고 사회적 관계 속에서 생산된 효과들의 집합"이라고 정의한다. 이러한 젠더는 다음과 같이 설명될 수 있다. 첫째, 젠더는 자연 상태나 성이 아니라 개인 이전에 존재하는 특정 사회관계에서 각 개인을 재현한 것이므로 성-젠더 체계로 보아야 한다. 즉 성-젠더 체계는 사회문화적 구성물이면서 기호적 기구, 개인들에게 의미를 부여하는 재현 체계다. 따라서 젠더 구성은 이러한 재현의 결과이며 과정이다. 둘째, 재현으로서의 젠더는 알튀세르가 정의한 이데올로기처럼, 구체적 개인들을 남자와 여자로 구성하는 기능을 갖는다. 이러한 젠더는 개인들을 주체로 호출하는 이데올로기의 한 심급이다. 셋째, 이러한 젠더의 구성적 힘은 개인들만이 아니라 일상, 예술, 지식, 심지어 페미니즘에까지 파고든다. 넷째, 그러나 젠더는 재현 효과이면서 어떤 재현도 균열시킬 수 있는 과잉을 지니기 때문에, 젠더의 해체에 의해서 영향을 받는다. 그렇다면 해체에 의한 재구성이 누구의 이익에 영향을 줄 것인가 하는 것이 문제가 된다.[15]

로레티스는 젠더가 구성되고 개인을 주체로 형성하는 과정, 이러한 사회적 과정의 해체와 재구성의 가능성을 영화의 한 수법인 '스페이스-오프space-off'로 설명한다. 스페이스-오프는 화면의 틀 내에서는 보이지 않지만 그 틀이 가시화하는 것으로부터 유추할 수 있는 공간이다. 즉 젠더가 담론적 장에서 재현에 의해 생산된 것이라면 그러한 공간을 떠나 재현이나 담론 외부에 위치한 공간으로 이동할 것이 아니라, 그러한 틀 또는 공간 내에서 어떤 것이 부재함을 언급함으로써 비가시화된 것을 가시화시키자는 것이다. 이렇게 젠더의 재현 안팎과 사이 공간을 넘나드는 주체야말로 젠더를 창출할 수 있는 새로운 주체이며 바로 페미니즘의 주체라고 제안한다.

이제까지 선별적으로나마 살펴본 대로 20세기 후반에 젠더는 페미니스트들이 이론적 목소리를 찾고 서로 정치적·학문적 동맹을 발견해온 공간에서 사회 현실을 분석하는 범주로 정교화되었다. 젠더가 분석 범주로 도입되었다는 것은 젠더 개념 자체를 정교하게 벼리어야 할 뿐만 아니라 지식생산의 방법과 인증 절차 역시 변화되어야 함을 예고했다. 스콧 Joan W. Scott은 젠더를 (페미니스트) 역사 연구의 중요한 범주로 설정하면서 이렇게 정의한다. "젠더는 "성들 간의 인지된 차이에 기반한 사회관계를 구성하는 요소이며 젠더는 권력관계를 의미화하는 일차적 방식이다."[16] 젠더는 권력이 표현되는 가장 기본적 장이다.

참고문헌 및 더 읽을거리

러빈, 게일, 《일탈: 게일 러빈 선집》, 임옥희 외 옮김, 현실문화연구, 2015.

버틀러, 주디스, 《젠더 트러블》, 조현준 옮김, 문학동네, 2008.

버틀러, 주디스, 《젠더 허물기》, 조현준 옮김, 문지사, 2015.

브라이도티, 로지, 〈젠더 이론들〉, 《유목적 주체》, 박미선 옮김, 여성문화이론연구소, 2004.

해러웨이, 다나 J., 〈마르크시즘 사전 속의 '젠더': 한 단어의 성 정치학〉, 《유인원, 사이보그, 그리고 여자》, 민경숙 옮김, 동문선, 2002.

Fausto-Sterling, Anne, *Sexing the Body*, (New York: Basic Books, 2000).

Lauretis, Teresa de, *Technology of Gender* (Indiana UP, 1987).

Scott, Joan W., "Gender: A Useful Category of Historical Analysis." 번역본은 《국어문학》 31호, 송희영 옮김, 1996, 291~326쪽에 실려 있음.

주

1 Stoller, Robert, *Sex and Gender*, (Hogarth Press, 1968).

2 파이어스톤이 여성의 재생산능력을 여성 억압의 원인으로 지목한 데에는 역사적 맥락이 있다. 피임약은 1960년대 후반에서야 서구에서 대중화되기 시작했다. 1950년대까지 전 세계의 여성은 평생 평균 5명의 자녀를 출산했다.

3 파이어스톤, 슐라미스, 《성의 변증법》, 김예숙 옮김, 풀빛, 1983.

4 과학과 젠더에 대해서는 해러웨이(Donna Haraway)의 여러 저서를 참조.

5 이 글에서 러빈에 대한 논의는 《여/성이론》 20호에 실린 필자의 글을 재사용함.

6 Rubin, Gayle, "The Traffic in Women: Notes on the Political Economy of Sex", *Toward and Anthropology of Women*, Ed. Rayan R. Rieter (Monthly Press Review, 1975), p. 159.

7 이러한 통찰은 5년 후 애드리안 리치의 1980년 글 〈강제적 이성애〉와 연결된다. Rich, Adrienne, *Blood, Bread, and Poetry: Selected Prose*, (New York: Norton, 1994)에 실려 있다.

8 서구 지식 생산 체계를 비판했던 보부아르와 연결시켜 보자면, 러빈은 여성의 대상화가 가부장적 체계를 물질적으로뿐만 아니라 상징적으로 떠받들고 유지하는 데 얼마나 핵심적인지, 그리고 가부장적 체계가 영속화하는 지식 형태, 재현, 과학탐구에 핵심적이라는 점을 논증함으로써 보부아르의 분석을 급진화한다. 러빈이 성/젠더 구분에서 읽어내는 것은 바로 이러한 구분 자체가 하나의 정치경제가 된다는 점이다. 이성애제도가 남성들 사이의 여자 거래를 굳건히 함으로써 남성들 사이의 유대를 강화하는 정치경제 말이다. 성/젠더를 구분하는 것 역시 이성애중심적성-젠더 체계의 권력이 작동하는 방식의 일부임을 포착한 러빈의 통찰은 크리스틴 델피, 모니크 플라자, 모니크 위띠그 등이 이성애중심주의를 분석하고 비판하는 다양한 길을 열어 놓았다.

9 Rubin, Gayle, "Thinking Sex: Notes for a Radical Theory of the Politics of Sexuality", *Pleasure and Danger: Exploring Female Sexuality*, Ed. Carole S. Vance (Routledge, 1984).

10 부르디외, 피에르, 〈남성지배〉, 《세계사상》 4호, 1998.

11 Barret, Michel, *Women's Oppression Today: Problems in Marxist Feminist Analysis* (Verso, 1980).

12 Delphy, Christine, "Patriarchy, Domestic Mode of Production: Gender and Class" *Marxism and the Interpretation of Culture*, Eds. Cary Nelson and Lawrence Grossberg, (U of Illinois P, 1988), pp. 259~270.

13 버틀러, 주디스, 《젠더 트러블》, 조현준 옮김, 문학동네, 2008.

14 Butler, Judith, *Undoing Gender* (Routledge, 2004), pp. 42~46.

15 De Lauretis, Teresa, *The Technology of Gender*, (Indiana UP, 1987).

16 Scott, Joan W., "Gender: A Useful Category of Historical Analysis", *The American Historical Review* 91.5, 1986, p. 1067.

주체성°

기본적 정의

근대적 주체성을 근본적으로 비판 및 해체하고 난 뒤, 성차를 인식함과 동시에 다양한 차이들에 주목함으로써 여성주체성을 재구성한다.

개념의 기원과 발전

오늘날 여성주의의 입장에서 주체성의 문제를 논의하게 된데에는 포스트모더니티 철학이 서양의 모더니티 전반에 대해 가한 비판의 영향력이 매우 크게 자리 잡고 있다. 서양철학의 정전canon에 의해 정의된 주체성의 전통적 모델을 여성주의가 거부하는 핵심에는 주체성에 대한 데카르트의 철학적 전제가 가로놓여 있다. 그런데 이러한 거부는 포스트모더니티의 철학이 특히 데카르트적 자아와 서양의 이성, 동일성사고에 근거한 주체에 대한 근본적인 비판을 제기했기 때문에 가능한 것이다.

데카르트의 정신과 육체의 이분법은 모더니티의 인식론과 도덕론의 근간을 이루는 주체성과 객체성의 대립과 분열의 단초를 제공한다. 오늘날 포스트모더니티의 철학은 이러한 데카르트의 정신과 육체의 이분법을 극복하고, 데카르트적인 주체성이 가정하는 합리성과 단일성을 벗어나 차이와 다원성을 수용하며, 하나의 이상적인 주체를 설정하는 것이 아니라 다원적이고 다중적인 주체들을 주제로 삼는다. 나아가 이러한 포스트모던 주체성은 각 주체 자신의 행위가 단순히 합리성에 의해 설명될 수 없음을 전제로 한다. 주체들은 그들의 행위를 항상 합리적으로 통제할 수 있는 위치에 있지 않으며, 때때로 정치적 권력에 의해 희생되기도 하기 때문이다. 이는 인식론적이고 도덕적인 행위자로서 주체들이 이성적 통제를 넘어서는 다른 사회적 차원들, 즉 제도적·지역적·국가적·전 지구적 권력의 차원들에 의해서 그 자신의 위치가 구성된다는 것을 인정하는 것이라 할 수 있다. 이와 같이 포스트모더니티의 철학은 데카르트 이래로 원자적이고 고립된 주체성의 관념과 결별하고, 자아와 타자, 의식과 무의식, 개인과 사회 사이의 관계가 지닌 복합적인 상호작용에 주목하며 개인이 사회적 주체로 형성되는 과정을 추적한다. 따라서 주체는 더 이상 세계의 본질을 선험적으로 인식하고, 자율적 행위를 통해서 세계를 조정할 수 있는 존재가 아니다. 오히려 제도적이고 정치적인 권력과 그 담론에 의해 유동적으로 구성되는 존재인 것이다.

포스트모더니티의 사유는 데카르트의 이분법적이고 유아

론적인 주체에 대한 비판과 해체를 감행함으로써 오늘날 여성주의의 입장에서 주체성을 재구성하는 데에 기여하고 있는 바가 매우 크다고 할 수 있다. 그러나 근대적 주체성에 대한 비판이 한편으로 서양철학 전통의 전반에 대해 젠더와 성차의 중요성을 자각시키는 데 성공하기는 했지만, 다른 한편으로 주체 그 자체에 대한 해체까지도 과연 여성주의의 입장에서 수용해야 하는 것인지에 대해서는 논란의 여지가 있다. 모더니티의 남성중심적 주체에 대한 비판의 작업이, 이제 막 언급되고 문제되기 시작한 '여성', 여성의 '주체성'의 개념을 극단적으로 해체하는 데까지 이어져야 하는 것인지, 주체에 대한 그러한 반反본질주의적 해체가 과연 여성들에게 유용한 것인지에 대해서는 많은 논쟁들이 제기되고 있다. 따라서 오늘날 여성주의는 어떻게 하면 여성들의 차이에 입각하면서도 본질주의에 빠지지 않고 여성의 주체성을 재구성할 수 있는지의 난제에 직면해 있다고 할 수 있다.

근대적 주체성에 대한 근본적 비판과 해체

– 데카르트의 '이성적' 인식주체

여성주의자들은 포스트모더니티의 문제의식으로부터 출발해, 모더니티 철학의 기본 전제로서 '이성적 주체'에 대해 비판한다. 데카르트는 방법론적 회의를 통해 외적·객관적 세계와 분리된 의식 내면에 밀폐된 자아로부터 확실성의 보편적 지식을 추구했으며, 칸트Kant는 '선험적 주체성'으로부터 보편

타당한 인식과 윤리의 기초를 제공하고자 시도했다. 또한 헤겔Hegel은 영원불변하는 실재로서 절대정신을 상정하고, 그 절대정신이 변증법적 종합을 통해 개인의 성장과 역사 전체의 진보를 주도하고 있음을 주장했다. 이와 같이 모더니티의 철학은 이성적 인식주체를 중심에 놓고 외부 대상들의 세계를 인식주체에 동일화시키고 전체화함으로써 절대적이고 보편적인 진리를 설명했다. 근대적 인간은 의식적이고 합리적인 사고에 의해서 지배되는, '탈육체화되고' 추상적인 주체로서의 개인인 것이다. 포스트모더니티에 기반을 둔 여성주의는 이러한 근대적 인간상을 비판하고, 특히 이성적 주체의 지위에 도전한다.

로이드G. Lloyd는 데카르트가 이성적인 정신과 비이성적인 육체라는 이분법을 취하면서 이성적인 요소와 비이성적인 요소를 모두 포함하고 있었던 아리스토텔레스의 "영혼"의 개념을 거부한 것은 성적 고정관념을 낳도록 하는 인간 이해에 중요한 영향을 끼쳤다고 주장한다.[1] 아리스토텔레스는 영혼의 개념을 통해서 여성을 합리적 존재의 연속선상에 놓고 덜 합리적이고 결여된 인간으로 본 데에 반해, 데카르트가 정신과 육체를 독립된 실체로 보고, 그 이원론적 구분에 의해서 순수하게 지성적인 것과 육체적인 것을 양극화시킨 것은 정신적인 것을 추구할 수 있는 남성과 그것에서 제외된 여성의 위계적인 성별 구분의 근거를 제공하게 된다는 것이다.

한편 데카르트의 입장에서 그의 철학은 여성과 남성이 똑같이 정신과 영혼을 가진 존재라는 것을 전제로 한다며 반론을 제기할 수도 있다. 정신이 마치 누구에게나 가능한, 즉 성적으로 중립적인 이성적 능력처럼 보일 수 있기 때문이다. 그러나 그 당시 역사적 맥락에 비추어볼 때, 여성은 이미 육체적인 존재로 연상되어왔을 뿐 아니라 여성에게는 이성적 방법론에 접근할 수 있는 교육의 실제적인 기회조차 주어지지 않았다. 따라서 이러한 구체적인 삶의 맥락을 고려해볼 때, 데카르트의 순수하게 사변적인 이성과 단지 물질에 불과한 육체의 이원론적 개념은 그러한 이성적 능력에 대한 남녀의 암묵적 차이에 기반해 있음을 알 수 있다. 나아가 이러한 차이는 육체와의 관계를 통해서 좀 더 구체적으로 설명될 수 있다. 왜냐하면 정신 그 자체는 성sex를 가지고 있지 않으며, 아무리 이성적 능력이 성적으로 중립적sex-neutral이라고 하더라도, 인간의 정신은 결국 육체 속에 깃들여 있는 정신이기 때문이다. 따라서 이성적 능력의 차이는 곧 육체적 차이를 통해서 명시화될 수밖에 없는데, 이로써 이성은 "여성화된 육체성feminized corporeality"을 초월하는 어떤 것으로 표현된다.[2] 이와 같이 데카르트는 육체에 대해서는 개연성probability을 그리고 정신에는 확실성certainty을 부여하고 있으며 육체에 대한 강한 불신을 나타내고 있다. 이러한 육체에 대한 불신은 여성주의적 관점에서 볼 때에 정신적이고 합리적인 것은 남성적인 것rational/male이고, 육체적이고 정서적인 것은 여성적인 것bodily, emotional/female이라는 위계적 사유를 전제로 한다.[3]

데카르트로부터 유래된 이원론은 지식의 영역에서 노동의 성별 분업을 정당화하는 데 쓰이기도 한다. 즉 추상적인 이성과 객관적 지식의 획득은 이성을 소유한 남성의 영역인 반면에, 일상적이고 육체적인 삶의 욕구 충족에 필요한 실천적인 이성은 여성의 영역이 된 것이다.[4] 또한 데카르트에게서 확실성의 자아는 외적·객관적 세계와 분리된 채 타자를 배제하고 있으며, 주변 세계와 단절되어 있다. 이처럼 데카르트가 유아론적 입장에서 고립되고 추상적인 자아와 정신에 우선성을 부여한 것은 결코 가치중립적이라 할 수 없으며, 남성 중심적이고 가부장적인male-centered, patriarchal 전형을 보여주는 것이라 할 수 있다.

이와 같이 볼 때, 데카르트로부터 비롯된 근대적 인간에게서 남성으로 대표되는 인간의 인식능력으로서 이성은 특정한 시간과 공간의 제약을 넘어서서 참 지식에 접근할 수 있는 객관적인 능력이라기보다는 오히려 편파적인 능력에 불과하다. 따라서 여성주의의 입장에서 볼 때 이러한 이성적 주체에 근거를 둔 모더니티 철학의 문제점은 '차이'를 제대로 사고하지 못한 채 남성중심적 '동일성'의 철학으로 고착화된 데에 있다고 할 수 있다.[5]

– 칸트의 '자율적' 도덕주체

모더니티의 사상에서 주체성을 논의하는 데 핵심적인 것 중의 또 다른 하나는 이상적인 도덕적 행위자agent로서 '자율적인' 개인을 전제로 하는 견해다. 오늘날 '자율적' 자아의 본성과 정체성에 대해 여성주의자들로 하여금 좀 더 광범위한 차원에서 비판적 관심을 가지게 한 데에는 발달심리학에서 도덕적 자아와 도덕적 추론에 대한 연구가 기여한 바가 매우 크다고 할 수 있다.[6] 특히 초도로우Nancy Chodorow와 길리건Carol Gilligan의 심리학적 연구는 자유주의 윤리학의 전통에 기반한 '자율적' 자아를 비판하는 데 많은 반향을 일으켰다. 초도로우는 초기 유년기의 사회화 과정에서 어떻게 젠더차별적인 방식이 나타나는지에 관심을 가졌다. 즉 남아의 심리학적 발달은 "어머니와의 이중적인 비동일시"라는 특징을 지니게 되는데, 이는 한편으로 분리적인 정체성을, 다른 한편으로 어머니와 다른 젠더의 정체성을 형성하기 위해 필수적인 것이다. 이와 같은 과도한 분리로부터 전형적인 남성적 특징으로 '독립성detachedness'이 생겨나는데, 이는 여아에게서 나타나는 어머니와의 동일시와 '관계성relatedness'과는 다른 발달의 형태를 보인다.[7]

한편 자율성은 칸트에게서 모든 도덕성의 궁극적인 원천이라 할 수 있는데, 칸트는 이상적인 도덕적 행위자가 적어도 다음의 두 가지 의미에서 '자율적autonomous' 이라고 보았다. "첫째로 이상적인 도덕 행위자의 정체성은 특정한 인간관계와 역할들의 사회적이고 역사적인 우연성으로부터 본질적으로 분리될 수 있다. 그러나 둘째로 자율적인 도덕적 행위자는 보편적으로 적용될 수 있는 이성의 요구와 일치하는 입법 legislation에 의해서 오직 그 자체에만 도덕법을 부여한다."[8]

이와 같은 칸트의 전제에 대해서 여성주의자들은 다음과 같은 의문을 제기한다. 과연 도덕적 행위자는 근본적으로 사회적이고 역사적 환경, 그 관련성에서 분리될 수 있는 것일까? '자율적 주체'에게 자연과 타자는 그저 방해하는 존재인 것일까? 또한 칸트가 이성의 요구를 지나치게 강조한 것은 주체와 타자들 간의 근본적인 상호연관성을 긍정하는 데 있어서 감정이 지니는 도덕적 중요성에 충분한 관심을 기울이지 않은 것은 아닐까?

'자율적 주체'에 대한 여성주의의 비판적 검토는 여성의 사회적·정치적·경제적 지위에 대해 도덕적인 성찰을 요구할 뿐 아니라 사회적·정치적 삶의 도덕적 기반과 도덕성의 본성을 이해하는 데에도 결정적인 의미를 지닌다. 우선적으로 여성주의자들은 칸트에게서 독립되고 초월적인 주체 및 개인에 대해 의문을 제기한다. 그에게서 도덕적 선택이란 자신의 환경이나 삶의 조건들에서 형성된 경향성이나 욕구와 같은 것들에 의해 좌우되지 않는 선택인데, 이와 같이 주체가 외부적 요인들로부터 초월해서 이성적으로 결정을 내릴 때에, 비로소 가장 자율적이고 도덕적인 선택을 할 수 있다는 것이다. 그러나 과연 도덕적 행위자가 실제로 얼마만큼 자신의 환경을 초월할 수 있으며, 이로써 자신을 통제하고 객관적으로 사고할 수 있는 것일까? 칸트의 이러한 자율성 개념은 "행위자가 실천적 문제에 직면해서 경험적 자아를 초월해 문제를 완전히 객관적으로 볼 수 있는 보편적 관점에 설 것을 요구한다는 점에서 지나치게 강한 개념이라는 비판을 받아왔다."[9]

또한 칸트의 자율적 도덕주체는 자아와 타자, 이성적 인간과 자연간의 근본적인 대립을 전제로 한다. 이로 인해 양자의 관계에 경쟁과 갈등이 필수적이라고 가정하는 도덕적이고 정치적 이론들이 생겨나는데, 이에 대해 특히 오늘날 '관계이론'에 입각한 여성주의자들은 거부의사를 분명히 한다. 인간들이 함께 협력하고 관계성 속에 있는 자아를 인식하는 것은 자아의 독립성을 위협하는 것이 아니며, 오히려 '관계적 자아'에 근거한 공동체적 삶을 모색하는 것이야말로 오늘날 사회에서 매우 긴요한 일이 아닐 수 없기 때문이다.

더 나아가 칸트는 '타자'들에 대한 관계에 있어서 '공평성 impartiality'이 성숙한 도덕적 관점과 진정으로 양립할 수 있는 유일한 입장이라고 주장한다.[10] 그러나 이러한 공평성이 과연 이상적 인간성을 보장해줄 수 있으며, 실천적 상황에서 바람직한 것일까? 여성주의적 관심에서와 같이 우리는 자주 타자의 구체적인 정체성과 역사적 요구에 주의를 기울이는 것이 도덕적으로 필수적인 상황에 마주치게 된다. 따라서 구체적인 타자에 대한 주의가 요구되는 상황들이 과연 도덕적인 성숙에 대한 요구와 무관하며 단지 개인적이고 사소한 관심의 영역일 뿐인지 좀 더 진지하게 숙고해보아야 한다. 또한 공평성에 대한 객관적이고 보편적인 요구는 '정의'의 규범에 치우친 나머지, 여성들의 구체적 삶에서 잘 드러나고 있는 '사랑', '보살핌'의 규범들이 지니는 도덕적 중요성을 무시하거나 결여하는 것일 수 있다.

오늘날의 여성주의자들은 칸트의 윤리학에서 전제가 되는 '자율적 주체'가 지니는 도덕적 함축성과 함께 그것의 인식론적 함축성에 대해서도 비판적으로 주목한다. 우리는 과연 자율적 자아로서 인식의 주체가 된다는 것, 즉 모든 육체적인 방해물들이나 타자들의 외부적인 증언들을 물리치고 자신의 선험적 믿음에 의해 인식한다는 것을 참된 인식이라고 받아들일 수 있는가? 코드Code는 인식주체로서 '자율적 자아'를 이상화시킴으로써 참된 인식이 '객관적'이고 이론적인 탐구의 자율적이며 자기충족적인 결과물이라고 보는 근대적 인식의 전형적 형태를 비판한다. 왜냐하면 지식은 탐구하는 공동체들의 구성원으로서 인간 탐구자들 간의 상호의존성과 별도로 존재할 수 없기 때문이다. 이러한 비판은 오늘날 실용주의자들이 전통적 인식의 자율성에 대해 비판하는 것과 맞닿는 부분으로 실용주의자들이 지식에 대해 상기시킨 바를 여성주의자들이 긍정적으로 수용한 것이다.[11]

이와 같이 볼 때에 여성주의는 인식의 주체이자 도덕적 주체로서 '자율적 자아'라는 근대적 인간 정체성에 정면으로 도전하는 것으로만 보일 수 있다. 그러나 과연 여성주의가 '자율성'을 남성적 가치라고 규정함으로써 전적으로 포기할 수 있는지에 대해서는 좀 더 진지한 논의를 필요로 한다. 예를 들어서 '자체-입법self-legislation'이라는 기획이 국가의 간섭을 포함해 외부의 간섭으로부터 집단을 보호할 뿐 아니라 공동체에 영향을 미치는 의사결정의 과정에서 모든 개인들의 평등하고 적극적인 참여를 목표로 할 경우, 과연 이러한 자율성의 의미를 남성적이라고 포기할 수 있을까 하는 점이다.[12] 따라서 여성주의의 입장에서 자율성에 대한 비판은 자율성에 대한 전적인 거부라기보다는 "자율성에 대한 편파적인 해석에 대한 거부"[13], 즉 근대적 인간 이해에서 무차별적이고 형식적인 보편주의에 근거하고 있으면서 젠더차별적으로 구성된 자율성의 개념에 대한 도전이라 할 수 있다. 오늘날의 여성주의자들은 자아와 타자의 상호연관성이 지니는 도덕적 중요성을 수용하면서도 행위자 개인의 자율성과 도덕적 자율성이 존중될 수 있는 가능성 그리고 자아와 타자의 관계성 속에서 스스로를 다스리는 입법장치의 가능성에 대해 많은 관심을 기울이고 있다.

여성주체성의 재구성

− '몸'을 통한 성차와 차이들의 주체성

포스트모더니티의 철학이 근대적 주체성의 획일적이고 전체적인 진리를 비판하고 '해체'와 '차이'를 강조함으로써 모더니티 전통에서 주변화되었던 사람들에게 자신들의 주체적 차이를 확인하고 자신들의 관심에서 목소리를 낼 수 있게 하는 이론적 토대를 제공한 것은 매우 괄목할 만한 성과라고 할 수 있다. 이러한 포스트모더니티 철학의 해방적 잠재력은 여성주의, 포스트식민주의와 다문화주의에서 "목소리와 재현의 민주적 정치학"[14]으로 발전하고 있다. 그러나 오늘날 여성주의는 한편으로 근대적 인간의 이성적이고 자율적인 주체에 대한 포스트모더니티 철학의 비판에 동의하면서도, 다른 한편으로 주변화되었던 타자로서의 '여성'을 반反인본주의, 반反본질주의에 입각해 전적으로 해소시킬 수만은 없는 딜레마적인 상황에 처해 있다. 따라서 여성주의가 당면한 문제는 "'포스트모더니즘'이라고 일컬어지는 입장의 메타 철학적 인 전제가 단순히 이론적 입장에서가 아니라 해방을 위한 여성의 투쟁에 관한 이론으로서 여성주의의 규범적 내용과 모순은 없는가"[15] 하는 것이다.

이와 같은 맥락에서 오늘날 여성주의자들은 정체성 정치학의 중요성을 인식하고, 주체성에 대한 해체적인 접근과 살아 있는 주체성lived subjectivity 혹은 행위성agency의 문제를 어떻게 연관시킬지에 관해서 많은 관심을 기울이고 있다.[16] 전체화하는 보편주의나 본질주의의 개념도 아니고 그렇다고 상대주의나 유명론에 빠지지도 않으면서, 대안적인 형태의 주체를 논의하기 위해서는 알코프Alcoff가 제시한 "위치로서의 여성woman as positionality"이라는 개념을 주목할 필요가 있다. 그녀는 본질주의와 유명론을 모두 거부하면서도 구체적인 습관, 실천, 담론이 유동적이라는 것을 염두에 두고 젠더화된 여성의 주체 이론의 필요성을 역설했다. '위치' 개념은 구조와 주체를 동시에 고려하고자 하는 것인데, 이러한 관점에서 젠더 정체성은 주어진 외부 조건들과 긴밀한 연관성 속에 있을 뿐 아니라 "여성 스스로 찾은 자신의 위치는 단순히 의미가 발견되는 것이 아니라 의미가 구성되는 장소로 적극 활용될 수 있다."[17]

이와 유사하게 "위치의 정치학"은 "얼굴 없고, 인종 없고, 계급 없는 모든 여성이라는 범주"가 아닌 여성들의 특수성을 고려하고자 한다. 사회 변혁을 위해서는 여성들이 자신의 '복수적 위치들'에서 책임성을 지니고 전략적인 개입을 해야 한다.[18] 따라서 '위치의 정치학'은 여성들을 동일시하는 집합점으로 '정체성'과 저항 지점에 대한 탐색을 가능케 하는 정치적 '주체성'에 매우 유용한 출발점을 제공하며, 이를 통해 상대주의에 빠지지 않으면서도 여성들 간의 차이를 존중하며 상호연대할 수 있는 지반을 확보할 수 있게 한다.[19]

그렇다면 '위치'로 맥락화함으로써 여성들 사이에 존재하는 복수적인 차이들을 인식하는 정체성이 어떻게 가능한 것일까? '위치'location의 개념은 여성들 사이의 차이들을 간과하고 보편화하는 용어인 대문자 여성Woman을 비판하면서 여성들 각각의 구체적인 위치, 장소로서 여성의 몸에 초점을 맞춘다. 여기서 몸은 추상적이고 단일체적인 육체가 아니라 각 여성의 복수적이고 복잡한 물질적 장소를 의미한다. 몸은 애초부터 하나 이상의 정체성을 동시에 지닌다. 몸은 언제나 이미 성적인 차이를 드러내고 있으며, 인종·계급·성적 선호 등의 다양한 정체성의 축과 연관되어 있기 때문에, 각 개인들이 처해 있는 구체적인 특수성에 따라 복수적인 목소리를 내게끔 한다.[20]

이와 같이 여성주의가 여성들 간의 차이라는 것을 염두에 두면서도 몸을 통한 성차와 차이들에 주목하는 것은 이성중심적인 근대적 인간 정체성에서 상실된 인간의 구성요소들을 재통합하려는 니체적인 발상과 일맥상통한다고 할 수 있다.[21] 니체에게서 몸Leib은 육체Körper와는 다른 개념이다.[22] 후자는 생물학이나 자연과학에서 대상화되는 물리적인 것이라면, 전자는 활동적인 역동성을 지니는 것이라 할 수 있다.

그 역동성은 "사유, 느낌, 의욕"Denken, Fühlen, Wollen의 복합적인 상호연관적인 생성의 작용에서 야기된다. 니체는 "몸이 곧 나"라고도 하고, 이러한 몸을 전통적인 의미에서 정신이라고 불리는 '작은 이성'die kleine Vernunft과 구분해 '큰 이성'die große Vernunft이라고 명명하면서, 서양의 전통적인 근대적 인간관을 벗어나고자 시도한다.[23] 그에게서 전통적 형이상학에서의 인식론적 자아는 해체되고, 단일하고 통일된 하나로서의 주체도 거부되는데, "주체란 힘에의 의지의 다수성으로서 단지 하나의 허구적 통일 안에서 하나로 응축된 것", "내면 세계의 힘들의 투쟁과 그 조직적 통일에서 성립하는 잠정적인 힘(의) 중심에 대한 명칭"[24]일 뿐이기 때문이다.

플레스너Plessner의 철학적 인간학에서도 '주체'는 항상 세계 안에서 세계와 관계를 맺으며 열려 있는 존재고, '몸'은 자아와 세계의 관계를 매개한다. 따라서 '자아'는 몸적 자아das leibliche Selbst 혹은 몸속에 깃든 주체embodied subject로 파악된다. 또한 플레스너는 몸과 육체를 속성에 따라 나눌 수는 있지만 양자가 실체적으로 분리되지 않으며 상호교호성相互交互性, Verschränkung을 지닌다고 본다. 따라서 세계와 자신을 경험하는 자아로서 몸인 주체는 자신의 몸성Leiblichkeit 내지 몸-존재Leib-Sein를 다름 아닌 육체를 가진 것Körper-Haben으로서 경험하게 되는 것이다.[25]

이와 같이 볼 때에 몸은 이미 규정되거나 정의된 개념이라기보다는 주체성을 논의하게끔 하는 시작점이며, 생물학적인 요소들만이 아니라 문화적이고 사회적인 상징의 요소들이 교차되어 논의될 수 있는 거점이 된다.[26] 이러한 몸에 대한 이해를 여성주의가 전제로 하는 이유는 근대적 주체의 이원론적인 사고를 해체하고 비판하면서도 성차를 인식함과 동시에 다양한 차이들에 주목함으로써 여성의 주체성을 재구성하려는 의도를 지닌다. 브라이도티Braidotti는 근대적 주체의 이원론적 사고 방식을 비판하고, 여성주체성을 인종, 계급, 성적 선호, 삶의 스타일 등의 다양한 특성들을 통해 정의하고자 주력한다. 이와 같은 시도는 주체성을 구조화하는 '상황적인' 조건들, 구체적으로 체현된 본성을 강조한다는 점에서 유물론적이라 할 수 있지만, "여성주체성을 동시다발적인 권력 구성체들의 네트워크 (구성)과정이라는 측면에서 재정의" 함으로써 전통적인 유물론과는 거리를 취한다. 따라서 여성주체성을 재정의하는 출발점의 지반은 "말하는 주체의 체현된, 그러므로 성적으로 분화된 구조를 강조하는 새로운 형태의 유물론"[27]이라고 할 수 있다.[28] 이와 같이 여성주의자들은 몸을 "문화의 대립항이 아니라 문화의 탁월한preeminent 대상으로 재인식"[29]함으로써 성적 차이와 다양한 차이들을 존중하는 주체성을 말하고자 하는 것이다.

– '관계적' 자아

새로운 몸의 이해에 기반을 두고 복수적 차이들을 수용하는 여성들의 주체성을 좀 더 긍정적으로 설명하고 그 다층적 구조에 주목하기 위해서는, 여성주의의 입장에서 '자아와 타자 간의 관계'를 새롭게 재정의할 필요가 있다. 여성에게서 자아와 타자의 관계는 여성 경험의 유대를 전제로 하는데, 이러한 유대의 상호연관성에 근거하는 '공동체' 개념은 여성의 집단적 주체성을 재정의하는 데 핵심적 역할을 한다.

오늘날 여성주의 철학자들은 개별적인 자아의 정체성이 사회적·역사적·물리적 환경으로부터 분리될 수 없으며, 자아와 다양한 타자들 간의 근원적인 상호관계성 혹은 상호연관성이 있다고 본다. 이러한 '자아의 관계이론'relational theory of the self에는 "방해를 받는encumbered", 혹은 "상황 속에 놓여 있는situated 자아"의 관념이 전제되는데, 여기에는 자아의 본성과 정체성을 사회적 역할에 의해 재정의하고자 하는 의도가 담겨져 있다. 따라서 여성주의자들의 관계이론은 칸트의 자율적 주체 개념에서 드러나듯이 자율적 개인으로서 이상적인 도덕 행위자가 우연적인 사회적 역할과 개인들의 관계들로부터 본질적으로 분리·독립되어 있다고 가정했던 근대적 주체이론들에 중요한 대안을 제공하려는 것이다.

관계이론은 대체로 두 종류로 나뉜다. 첫 번째 관계이론은 자녀에 대한 일차적 보호자인 부모와 그 부모가 책임지는 대상인 자식 간의 관계에서처럼, 가족 내에서 가장 가까운 사람들 간의 관계를 자아의 본성과 정체성의 토대로 본다. 두 번째의 관계이론은 친구 관계에서 드러나는 유대가 가족적인 결속만큼이나 자아의 구성에 중요하다고 주장한다. 특히 후자의 입장은 보다 광범위한 차원에서 인간들의 상호관계성에 역점을 두고 있으며, 친구들 간에 존재하는 유대의 '자발성'이 가족적 유대보다 성숙한 자아를 구성하는 데 더 중

요한 것이라고 여긴다.[30]

이와 같은 관계이론의 입장에서 여성주의는 '개인성의 전제'를 폐기함으로써 근대의 독립적 자아의 개념을 변형시킬 뿐 아니라,[31] 모더니티에서 이상적인 도덕적 주체가 지녔던 '공평성'에 대해서도 이의를 제기하고 나선다. 그리하여 보편주의의 이름으로 주변화되고 배제되었던 타자, 그것도 개별적이고 구체적인 타자에 더욱 관심을 기울인다. 벤하비브 Benhabib는 "구체적인 타자"의 도덕적 중요성을 우리에게 상기시킨다. 그녀에 따르면, 우리 각자가 의존적인 어린이의 상태로부터 도덕적인 능력을 갖춘 자기-충족적인 개인으로 성장해갈 수 있었던 데에는 타자들의 양육, 보살핌, 책임감이 이미 필수적으로 전제되어 있다. 따라서 육체를 가진 자아로서 도덕적인 행위자는 그 자신이 타자에게 의존적인 존재이며, 또한 상처받을 수도 있는 존재라는 사실을 잊어서는 안 될 것이다. 또한 자율적 자아라고 해서 결코 탈육체화된 자아 disembodied self가 아님을 깨달아야 한다.[32] 특히 여성들의 삶은 일반화되고 보편적인 타자가 아니라, '구체적인 타자'를 양육하고 보살피며 책임지는 것의 도덕적 중요성을 경험적으로 제시하고 있다. 이와 더불어 자아와 타자의 친밀한 상호연관성에 기반하는 공동체의 특성을 탁월하게 보여준다.

포스트모더니티 주체성을 넘어서

포스트모더니티의 강력한 영향을 받고 있는 오늘날의 여성주의는 남성중심적 이원론과 이를 극복하기 위해 제시된 위계적인 동일시, 즉 인간을 하나의 기준에 의해 환원시키는 동일성의 철학을 비판하고 해체하는 데에서 출발해, 남성과 여성의 차이, 여성들 간의 차이, 그리고 각 여성 개인들 안에서 발생하는 차이들을 계속해서 모색해가는 차이의 철학을 통해서 전개된다. 그러나 이러한 포스트모더니티의 사유가 근대적 주체에 대한 비판을 토대로 여성주의에 기여하는 바가 크다는 것을 인정한다고 하더라도, 오늘날 여성주체성을 재구성하기 위해서는 포스트모더니티 철학과도 좀 더 비판적인 대면을 하지 않으면 안 될 것이다. 왜냐하면 여성주체성은 단지 포스트모더니티의 철학이 염두에 두고 있는 바와 같이 모더니티 사유에서 발생된 '남성주체의 위기'를 구출하기 위해 급조된 해결책일 수만은 없기 때문이다. 여성주의의 입장에서 볼 때, 근대적 주체성에 대한 비판과 해체는 단순히 젠더와 성차의 중요성을 불러일으키는 데 있는 것이 아니라 여성들에게 진정한 의미의 해방을 가져다주는 것을 목표로 한다. 따라서 근대적 주체성에 대한 비판이 주체 그 자체에 대한 해체로 이어지게 될 경우, 여성들이 그 자신의 주체성을 논의할 지반조차 잃어버릴 위험에 처할 수 있다는 사실을 주시해야 한다.

한편으로 여성주의가 모더니티의 객관성, 중립성, 보편성을 내세우는 탈육체화된 선험적 주체를 거부하는 것은 중요하다. 그러나 다른 한편으로 주체를 단순히 그 자신이 통제할 수 없는 힘들의 장소에 내맡겨진 채 그 힘의 끈들에 의해

당겨지는 대로 세워지는 꼭두각시 정도로 간주할 것인지에 대해서는 여성주의의 입장에서 좀 더 상세한 논의가 필요하다. 여성주의의 입장에서 주체성을 논의할 때에, 모더니티가 기반으로 하는 이성적 인식주체와 자율적 도덕주체를 비판하고 이를 해체하는 것은 물론 긴요한 과제다. 그러나 한 걸음 더 나아가 어떻게 하면 여성이 단순히 사회적 권력에 의해 착취되고 조정되는 데 그치지 않고 오히려 기존에 확립된 권력의 노선들을 전복시키고 새로이 협상해나가는 주체적 존재가 될 것인지, 이를 통해 새로운 권력관계까지 형성할 것인지에 대해서 더욱 적극적으로 논의할 필요가 있다. 여성주의는 근대적 사유의 틀이 지닌 남성중심성을 좀 더 철저히 비판하고, 이와 동시에 차이에 입각한 새로운 서사와 새로운 사유의 틀을 직조함으로써 새로운 담론을 이끌어나가야 할 것이며, 이를 토대로 여성주체성에 대한 근본적인 대안을 모색해야 할 것이다.

주

• 이 글은 〈포스트모더니티와 여성주의에서 본 젠더와 정체성〉(《인간연구》, 제8호, 2005, 5~39쪽, 가톨릭대학교 인간학연구소)의 일부를 수정해 수록한 것이다.

1 Lloyd, G., *The Man of Reason: "Male" and "Female" in Western Philosophy*, (Minneapolis: University of Minnesota Press, 1984), p. 45.

2 Gatens, M., "Modern Rationalism", *A Companion to Feminist Philosophy*, A. M. Jaggar & I. M. Young(ed.), (Malden: Blackwell, 1998), p. 23.

3 로이드는 이성과 성차를 둘러싸고 있는 상징적 개념들의 연계망이 여성과 이성간의 대립을 확인시키는 역할을 하고 있다고 주장한다[Lloyd, G., "Maleness, Metaphor and the Crisis of Reason", *A Mind of One's Own: Feminist Essays on Reason and Objectivity*, L. Antony

and C. Witt(ed.), (Boulder: Westview Press, 1993), pp. 69~83].

4 Lloyd, G., 1984, pp. 49~50.

5 게이튼스(Gatens)는 이러한 모더니티 철학과 여성주의가 해체적 관계에 있음을 다음과 같이 말하고 있다: "어떤 철학의 패러다임도 중립적이지 않다는 것을 자의식적(selfconsciously)으로 예시함으로써 여성주의자들은 자신들을 철학자이자 동시에 여성으로 가시화(visible)시켰다. (……) 그들은 특정한 철학 분야에서 무엇이(what) 배제되었는가를 예시함과 함께 바로 그 철학이 존재하기 위해서 그것을 배제하는 것이 왜(why) 결정적인지를 예시했다."[Gatens, M., "Feminism, Philosophy and Riddles Without Answers", *Feminist Challenges: Social and Political Theory*, C. Pateman and E. Grosz(ed.), (NSW: Allen & Unwin, 1986), p. 25].

6 그러나 발달심리학에서 설명되고 있는 자아의 '독립성' 내지 '자율성'과 '관계성'의 대비가 과연 철학에서 '자율성'과 '타율성'의 대비와 곧바로 연관된다고 할 수 있는지에 대해서는 좀 더 상세한 논의가 필요하다.

7 Nagl-Docekal, H., "Modern Moral and Political Philosophy", *A Companion to Feminist Philosophy*, A. M. Jaggar and I. M. Young(ed.), (Malden: Blackwell, 1998), pp. 59~60.

8 Moody-Adams, M. M., "Self/Other", *A Companion to Feminist Philosophy*, A. M. Jaggar and I. M. Young(ed.), (Malden: Blackwell, 1998), p. 259.

9 허라금, 〈여성주의적 '자율성' 개념을 위한 시론〉, 《한국여성학》 제11집, 한국여성학회, 1995, 13쪽.

10 롤즈의 '무지의 베일'도 이러한 칸트의 입장을 계승하고 있다. 그러나 벤하비브는 '무지의 베일' 뒤에 있는 '원초적 입장'이 롤즈의 의도와는 반대로 타자의 타자성을 직면하지 못하게 하면서 사회에서의 편견, 오해, 적의를 제거하는 실질적 위험을 지니고 있음을 지적한다[Benhabib, S., *Situating the Self: Gender, Community and Postmodernism in Contemporary Ethics*, (Cambridge: Polity Press, 1992), p. 167].

11 이와 같이 여성주의와 실용주의간의 중요한 교차점이 있음에도 불구하고 실용주의가 젠더중립성을 강조함으로써 양자 간의 차이는 명백히 드러난다. 예를 들어 로티는 실용주의가 여성주의와 '남성주의'(masculinism) 사이에서 본질적으로 중립적이라고 지적한 바 있다(Moody-Adams, M. M., 1998, p. 260).

12 Nagl-Docekal, H., 1998, p. 60.

13 허라금, 1995, 9쪽.

14 Yeatman, A., *Postmodern Revisionings of the Political*, (New York: Routledge, 1994), p. 9.

15 Benhabib, S., 1992, p. 204.

16 여기서 "행위성은 문화적으로 생산된, 모순 되는 주체들 간의 사회적인 상호작용에서 담론에 의해 산출되는 것"[Weedon, C., "Postmodernism", *A Companion to Feminist Philosophy*, A. M. Jaggar and I. M. Young(ed.), (Malden: Blackwell, 1998), p. 81]으로 간주할 경우에, 정체성을 구성하는 장소는 이제 더 이상 계급, 일, 공동체와 같은 전통적 유형들로부터 '몸, 섹슈얼리티, 인종, 국가, 스타일, 이미지 그리고 하위문화에 이르는 문화적 의미들의 다른 집합체로 옮겨가고'[McRobbi, A., *Postmodernism and Popular Culture*, (New York: Routledge, 1994), p. 6) 있음을 알 수 있다.

17 Alcoff, L., "Cultural Feminism Versus Post-Structuralism: The Identity Crisis in Feminist Theory", *Sings* 13(3), 1988, p. 434.

18 리치에게서 '위치'란 "지정학적인 개념이면서 동시에 언어로 중개될 수 있을 뿐 아니라 결과적으로 가상적 관계들의 대상이 되는 개념"이기도 하다(브라이도티, 로지, 《유목적 주체》, 여성문화이론연구소, 2004, 58쪽).

19 '위치'의 개념은 벤하비브에게서는 '상황 속에 놓여 있음'(situatedness)이라고 표현되기도 한다. 벤하비브는 포스트모더니즘에서 드러나고 있는 경계의 상실과 이에 따라 고조되고 있는 영토적 불안감을 강도 있게 비판한다. 또한 이러한 시점에서 우리가 할 수 있는 것은 상황 속에 놓여 있는 형태의 비판인데, 이는 일시적 형태의 망명이라고 말한다. 이에 반해 브라이도티는

"주변화된 망명객"이 아니라 보다 적극적인 의미에서 "활동적인 유목주의"를 형상화하는 것이야말로 포스트모던 주체성의 핵심적인 형상화라고 주장한다(브라이도티, 로지, 2004, 73쪽).

20 브라이도티, 로지, 2004, 58쪽 옮긴이 주.

21 벨러는 니체의 텍스트가 포스트모더니티의 사유에 많은 영향력을 주고 있으며, 이에 따른 포스트모던 페미니즘을 "포스트페미니즘(postfeminism)"이라 명명하고, 포스트페미니즘이 이타성, 가변성, 불확정성과 결정불가능성, 애매성의 상태에서 포용성의 스타일을 반영하고 있다고 본다(Behler, D., "Nietzsche and Postfeminism", *Nietzsche Studien*, Bd. 22, 1993, p. 362).

22 이승환도 물체로서의 몸인 쾨르퍼(Körper)와 느끼는 몸인 라입(Leib)을 구분하고, 물체로서의 몸이 "과학적으로 인체를 파악하려는 객관적인 시선에 의해 관찰된 '것(thing)'"인 반면에 느끼는 몸은 "지각하고 경험하는 주체로서의 '나(self)'"라고 구분한다(이승환, 〈몸, 신체, 육체〉, 《우리말 철학사전 2》, 우리사상연구소엮음, 2002, 지식산업사, 10쪽).

23 Nietzsche, F., "Von den Verächtern des Leibes", *Also Sprach Zarathustra*, KSA, Bd. 4, 1999, p. 39.

24 김정현, 〈니체에 있어서의 주체·자아와 자기의 문제〉, 《철학》, 제 44집, 1995, 177쪽.

25 박희경, 〈어떻게 우리는 여자, 혹은 남자인가?: 독일내 젠더 논의에 있어서 몸과 육체〉, 《한국여성학》 18권 2호, 2002, 115~118쪽.

26 브라이도티는 몸을 "근거 없이 단언된 해부학의 사실성과 언어라는 상징적 차원이 교차하는 지점에 위치해 있는 의미화의 표면"(브라이도티, 로지, 2004, 305쪽)으로 이해한다.

27 브라이도티, 로지, 2004, 306쪽.

28 또한 그로츠도 성차화된 몸을 중심으로 육체 페미니즘을 전개한다(그로츠, 엘리자베스 《뫼비우스 띠로서의 몸》, 임옥희 옮김, 여성문화이론연구소, 2000, 357~397쪽).

29 Grosz, E., *Space, Time, Perversion*, (New York: Routledge, 1995), p. 32.

30 Moody-Adams, M. M., 1998, pp. 255~256.

31 Yeatman, A., "Justice and Soverign Self", *Justice and Identity: Antipodean Practice*, M. Wilson & A. Yeatman(ed.), (NSW: Allen & Unwin, 1995), p, 209.

32 Benhabib, S., 1992, pp. 188~189.

코라

기본적 정의

유동적이고 불안정한 원초적인 수용체로서, 유일자와 부성
은 물론 음절 형성에까지도 선행하는 것으로, 은유적으로 표
현하면 유모 같은 존재, 모성적인 존재를 말한다.[1]

개념의 기원과 발전

'코라chora'라는 용어는 크리스테바Julia Kristeva가 《공포의 권력
Powers of Horror》에서 출처를 명확히 밝히고 있듯이[2], 플라톤의
《티마이오스Timaeus》에서 빌려온 어휘다. 플라톤의 《티마이오
스》는 우주의 생성 및 인간과 다른 생물들의 생성에 관한 이
야기다. 플라톤의 인식론과 존재론은 지성에 의해 알 수 있
는 원형과 그것의 가시적인 모사와 세 번째 개념인 코라로
구성되어 있다. 따라서 코라는 생성의 토대이며 기반이다. 이
점이 바로 크리스테바가 플라톤의 코라라는 개념에 주목하
고 빌어온 이유라고 볼 수 있다.

코라는 크리스테바의 초기 작품《시적 언어의 혁명Revolution in poetic language》에서부터 후기 작품인《사랑의 정신분석Au commencement était l'Amour》에 이르기까지 반복적으로 설명되는 중요한 개념이다. 코라는《시적 언어의 혁명》에서 크리스테바가 주목하는 의미생성 과정에 대한 탐색에 중요한 단서가 된다. 그녀는 언어를 구성하는 의미생성화의 두 양태로 기호계the semiotic와 상징계the symbolic를 설정한다.[3]《사랑의 정신분석》에서 그녀는 기호계를 "전前 언어적 혹은 초언어적 심적 각인들"로 설명하면서, "논리적으로 그리고 시간적으로 기호·의미·주체의 형성에 선행하는 어떤 심적 양태를 그려보고자 하는 시도"로 코라라는 개념을 설정한다.[4] 이러한 시도를 통해 그녀는 인간의 언어 활동이 육체와 분리되지 않는다는 인식을 보여주고자 한다. 왜냐하면 의미생성화의 공간인 코라는 "욕망하는 정신적 공간이며 동시에 육체적인 공간"이기 때문이다.[5] 또한 크리스테바에게는 "모든 요구를 듣는 존재로서의 어머니, 모든 요구를 수용하는 그릇이며 수용체인 어머니의 충만한 육체," 이 모성적 육체가 바로 "코라를 질서화하는 원칙"이 되기 때문이다.[6] 같은 맥락에서 레흐테John Lechte도 코라란 재현할 수 없는 육체, 즉 어머니의 육체를 함축하고 있음을 지적하면서, 어머니의 육체야말로 전前 상징계로서의 기호계의 중심이 된다고 주장한다.[7]

크리스테바는 코라의 기본 원리가 되는 어머니의 육체, 특히 아이를 품고 있는 어머니의 육체 상태인 임신의 경험을 "주체 분열의 극단적인 시련"으로 묘사한다.[8] "어머니란 끊임없는 분할이자, 한 육체의 분리. 결국은 언어 활동의 분리―언제나 항상 그렇듯."[9] 페인Michael Payne에 의하면, 코라는 자궁학embryology으로부터 온 정확한 기능적 용어인 코리온chorion으로도 작용한다. 그의 설명에 따르면, 아리스토텔레스가《동물의 역사》에서 사용한 용어인 코리온은 자궁 속의 태아를 둘러싼 막을 의미하는데, 이 막은 태아의 타자성이 드러나는 공간을 구성하며, 또한 의미화의 가장 초기의 과정들이 일어나는 곳이다.[10] 크리스테바의 코라도 코리온과 같은 이중의 작용이 일어나는 곳이다.

그런데 코라가 지닌 이 두 가지 속성, 즉 코라의 육체적인 측면과 기호계적인 성격은 명확히 분리되지 않는다. 왜냐하면 코라는 비록 규정될 수 있다 할지라도, 명확하게 가정될 수 없는 것이기 때문이다. 따라서 코라를 규정하려는 시도 자체가 불투명하고 모호할 수밖에 없다. 그렇다고 코라를 불가능한 것 내지는 존재하지 않는 것으로 볼 수는 없다. 이 점에서 코라는 상징화되거나 재현될 수 없지만 여전히 주체에 선행해 존재한다는 라캉의 실재계 개념과 유사하다고 볼 수 있다. 올리버Kelly Oliver 역시 기호계는 라캉의 실재계와 상상계에 존재하는 현상에 해당한다는 크리스테바의 말을 인용하면서 어떤 의미에서 기호계는 상상계를 거쳐 상징계로 진입하는 실재계라고 지적한다.[11]

주체의 형성

크리스테바는 코라를 기호도 아니고 기표도 아니며 어떠한 모형이나 모방도 아닌, 단지 목소리의 리듬이나 동적인 리듬과 비슷한 운율적 공간이며, 자양분을 주는 모성적인 수용체로 설명한다.[12] 그녀는 또한 코라를 "어머니와 아이의 공생의 리듬·억양·반향언어증echolalias"이라고 가정한다.[13] 어머니와 아이의 공생의 리듬은, 어머니와 아이가 공유하는 육체적인 공간에서 비롯된 것으로, 라캉의 거울 단계 이전에 발생하며, 전前 오이디푸스 단계에서의 기호적 관계를 표현하는 육체적인 것이며, 주체가 언어에 진입하기 이전, 즉 상징계에 진입하기 이전에 이루어지는 언어의 출발 지점이다. 결국 크리스테바에게 있어 모성적 육체는 아버지의 법과 상징계의 출발을 미리 틀 지어주는 것이며, "사회적 관계를 규정하는 상징적 법과 태아적 주체를 매개하는 수단이며, 기호적 코라를 질서 짓는 원칙이다."[14]

크리스테바는 기호 수립에 선행하는 기호계의 동적인 기능을 기호 체계로서의 언어에 의존하는 상징적 작용과는 구별되는 것으로 본다. 그녀에 의하면, "의미생성화의 한 양태인 코라 안에서 언어학적 기호는 아직 대상의 부재로서 그리고 실재적인 것과 상징계 사이에 있는 구분으로서 분절화되지 않은 상태다."[15] 따라서 기호계의 동적 과정을 조직하는 기능들의 발생은 상징 이전의 기능이라는 다른 장면, 즉 무의식의 충동/리비도를 여는 주체의 이론 내에서 설명할 수 있다. 추상적이고 모호해서 명확하게 개념화되거나 재현될 수 없음에도 불구하고 코라의 존재를 상정할 수 있는 중요한 증빙으로 예술을 지적하는 문화평론가 김우창은 예술언어가 지닌 강한 리비도적 요소를 설명하면서, 특히 정적이라기보다는 율동이 강한 시각 현상의 재현에서 코라의 역설적 움직임을 찾는다.[16] 같은 맥락에서 레흐테도 폴락Jackson Pollock의 〈파란 막대기들Blue Poles〉이라는 그림 앞에 섰을 때의 자신이 겪은 체험과, 크리스테바가 폴락의 그림이 보여주는 무無상징적 공간을 기호계라고 언급한 바를 지적하면서 상징적이거나 재현적 요소를 압도하는 코라의 충동 에너지에 대해 얘기한 바 있다.[17]

결국 상징 이전의 충동들은 아직은 자아가 아닌 것과 대상을 연결해주는 기능을 하며, "코라라는 특이한 공간을 구성한다."[18] 충동은 전 오이디푸스 단계에 있는 기호계적 기능과 관련되며 동시에 어머니의 몸으로 향하게 하고 그 몸과 연결시켜주는 에너지의 방출과 관련된다. 이렇게 항상 이미 모호한 상징 이전의 충동이 지닌 이중성으로 인해 기호적이 된 육체는 "영원한 분열의 장소"가 되며, 분열된 주체가 형성된다. 결국 "기호학적 코라는 단지 주체가 생성되고 부정되는 장소일 뿐이다."[19]

크리스테바의 주체 이론에 따르면, "주체는 언제나 기호적이며 동시에 상징적이기 때문에, 그 주체가 산출하는 의미화 체계는 전적으로 기호적일 수도 상징적일 수도 없으며, 대신에 필연적으로 그 둘의 역동적인 상호작용에 의해서 특징지어진다."[20] 크리스테바에게 주체는 데카르트적 주체가 아니라, 근본적으로 분열되어 있으며, 언제나 "과정/시험 중에 있는 주체"다.[21] 이와 같은 크리스테바의 주체 개념은 어떠한 통일된 주체 개념도 부정한다. 그녀에게 주체성은 거울 단계 이전의 모성적 육체에서 시작된다. 그녀의 이러한 주장은 주체를 거울 단계로부터 기원하는 것이라고 보는 정신분석의 관행에 대한 하나의 도전이라 할 수 있다.

라캉에게 주체 발전이 이루어지는 큰 상징계로의 진입은 거울 단계와 거세의 발견을 통해서다. 이러한 주체 형성 과정의 결과가 바로 언어습득이다. 전前 오이디푸스 과정에서 오이디푸스 과정으로의 이행을 통한 언어습득에 대해 라캉의 해석에서 빠져 있다고 생각하는 부분, 즉 전 오이디푸스적 흔적에 크리스테바는 주목하며, 이 흔적을 기호계로 설명한다. 그녀는 "전 오이디푸스적 충동이야말로 의미화를 생산하는 물질의 끊임없는 분열이며 항상 부재중인 주체가 만들어지는 장소"라고 말한다.[22] 시적 언어에서 부정할 수 없는 기호계적 요소는 큰 상징계의 통일성을 파괴하고, 결국 말하는 주체의 통일성마저 파괴시킨다. 이러한 파괴를 그녀는 상징적 법의 혁신을 위한 위반이라고 얘기했으며,[23] 이러한 위반은 새로운 주체 형성과 의미생성의 조건으로 작용한다. 예술적 실천 특히 시에서 볼 수 있듯이, "기호계는 상징계의 선결 조건이며 상징계를 파괴"하는 것으로 드러난다.[24] 그녀에게 "상징적 질서를 새롭게 하는 것은 언제나 기호계의 유입을 통해서다."[25]

결국 우리는 기호계의 유입을 통한 상징계적 법질서의 혁신을 거쳐 이루어지는 의미생성의 과정을 통해 주체로 형성되며 언제나 말하는 주체로 존재한다. 이처럼 크리스테바는 주체를 초월적 자아로부터 탈중심화되어 있고, 변증법에 열린 존재로 보기 때문에, 그녀의 주체는 언제나 다양하고 무한한 의미 창출이 가능한 과정 중에 있다. 우리는 타자와의 관계에 따라 통일성이 상실되면서 동시에 새로운 주체로 형성되는 과정 중에 있는 주체다.[26]

언어의 형성

말하는 주체가 형성되고 부정되면서 다시 새로운 주체로 형성됨에 따라 다양한 의미를 산출하는 공간인 코라에 대한 관심은 《시적 언어의 혁명》에 잘 제시되어 있다. 이 책에서 크리스테바는 촘스키의 생성문법 발전과 더불어 제기된 언어의 외적 요소를 기호계the semiotic로 설명한다. 기호계에 대한 그녀의 설명은 현대 언어학의 한계에 대한 비판이며 그 한계를 넘어서려는 시도이고 새로운 주체 개념 형성과 의미생성화의 과정을 설명하려는 기획이다. 크리스테바의 설명에 따르면, 언어를 엄격하게 형식적 대상으로 간주하는 현대 언어학에서 언어는 "주체를 결핍하고 있거나 단지 하나의 초월적 자아로 주체만을 묵인함으로써 언어의 외재성에 대한 물음을 지연시킨다."[27] 현대 언어학에서 빠져 있는 언어의 외재성, 즉 기호계를 기초로 해서 배타적으로 구성된 비언어적 의미화 체계들이 있다는 크리스테바의 언어 이론은 그녀의 주체 이론과 더불어 의미생성 과정을 밝히는 중요한 작업이다. 〈체계와 말하는 주체The System and the Speaking Subject〉에서 밝히는 의미생성 과정에 대한 그녀의 언어 이론은 구조주의적 한계를 넘어서는 언어의 생산성을 위한 작업이다. 그녀는 언어를 동질적 구조로 바라보는 구조주의에 반대하며, 언어를 생산적 과정으로 만드는 언어의 이질적 힘들에 주의를 기울인다. 언어의 이질적인 힘들이 기호계적 요소들이다. 바로 이 기호계적 요소들이 상징계적 언어의 다양한 의미화를 가능하게 하는 선결 조건이다. 따라서 기호계적 실천 행위는 "상징적 법을 혁신할 목적으로 그 법을 위반하는 것과 더불어 그 법을 받아들이는 것을 의미"한다고 크리스테바가 주장한 것은 위반의 순간이 가지는 중요성을 강조하는 셈이다.[28] 이러한 위반을 가능케 하는 것이 바로 기호계인 것이다. 이 점에서 의미생성화는 상징계적 법과 그 법을 위반하는 기호계 사이의 변증법을 내포한다.

언어의 창조성을 가능하게 하는 필수적 요소로서, 언어의 이질성을 가리키는 기호계라는 용어는 아르또에 관한 크리스테바의 1973년 에세이 〈과정 중의 주체Le sujet en procès〉에 등장한다.[29] 올리버에 의하면, 이 글에서 크리스테바는 기호계를 무상징계로 칭하면서 이름 지을 수 없는 요소, 즉 의미화 내부에 있는 이질적인 요소라고 설명한다. 그러나 《시적 언어의 혁명》에서 크리스테바는 기호계의 개념을 발전시킨다.

기호계σημιον라는 용어는 그리스어로, "구별이 분명한 징표, 흔적, 표시, 예비적 기호, 증거, 새겨지거나 쓰인 기호, 각인,

흔적, 상징이며 의미생성화를 구성하는 요건"이다.[30] 결국 기호계는 기표와 기의의 구분이 일어나기 이전의 상태, 전前 상징계적 상태로 볼 수 있다. 그렇다면 의미생성화의 한 양태로서 코라는 언어 이전의 기호계적 공간을 의미한다. 그러나 코라는 "규정되는 만큼 움직임으로 가득한 운동성 안에서 충동과 충동의 정지에 의해서 형성되는 표현되지 않는 총체"다.[31] 따라서 코라를 규정하고 명확히 하려는 작업은 역설적으로 보일 수도 있다.

하지만 이처럼 역설적이면서도 모순적인 코라의 모호성이야말로 의미화 과정에 이질적인 요소를 표현하기에 알맞은 개념이다. 만물의 생성이 이루어지는 특이한 공간, 즉 플라톤의 수용체인 코라 개념으로부터 크리스테바는 언어의 생산성, 의미생성화가 이루어지는 기반인 코라 개념을 만들어낸다. 그녀는 이와 같이 생성의 기반이 되고 터가 되는 코라란 "명명할 수 없고, 있을 것 같지 않은, 변칙적인" 것이라고 주장하면서, 《티마이오스》에서 다음과 같이 옮기고 있다. "언제나 존재하며 파괴를 허용하지 않는 바로 이 공간이 모든 것이 생성되는 자리를 제공해주지만, 그 자체는 감각에 의해서가 아니라 일종의 변칙적 추론에 의해서만 파악되고 거의 믿음의 대상이 될 수 없다. 이것은 우리가 마치 꿈에서 보고, 존재하는 어떠한 것도 어떤 장소 안에 있으며 어떤 공간을 차지하는 것이 필연적이라고 말하는 것과 같다."[32]

이 수용체를 우주와 이름과 음절에 선행하는 요소들로 보는 플라톤의 설명에 대해 크리스테바는 이 수용체, 즉 코라를 "근본적인 애매성"이라고 규정한다. "한편으로 코라는 유동적이고 모순적이며 통일성이 없고 분리/분할이 가능한 것으로 음절 이전의 것, 단어 이전의 것이다. 다른 한편으로 코라는 무정형의 것이다."[33] 그녀는《언어의 욕망Desire in Language》에서 코라를 "이름 붙일 수 없고, 있을 것 같지 않은 혼성의 이름 붙이기와 유일자와 아버지 이전의 결과적으로 모성적으로 함축된 수용체"라고 설명한다.[34] 또한 플라톤의 수용체라는 공간은 어머니이자 유모라고 지적하면서《티마이오스》[35]를 직접 인용한다. "실제로 받아들이는 것을 어머니에, 본받게 되는 대상을 아버지에, 그리고 이들 사이의 창조물을 자식에 비유하는 것이 적절하겠다."[36] 박종현과 김영균도《티마이오스》에서 그리스어 코라는 '어떤 것이 그 안에 있는 공간 혹은 장소, '지역', '나라', '나라가 차지하는 영토' 등을 의미하는 표현이지만, 플라톤에 있어서 코라는 아무 것도 없이 무한히 펼쳐져 있는 허공이 아니라, 마치 어머니의 자궁이 태아의 발생을 허용하는 터를 제공하는 것처럼, 그 안에서 생성 소멸하는 것들이 나타나는 '기반'의 뜻으로 사용되고 있음을 지적한다.[37]

언어와 주체가 발전해나가는 토대이며 기반으로 작용하는 코라는 모성적이며 여성적인 공간이다. 이와 같은 여성적인 공간을 크리스테바는 기호계적 리듬으로 설명하면서 말라르메의 예를 든다. 그녀는 말라르메가 〈문학에서의 신비The Mystery in Literature〉에서 말하는, 시의 리듬이 갖는 신비로운 기능을 기호계적 리듬과 유사한 것으로 본다. 그녀가 주장하는 기호계적 리듬이란 "언어에 대해 무관심하고, 수수께끼 같고, 여성적인 공간"이며, "율동적이며, 구속되지 않고, 이해할 수 있는 언어로 번역되지 않는" 것이다.[38] 또한 그녀에게 언어로 환원되지 않는 음악과 같은 기호계란 의미에 이질적인 요소를 다루기 위한 용어로 사용된다.[39]

그러나 "의미작용과 기호에 이질적인 분절들"로서의 기호계적 코라는 동시에 단 하나의 보증인 통사론에 의해 제한받는다.[40] 왜냐하면 언어는 사회적 실천이기 때문이다. 따라서 이러한 언어적 실천은 필연적으로 리듬이나 억양과 같은 기호계적 실천과 상징적 기능 둘 다 전제할 수밖에 없다.[41] 결국 기호계적 요소는 상징계 이전의 상태를 의미하지만, 상징계적 제한을 받고 상징계 역시 기호계 없이는 불가능하다.

목소리와 언어의 발화에서 볼 수 있듯이, 유성음의 존재는 발화의 기본 조건이 되는 것이기 때문에, 유성음과 같은 기호계의 존재는 발화와 언어 실천에 필수불가결한 조건이 된다. 따라서 상징계와 기호계의 끊임없는 변증법적 상호침투와 상호교환 속에서만 다양한 의미의 생성이 가능하다.

이와 같은 기호계와 상징계의 역동적이고 변증법적인 상호관계를 설명하기 위해 크리스테바가 설정한 기호계적 코라 개념은 페미니스트들 사이에 논쟁을 불러일으켰는데, 이에 대한 개괄적인 소개는 올리버의 《크리스테바 읽기》에 잘 요약되어 있다. 올리버가 제시한 바에 따르면, 크리스테바가 기호적 코라를 여성성이나 모성과 연관시킴으로써 여성성을 모성으로 축소하고 본질화한다고 스탠턴Domna Stanton과 프래이

저Nancy Fraser가 주장했다는 것이다. 그로즈Elizabeth Grosz도 크리스테바가 모성을 주체가 없는 생물학적 과정으로 기술함으로써 모성의 개념을 본질주의화한다고 주장한다. 버틀러Judith Butler도 크리스테바의 다양성의 원리인 기호적 코라가 정체성의 원리라는 단성적 기표로 작용한다고 지적하면서 크리스테바가 모성을 실체화한다고 주장한다. 이와 같은 본질주의에 대한 비판에도 불구하고 지아렉Ewa Ziarek과 에인리Alison Ainely는 크리스테바의 기호적 코라가 지니는 긍정적 의미를 찾고자 한다. 지아렉의 주장에 의하면 크리스테바의 모성적 육체는 "타자성을 껴안는" 자리다. 에인리는 "더블" 개념으로 모성적 육체를 설명한다.[42] 타자성과 더블 개념은 크리스테바가 임신한 모성적 육체를 통해 설명하려는 주체 개념에 근접한 것이라 할 수 있다. 즉, 어머니는 타자이면서 동시에 자기 자신의 주체인 셈이다. 따라서 어머니의 육체는 자아와 타자가 융해되는 주이상스의 장소가 된다.

모성적 육체, 상징계적 법 이전의 법, 주체 형성의 기반이 되고 언어 형성의 토대가 되고 의미생성화의 선결 조건이 되는 코라 개념은 고전적 정신분석학에 새로운 지형을 부여한다. 물론 프로이트와 라캉 역시 오이디푸스 국면 이전의 전前오이디푸스 단계를 인정한다. 또한 그녀 자신도 재현된 담론과 산출된 의미에 선행하는 의미생성화 과정을 꿈-작업으로 설명한 프로이트의 업적을 간과하지 않는다.[43] 오히려 프로이트가 보여준 무의식이라는 영역이야말로 인간의 본질적인 이질성을 드러내고 있음을 인정한다. 다른 한편으로 그녀는 라캉과 마찬가지로 무의식은 언어처럼 구조화되어 있다고 본다. "무의식의 영역은 기호계적 각인들과 더불어 언어에 의존하고 있다."[44] 그러나 프로이트와 라캉에게는 아이와 아이의 원초적 사랑 대상인 어머니와의 관계 자체보다는 아버지의 기능이 더욱 중요한 것이었다. 그들에게는 아버지의 개입과 오이디푸스 콤플렉스와 거세 콤플렉스를 극복함으로써 아이는 어머니와의 융해로부터 떨어져 나오게 되고 기호계의 운동성을 상징적 질서로 전이시키고 그 질서를 받아들임으로써 언어적 주체가 되는 것이다.

어머니에 대한 의존/융합/주이상스를 단절하고 타인에 대한 상징적 관계로 변형시키는 것은 의사소통에 필수적이다. 반면에 크리스테바는 아이와 아이의 원초적 사랑의 대상인 어머니와의 관계, 그리고 그 관계의 그물망이 짜이는 최초의 터인 모성적 육체에 주목한다. 실제로 그녀는 한 인터뷰에서 어떠한 경우에서건 전 오이디푸스 단계와 정신-육체 사이의 관계에 커다란 강조점을 두어야 한다고 말한 바 있다. 또한 그녀는 우리가 어머니를 신뢰하고 어머니의 말에 귀 기울여야 한다고 강조하는데, 이는 그녀에게 어머니란 바로 아이와의 분리를 통해 아이를 말할 수 있는 존재로 만들어주는 문화적 역할을 수행하는 존재이기 때문이다.[45]

크리스테바에게 모성적 육체, 어머니는 아버지의 이름과 법에 선행하는 주이상스의 자리, "사랑의 샘"으로 작용한다.[46] 바로 이 사랑의 샘으로부터 그녀는 그녀 자신의 여성의 윤리 herethics를 끌어낸다. 그녀는 정신분석을 하는 데 있어서 치료를 이끌어내는 전이에 필수적인 것이 사랑이라고 생각한다. 그녀에게 "정신분석의 대상은 전이와 역전이의 상황 속에 처한 두 주체 간의 주고받은 말"이다.[47] 그녀는 환자와 분석가 사이의 위계를 설정하지 않는다. 그녀에게 환자는 정신분석의 진정한 분석주체이며 분석가 역시 분석주체의 신뢰를 받는 또 다른 주체다. 이 두 주체는 서로 "사랑의 감정을 함축"하는 관계다.[48] 따라서 크리스테바는 분석주체가 분석가의 도움을 청하러 오는 진정한 이유는 사랑의 결핍 때문이고 전이 과정을 통해 신뢰와 사랑을 회복하는 것을 정신분석의 진정한 목적으로 본다.

결국 그녀에게 정신분석은 전이적 담론이며 사랑의 담론인 셈이다. 이러한 사랑을 전제로 한 분석에서만 분석주체는 자신의 욕망, 타자에 대한 욕망, 죽음을 포함한 성욕까지도 말할 수 있다. 분석주체가 말하는 욕망은 어머니와의 융합/주이상스를 포함하는 것이며, 분석주체에게는 억압되었던 것이다. 그러나 이 "억압된 것의 회귀"는 분석가와의 신뢰를 통해서 가능하다. 또한 분석주체의 주이상스는 다시 분석가의 주이상스로 역전이 된다. 왜냐하면 주이상스는 "나는 의미를 들었다j'ouï sense"를 뜻하는데,[49] 이는 분석가의 분석 과정이란 곧 분석주체인 분열된 주체가 만드는 의미를 듣는 행위이기 때문이다. 한 인터뷰에서 그녀는 이와 같은 분석 도중에 자신이 체험한 어려움과 책임감과 즐거움뿐만 아니라 모성적 역할을 얘기한 바 있다.[50] 이처럼 분석가와 분석주체가 어머니와 아이처럼 신뢰를 바탕으로 구축하는 역/전이 관계는 사랑의 관계다. 바로 이 사랑의 샘으로부터 다양한 의미가 창출된다. 그녀에게 의미생성은, 딱딱한 껍질의 상정을 찢어낸 자리 즉, 그 딱딱한 표면의 내부에 있는 이질적인 무상징적 기호계적 코라를 배제하고는 이루어질 수 없다. 《티마이오스》에서 보듯 전통적인 형이상학의 물음에서 중요한 것은 기원에 대한 물음 즉, 시간적 개념에 대한 물음이다. 반면에 우주적 생성의 기원에 대한 의문을 설명하는 과정에서 제시되는 코라의 개념에서 크리스테바가 주목하는 것은, 의미생성화가 이루어지고 주체 형성과 언어가 형성되는 기반으로서 코라가 함축하는 공간적 개념이다. "만지면 따스하고 부드럽고 향기로운 내 어린 시절에 대해 나는 공간적인 추억만을 간직하고 있다. 어떠한 시간도 없다."[51]

참고문헌 및 더 읽을거리

김우창, 〈어둠으로부터 시작하여: 시의 근원-서문에 대신하여〉, 《시인의 보석》, 민음사, 1993.

올리버, 켈리, 《크리스테바 읽기》, 박재열 옮김, 시와 반시사, 1997.

크리스테바, 줄리아, 《사랑의 역사》, 김영 옮김, 민음사, 1995.

_____, 《사랑의 정신분석》, 민음사, 1999.

페인, 마이클, 《읽기이론/이론읽기: 라캉, 데리다, 크리스테바》, 장경렬, 이소영, 고갑희 옮김, 한신문화사, 1999.

플라톤, 《티마이오스》, 박종현·김영균 옮김, 서광사, 2000.

Kristeva, Julia, *Desire in Language: A Semiotic Approach to Literature and Art*, Edited by Leon S. Roudiez, Translated by Thomas Gora, Alice Jardine, and Leon S. Roudiez, (New York: Columbia University Press, 1980).

_____, *Powers of Horror: An Essay on Abjection*, Translated by Leon S. Roudiez, (New York: Columbia University Press, 1982).

_____, *Revolution in Poetic Language*, Translated by Margaret Waller, (New York: Columbia University Press, 1984).

_____, *The Kristeva Reader*, Edited by Toril Moi, (New York: Columbia University Press, 1986).

_____, *Julia Kristeva Interviews*, Edited by Ross Mitchell Guberman, (New York: Columbia University Press, 1996).

Lechte, John, *Julia Kristeva*, (London: Routledge, 1990).

주

1 Kristeva, Julia, *Powers of Horror: An Essay on Abjection*, Translated by Leon S. Roudiez, (New York: Columbia University Press, 1982). p. 14.

2 크리스테바, 줄리아, 《사랑의 정신분석》, 민음사, 1999, 18쪽.

3 Kristeva, Julia, *Revolution in Poetic Language*, Translated by Margaret Waller, (New York: Columbia University Press, 1984), p. 24.

4 크리스테바, 줄리아, 《사랑의 정신분석》, 18쪽.

5 Kristeva, Julia, "Women's Time", *Kristeva Reader*, Edited by Toril Moi, (New York: Columbia University Press, 1986), p. 209.

6 _____, 1984, p. 47, 27.

7 _____, 1984, p. 129.

8 _____, 1986, p. 206.

9 크리스테바, 줄리아, 《사랑의 역사》, 394쪽.

10 페인, 마이클, 《읽기이론/이론읽기: 라캉, 데리다, 크리스테바》, 장경렬, 이소영, 고갑희 옮김, 한신문화사, 1999, 228~230쪽.

11 올리버, 켈리, 《크리스테바 읽기》, 박재열 옮김, 시와 반시사, 1997, 65쪽.

12 Kristeva, Julia, 1984, p. 26.

13 _____, *Desire in Language: A Semiotic Approach to Literature and Art*, Edited by Leon S. Roudiez, Translated by Thomas Gora, Alice Jardine, and Leon S. Roudiez, (New York: Columbia University Press, 1980)., p. 157.

14 _____, 1984, p. 27.

15 _____, 1984, p. 26.

16 김우창, 〈어둠으로부터 시작하여: 시의 근원-서문에 대신하여〉, 《시인의 보석》, 민음사, 1993, 14~17쪽.

17 Lechte, John, *Julia Kristeva*, (London: Routledge, 1990), pp. 124~127.

18 Kristeva, Julia, 1982, p. 14.
19 _____, 1984, pp. 27~28
20 _____, 1984, p. 24.
21 _____, 1984, p. 63.
22 _____, 1984, p. 167.
23 _____, "The System and the Speaking Subject", 1986, p. 29.
24 _____, 1984, p. 50.
25 _____, 1984, p. 62.
26 크리스테바, 줄리아, 《사랑의 정신분석》, 23쪽.
27 Kristeva, Julia, 1984, p. 21.
28 _____, "The System and the Speaking Subject", 1986, p. 29.
29 올리버, 켈리, 《크리스테바 읽기》, 57쪽.
30 Kristeva, Julia, 1984, p. 25.
31 _____, 1984, p. 25.
32 _____, 1984, p. 239.
33 _____, 1984, p. 239.
34 _____, 1980, p. 133.
35 플라톤, 《티마이오스》, 50d.
36 Kristeva, Julia, 1984, p. 24.
37 플라톤, 《티마이오스》, 145~146쪽.
38 Kristeva, Julia, 1984, p. 29.
39 _____, 1980, p. 133.
40 _____, 1984, p. 36.
41 _____, 1980, p. 134.
42 올리버, 켈리, 《크리스테바 읽기》, 79~80쪽.
43 Kristeva, Julia, "Semiotics", 1986, p. 83.
44 크리스테바, 줄리아, 《사랑의 정신분석》, 22쪽.
45 Kristeva, Julia, *Julia Kristeva Interviews*, Edited by Ross Mitchell Guberman, (New York: Columbia University Press, 1996), p. 10.
46 크리스테바, 줄리아, 《사랑의 역사》, 405쪽.
47 _____, 《사랑의 정신분석》, 13쪽.
48 _____, 앞의 책, 15쪽.
49 Kristeva, Julia, 1980, 16쪽.
50 _____, 1996, p. 9.
51 크리스테바, 줄리아, 《사랑의 역사》, 396~397쪽.

퀴어[*]

기본적 정의

염색체적 성, 젠더, 그리고 성적 욕망 사이의 소위 안정된 관계에 모순들이 있다는 것을 극적으로 드러내는 태도 또는 분석 모델이다. 혹은 이성애중심적인 사회에서 사회문화적으로 주변화되어 있거나 비체화되어 있는 성적 주체들을 통틀어 일컫는 용어로, 여전히 형성과정 중에 있는 비확정적 용어다.

개념의 기원과 발전

"퀴어 이론이라고 불릴 수 있는 거의 모든 것들이 급진적 예상이라는 성격을 갖기 때문에 그것을 요약하려는 시도는 그것이 무엇이든 부분만을 거칠게 말하는 것이 될 것이다."[1]

퀴어를 정의내리기 위해 그것의 한계를 정하는 데 있어 어떤 결정적인 합의는 없지만—바로 이 비결정성은 널리 소개되고 있는 퀴어의 매력들 중 하나인데—그것에 대한 일반적인 윤곽은 자주 요약되고 또 논쟁된다. 거칠게 말하면 퀴어란 염색체적 성sex, 젠더gender, 그리고 성적 욕망 사이의 소위 안정된 관계에 모순들이 있다는 것을 극적으로 드러내는 태도 혹은 분석 모델을 가리킨다. 안정성 모델—보다 더 적절하게 말한다면 이성애가 바로 이 안정성 모델의 효과라고 봐야 할 때에 오히려 이성애를 안정성의 근원이라고 주장하는 것— 을 거부하면서 퀴어는 성, 젠더, 욕망 사이의 부조화에 초점을 맞춘다. 제도적으로 퀴어는 레즈비언과 게이 주체들과 가장 두드러지게 관계해왔지만 퀴어적 분석틀은 이성의복 애호cross-dressing, 간성성hermaphroditism, 젠더 모호성gender ambiguity, 젠더 교정 시술gender corrective surgery과 같은 주제들 또한 포함한다. 복장 전환transvestitie적인 수행을 통해서든 혹은 학문에서의 해체를 통해서든 퀴어는 이성애를 안정화하는 세 용어들 사이의 모순을 찾아내고 활용한다. '자연 그대로의' 섹슈얼리티란 존재불가능하다는 것을 보여주면서 퀴어는 '남자' 혹은 '여자'라는 말과 같은 명백히 문제될 것이 없어 보이는 것에도 의문을 제기한다.[2]

한때 '퀴어'라는 용어는 좋게 말하면 동성애자들을 일컫는 말이었고 나쁘게 말하면 동성애 혐오적인 용어였다. 그러나 지난 수년 동안 '퀴어'는 또 다른 방식으로 쓰이게 되었다. 그것은 때로 문화적으로 주변화되어 있는 성적 정체성들을 통틀어 일컫는 용어로 쓰이기도 하고 때로는 레즈비언/게이 연구들에서부터 발전해나와 현재 형성 중에 있는 이론적 모델을 설명하기 위한 용어로 쓰이기도 한다.[3] 퀴어 담론이 먼저 시작되었던 미국 등 서양사회에서 뿐만 아니라 한국 사회에서도 인터넷에 '퀴어'라는 검색어를 치면 수많은 검색 결과가 뜰 만큼 '퀴어'는 여전히 왕성하게 쓰이고 있는 용어임에는 틀림이 없어 보인다.[4]

이 용어가 사용되어온 상황에 대한 이런 간단하고 부분적인 설명에서도 분명히 드러나는 것은 '퀴어'가 형성 과정 중에 있는 범주라는 점이다. 이 말은 단순히 퀴어가 여전히 더 견고해질 필요가 있고 좀 더 일관되게 설명될 필요가 있다는 뜻이 아니다. 오히려 퀴어가 규정하는 바는 확정될 수 없다는 것, 즉 그 의미가 갖는 탄력성이 바로 퀴어를 구성하는 특징들 중 하나라는 것을 뜻한다.[5]

그렇기 때문에 '퀴어란 이것이다'라고 규정하는 일이란 불가능에 가까울 만큼 어려운 일이기도 하지만 만약 규정을 한다면 그것은 '퀴어'가 의미하는 바를 정면으로 거스르는 일이기도 하다. '퀴어'에 관한 이론, 즉, 퀴어 이론을 개괄하려는 시도와 퀴어 이론을 보편적 지식을 추구하는 이들이 익숙해져야 할 중요한 사상적 학파 중 하나로 인식하려는 시도는 퀴어 이론을 길들이려는 시도로 여겨질 수 있다. 그것은 퀴어 이론 자체가 규범화하는 것 혹은 고정시키는 것을 거부해왔다는 점에서 위험한 시도인 것이다.[6]

어휘 사용의 역사 속에서 보는 '퀴어'

어원학적 진화를 추적하는 것은 정확한 작업이기보다 개략
적인 작업이다. 〈경향들Tendencies〉 서문에서 세즈윅[7]은 퀴어
queer가 인도유럽어인 'twerkw'에서 연원하고 있으며 독일어
로 '가로지르는'이라는 뜻의 'quer', '비튼다'는 뜻의 라틴어인
'torquere'와 영어의 'athwart'를 대체하기도 하는 용어라고
말한다. 따라서 '퀴어'라는 용어는 근본적으로 '가로지르는
across'이라는 뜻을 가지는 것이라 볼 수 있을 것이다.

'동성애자', '게이' 또는 '레즈비언' 그리고 '퀴어'와 같은 용
어들이 동성 간 성 개념의 역사적 변화를 대체로 연속적으
로 기술하기는 하지만 이 용어들의 실제 쓰임을 예측하기란
때로 쉽지 않고 종종 각 용어가 특정적으로 나타내는 시기
를 앞서거나 뒤따르는 경우가 더 많다. 예를 들어, 천시George
Chauncey는 제2차 세계대전 이전 뉴욕이 복잡하고 가시적인
게이 세계를 구성했으며 이곳에서의 다채로운 하위문화에
서 '퀴어'는 '게이'보다 먼저 쓰였던 용어라고 말한다. 천시는
"1910~1920년대에는 여자 같은 자신의 젠더 지위가 아니라
동성애라는 섹슈얼리티의 측면에서 자신이 다른 남자들과
다르다고 여겼던 남자들이 자신을 '퀴어'라고 불렀다"고 기록
한다. 그리고 '게이'라는 용어는 처음 "1930년대에 유행하기
시작해 전쟁 중에 그 의미가 최고로 구체화되었다"고 지적한
다.[8]

그럼에도 자기 설명을 위한 용어로서 그리고 19세기 이
래 동성애의 의미론적 장을 구성해왔던 일련의 용어들 중

에서 퀴어는 가장 최근의 용어라고 인식된다. 우선, '동성애 homosexuality'는 1869년에 스위스 의사인 벤커트K. M. Benkert가 고안한 용어로 알려져 있다. 성과학자 엘리스Havelock Ellis가 이 용어를 받아 사용하기 시작했던 1890년 전까지 '동성애'란 영국에서 그다지 쓰이지 않았다. 한편, '게이'란 19세기에 '도덕적으로 미심쩍은 여자들'을 일컫는 속어였는데 이것이 1960년대에 '동성애'와 전략적으로 거리를 두고자 했던 해방주의자들에 의해 전유되면서 재배치되기에 이른다. 이때 '게이'는 특히 '동성애'를 특권화되고 자연화된 이성애에서 일탈한 것으로서 분류하는 이항화되고 위계화된 성적 범주화에 정치적으로 대응하기 위해 사용되었던 것이다.[9]

1991년, '퀴어 이론'이라는 문구를 처음 쓰기 시작한 이로 자주 인용되는 로레티스[10]가 "퀴어는 또 하나의 담론적 지평, 성적인 것을 사고하는 또 하나의 방식이다"[11]라고 주장했을 때, 로레티스는 당시 현 체제와 사회에 대한 비판성과 저항성을 잃은 듯 보였던 레즈비언, 게이 정체성 정치학에 다시금 비판과 저항의 에너지를 충전시키고 싶어 했다. 이를 위해 20세기 북미 사회에서 '동성애자들을 모욕하는 아마 최대의 속어로 사용되어' 왔을 만큼 폄하의 의미로 채워져 있던 '퀴어'에 새로운 의미를 부여하며 전유해 소개했던 것이다. 로레티스는 '퀴어'가 결정적으로 중요한 문제를 일으켜주기를 바랐다. 그리고 이를 위해 당시 소개된 글들이 실렸던 학술지에 '레즈비언과 게이'를 부제로, 그리고 그 앞에 '퀴어'를 제목으로 나란히 놓았고 당시 의미가 정형화되어버린 듯했던 '레즈비언'과 '게이'에 대한 비판적 거리를 보여주고자 했다.

그러나, 그 후 3년이 채 지나기도 전에 로레티스는 퀴어가 원래 저항하고자 했던 주류 세력과 제도들에 의해 접수되어 버렸다고 비판하며 자신의 제안을 스스로 거둬들인다. '퀴어'가 자신이 기대했던 비판성이나 저항성을 불러오기는커녕 '또 하나의' 정체성으로 고착되거나 일종의 소비문화적 '스타일'로 고착되고 있다고 판단했기 때문이었다. 어떤 면에서 이런 변화는 그만큼 '퀴어'가 광범위하게 받아들여지고 있었다는 것을 의미하며 따라서 그만큼 '퀴어'가 대중화라는 성공을 이뤄냈다고 평가되기도 한다. 그러나 또 한편에서는, '퀴어'가 내용보다는 스타일의 측면에서 '후기근대적 상품 물신주의로서의 정체성 정치학 버전'을 만들어냈다는 비판을 받기도 했다.[12] 모튼[13]은 그것을 '보그스러움'이라 규정하며 이를 통해 퀴어다움이라는 관념 자체가 '라이프스타일' 이상 아무것도 아닌 것으로, 즉, 특정한 방식으로 말하기, 걷기, 먹기, 입기, 머리 모양 만들기, 성행위 하기 이상 아무것도 아닌 것으로 축소됨으로써 하찮은 것이 되어가고 있다고 불만을 토로하기도 했다.[14]

최근 확산되고 있는 레즈비언, 게이 연구에서 어떤 상황에서 무슨 용어를 사용할 것인지를 주저하는 경향이 있음을 주지하면서 '퀴어'의 사용에 다소 비판적인 데이비슨[15]은 "퀴어는 사실 이러한 근대적 발화 위기 안에서 이뤄지는 가장 흔한 해결책이다. 많은 곳을 여행한 이 말은, 19세기 객실에서 은밀히 속삭여진 암실에도 적응했고 힘을 실어주는 구호로 승격한 1990년대 거리에서도 똑같다"라고 평가하기도 했다.

그렇기에 퀴어가 각각 다른 맥락 안에서 각각 다르게 평가되는 것은 그리 놀라운 일은 아니다. 20세기 북미 사회에서 '퀴어'는 '동성애자들을 모욕하는 속어'로 사용되기도 했지만 오늘날에도 몇몇 나이 든 어떤 동성애자들은 그 용어를 선호하고, 심지어 어떤 때는 그 용어가 가치-중립적이라 믿는 경향도 있다.[16] 종종 '레즈비언과 게이'라는 무거운 말을 대신하는 편리한 약칭으로 쓰이기 때문에 '퀴어'는 교열 기자들에게 요긴하게 쓰이기도 한다. 게이, 레즈비언 공동체 신문들에서 '레즈비언과 게이'를 대신해 더 선호되는 동의어로서 '퀴어'가 쓰이는 것을 봐도 그렇다.

레즈비언과 게이 공동체에 대한 관습적인 관념들을 뒷받침하는 정체성 정치로부터 비판적 거리를 두고 있다는 것을 가리키기 위해 퀴어가 배치되기도 한다. 이때의 퀴어는 고정되고 일관되며 자연적인 것으로서의 정체성에 중단을 제시하는 것을 가리킨다. 그러나 '퀴어 나라Queer Nation'의 경우에서처럼 한결같고 자기 동일한 정체성을 의미하기 위해 쓰일 수도 있다. 여기서 퀴어는 이론적 개념보다는 유행 같은 것으로 기능한다. 이때 퀴어는 구시대적 레즈비언과 게이를 새로운 스타일과 구분하는 방법으로 사용되며 이 구분은 정체성의 형성에 대한 다양한 이해 방식을 역사적으로 보는 것이기보다는 몸에 구멍 뚫기(피어싱)같은 외향적인 유행 같은 것이 되는 것이다. 때로 퀴어는 열린 지지층을 설명하기 위해 사용될 수도 있는데 이 지지층이 공유하는 특성이란 정체성 자체

가 아니라 반규범적 섹슈얼리티에 대해 유사한 입장을 가지고 있다는 것일 뿐이다.[17]

그런데 아마도 퀴어라는 용어를 사용하는 것 중 가장 논란을 많이 낳는 것이 비규범적인 성적 실천 혹은 정체성에 서로 관여해 있다는 것으로 동의될 뿐인 상이한 주체들을 포괄하는 총칭어로 그것을 사용하는 경우일 것이다. 넓은 의미로 쓰일 때 퀴어는 레즈비언과 게이만을 가리키는 것이 아니라 트랜스섹슈얼, 트랜스젠더, 양성애자 등을 함께 가리킨다. 슬론Louis Sloan이 '차이의 공동체라는 모순어법적인 공동체'라고 불렀듯이[18] 퀴어는 사람들의 근본적인 차이를 불허하지 않는다는 점을 상정한다. 그럼에도 어디에나 존재하는 퀴어는 그 용어가 '포섭과 비정치화 능력'[19]으로 악명이 높은 자유주의적 다원주의에 의해 점유되거나 '성적 비명시라는 집요한 태곳적 불안'에 의해 삭제될[20] 가능성을 불러일으킨다는 우려를 듣기도 한다.[21]

그러나 퀴어의 효력에 대한 특정한 논쟁을 고려하기 전에, 상당 부분에서 퀴어 의제에 동의하는 정체성, 젠더, 섹슈얼리티 모델들이 변화해왔다는 것을 이해하고 그와 같은 변화가 권력과 저항을 이론화하는 데서 갖는 함의를 인지하는 것이 중요할 것이다. '게이 해방전선'을 '퀴어 나라'와 구별하면서 브리스토우Joseph Bristow와 윌슨Angela R. Wilson[22]은 "지금까지의 정체성의 정치가 차이의 정치에 의해 대개는 대체되었다"는 것은 의미적으로 매우 중요하다고 본다. 이와 유사하게 더건[23]은 퀴어 모델에서 "차이에 관한 수사가 다른 집단들과의 유사성을 강조하는 동화주의적 자유주의를 대체한다"고 지적한다. 차이를 퀴어적 지식과 조직 모델에 결정적으로 중요한 개념으로 규정하는 데 있어서 이들 이론가들은 퀴어에만 한정된 것이 아니라 후기구조주의의 일반적 특징이기도 한 어떤 변화의 지도를 만들고 있다.[24]

성 정치 운동의 역사 속에서 '퀴어'

'퀴어'는 단순히 동성애적 욕망을 초역사적으로 설명하고 구성하는 용어들 중에서 가장 최근에 쓰이게 된 용어가 아니다. 퀴어는 절대적으로 존재하는 것과는 거리가 멀어, 오직 역사 발전의 맥락 안에서만 의미를 갖는다. 무엇보다도 퀴어는 게이해방주의자들과 레즈비언 페미니즘과의 지속 그리고 분리를 동시에 나타낸다. 퀴어는 특정한 문화적 압력과 이론적 압력이 만들어낸 산물로서 학계 안팎에서 레즈비언과 게이 정체성에 관한 논쟁을 갈수록 더 많이 만들어왔다. 아마도 이 점에 있어 가장 두드러진 것이 게이해방주의자들과 레즈비언 페미니스트들이 정체성과 권력의 작동에 대해 이해하는 방식을 후기구조주의적 입장에서 문제화해온 것이다. 정체성에 대한 자유주의적, 해방주의적, 소수민족집단적, 심지어 분리주의적 관념이 잃게 된 권위는 '퀴어'라는 개념이 부상하는 데 필수적인 문화적 공간을 만들어냈다. '퀴어'의 비특정성은 정체성 범주로서 '레즈비언'과 '게이'가 갖는 배제주의적 경향성들에 대한 비판에 그 대안으로서 '퀴어'가 등장하도록 만들었다.[25] 레즈비언 페미니즘은 게이해방운동이 가진 남성중심적 편견을 바로잡고자 했는데 게이해방운동 자체도 이전 시기 동성애 옹호운동 조직들에 대한 불만과 비판에서 비롯된 것이기도 했다.

레즈비언운동과 게이운동 모두 효과적인 정치적 개입을 위해서는 정체성이 필수적 전제조건이라 가정하면서 근본적으로 정체성 정치에 전념했다. 한편, 퀴어는 그러한 식별 범주들과 직접적이기보다는 매개된 관계를 가진다. 정치적 대표성이라는 측면에서 갖는 정체성 범주들의 한계에 대한 인식이 확산되고 있는 것과 함께 정체성을 임시적이고 우발적인 것으로 보는 후기 구조주의적 이론에 대한 접근은 새로운 개인식별 형태이면서 또한 정치 조직화 양식으로서 퀴어가 등장할 수 있도록 만들었다.[26]

레즈비언과 게이 정체성들을 지키는 것이 어떻게 의도하지 않게 레즈비언들과 게이 남성들이 대립해왔던 이성애적 헤게모니를 재강화할 수도 있는지에 대한 '깊은 이해'는 정체성의 진정성에 질문을 던지는 분석 모델을, 특히, 안전한 정체성과 효과적인 정치학 사이의 추정된 인과 관계를 비판하는 분석모델을 수용할 절대적 필요성을—심지어 수용하고자 하는 의지를—만들어냈다.[27] 필자 또한 젠더 이항대립 모델하에서 동성애를 이성애와 마찬가지로 자연스러운 것으로 두는 입장은 동성애를 주변화하는 이성애중심주의적 체제와 이성애가 가진 헤게모니를 오히려 강화하는 효과를 낳는다고 비판한 바 있다.[28]

그러나 다음과 같은 퍼스[29]의 질문도 유념히 곱씹어 볼만
하다.

정치가 정체성에 근거하는가? 아니면 정체성이 정치에 근
거하는가? 정체성은 자연발생적인 구성물인가? 정치적이
며 역사적인 구성물인가? 육체적인 구성물인가? 아니면
언어적 구성물인가? '정체성'의 해체가 정체성 정치를 옹
호하는 이들에게 함의하는 것은 무엇인가? 페미니스트,
게이 혹은 레즈비언 주체들이 통일되고 안정적인 정체성
이라는 관념을 필요로 하지 않을 여력이 있는가? 아니면
정치를 정체성이 아닌 다른 것에 기반을 두기 시작해야만
하는가? 다른 말로 한다면, '정체성의 정치'의 정치학이란
무엇인가?

퍼스가 이러한 질문을 했을 당시는 퀴어가 자기 신분 확인
을 위해 사용되는 대중적인 용어가 아니었다. 그렇지만 최근
에는 퍼스가 여기서 제기하는 정체성, 공동체 그리고 정치라
는 사안들에 자주 영향을 받으며 사용되고 있다. 레즈비언,
게이 정체성에 대한 유사한 검토는 주체성과 개인 혹은 집단
정체성, 주체 위치들을 실용적으로 고정시키고 배치시키는
것, 그리고 일반적으로는 섹슈얼리티를, 보다 특정하게는 동
성애를 범주화하는 다양한 용어들을 담론적으로 형성하는
데에 대한 후기구조주의적인 비판에 퀴어가 개입하는 것에
서 볼 수 있다.[30]

레즈비언이나 게이라고 이름 붙여진 정체성 범주와 달리 퀴어는 전통적인 정체성 정치학에서 종종 검토되지 않았던 제약들을 이론화하면서 발전했다. 결과적으로 퀴어는 대체로 인정, 참됨, 그리고 자아정체성의 영역 밖에서 생산되어 왔다. 퀴어는 정체성을 구축하기 위한 기반을 굳히는 것에나 심지어 스스로를 안정시키는 것에도 아무 관심이 없는 정체성 범주다. 퀴어는 심지어 스스로의 연립적이고 교섭된 지지층의 형성조차 의도된 것들을 훨씬 초과해 배타적이고 구체화하는 효과를 낳을지도 모른다는 것을 이해함으로써 정체성에 초점을 둔 운동들에 대한 비판을 유지한다. 정체성 정치학의 불가피한 폭력을 인정하고 스스로의 헤게모니와 어떤 이해관계도 갖지 않기 때문에 퀴어는 정체성이라기보다 정체성에 대한 비평에 가깝다. 그러나 스스로를 정체성 정치학에 의해 활성화되는 문제 회로 외부에서 상상할 수 있는 위치에 있지 않다. 퀴어의 작동이 불가피하게 끌어당기는 비판들에 반해 스스로를 옹호하는 대신에 퀴어는 그와 같은 비판들이 퀴어가 나아갈 미래의 방향을 만들어가도록 내버려둔다.[31]

그렇기 때문에 퀴어는 비자연화를 가장 기본적인 전략으로 택한다. 퀴어는 자유롭고 자연적이며 태곳적인 섹슈얼리티를 발견하거나 발명하려는 망상을 피함으로써 그것의 전임자, 즉, 정체성의 정치학을 펴는 이들과 차별화한다. 퀴어는 '정상이라는 체제에 대한 보다 철저한 저항'을 선호하며 섹슈얼리티가 하나의 담론적 효과라는 인식을 입증하고자 한다.

퀴어는 스스로에게 어떤 구체적인 물질성이나 긍정성을 상정해주지 않으므로 퀴어가 다르다고 여기는 것에 대한 퀴어의 저항은 대항적이기보다는 반드시 관계적이다.[32]

퀴어는 비자연화 프로젝트에서 대체로 성적인 부분을 비평해왔으나 최근에는 성과 젠더뿐만 아니라 신분의 다른 축들, 즉, 인종, 민족성, 계급 등을 품어가고 있다. 퀴어를 '반동화주의와 반분리주의' 둘 다의 측면에서 설명하면서 헤네시[33]는 퀴어 프로젝트가 '동성−이성 이항대립에 의해 억눌려왔던 차이와 침묵에서부터 그것에 대해 말하려는 노력들, 레즈비언과 게이 섹슈얼리티가 이성애, 인종, 젠더, 그리고 민족성에 의해 굴절되는 복잡한 방식을 포함해 '레즈비언'과 '게이'라는 단일한 정체성들을 풀어헤치려는 노력들'을 나타내고 있다고 주장한다.[34]

퀴어는 20세기 게이, 레즈비언 정치와 학문의 논리적 발전으로 설명될 수 있지만 그것의 진전이 아무런 논쟁이 되지 않은 적이 없었다. 잠재적으로 무한한 수의 비규범적 주체 위치들의 수렴점으로서 퀴어는 고정되고 따라서 불가피하게 배타주의적인 정체성 안에 발을 딛고 있는 전통적인 정치 운동과는 뚜렷하게 달랐다. 정체성 범주들의 경계를 늘이는 데 있어서 그리고 다양한 형태의 주변화된 성적 신분들 사이의 차이를 무시하는 듯 보인다는 데 있어서 퀴어는 어떤 부분은 충만해지게끔 만들었지만 다른 부분에서는 불안과 격분을 초래하기도 했다. 이 용어를 둘러싼 다양한 경합들은 퀴어의 야망과 한계를 분명히 하면서 또한 퀴어의 영향과 기여

를 보여준다.[35]

이론가들의 논의 안에서의 '퀴어' 혹은 퀴어 이론

퀴어 이론의 제도적 성장은 흔히 1990년대 초기의 학문적 발전과 연관된다. 하지만 퀴어 이론의 시발 시기를 점점 더 일찍 잡으려는 경향은 퀴어가 양면적임을 시사한다. 즉, 퀴어는 급진적인 새로운 개념적 모델일 뿐 아니라 섹슈얼리티에 대한 기존의 지식들에 겹쳐져 있으면서 동시에 기존의 지식에 새로운 정보를 제공하는 모델이기도 하다는 것이다.[36]

하나의 지적 모델로서 퀴어는 단지 레즈비언, 게이 정치와 이론이 만들어낸 것만이 아니라 20세기 후반 서양 사상을 구성하는 역사적으로 특정한 지식에서 오히려 더 많은 영향을 받았다. 유사한 변화가 페미니즘 이론과 실천 그리고 탈식민주의 이론과 실천에서도 발견된다. 예를 들어, 릴리[37]는 페미니즘이 '여성'을 하나의 통일되고 안정되며 일관된 범주로 다루려고 하는 점을 문제 삼았고 게이츠[38]는 '인종'이 인위적인 것임을 밝혀냈다. 이러한 개념적 전환은 레즈비언과 게이 학문 진영 및 행동 진영 내에서도 큰 영향을 행사했고 모든 퀴어 분석에서 역사적 맥락을 제공한다.[39]

– 후기구조주의 그리고 정신분석이론

'정체성'은 아마도 우리 각자가 살고 있는 가장 '자연적인' 문화 범주 중 하나일 것이다. 우리는 항상 자기 자신을 모든 재현틀 외부에 존재하는 것으로, 어쨌든 부인할 수 없는 현실성의 지점을 표식하는 어떤 지점으로 사고하는 경향이 짙다. 그렇지만 이러한 자명해보이는 혹은 논리적으로 보이는 정체성에 대한 주장은 20세기 후반부에 알튀세르Louis Althusser, 프로이드Sigmund Freud, 소쉬르Ferdinand de Saussure, 라캉Jacques Lacan, 그리고 푸코Michel Foucault와 같은 이론가들에 의해 몇몇 지점들에서 철저히 문제시되었다. 집단적으로, 이들의 작업은 사회 이론과 인문과학에서 확실한 진전을 가능케 했는데 홀[40]의 말을 빌자면, 이러한 진전은 '데카르트적 주체[41]의 최종적 탈중심화'라는 효과를 낳았다. 결과적으로 정체성은 지속적이고 끈질긴 문화적 환상이거나 혹은 신화로 재개념화되었다. 정체성을 '신화적' 구성물로 사고하는 것이 정체성의 범주들이 아무런 물적 효과를 갖지 않는다고 말하는 것은 아니다. 오히려 바르트Roland Barthes가 《신화》[42]에서 그랬듯이 우리 자신을 일관되고 통일되며 자기 결정적인 주체로 이해하는 것 자체가 자신을 설명하기 위해 흔히 사용되고 있고 결과적으로 정체성은 그것을 설명하는 약호들을 통해 이해되는 것에 불과하며 그러므로 정체성은 그것을 재현하는 약호들의 효과라는 점을 깨닫는 것이다. 바르트가 주체성을 이해하는 방식은 마치 자연적인 혹은 자명해보이는 정체성의 '진실'에 대해 질문을 제기하게 한다. 즉, 자신을 자기결정적이고 합리적이며 일관된 것으로 보았던 데카르트Rene Decartes의 관념을 반박하는 것이다.[43]

알튀세르는 우리가 자유로운 주체로서 선재하지 않으며

이데올로기에 의해 주체들로서 '호명되거나' '불려내'지는 것이라고 주장했다. 이때 호명은 인정과 동일시의 강력한 혼합을 통해 이루어진다. 이 관점은 정체성 정치에 대한 모든 면밀한 분석에서 중요한데 왜냐하면 이데올로기가 어떻게 개인들을 사회에 위치시키는지에 대해서 뿐만 아니라 어떻게 개인들에게 자신의 정체성에 대한 감각을 부여하는지도 보여주기 때문이다. 다시 말해, 이것은 어떤 이의 정체성이 어떻게 이미 이데올로기 자체에 의해 구성되는지를 보여준다. 단순히 이데올로기에 대한 저항에 의해 구성되는 것이라기보다는 말이다.[44]

프로이드의 무의식에 관한 이론화는 주체성이 안정되고 일관된 것이라는 관념을 더욱 흔들어놓았다. 프로이드는 개인이 의식하지 못하는 정신적이고 심리적인 중요 과정들이 형성적 영향력을 가진다는 설명을 구축했다. 프로이드가 발전시킨 무의식 이론은 주체가 온전하고 자각적이라는 상식에 진적으로 영향을 끼쳤다. 한편, 라캉은 주체성이란 반드시 학습되어야만 하는 것이라는 점을 덧붙인다. 주체성은 자신에게 있는 본질적 자질이 아니라 자신 밖에서 유래된 것이기 때문이다. 그렇다면 정체성은 다른 이들과의, 동시에 다른 이들과는 달리 이뤄지는 동일시의 효과인 것이다. 따라서 정체성은 진행 중인, 항상 미완성인 상태의 과정인 것이지 어떤 개인이 소유하는 특성 따위가 아니다.[45]

한편, 언어학자 소쉬르는 언어가 사회적 현실을 구성하는 만큼 현실을 반영하지는 않는다는 주장을 했다. 소쉬르에게 언어는 단순히 그곳에 이미 있는 어떤 것을 묘사하는 기능을 하는 2차 질서 체계가 아니다. 오히려 언어는 그것이 설명하고 있을 뿐으로 보이는 대상을 유의미한 것으로 구성하고 만들어낸다. 언어는 흔히 우리가 '진정한' 자신을, 그리고 우리의 내밀한 생각과 감정을 표현하는 매개라고 오해를 받지만 소쉬르는 내밀한, 개인적인, 그리고 내적인 자신이라는 우리의 관념이 언어를 통해 구성된 것이라고 봐야 한다고 주장한다.[46]

알튀세르, 프로이드, 라캉, 소쉬르의 이러한 이론들은 퀴어와 퀴어 이론이 부상하게 된 후기구조주의적 맥락을 제공해왔다. 특히, 푸코의 글들은 섹슈얼리티가 본질적으로 개인적인 자질이 아니라 접근 가능한 문화적 범주이고 단순히 권력의 대상이 아니라 권력의 효과라는 점을 강조한다는 측면에서 레즈비언과 게이 운동과 연구 그리고 뒤이어 퀴어 운동과 퀴어 이론의 발전에 결정적으로 중요한 것이 되어왔다.[47]

– 미셸 푸코

섹슈얼리티가 자연적 조건이라기보다는 담론적 산물이라고 하는 푸코의 주장은 근대적 주체성이 권력망의 효과라고 보는 보다 더 큰 주장의 한 부분이다. 푸코는 권력이 부정적이거나 억압적인 것일 뿐만 아니라 생산적이고 무엇인가를 가능하게 만들기도 하는 것이라고 보았고 권력의 효과는 사전에 결정되어 있지 않은 채 '무수히 많은 지점들로부터 행사된다'고 보았다.[48] 성sex은 권력관계들과 무관하게 존재하며 그럼에도 권력관계들에 의해 억압받는다는 두 가지의 일반적인 관념 모두에 반대하면서 푸코[49]는 권력이 기본적으로 억압적인 힘은 아니라고 주장한다.

권력의 효과가 억압이라고 규정하게 되면 순수하게 법률적인 권력 개념을 수용하게 된다. 그리고 권력을 '안 돼'라고 말하는 법과 동일시한다. 즉, 그것은 무엇보다도 금지의 힘을 가진다. 지금, 나는 이것이 전적으로 부정적이고, 협소하며, 내용이 없는, 이상하게 공유되어 온 권력개념이라고 믿는다. 만약 권력이 그저 억압적인 것이기만 하다면, 안된다고 말하는 일만 한다면, 정말 당신은 우리가 어떻게든 그것에 복종해야 한다고 믿겠는가? 권력에 지배력을 주는 것, 권력이 받아들여지도록 만드는 것은 꽤 단순하게도 다음과 같은 사실이다. 즉, 권력은 단순히 안 된다고 말하는 힘과 같은 무게를 갖지 않는다. 오히려 권력은 어떤 것들을 생산하고 생산한 그것들을 통해 작동하고, 쾌락을 유발하고, 지식을 형성하고, 담론을 생산하고, 전체 사회체를 통해 작동하는 생산적 네트워크라고 간주되어야만 한다. 억압하는 기능이라는 부정적인 사례로서보다는 말이다.

푸코의 분석에서 주변화된 성적 정체성들은 단순히 권력 작동의 희생자들이 아니다. 반대로 동일한 권력 작동들에 의해 생산된다. "지금까지 두 세기 동안 성에 대한 담론은 희박해진 것이 아니라 오히려 배가되었다. 그리고 그 담론은 금기들과 금지들을 동반했고 보다 더 근본적인 방식으로는 성적 조각들을 한데 모아 고착시키고 이를 이식가능한 것으로 만들었다."[50] 권력의 생산적인 측면, 가능성을 부여하는 측면에 대한 푸코의 강조는 전통적으로 권력이 이해되어왔던 방식들에 근본적인 문제 제기를 하고 있다.

푸코는 권력이 근본적으로 억압적인 힘이라고 생각하지 않으므로 금지된 것들을 깨뜨리고 자유롭게 말하는 것과 같은 해방주의적 전략들을 지지하지 않는다. 근대적 성적 억압이라는 관념이 널리 받아들여지고 있지만 푸코는 억압에 대한 담론적 비판은 권력 기제들을 정확하게 규정하기는커녕 "사실상 '억압'이라고 부르며 비난하는 (그리고 틀림없이 왜곡하는) 것과 똑같은 역사적 망의 일부다"라고 말한다.[51] 이런 맥락에서 푸코는 이전까지 부정되고 침묵당해왔던 레즈비언과 게이 정체성들과 섹슈얼리티들에게 목소리를 주는 것은 권력에 반항하는 것이고, 그로써 변형 효과를 유발하는 것이라는 해방주의적 확신에 대해 의문을 제기한다. 결과적으로 권력에 대한 푸코의 재평가는 레즈비언과 게이에 대한 분석에도 상당한 영향을 주었다. 그리고 푸코가 이 사안에 대해 단호히 반해방주의적 입장을 취하기 때문에 푸코는 종종 정치적 패배주의를 주창하는 것으로 읽히기도 한다.[52]

그럼에도 푸코는 또한 '권력이 있는 곳에 저항이 있고'[53] 저항은 '(권력과) 같은 공간에 있으며 절대적으로 권력의 동시대항이다'라고 주장한다.[54] 이때, 권력처럼 저항도 복합적이고 불안정하다. 그리고 특정 지점들에서 응축되고 다른 지점들을 가로질러 이리저리 흩어지며 담론 안에서 유통된다. '담론'은 어떤 특정한 개념에 관계되게 함으로써 그 개념의 의미―'그 의미가 가진 전술적 기능은 단일한 것도 아니고 안정된 것도 아니며 일련의 단절된 부분들로 이뤄져 있다'―를 구성하고 경합시키는 이질적인 발화들의 집합이다. 푸코가 권력이 오직 위계적 관계들을 표시하기만 한다는 생각에 반대하며 경고하고 있는 것과 마찬가지로 푸코는 담론도 단순히 어떤 것을 위하거나 혹은 이에 반대하는 것이 아니라 끊임없이 이것들을 야기하는 다층요소적 성격을 갖는다고 주장한다. 그러므로 푸코는 "우리는 담론 세계가 수용되는 담론과 배제되는 담론으로 분리되어 있거나 지배적 담론과 피지배적 담론으로 분리되어 있다고 상상해서는 안 된다. 다채로운 전략들 안에서 역할을 할 수 있는 담론적 요소들의 다중성으로서 그것을 상상해야 한다"고 말했다.[55] 담론들과 전략들 사이의 관계를 설명하면서 그리고 단일 담론이 어떻게 반대의 목적을 위해 전략적으로 이용될 수 있는지를 보여주면서 푸코는 특히 어떻게 동성애라는 범주가 권력과 저항 구조들과의 관계 안에서 형성되었는지를 예로 든다. 특히, '종'으로서의 동성애자의 발흥은 담론이 가진 여러 가지 역량을 잘 보여준다고 평가한다.[56]

동성애가 푸코가 예로 들고 있는 핵심 사례들 중 하나인 한에 있어서 푸코는 성적 정체성들을 현재에 있는 문화적 범주들의 효과라고 여긴다. 권력과 저항에 대한 흔한 이해 방식에 도전하면서 푸코의 작업은 레즈비언과 게이 그리고 퀴어 이론에 명백한 호소력을 가지고 있다. 푸코는 알튀세르나 소쉬르, 프로이드, 그리고 라캉보다 훨씬 더 분명하게 정체성을 급진적으로 재개념화했으며 이는 레즈비언, 게이 연구가 충분히 새로운 모양을 갖도록 자극을 주었다.

정체성 정치에 대해 레즈비언과 게이 집단 내·외부 모두에서 가해져온 비판은 단순히 어떤 단일한 정체성을 구체화하는 것이 배타적으로 느껴졌기 때문에 일어난 일이 아니다. 그런 비판은, 후기구조주의 내에서, 정체성을 자아가 가진 일관되고 변치 않는 감각이라고 여기는 관념 자체가 입증해보일 수 있는 사실이라기보다는 일종의 문화적 환상으로 인식되기 때문에 일어났다. 그렇지만 처음에는 레즈비언, 게이 정치에서의 정체성 강조에 반대하는 것이 어떤 정체성 정치의 토대 범주도 대변(혹은 대표)이라는 명목하에 잠재되어 있는 주체들을 불가피하게 배제한다는 사실을 바탕으로 하기는 했다. 분명히 인종과 계급 억압을 그저 베끼는 레즈비언, 게이 정체성 정치는 부적절하다. 정체성 정치는 단순히 차이라는 축에 대한 세심한 관심으로 복구될 수 없다. 후기구조주의에서도 보이듯이 정체성 정치는 주체들 사이의 차이들 때문만이 아니라 각 주체 내의 해결할 수 없는 차이에 의해서도 심각한 핵심적 문제를 당면하게 된다.[57]

– 주디스 버틀러

레즈비언, 게이 연구 내에서 정체성의 위험과 한계를 풀어 놓는 데에 가장 많은 일을 한 이론가가 버틀러다. 널리 인용되는 저서 《젠더 트러블Gender Trouble》에서 버틀러는 주변화된 정체성들이 그들이 맞서 대항하고자 한 식별 체제에 어떻게 연루되어 있는지를 설명하기 위해 권력과 저항의 작동에 대한 푸코의 주장을 보다 더 상세히 설명하고 있다. 《젠더 트러블》은 대체로 페미니즘의 측면에서 구성되어 있지만 그것의 가장 영향력 있는 성과 중 하나는 어떻게 젠더가 이성애를 특권화하는 규제적 구성물로서 작동하는지, 그리고 더 나아가 어떻게 규범적 젠더 모델의 해체가 레즈비언과 게이 남성의 주체 위치를 정당화하는지를 구체적으로 명시한 것이다.

버틀러는 페미니즘이 '여성'을 토대 범주로 취할 때 페미니즘이 추구하는 목표를 오히려 거스르게 될 것이라 주장한다. 왜냐하면 '여성'이란 자연적인 통일성을 가진 것이 아니라 규제적인 상상물로 구성된 것이기 때문이다. 또한, 이 상상물은 이성애를 자연적인 것으로 만드는 성sex, 젠더, 욕망 사이의 규범적 관계들을 의도치 않게 재생산하기 때문이다. "젠더 정체성이 인지 가능해지는 문화적 매트릭스는 특정한 종류의 '정체성들'은 '존재'할 수 없을 것을 요구한다. 그리고 그 정체성들이란 젠더가 성을 따르지 않는, 욕망의 실천이 성이나 젠더를 '따르지' 않는 것들이다."[58] 버틀러는 게이, 레즈비언 운동이 일반적으로 견지해왔던 전략인 동성애의 동성 욕망을 자연 발생적인 것으로 만드는 대신 젠더 자체의 진실에 대해 의문을 제기한다. 그리고 젠더 정체성에 복무하는 것은 어떤 것이든 동성애적 주체의 정당화를 궁극적으로 거스르는 것이라고 주장한다.

버틀러에게 젠더는 더 이상 연대를 위한 자연발생적인 토대가 아니며, 젠더는 문화적 상상물로, 반복적 행동이 만들어낸 수행적 효과로 재설정된다. "젠더는 몸을 반복적으로 특정 양식화한 것, 물질의 외향, 즉, 자연스러운 존재 유형의 외향을 생산하기 위해 고도로 엄격한 규제적 틀 안에서 오랫동안 반복되어 굳어진 일련의 행동 세트다."[59] 따라서 젠더에 관한 한 '진정한' 것은 아무것도 없으며, 젠더를 확신시키는 기호를 생산하는 '핵심'이란 결코 없다. '젠더 표현 배후에 젠더 정체성이 없는' 이유는 '정체성이란 정체성의 결과라고 말하는 바로 그 '표현들'에 의해 수행적으로 구성되는 것이기' 때문이다.[60] '젠더의 '통일성'이란 강제적 이성애를 통해 젠더 정체성을 획일적으로 만들려는 규제적 실천의 효과'[61]가 되는 방식을 강조하는 식으로 젠더를 다시 등장시킴으로써 달성된다. 이성애는 규범적 젠더 정체성들이 수행적으로 반복됨으로써 자연적인 것처럼 되는 것이다.

버틀러는 성적 정체성들을 통합하는 그러한 과정들에 관심을 기울이게 만들면서 동시에 젠더 수행성의 대체 반복을 통해 그러한 자연화에 도전해야 한다고 주장한다. 버틀러가 추천하는 전략들 중 하나는 젠더 규범들을 풍자적으로 반복하는 모방이다. 이때 풍자된 것과 풍자된 원본 사이의 거리를 표식하는 대신 "원본이라는 바로 그 관념의" 모방을 하는 것이다.[62] 이럴 때 이성애는 더 이상 동성애가 열등하게 복사하는 우등한 원본으로 가정되지 않게 된다. 버틀러는 이처럼 모방(혹은 풍자)을 일종의 저항 전략으로 제안한다. 그리고 젠더와 섹슈얼리티라는 영역계는 원본과 모방의 측면에서 조직되는 것이 아니라 비록 강도 높게 규제되기는 하지만 끝없이 수행되는 가능성들의 영역계라고 주장한다.[63]

이때 버틀러는 젠더가 수행적이라고 할 때 이것이 옷 입기 같은 것은 아니라는 사실, 따라서, 의지대로 입거나 혹은 벗을 수 없다는 사실을 반복해서 강조한다. 젠더는 오히려 제약당한다. 젠더가 단순히 한계에 의해 구조 지어진다는 뜻에서가 아니라 수행성이 의미를 갖게 되는 주어진 규제적 틀들을 고려할 때 제약이 수행성의 전제 조건이기 때문에 그렇다. 버틀러는 수행성이란 주체가 하는 어떤 것이 아니라 주체가 그것을 통해 구성되는 과정이라는 점을 강조한다. 그렇지만 버틀러의 수행성 개념은 훨씬 복잡한 물적 조건들에 대한 순진한 해석이라는 비판을 받아왔다. 버틀러[64]가 특히 '젠더들이 제약하에서 분리되고 위계화되는 젠더 차이들이라는 규제 체제의 효과인 한에 있어서 젠더는 수행적'이라고 분명히 설명하지만 말이다.[65]

– 이브 코소프스키 세즈윅

세즈윅은 《감춰진 곳의 인식론Epistemology of the Closet》[66]에서 동성애/이성애를 본질주의/구성주의 틀에서 설명하려하기보다는 소수화/보편화 관점이라는 틀에서 볼 것을 제안했다. 본질주의/구성주의라는 틀은 아무리 신중하게 사용된다 할지라도 그리고 어느 쪽으로 설명하든지 간에 '동성애적' 개체발생을 근절시키려는 '대량학살' 시도로 이어질 수 있는 가능성을 완전히 예방할 수 없다고 보기 때문이다. 예를 들어 본질주의적 관점에서 설명될 때는 DNA 등을 출생 전에 확인하거나 조작해 동성애의 발현을 '미연에' 방지하려는 시도를 낳을 수도 있다. 구성주의적 관점에서 설명될 때도 동성애를 근절시키기 위한 강제적 '치료'와 고문, 폭행 등을 방조하거나 허용되게 만들 수도 있는 것이다. 동성애를 소위 '자연'적인 것으로 설명하는 본질주의적 관점도 '문화'적인 것으로 설명하는 구성주의적 관점도 동성애를 허용하지 않으려는 문화적 욕망에는 취약하게 노출될 수밖에 없게 된다.

이에 세즈윅은 '동성애'를 본질주의/구성주의 틀에서 사유할 것이 아니라 소수화/보편화 관점에서 볼 것을 제안한다. '소수화 관점'이란 동성애자를 이성애자와는 두드러지게 다른 사람들로, 어떤 특수하고 고정된 특성을 지닌 소수의 사람들로 보는 관점이다. 반면, '보편화 관점'은 '동성애'가 이성애든 동성애든 어떤 특정한 섹슈얼리티에만 한정된 것이 아니라 섹슈얼리티들을 가로지르며 사람들의 삶에서 지속적으로 그리고 결정적으로 중요한 사안으로서 작동한다고 보는 관점이다. 세즈윅은 이 두 관점은 서로 모순되지만 그럼에도 불구하고 20세기를 관통해 지금까지 지속되고 있다는 것에 주목했다. 그리고 소수화/보편화 설명틀이 '누구의 삶에서 동성애/이성애 규정이 지속적으로 중심적이고 어려운 사안으로 작동하는가?'하는 질문을 좇고 답하는 데에 훨씬 용이한 용어라고 보았다.

한편, 이 모순과 관련해 세즈윅은 19세기 중후반이라는 근대로의 세기 전환기에, 개인들은 누구나 남성 혹은 여성이라는 젠더에 필수적으로 배치될 수 있어야만 했고 같은 이유로 동성애 혹은 이성애라는 섹슈얼리티에 배치될 수 있어야만 했다는 사실에도 주목했다. 그리고 이러한 이항대립적인 배치의 한쪽에 소속되어야만 하는 것이 아무리 해당 개인에게는 혼란스러운 일이었다 하더라도, 해당 개인의 실존에서 성적인 측면이 아무리 최소한의 영향을 미치는 것이었다 하더라도 모든 개인은 이것 아니면 저것이라는 단 하나의 이항대립적 배치 항에 소속되어야만 했던 점을 지적한다. 세즈윅은 이러한 근대적인 이항대립적 정체성의 등장이 한 개인의 실존에 전면적인 영향력을 갖게 되면서 누구나 필수적으로 이 항의 한 쪽에 배치될 수 있어야 한다고 간주되기 시작했다는 점에 주목할 것을 요청했다. 그리고 다음과 같이 지적한다.

한 개인의 생식기 활동과 다른 개인의 생식기 활동을 구분하는 측면들이라고 여겨지는 그 많은 것들, 즉, 어떤 행동, 어떤 지대, 어떤 흥분, 어떤 신체적 유형, 빈도, 어떤 상징의 사용, 어떤 연령차 혹은 권력, 어떤 생물종, 참여자의 수 등 다양한 측면들이 있음에도 불구하고, 세기 전환기에 젠더가 성적 대상을 선택하는 요소이자 '성적 지향'을 분류하는 어디에나 있는 단 하나의 측면이 되었고 또 그러하도록 유지되어 왔다는 것은 다소 놀라운 일이다.[67]

세즈윅은 동성애/이성애와 같은 이항대립항[68]을 갖는 분류 범주들은 사실상 몇 가지의 숨겨진 작동 체계를 갖는다고 지적했다. 즉, A/B라는 이항대립항이 있을 때 첫째, B는 A와 대칭적인 것이 아니라 종속적인 관계에 있으며 A보다 불안하고 유동적인 위치에 암묵적으로 놓인다. 둘째, 존재론적으로 안정된 A는 사실상 그 자체의 존재론적 의미를 B를 포섭하고 동시에 배제함으로써 유지한다. 셋째, 따라서 각각의 이항대립쌍의 소위 중심과 주변이라는 범주 사이에서 무엇이 우선하는가 하는 질문은 해결될 수 없이 불안정하며, 오히려 불안정하기 때문에 이 대립쌍은 근근이 유지된다. 이때 이 불안정성은 B가 한때 A의 내부와 외부로서 구성되었다는 사실로 인해 생긴 불안정성이다.

한편, 세즈윅은 동성애적 욕망을 경계성(혹은 전환성)과 분리충동으로 설명하는 것이 갖는 모순도 지적한다. 어떤 사람이 동성을 사랑하게 된 이유 혹은 동성을 성적으로 욕망하게 된 이유에 대해 서로 다른 모순된 두 가지 설명이 공존하는 것에 대한 문제의식이다.

먼저 하나는 동성을 사랑하게 된 혹은 욕망하게 된 이를 '여자의 몸에 갇힌 남자의 영혼' 혹은 '남자의 몸에 갇힌 여자의 영혼'으로 설명하는 경우이다. 이 경우 '동성'을 사랑하거나 성적으로 욕망하는 것은 이성애만큼이나 자연스럽고 어쩔 수 없는 일이라고 여겨진다. 여자이지만 남성적인 여자이기 때문에 혹은 몸은 여자이나 '영혼은 남자'이기 때문에 자신과 같은 성인 여자에게 끌리는 것이라 하더라도 그것은 남자가 여자에게 끌리는 것과 마찬가지로 자연스러운 것이라고 보는 것이다. 남자의 경우에도 같은 방식의 설명이 가능하다. 이 경우에 이들은 스스로 혹은 다른 이들이 이들을 볼 때 여자지만 여자 같지 않은 사람 혹은 남자지만 남자같지 않은 사람 즉, 젠더가 모호한 경계인이다. 한편, 이와는 대조적으로 젠더 분리 충동에 근간한 설명도 있다. 즉, 여자이기 때문에 여성성을 욕망하고 따라서 여성성을 가장 잘 체현하는 대상인 동성의 여성을 사랑하거나 욕망하는 것이고 남자이기 때문에 남성성을 욕망하고 따라서 남성성을 가장 잘 체현하는 대상인 동성의 남성을 사랑하거나 욕망하는 것이라는 설명이다. 이 두 개의 설명틀은 하나의 같은 상태를 설명하는 것이지만 서로 모순된다.

그렇다면 무엇이 퀴어인가? 그것은 무엇을 기준으로 인식되는가? 세즈윅은 묻는다. 그리고 다음과 같은 일련의 항들을 제시한다.[69]

- 본인의 생물학적(예. 염색체적) 섹스, 즉, 남자인가 여자인가?
- 본인의 자의식적 젠더, 즉, 남자인가 여자인가? (생물학적 성과 같아야 됨)
- 우세한 성격과 외모, 즉, 남성적인가 여성적인가? (본인의 섹스 그리고 젠더에 상응해야 됨)
- 선호하는 상대의 생물학적 섹스는 무엇인가?
- 선호하는 상대의 젠더는 무엇인가? (그 상대의 생물학적 섹스와 같은 것이어야 됨)

- 선호하는 상대는 남성성을 가지고 있는가 혹은 여성성을 가지고 있는가? (본인의 것과 반대되는 것이어야 됨)
- 본인이 게이라고 생각하는지 혹은 일반이라고 생각하는지? (선호하는 상대의 섹스가 본인의 섹스인지 아니면 반대인지에 상응하는 것이어야 됨)
- 선호하는 상대가 스스로를 게이라고 생각하는지 혹은 일반이라고 생각하는지? (본인의 자의식과 동일한 것이어야 됨)
- 본인의 출산 선택 여부는 어떠한지? (일반이라면 선택, 게이라면 선택이 아니어야 됨)
- 본인이 선호하는 성적 행동은 무엇인가? (본인이 남자 혹은 남성적이라면 삽입적이어야 되고 여성 혹은 여성적이라면 수용적이어야 됨)
- 본인의 가장 에로틱한 성적 기관은 어디인가? (본인의 출산 능력 그리고 본인이 삽입적인지 수용적인지에 상응하는 것이어야 됨)
- 본인의 성적 환상은 어떠한가? (본인의 성적 행위와 고도로 일치해야 되며 그 강도는 훨씬 더 강해야 됨)
- 본인의 감정적 결속의 주요 장소는 어디인가? (선호하는 성적 파트너 대상에게서 찾아야 됨.)
- 성관계에서 힘을 즐기는 정도는 어떠한가? (여성 혹은 여성적이라면 낮아야 되고 남성 혹은 남성적이라면 높아야 됨)
- 본인의 섹스와 젠더에 대해 누구로부터 배웠는가? (본인의 섹스와 젠더에 상응하는 이들이어야 됨)
- 본인이 문화적 동일시 그리고 정치적 동일시를 하는 공동

체는 누구인가? (본인의 정체성에 상응해야 됨)

세즈윅은 만약 이러한 일련의 것들이 '상응해야 하는 것'에 상응하지 않을 때, 바로 그때가 '퀴어'를 말할 수 있는 때가 아닌가 묻는다. 즉, 열려 있는 가능성의 망들, 간격들, 겹침들, 불화들, 공명들, 누군가의 젠더나 섹슈얼리티가 획일적이지 않을 때 그 젠더와 섹슈얼리티를 구성하는 요소들 그리고 그것이 갖는 의미의 실패와 과잉들이 드러날 때 말이다. 따라서 세즈윅에 따르면, '퀴어'는 언제나 어떤 다른 것을 의미할 수 있다. 그것은 단순히 젠더와 섹슈얼리티에 포함되는 것이기만 할 수 없는 것이다. 이것은 인종, 민족집단, 탈식민적 시민권이 이 정체성 구성체들과 다른 정체성 구성체들, 이 정체성 파손 담론들과 다른 정체성 파손 담론들 등과 교차하게 되기 때문이기도 하다. '퀴어'는 배제, 폭력, 반항, 말할 수 없는 흥분 등 수 많은 사회적 그리고 개인적 역사와 개인적 역사로 얼룩져 있는 용어인 것이다. 그렇기 때문에 세즈윅은 '퀴어'란 오직 1인칭에 사용될 때만이 그 의미가 제대로 나타내질 수 있다고 말한다.[70] 퀴어는 필수적으로 비확정적이기 때문에, 세즈윅은 "스스로 자신을 무엇이라고 부르는 지와 다른 사람들이 자신을 무엇이라고 부르는 지 사이의 차이를 극적으로 보여준다. 어떤 의미에서 퀴어는 오직 일인칭에서만 쓰일 수 있다"고 주장한다.[71] 퀴어가 흔히 기술적descriptive 용어로 유통되고 있음에도 불구하고 퀴어는 오직 자기기술적일 수 있을 뿐이라는 세즈윅의 도발적인 제안은 퀴어가 다

417

른 사람들의 특성에 대한 실증적 관찰에 관해 말하는 것이라기보다는 자기식별self-identification을 하는 용어임을 강조한다.[72] 세즈윅은 다음과 같이 퀴어가 '외부를 향해 회전하고 있다'고 말하기도 했다.[73]

(퀴어는) 젠더와 섹슈얼리티에 결코 포함될 수 없는 차원들을 따라 (바깥을 향해 돌고 있다). 예를 들면, 인종, 민족성, 탈식민적 시민성이 이들 그리고 다른 정체성 분절적인 담론들과 교차하는 방식으로 말이다. 성적 자기규정이 '퀴어'를 포함하는 유색인 지식인들과 예술가들은 (……) 언어, 피부, 이주, 국가라는 분열적인 복잡성에 새로운 종류의 정의를 행하기 위해 '퀴어'라는 지렛점을 활용하고 있다.[74]

'퀴어'란 무엇인가? 세즈윅에게 그것은 여전히 변화무쌍한 행동인 동성애/이성애적 분류를 마치 다 정리된 일인마냥, 어떤 사람에 대한 투명하고 실증적인 사실을 말할 수 있는 것인 양 다루려는 것에 대한 저항 그 자체다. 모든 성적 행동들을 그리고 사실상 모든 개인들을 '동성애'와 '이성애'라는 '이항대립항'하에서 분류하는 것은 자연적으로 주어진 것이 아니라 오늘날에도 여전히 불완전하고 궁극적으로는 불가능한 그러나 강력한 모순과 폭발적인 효과에 의해 특징지어지는 역사적 과정인 것이다.[75]

일반적으로 받아들여질 수 있는 퀴어의 정의란 없다. 사실 이 용어에 대한 흔한 이해들은 많은 경우 서로 해결될 수 없이 모순된다. 그럼에도 불구하고, 정체성, 공동체, 그리고 정치에 대한 지금까지 받아들여져 온 이해방식에 가장 차질을 주는 것으로 증명된 퀴어의 변화는 성, 젠더, 섹슈얼리티의 규범적 통합을 문제화한다는 그것이다. 그리고 그 결과 그 같은 통합으로부터 '자연적으로' 진전되어왔다고 믿어지는 모든 종류의 정체성, 공동체, 정치에 대해 비판적이라는 그것이다. 어떤 구체적인 형태로도 결정되지 않으려 함으로써 퀴어는 정상성을 구성하는 것은 어떤 것이든 그것에 대해 저항적인 관계를 유지한다. 퀴어가 의미하는 복합적이고 심지어 모순된 장들을 염두에 두면서 퀴어 이론은 퀴어의 이러한 점, 그리고 세즈윅[76]이 '누군가의 젠더 구성 요소들이, 섹슈얼리티 구성 요소들이 단일하게 어떤 것을 의미하도록 만들어지지 않는 (혹은 만들어 질 수 없는) 곳에 있는 의미들의 가능성들, 틈들, 겹침들, 불화들과 공명들, 실수들과 지나침들의 열린 연계망'이라고 부른 것에 에너지를 쏟는 분석적 압력을 강조한다.[77]

핼퍼린[78]은 "퀴어가 필수적으로 참조하는 어떤 특정한 것이란 없다"고 말한다. "퀴어는 일종의 본질없는 정체성이다." 이 근본적인 불확정성이 퀴어를 어려운 연구 대상으로 만든다. 그렇기 때문에 항상 모호하고 항상 관계적이고 '대체로 직관적이고 절반만 정연화되는 이론'으로 설명되어왔다.[79]

퀴어의 모호함은 자주 퀴어를 동원하는 이유가 된다. 도티[80]는 퀴어를 '모든 비-(반-, 대응-)일반적인 문화적 생산과 수용의 측면을 표현하기 위한 유연한 공간을 표식하는' 개념으로서 정의하면서 퀴어가 '어떤 모호성을 가진 개념, 양성애적, 성전환적, 일반의 퀴어스러움을 설명하고 표현할 수 있는 여지를 포함해 광범위한 충동과 문화적 표현들을 묘사할 용어를 찾고자' 하는 한 매력적이라고 말한다. '퀴어'가 정확히 무엇을 의미하는지 혹은 포함하는지 혹은 가리키는지는 결코 쉽게 말할 수 없지만[81] 퀴어는 분류 범주들과 그것들을 유지시키는 반대항과 동류항을 해체함으로써 성 정체성에 대한 관습적인 인식에 질문을 던진다고 널리 알려져 있다.[82]

이런 까닭에 퀴어의 효능에 대해 의구심을 갖기도 한다. 가장 흔히 얘기되는 불안은 퀴어가 표면적으로는 젠더 중립적으로 보임에도 불구하고 남성성이 그 핵심에 다시금 자리잡는 것은 아닌지, 초월적인 퀴어가 젠더라는 지배 체계를 간과해 20세기 후반 서양 사회의 물적 조건을 고려하지 못하는 것은 아닌지, 퀴어가 역사에 대한 기억을 상실한 채 이전 시기 게이 해방운동이 제기했던 입장과 요구를 단순히 반복하고 있는 것은 아닌지, 퀴어가 대변하는 대상이 거의 무제한적이기 때문에 레즈비언/게이 집단과 동맹 관계를 갖고 있지만 이 집단들보다 정치적으로 덜 급진적인 정체성 범주들 또한 포함하고 있는 것은 아닌지 등에 대한 우려들이다.[83]

퀴어가 '정상성이라는 체제에 대한 저항'을 뜻하는 한, 길들여지는 것에 대한 퀴어의 면역성은 규범성의 기준과 비판적 관계를 유지할 수 있는 능력을 보장해준다.[84] 퀴어가 그것이 가진 급진적 잠재성에 걸맞게 산다면—그리고 그저 단순히 또 하나의 받아들일만한 범주로서 고착되지 않는다면—현재 진행 중인 퀴어의 진화는 그 미래가 어떨지 예측할 수 없다. 퀴어의 미래는—결국은—미래인 것이다.[85]

주

• 이 글은 주로 애너매리 야고스의 《퀴어 이론: 입문》(박이은실 옮김, 여성문화이론연구소, 2012)에서 발췌 혹은 인용한 글을 중심으로 구성되었다. 가독성을 높이거나 이해를 돕기 위해 필요한 경우 원 번역문 내용을 어느 정도 원문 내용을 해치지 않는 범위 안에서 수정했다.

1 Berlant, Lauren,, Warner, Michael, "What does queer theory teach us about X?", *PMLA* 110, 3, 1995, p. 344.

2 야고스, 애너매리, 《퀴어 이론: 입문》, 박이은실 옮김, 여성문화이론연구소, 2012, 10쪽.

3 앞의 책, 7쪽.

4 구글에서 '퀴어'를 넣어 검색해보니 '퀴어 코리아', '퀴어 아카데미', '퀴어 아카이브', '퀴어 이론', '퀴어 방송', '젠더 퀴어', '퀴어 하우스', '퀴어 로맨스', '퀴어 뮤직', '퀴어 플라이' 등이 첫 페이지에 검색 결과로 떴고 관련 검색어로 '퀴어 영화', '퀴어 애즈포크', '조아요 퀴어 자료실', '퀴어 소설', '퀴어 무비', '퀴어 문화 축제' 등이 떴다.(2014. 04. 29.)

5 야고스, 애너매리, 앞의 책, 7쪽.

6 앞의 책, 8쪽.

7 Sedgwick, Eve Kosofsky, *Tendencies*, (Durham: Duke University Press, 1993), p. 7.

8 Chauncey, George Jr, *Gay New York: Gender, Urban Culture, and the Making of the Gay Male World, 1890~1940*, (New York: HarperCollins, 1994), p. 101, 119.

9 야고스, 애너매리, 앞의 책, 117~118쪽.

10 Wiegman, Robyn, "Introduction: Mapping the Lesbian Postmodern" in Doan (ed.), *The Lesbian Postmodern*, 1994, pp. 1~20.

11 de Lauretis, Teresa, "Queer Theory: Lesbian and Gay Sexualities", *differences: A Journal of Feminist Cultural Studies* 3, 2, 1991, p. 4.

12 Edelman, Lee, *Homographesiss: Essays in Gay Literary and Cultural Theory*, (New York: Routledge, 1994), p. 114.

13 Morton, Donald, "'Radicalism', 'Outing', and the Politics of (Sexual) Knowledge", *Minnesota Review* 40, 1993, p. 151.

14 야고스, 애너매리, 앞의 책, 17~172쪽.

15 Davidson, James, "It's only fashion", *London Review of Books*, 24 November, 1994, p. 12.

16 야고스, 애너매리, 앞의 책, 120쪽.

17 앞의 책, 155~156쪽.

18 Duggan, Lisa, "Making It Perfectly Queer", *Socialist Review* 22, 1992, pp. 11~31.

19 Grosz, Elizabeth, *Space, Time and Perversion: The Politics of Bodies*, (Sydney: Allen and Unwin, 1995).

20 Halperin, David, *Saint Foucault: Towards a Gay Hagiography*, (New York: Oxford University Press, 1995).

21 야고스, 애너매리, 앞의 책, 175~176쪽.

22 Bristow, Joseph & Wilson, Angelia R. (eds.), *Activating Theory: Lesbian, Gay and Bisexual Politics*, (London: Lawrence and Wishart, 1993).

23 Duggan, Lisa, 1992, p. 15.

24 야고스, 애너매리, 앞의 책, 124~125쪽.

25 앞의 책, 123~124쪽.

26 앞의 책, 125~126쪽.

27 앞의 책, 148쪽.

28 박이은실, 〈양성애/여성의 횡단적 정체성 형성과 도전〉, 연세대학교 대학원 박사학위 청구논문, 2010(미발간).

29 Fuss, Diana, *Essentially Speaking: Feminism, Nature and Difference*, (New York: Routledge, 1989).

30 야고스, 애너매리, 앞의 책, 149쪽.

31 앞의 책, 204~205쪽.

32 앞의 책, 156~157쪽.

33 Hennessy, Rosemary, "Queer Theory: A Review of the differences-Special Issue and Wittig's The Straight Mind", *Signs: Journal of Women in Culture and Society* 18, 1993, pp. 964~973.

34 야고스, 애너매리, 앞의 책, 157쪽.

35 앞의 책, 159쪽.

36 앞의 책, 12~13쪽.

37 Riley, Denise, *Am I That Name? Feminism and the Category of "Women' in History*, (Minneapolis: University of Minnesota Press, 1988).

38 Gates, Louis Henry (ed.), *'Race', Writing and Difference*, (Chicago: University of Chicago Press, 1985).

39 야고스, 애너매리, 앞의 책, 125쪽.

40 Hall, Stuart, "The Question of Cultural Identity", *The Polity Reader in Cultural Theory*, (Cambridge: Polity Press, 1994), pp. 119~125.

41 "나는 생각한다. 고로 존재한다"는 주체, 즉, 타자 혹은 환경과의 관계를 떠나 있는 완전하게 독립되어 있는 완결된 주체를 말한다.

42 Barthes, Roland, *Mythologies*, trans. Annette Lavers, (New York: Hill and Wang, 1978). (불어 원본, 1957년).

43 야고스, 애너매리, 앞의 책, 126~127쪽.

44 앞의 책, 127쪽.

45 앞의 책, 127~128쪽.

46 앞의 책, 128쪽.

47 앞의 책, 128~132쪽.

48 Foucault, Michel, "An Introduction", *The History of Sexuality*, Vol. 1, 1978, trans. Robert Hurley, (Harmondsworth: Penguin, 1981), p. 94.

49 _____, "Truth and Power: Interview with Alessandro Fontano and Pasquale Pasquino", *Michel Foucault: Power, Truth, Strategy*, trans. Paul Patton and Meaghan Morris, (Sydney: Feral Publications, 1979), pp. 29~48.

50 _____, *The History of Sexuality*, 1981, p. 53.

51 _____, 1981, p. 10.

52 _____, 1981, p. 15.

53 _____, 1981, p. 95.

54 _____, "Power and Sex", *Politics, Philosophy, Culture: Interviews and Other Writings 1977~1984*, trans. David J. Parent, 1988. (ed.) Lawrence D. Kritzman, (New York: Routledge), pp. 110~124. (Fr 1977).

55 _____, 1977, p. 100.

56 야고스, 애너매리, 앞의 책, 128~132쪽.

57 앞의 책, 133쪽.

58 Butler, Judith, *Gender Trouble: Feminism and the Subversion of Identity*, (New York Routledge, 1990).

59 _____, 1990, p. 33.

60 _____, 1990, p. 25.

61 _____, 1990, p. 31.

62 _____, 1990, p. 138.

63 야고스, 애너매리, 앞의 책, 134~137쪽.

64 Sedgwick, Eve Kosofsky, 앞의 책, p. 7.

65 야고스, 애너매리, 앞의 책, 140~141쪽.

66 Sedgwick, Eve Kosofsky, *Epistemology of the Closet*, (Berkeley: University of California Press, 2008).

67 _____, 2008, p. 8.

68 남/여, 이성애/동성애, 남성성/여성성, 다수/소수, 국내/국외, 건강/질병, 활동/수동, 자발/중독 등의 이항대립항을 예로 들 수 있다.

69 Sedgwick, Eve Kosofsky, 2008, p. 7.

70 _____, 2008, pp. 5~9.

71 Hodges, Lucy, "Queen of "Queer" Courts Controversy", *Australian*, 29 June, 1994, p. 27.

72 야고스, 애너매리, 앞의 책, 153~154쪽.

73 앞의 책, 157쪽.

74 Sedgwick, Eve Kosofsky, *Tendencies*, (Durham: Duke University Press, 1993), p. 9.

75 _____, 2008, p. 16

76 _____, 1993, p. 8.

77 야고스, 애너매리, 앞의 책, 158쪽.

78 Halperin, 1995, p. 62.

79 Warner, Michael, "From Queer to Eternity: An Army of Theorists Cannot Fail", *Village Voice Literary Supplement*, 1992, pp. 18~19.

80 Doty, Alexander, *Making Things Perfectly Queer: Interpreting Mass Culture*, (Minneapolis: University of Minnesota Press, 1993), pp. 2, 3.

81 Abelove, Henry, "Some Speculations on the History of 'Sexual Intercourse' During the 'Long Eighteenth Century' in England", *Nationalism and Sexualities*, in Andrew Parker et al. (eds.), (New York: Routledge, 1992), pp. 335~342.

82 Hennessy, Rosemary, "Queer Theory, Left Politics", *Rethinking Marxism* 7(3), 1994, pp. 85~111. / 야고스, 애너매리, 앞의 책, 153~154쪽.

83 야고스, 애너매리, 앞의 책, 11쪽.

84 Warner, Michael, *Fear of a Queer Planet: Queer Politics and Social Theory*, (Minneapolis: University of Minnesota Press, 1993), p. 26.; 야고스, 애너매리, 앞의 책, 166쪽.

85 야고스, 애너매리, 앞의 책, 15쪽.

타자

기본적 정의

중심적인 문화에서 배척되어 온 것. 배제된 영역, 주변으로 밀려난 영역.

개념의 기원과 발전

고대 그리스의 플라톤에서 시작하는 서양의 사유 체계에서 문학은 언제나 철학의 타자였으며, 유대인은 기독교인의 타자였다. 또한 동양은 서양의 타자였으며 여자는 남자의 타자였다. 다시 말해 문명이 시작된 이후 중심적인 문화에서 배척되어 온 타자는 '이미 언제나' 존재해왔다. 그러나 이성을 강조한 아테네의 합리주의를 필두로 근대의 계몽주의 철학자들에 이르기까지 사유의 흐름은 주로 '의식적 주체subject'에 관한 것이었으며, 이 '주체'의 범주엔 거의 언제나 '서양의 기독교인 백인 이성애 남자'가 포함되어왔다. 그리고 거기에서 배제된 영역, 주변으로 밀려난 영역이 바로 '타자'의 범주에 속한다. 따라서 의식이 아닌 무의식, 서양이 아닌 동양, 남자가 아닌 여자에 대해 관심을 갖는 것은 바로 '타자'에 관한 담론의 출발이다. 그러나 무의식, 동양, 혹은 여자 등 타자화되는 것에 관심을 갖는 것만으로 타자에 관한 논의가 충실해지지는 않는다. 만일 철학적 사유의 대상이었던 서양의 주체로부터 지금까지 타자화되어왔던 것들로만 관심을 이동시키는 것, 이를테면 서양을 배제한 동양, 문명을 배제한 야만, 혹은 남성을 배제한 여성의 해방만을 생각한다면 그 결과는 기존의 역사가 보여준 것과 똑같은 '배제'의 함정에 빠지고 주체/타자의 이분법적 위계 구조에서 또한 벗어나지 못한다. 따라서 타자에 관한 논의에서 배제의 논리에 빠지지 않는 것이 무엇보다 중요하다.

주체와 타자의 문제

주체와 타자의 문제에서 기원전 5세기 그리스의 비극작가 에우리피데스Euripides가 탄생시킨 메디아Medea라는 인물을 참조할 만하다. 메디아에 관한 이야기는 에우리피데스의 극이 쓰이기 이전부터 있었는데, 그 이야기에서는 메디아가 이아손에 대한 사랑에 눈이 멀어 가족과 조국을 배반하고 이아손Jason의 모험이 성공할 수 있도록 도와주는 조력자로 그려진다. 에우리피데스는 기존의 이야기가 이아손의 성공한 모험담을 다룸으로써 두 남녀이아손과 메디아의 행복한 결말을 암시하는 것과는 달리, 친자식을 죽이는 매정한 어머니의 이야기를 자신의 극 속에 삽입한다. 에우리피데스의 극은 코린토스에서 쫓겨날 위치에 있는 메디아가 자신의 억울한 상황을 하소연하는 데서 시작된다. 그녀의 이야기에 따르면 이아손은 메디아의 도움으로 황금양털을 얻어 무사히 귀향할 수 있었고, 모험을 마치고 고향에 돌아온 이아손이 삼촌으로부터 왕위를 빼앗겼을 때도 메디아가 마법을 써서 복수를 해주었다. 그런데도 결국 이아손은 코린토스의 공주와 결혼하기 위해 부인인 메디아를 쫓아내려 한다. 이아손의 배신에 대해 한탄하던 메디아는 결국 자신의 은혜를 까마득히 잊고 뻔뻔한 태도로 새로운 신부를 맞이하려는 남편에게 그가 가장 아끼는 (물론 그녀가 사랑하기도 하는) 자식들을 없애는 방법으로 끔찍한 복수를 하기에 이른다.

에우리피데스를 비롯한 그리스 비극작가들의 작품을 살펴보면, 메디아 이외에도 전쟁에서 돌아온 남편을 살해하는 클리템네스트라Clytemnestra, 오빠를 위해 국가의 법에 완강히 대항하는 안티고네Antigone, 어머니를 살해할 수 있도록 동생인 오레스테스Orestes를 돕는 엘렉트라Electra, 그리고 의붓아들을 사랑해 고민하고 끝내는 자살하는 파이드라Phaedra등 메디아 못지않게 강렬한 성격의 여성 인물들이 많다. 기원전 4~5세기의 그리스 비극에서 이와 같은 강인한 여성 인물들이 그려진 배경을 살펴보는 일도 타자와 연관된 논의에서 흥미로울 수 있다. 그러나 이 주인공들 사이에서도 메디아가 차지하는 독특한 위치는 이 글이 다루고자 하는 '타자'와 더욱 밀접한 관계가 있다.

타자와 관련해서 메디아가 중요한 이유는 그녀가 차지하는 독특한 위상에 있다. 그중 하나는 그녀가 그리스의 동쪽에 위치한 콜키스라는 먼 야만인의 땅에서 온 여인이라는 점이다. 당시 문화의 중심지였던 아테네나 코린토스에 사는 사람들에게 콜키스에서 온 메디아는 낯선 '이방인'이다. 그래서 이아손은 야만인의 땅에서 문명의 땅으로 그녀를 데려온 것을 구원이라 여긴다. 또 하나 그녀의 남다른 점은 그녀가 이아손이 속해 있는 사람들에게는 없는 독특한 능력을 갖고 있다는 점이다. 그녀는 '마법사'의 딸로서 마법을 사용할 줄 안다. 그리고 그 능력으로 이아손을 도와주었다. 그러나 그녀의 남다른 능력은 오히려 그녀를 더욱더 그리스 사회에서 이방인으로 몰리게 하는 역할을 한다. 메디아는 이국땅에서 이상한 능력을 가지고 찾아온 낯선 존재일 뿐 아니라 '여자'이다. 이는 이아손의 언급처럼 동시대 사람들의 사고에서는 세상의 악처럼 '이 세상에서 없어져야'[1] 하는 대상으로서의 여자를 말한다. 이처럼 에우리피데스의 《메디아》에는 이아손과 메디아의 대립이 매개가 되어 서양과 동양, 문명과 야만, 남자와 여자 사이의 갈등이 첨예하게 제시된다. 요컨대 메디아는 '동쪽'에서 온 '야만인' '여자'라는 점에서 이아손이 속한 사회가 제거해야 할 타자의 자리에 있는 것이다. 그래서 이아손은 아무런 죄책감 없이 메디아를 코린토스에서 쫓아내려는 생각을 할 수 있었다. 뿐만 아니라 이아손을 비롯한 그리스 사회는 메디아를 자신들과는 다른 이방인으로 여기고 자신들의 순수성을 유지하기 위해 그녀를 기꺼이 버리려 한다.

이처럼 메디아는 그동안 타자로 배제되었던 많은 대상들에 대한 은유가 된다. 그리고 바로 이 점이 '타자'란 무엇인가와 연관해서 기원전 창조된 인물인 메디아를 떠올리게 하는 중요한 이유다.

주체가 아닌, '타자'에 관한 관심이 비교적 현대적인 사유의 결과라고 할 수는 있지만, 메디아의 경우를 통해서도 짐작할 수 있듯이 사실 타자라고 이름 붙일 수 있는 것은 이미 오래 전 인류 문명의 탄생 혹은 주체의 탄생과 동시에 늘 있었다. 단지 그와 같은 타자는 주체의 확고한 배제의 논리에 의해 감춰지고 억압받고 있었을 뿐이다. 중요한 것은 그럼에도 불구하고 타자에 대한 주체의 억압이 늘 완벽하게 성공하지 못한다는 점이다. 메디아가 남편에게 뿐 아니라 자신에게도 가장 소중한 아이들을 죽임으로써 남편에게 복수를 하는 것처럼, 주체에 의해 배제된 타자는 주체를 치명적으로 위협하는 강력한 존재가 되어 돌아온다. 이아손은 자신의 성공을 위해 메디아를 이용했지만, 나중에는 자신의 필요에 따라 메디아를 제거하려 했으며, 결국은 자신이 배제하려 했던 메디아에 의해 무너진다. 메디아는 제거될 수 없는, 만일 제거할 경우 주체에게 치명적인 결과가 생기는 '타자'인 것이다.

이아손과 메디아의 이와 같은 관계는 서양과 동양, 문명과 야만, 남자와 여자 같은 지배와 피지배의 관계를 형상화할 뿐 아니라, 주체의 형성 과정에 미치는 타자의 복합적 의미를 시사한다. 메디아가 이아손에 대한 사랑에 눈멀어 이아손을 도울 때 그녀는 그의 이기적인 나르시시즘을 만족시켜줄 수 있는 대상으로서 상상적 타자의 위치를 보여준다. 또한 메디아가 마법을 이용해서 이아손의 삼촌인 펠리아스를 죽이고 그를 왕위에 올리려고 도울 때는 그녀의 강력한 힘이 그의 권위와 동일시됨으로써 상징적 타자로서의 역할을 하기도 한다. 그리고 마지막에 이아손이 메디아를 쫓아내려 했을 때 메디아는 이아손을 무너뜨리는 가장 큰 위협적 대상이 되어, 주체가 결코 손쉽게 배제할 수 없는 '타자성'을 드러낸다. 이아손과 메디아의 이런 관계가 시사를 하듯이 철학자들의 사유 대상이었던 《메디아》에서 이아손 같은) 주체는 그리 안정되고 충만한 주체가 아니며 통일적인 주체도 아니다. 주체는 타자와의 관계에서 규정되는 혼성적 주체이거나 이미 자신 속에 타자성을 품고 있는 주체인 것이다. 이 혼성적 주체는 곧 자아의 '타자성'을 의미하며, 이는 주체와 타자의 관계를 더 이상 배제의 논리로 설명할 수 없음을 나타낸다.

철학 텍스트 중에 본격적으로 '주체와 타자의 관계'에 관심을 기울인 예는 헤겔Hegel의 《정신현상학Phanomenologie des Geistes》이다. 헤겔은 주인과 노예의 관계를 통해 보다 구체적으로 주체와 타자의 관계를 다룬다. 목숨을 건 투쟁에서 승리한 자는 주인이 되고 실패한 자는 노예의 자리를 점한다. 그러나 주인은 일을 하지 않기 때문에 '노동하는 노예'에게 의존할 수밖에 없다. 이 때 주인은 자신이 사물로 규정한 노예에게 의존할 수밖에 없는 실존적 딜레마에 빠진다. 한편 노예는 힘 있는 주인에 대해 죽음의 공포를 느끼기에 "자신의 욕망을 포기하고 늘 주인의 욕망을 만족시켜야 하는 운명에 처한다."[2] 헤겔적 의미의 주인과 노예의 관계가 '타자'의 논의와 관련해서 시사하는 바는 주인이든 노예든 '인간의 욕망은 언제나 타자의 인정을 받기 위한 욕망'[3]에서 출발했다는 점이다.

인간의 욕망은 타자의 인정을 필요로 한다는 헤겔의 논의는 프로이트와 라캉의 정신분석학에서 좀 더 발전된다. 특히 라캉은 헤겔의 변증법을 '결핍의 변증법'[4]으로 전도시킴으로써 스스로 헤겔에게서 상당한 암시를 얻었음을 밝힌다. 우선 라캉은 소문자로 표시되는 '상상적 타자the other'와 대문자로 표시되는 '상징적 타자the Other'를 구분한다. 상상적 타자란 주체가 거울을 통해 바라보는 이미지와 같은 것으로서 주체에게 나르시시즘적 만족을 주는 대상이다. 생후 6개월에서 18개월에 해당하는 거울 단계의 아이가 보게 되는 이 이미지는 주체가 성인이 된 이후에도 '자아 이상ego ideal'과 같은 형태로 반복해서 주체에게 지속적으로 영향을 미친다. 예컨대 주체가 모범으로 삼는 어떤 이상적인 인물이나 가치가 있다면, 그것은 사실 주체에게 나르시시즘적 만족을 안겨주었던 상상적 이미지의 후예인 것이다. '대타자' 혹은 상징적 타자는 기표의 체계로서 언어 혹은 말의 세계를 뜻한다. 아이는 태어나는 순간 이름을 부여받고 사회적·상징적 체계에 편입된다. 어떤 주체든, 주체가 사회 속에서 기능하기 위해서는 이 언어나 법 혹은 체계로서의 상징적 타자가 필수적이다. 요컨대 라캉이 말하는 타자는 그것이 '상상적 타자'든 '상징적 타자'든 주체에게 불가피한 것이며, 주체에게 강력한 영향을 미친다.

라캉의 논의에서 독특한 점은 주체뿐만 아니라 대타자도 역시 욕망을 가지고 있다는 점이다. 대타자가 욕망을 가진다는 것은 대타자 역시 결핍되어 있음을 의미하며 이와 같은 '상징적 타자의 결핍' 혹은 '상징계의 결핍'은 '타자'에 관한 언급에서 간과할 수 없는 부분이다. 만일 대타자가 결핍 없이 완벽하고 충만한 체계라면, 주체는 대타자의 지배로부터 결코 자유로울 수 없을 것이며, 대타자라는 체계의 부속품으로서 존재할 수밖에 없을 것이다. 대타자는 주체가 의미의 세계에 발을 들여놓을 수 있도록 해주지만 동시에 그 자체로 완벽하지 못한 결핍의 체계. 예컨대 프로이트와 라캉의 정신분석학에서는 어머니와 아이의 관계를 최초의 주체와 대타자의 관계로 설정한다. 아이와의 관계 속에서 맨 처음 대타자의 자리를 차지하는 것은 아이의 메시지를 맨 처음 확인하는 어머니다. 물론 이때의 어머니는 반드시 생물학적인 어머니를 뜻하지는 않는다. 아이는 처음 만나는 대타자에 대해서 알고 싶어 하는 최초의 욕망이 생긴다. 즉 '어머니가 원하는 것은 무엇일까'라는 질문이 주체가 처음으로 갖게 되는 욕망의 시발점이다. 그런데 어머니가 원하는 것, 즉 '어머니의 욕망'은 '어머니를 향한 아이의 욕망'이기도 하지만 동시에 '어머니 자신의 욕망'이기도 하다.[5] 왜냐하면 어머니도 아이보다 먼저 이미 기표의 체계, 상징적 체계 속에 있는 욕망의 주체이기 때문이다. 이 점에서 주체의 욕망과 결핍은 대타자의 욕망, 결핍과 만난다. 라캉은 주체가 자신의 결핍과 대타자의 결핍을 깨닫는 순간을 정신분석의 최종지점 혹은 정신분석적 윤리의 핵심이라고 가르친다. 또한 이와 같은 타자성을 만나는 순간은 주체에게 외상적 사건으로 다가오는 '실재계와의 만남encounter with the real'이기도 하다. 타자성이란 주체와 타자가 공유하는 '텅 빔void'이며 이 '텅 빔'이야 말로 정신분석이 우리에게 제시하는 중요한 한 가지 통찰이다. '텅 빔'은 주체가 대타자에 대해 (혹은 주체 자신에 대해) 품었던 환상을 가로지르도록 하는 원인으로 작동할 수 있다.

정신분석의 관점에서 보면 자신에게 '가장 소중한 대상'을 제거하는 메디아의 행위는 단순히 질투심에 눈먼 여자의 잔인한 복수만은 아니다. 이 충격적 사건은 이아손의 폭력적 배제에 따른 결과물이다. 이아손의 폭력에 대해 메디아는 둘 다에게 가장 소중한 대상을 없앰으로써 메디아와 이아손 모두의 결여를 드러낸다. 메디아를 배제해야 할 외부적 타자라고 여겼던 이아손은 오히려 메디아의 손에 의해 '모든 것(가장 소중한 대상)'을 잃는다. 메디아라는 타자는 이미 이아손의 일부이지, 주체가 제거하고 분리할 수 있는 외부적 대상이 아니다. 주체가 완전히 제거할 수 없는 것 그리고 '통합된 전체the whole, the all, the unity'를 추구하고자 하는 주체에게 끝까지 저항하는 것이 바로 메디아의 '타자성'이다. 환상의 주체는 이 타자성을 인정하려 하지 않고 베일로 덮어 가리거나 (이아손처럼) 배제하려 한다. 따라서 정신분석이 제기하는 '타자성'의 문제는 지금까지 충만한 존재로 여겨졌던 서양적 '자아'의 분열과 나르시시즘적 주체의 폭력성을 여실히 보여준다.

역사상 수많은 메디아가 있어 왔다면, 그 이유는 주체가 타자를 다루는 방식이 주로 배제와 폭력이었기 때문이다. 그렇다면 외부적 '차이'에 대한 주체의 폭력성은 어떤 방식으로 발생하는가? 왜 이아손을 비롯한 그리스인들이 메디아라는 외부인에게 공포를 느끼고 폭력을 휘두르는가? 줄리아 크리스테바Julia Kristeva는 주체도 대상도 아닌 '비체abject'를 통해 이방인에 대한 공포와 폭력을 설명한다. 크리스테바는 라캉의 거울 단계 이전에 자아와 타자가 분리되지 않은 상태를 가정하고, 이를 '코라chora'라고 부른다. 크리스테바에 따르면 아이가 이 '차이 없음'으로서의 '코라'를 억압해야만 주체와 대상이 구별되고 '비로소 '나」'라는 존재가 탄생하는 것이다. 이 코라를 억압하는 방식은 아이가 젖(즉 어머니의 몸)을 뱉는 형태로 나타난다. 크리스테바에게서 젖을 내뱉는 행위는 아이가 자신의 일부를 버리는abject 행위이자 동시에 정신적으로든 육체적으로든 어머니의 몸과 분리되어 '주체'로 서고자 하는 행위이다. 따라서 주체가 되기 위해선 반드시 '코라'를 억압하는 과정(1차 억압)인 '비체'가 필요하다. '코라'를 억압하는 과정에서 폭력이 수반된다. 자아와 타자의 구분이 없는 상태에서 자아와 타자의 경계를 세우기 위해 비체가 필요한 것이라면, 이 비체에 관한 논의는 '인종차별주의racism'에도 똑같이 적용될 수 있다. 예컨대 이아손을 비롯한 그리스인들이 메디아 같은 이방인을 배척하는 논리는 배제를 통한 '차이 짓기'다.

한편 어머니의 몸을 비체화한 후에도 주체는 초기의 상태인 '코라'를 결코 완전히 잊을 수 없다. 배제된 '비체'는 언제든 다시 돌아올 준비가 되어 있다. '비체'는 주체가 상징 질서에 진입하기 위해 어머니에게서 분리되면서 배제되어야 하는 것이지만 언제든 주체에게 돌아와 억압된 것, 배제된 것 혹은 주체의 내부적 타자인 무의식을 상기시키고 주체를 위협하기도 한다. 따라서 '비체'는 타자와 구분되는 자아를 만들어내기 위해 필요한 자아의 수호자이자 동시에 파괴자이다. 이런 이중적인 비체의 특성을 크리스테바는 '망각의 시간이자 천둥의 시간'[6]이라 표현한다. 언제든 다시 돌아오는 비체는 '억압된 것의 회귀'라는 점에서 프로이트의 '언캐니uncanny'와 유사하다. 즉 '언캐니'는 어머니적 코라로 돌아가지 않을까 두려워하는 감정이다. 배제되었다가 다시 돌아오는 어머니적 코라는 그 자체로 '친숙하면서도 낯선 것'이다. 비체는 '자아'도 '타자'도 아닌, 자아와 타자의 경계를 (불)가능하게 하는 것으로서 '불안anxiety'을 일으킨다. 구체적인 대상이 있는 것을 '공포fear'라고 한다면, '비체'는 대상이 없는 '불안anxiety'에 더 가깝다. 따라서 주체가 불안을 느끼는 순간은 '비체'와 연관된 순간이자 자신을 분열의 주체로 혹은 '과정 중의 주체'로 보게 하는 순간이다.[7]

　크리스테바는 '비체'를 '이방인foreigners'과 동일한 것으로 제시하진 않지만 그 둘을 연결할 수 있는 여지를 제공한다. '비체'의 경우와 마찬가지로 이방인은 주체 내부의 타자, 이질성, 무의식을 외부로 투사projection한 것이다. '비체'가 주체성을 유지하기 위해 필요한 것이기에 '이질적인 것'으로 배제했던 비체를 없애는 일은 주체에게 불가능한 일이다. 마찬가지로 '차이 만들기'가 주체의 정체성 형성에서 이루어지지만, 이 외부적 차이를 끝까지 배제하기보다는 자신의 내부적 이질성으로 인정하고 배려하는 것이 필요하다. 예컨대 이아손에게 메디아는 분명 '외국인'이자 '마술'을 사용하는 '여자'로서 그와 다른 존재이지만, 이 차이의 존재를 완전히 제거할 수는 없다. 왜냐하면 메디아는 이미 이아손이라는 주체의 일부이기 때문이다. 따라서 배제할 수 없는 '비체', '내 안의 타자strangers to ourselves', 그리고 외부적 타자에게 주체로 하여금 '배려'하도록 하는 것이 '비체'의 윤리다.

라캉의 '타자성'과 크리스테바의 '비체' 같은 정신분석학적 논의는 인종적인 타자를 언급하는 식민주의 담론에도 비슷하게 적용될 수 있다. 메디아가 자신의 의지와는 상관없이 이아손과 그리스 사회에 의해 평가되고 배제되었듯이 흑인들 역시 서양인의 시선에 의해 자의적으로 구성된 '열등한' 이미지로 정형화되고 기피된다. 프랑스의 지배를 받아 온 식민지, 앙띨레스Antilles에서 태어난 파농Franz Fanon은 《검은 피부, 하얀 가면Peau noire, masques blancs》에서 식민적 타자로서의 경험에 대해 다음과 같이 진술한다. "어떤 낯선 무게가 나를 억눌렀다. (……) 나는 큰 북소리, 식인풍습, 지적결핍, 우상숭배, 인종적 결함, 노예선 등에 의해 난타 당했다. (……) 나는 내 자신의 현존으로부터 스스로를 멀리 떨어뜨렸다."[8] 즉 바바Homi Bhabha 의 지적대로 흑인은 서양 백인들의 시각에 의해 '원시성'과 '퇴보'라는 정형stereotype으로 굳어지고 흑인의 '현존'은 서양적 '서사'에 의해 만들어져[9] 왔다. 바바에 따르면 서양인의 시각으로 규정되는 흑인의 이미지는 "소외된 이미지로서의 인간에 대한 개념을 잘 보여준다." 이처럼 파농이나 바바는 "자아와 타자가 아니라, 식민지적 정체성의 왜곡된 양피지 사본에 각인된 자아의 타자성"[10]에 대해 관심을 가진다.

바바는 파농의 텍스트를 분석하면서 피지배자의 '정체성 형성과정'에 대해 다음과 같이 정리한다. "존재한다는 것은 타자, 즉 타자의 시선이나 위치와의 관계 속에서 성립된다."[11] 또한 바바는 "정체성 형성의 위치 자체가 분열의 공간이며, '검은 피부, 하얀 가면'이 산뜻하게 분리된 것이 아님"을 지적한다. 식민주의자the colonizing와 피식민주의자the colonized의 정체성(혹은 자기동일성)에 의문을 제기하는 파농이나 바바는 주변인으로서 스스로 가졌던 경험을 토대로 자아 혹은 타자란 결코 자기 동일적이지 않음을 지적하고, 정신분석에서 언급된 주체와 타자의 논의를 지배와 피지배의 관계를 통해 좀 더 구체화한다. 파농이 '흑인의 영혼은 백인의 구성물artefact'[12]이라고 언급함으로써 '순수한 자기동일성'이 불가능함을 보여준다면, 바바는 파농에 대한 분석에서 '타자성' 혹은 '혼성성'의 용어를 통해 자아와 타자라는 두 항의 안정된 구분을 무너뜨리고 배제의 논리를 피하려 한다. 더욱이 바바는 "주변부와 소수자를 찬양하는 대립적인 정치학을 위해 균질화된 타자의 개념을 안이하게 채택하는"[13] 태도를 경계함으로써 타자의 논의가 빠질 수 있는 위험성을 경고한다. 자기동일성에 의문을 제기하는 파농이나 바바의 논의에 따르면 지금까지 흑인에 대한 혹은 인종적 타자에 대한 지배를 정당화했던 지배자들의 담론은 허구가 될 뿐 아니라, 지배 주체와 피지배 주체의 위계 구조 역시 무너지게 된다.

타자에 관한 많은 텍스트가 공통으로 드러내는 점은 서양과 동양, 문명과 야만, 남자와 여자 등 지배 주체와 피지배 주체 혹은 자아와 타자를 구성하는 것이 결코 본질적이거나 내재적이지 않으며, 또한 상호배제적일 수 없다는 점이다. 자아도 타자도 아닌 어떤 것으로서 '비체', '억압된 것의 회귀', 자아의 '타자성' 혹은 '타자의 타자성'이란 말이 암시하듯, 타자는 배제될 수 없는 주체의 '이웃'으로 영원히 사라질 수 없는 것이다. 결코 배제될 수 없는 것으로서의 '이웃'은 결코 보편화할 수 없는 것인데도 보편적인 '특이성singularity'으로 남아야 할 것이다. 콥젝Joan Copjec에 따르면, (특수성이 아닌) '특이성'은 현대 사회의 유대를 끌어내는 데 오히려 필수적이다.[14] 특이성으로서의 이 이웃에 대한 폭력적 배제는 이아손과 메디아의 경우가 보여주듯이 주체가 맞이하는 최대의 비극이다. 그렇다면 우리의 수많은 메디아에게, 혹은 '이웃'에게 자유를 허용하는 일이 진정한 의미의 (주체 혹은 타자 모두) 해방일 수 있다.

주

1 에우리피데스, 〈메디아〉, 《그리스비극 2》, 여석기 옮김, 현암사, 1994, 50쪽. "계집이란 어리석기 한량이 없지. (……) 아닌 게 아니라 이 세상에 여자 같은 것은 없어지고 아이들을 별도로 만들 수만 있다면 얼마나 좋겠는가. 그렇게 되면 세상에 나쁜 일이 없어지게 될걸."

2 Kojève, Alexander, *Introduction to the Reading of Hegel*, (Ithaca: Cornell University Press, 1980), p. 8, "He must give up his desire and satisfy the desire of the other."

3 헤겔, 《정신현상학 I》, 임석진 옮김, 지식산업사, 1998, 256~271쪽.

4 Lacan, Jacques, *The Four Fundamental Concepts of Psychoanalysis*, ed. Jacques-Alain Miller, tr. Alan Sheridan, (New York & London: W. W. Norton & Company, 1998), p. 215.

5 Fink, Bruce, "The Subject and the Other's Desire", *Reading Seminars I and II: Lacan's Return to Freud*, ed. Richard Feldstein, Bruce Fink, and Maire Jaanus, (New York: SUNY Press, 1996), p. 84.

6 Kristeva, Julia, *Powers of Horror: An Essay on Abjection*, tr. Leon S. Roudiez (New York: Columbia University Press, 1982), p. 9.

7 MaAfee, Noëlle, "Abject Strangers: Toward an Ethics of Respect", *Ethics, Politics, and Difference in Julia Kristeva's Writing*, ed. Kelly Oliver (New York & London: Routledge, 1993), p. 131.

8 파농, 프란츠, 《검은 피부, 하얀 가면》, 이석호 옮김, 인간사랑, 1998, 143쪽.

9 바바, 호미, 《문화의 위치》, 나병철 옮김, 소명출판, 2002, 99쪽.

10 앞의 책, 102쪽.

11 앞의 책, 103쪽.

12 프란츠 파농, 앞의 책, 19쪽.

13 바바, 호미, 앞의 책, 118쪽.

14 Copjec, Joan, *Imagine There's No Woman: Ethics and Sublimation*, (Massachusetts: The MIT Press, 2002), p. 22.

트랜스젠더

기본적 정의

출생 시 지정받은 성별에 대한 사회적 기대에서 벗어나는 자아의 느낌, 정체성, 소속감을 가지거나 목소리, 몸짓, 복장, 체형, 체모 등 외부에서 읽힐 수 있는 기호로 젠더 신호를 지속적 혹은 간헐적으로 표출하는 사람을 말한다.

개념의 기원과 발전

트랜스젠더Transgender라는 개념은 남자와 여자만큼이나 다양한 몸, 정체성 그리고 정치학을 행하는 이질적인 개인과 집단을 포함하기 때문에 정의하기에 문제점이 많은 용어다. 그러나 최소한의 정의 없이는 트랜스젠더에 대한 논의 자체가 불가능하므로 북미 젠더 이론에서 널리 사용되고 있는 정의를 필두로 트랜스젠더 안팎의 주요 이슈들을 소개하고자 한다.

트랜스젠더는 출생 시 지정받은 성별에 대한 사회적 기대에서 벗어나는 자아의 느낌, 정체성, 소속감을 가지거나 목소리, 몸짓, 복장, 체형, 체모 등 외부에서 읽힐 수 있는 기호로 젠더 신호를 지속적 혹은 간헐적으로 표출하는 사람을 지칭한다. 보통 트랜스섹슈얼transsexual, 트랜스베스타잇transvestite, 크로스드레서cross-dresser, 쉬메일she-male, 드랙drag, 부치butch 등의 범주가 트랜스젠더에 속한다고 여겨진다. 트랜스젠더는 의학계가 주조한 트랜스섹슈얼과 트랜스베스타잇 모델과는 달리 트랜스젠더 공동체의 풀뿌리 운동의 일환으로 성장한 용어로서 북미에서는 1990년대부터 선풍적인 인기를 구가하고 있다. 그러나 워낙 다양한 범주들을 포괄하기에, 총칭어umbrella term로서의 트랜스젠더에는 내부 구성원 사이의 차이가 무시될 수 있는 위험이 잠재하기도 한다.

트랜스젠더는 당사자 개인이 원하건 원하지 않건 간에 의학과 불가분의 관계를 가진다. 하나의 젠더에 하나의 옳은 몸만이 있다는 육체파시즘body fascism은 성기 수술을 트랜스젠더가 다다라야 할 궁극적인 목표로 상정한다. 지배적인 젠더 시스템에 저항하는 이들은 성기 변형이 모든 성전환의 궁극적인 종착점이 아님을 표명하는 방편으로 수술을 받지 않은 트랜스섹슈얼에 대해 '수술 전pre-operative' 대신 '비수술non-operative'이라는 수식어를 사용하기도 한다. 그러나 후자의 경우도 성기 수술을 기준으로 삼는 표현으로서, 트랜스젠더의 몸에 대한 담론에서 성기 수술 여부가 여전히 중요한 자리를 차지한다는 사실을 인정하기는 매한가지로 보인다. 예컨대 가슴성형술을 받고 자궁을 적출했지만 음경성형술은 받지 않은 트랜스 남성은 수술 전인가 수술 후인가? 샵Andrew Sharpe

은 수술 전/수술 후의 구분이 모순을 만들어낼 수 있음을 지적한다. 트랜스는 성기 재건 수술을 제외하고 온갖 복잡하고 까다로운 수술을 다 거쳤어도 정체화하는 성의 성기를 가지지 않았다는 이유만으로 수술 전 범주로 치부되는 일이 다반사로 일어나기 때문이다. 이는 특히 고비용, 고난도의 음경 축조술phalloplasty로 인해 트랜스 여성보다는 트랜스 남성에 해당되는 편이다. 외과의들은 질 축조술vaginoplasty에 비해 음경 축조술의 기술적인 어려움에 대해 "막대pole를 세우는 일이 구멍hole을 파내는 것보다 어렵다"고 말한다. 이는 물론 실물과 동일한 외관과 기능을 갖춘 완벽한 페니스를 창조해내지 못하는 테크놀로지의 현주소를 대변하는 표현이기는 하지만 남성 성기에 대해 여성 성기를 결핍으로 보는 젠더 이데올로기와 무관하지 않다. 트랜스젠더가 속한 국가와 지역에 따라 성기 수술 없이도 성별 정정이 이루어지는 곳도 있고 성기 수술까지 받았어도 까다로운 기준 탓에 성별 정정이 불허되는 곳도 있다. 영국 같은 경우 21세기에 와서야 트랜스젠더의 성별 정정이 허용되었다.

본격적인 성전환 수술은 1930년대 유럽을 중심으로 시작되었다고 알려지는데 성전환을 전문으로 다룬 단행본이 출간된 것은 이보다 훨씬 뒤인 1960년대 미국에서였다. 1966년에 발표한《성전환 현상The Transsexual Phenomenon》으로 성전환 의학 패러다임을 제시하고 성전환 수술을 옹호한 벤자민Harry Benjamin은 보수적인 미 의학계에서 입지전적인 인물이었다.

벤자민은 성전환 의술의 이론적 뒷받침인 양성보편설이

태동한 유럽 출신이었는데 사설 클리닉을 운영하면서 제도적인 압력으로부터 비교적 자유롭게 자신의 의술을 행할 수 있었다. 그는 도미를 한 후에도 나치 독일이 들어설 때까지 매년 여름 유럽을 방문해 그곳의 성과학자들과 친분도 쌓고 최신 성과학 지식을 습득하는 것도 게을리 하지 않았다. 그는 자진해서 유럽과 미국의 성 과학을 잇는 중재자 역할을 떠맡기도 했다.

1950년대 초 '최초의 공인 성전환자' 조겐슨Christine Jorgensen의 변신 소식을 통해 트랜스섹슈얼의 존재가 널리 알려지면서 벤자민은 성전환 연구에 심혈을 기울인다. 그는 동성애자를 "섹스 문제"로, 트랜스베스타잇을 "사회 문제"로, 트랜스섹슈얼을 "젠더 문제"로 요약, 분류했다.[1] 이를 역사학자 마이어로위츠Joanne Meyerowitz는 "분류법의 혁명"이라 부르기도 한다.[2] 이들 범주의 구분으로 성전환자가 동성애자와 트랜스베스타잇과는 다른 치료를 받을 수 있는 물꼬를 틀 수 있었기 때문이다. 조겐슨의 등장으로 인해 미국 의학계가 트랜스 관련 연구에 박차를 가하면서 성전환 의학은 유럽에서 북미로 주도권이 넘어오게 된다. 유럽에서 성전환을 실행한 이론적 밑바탕이 개인의 몸에 남녀 특징이 혼재한다는 양성 이론이었다면, 미국에서는 젠더가 핵심 개념으로 떠오르게 된다.

젠더는 1970년대 이래로 여성주의 문헌에서 가장 중심이 되는 개념일 것이다. 그러나 젠더는 여성주의 문헌에서 먼저 쓰인 것이 아니라 간성을 연구한 머니John Money 박사와 동료들에 의해 1950년대 중반부터 성 과학에 도입되었다. 이들은 원래 언어학과 문헌학에서 쓰이던 개념인 젠더를 차용해 '젠더 역할 및 지향gender role and orientation'이라는 표현을 만들어 간성의 정체성 연구를 실시했다. 머니의 젠더 역할을 '핵심 젠더 정체성core gender identity'이란 표현으로 확장한 사람은 정신분석학자 스톨러Robert Stoller다.

트랜스베스타잇은 저명한 성과학자 히르쉬펠트Magnus Hirschfeld가 주조한 표현으로 트랜스섹슈얼보다 용어의 역사가 길다. 허나 1964년에서 1969년 사이에 트랜스섹슈얼이 트랜스베스타잇을 추월하게 되었다.[3] 그도 그럴 것이 이 시기에 성전환 문헌이 속속 출간하게 되었기 때문이다. '성전환의 창세기'라고도 불리는 벤자민의 《성전환 현상》(1966)을 필두로 스톨러의 《섹스와 젠더Sex and Gender》(1968), 그린Richard Green과 머니가 공동편집인으로 참여한 《성전환과 성 재지정Transsexualism and Sex Reassignment》(1969) 등 모두 1960년대 후반에 선보인 성전환 전문서다. 벤자민은 "성전환의 아버지"라는 호칭으로 알려지고 머니, 스톨러, 그린은 "성전환 정신의학의 삼인방"으로 여겨지는 인물이다. 이 성전환 문헌들에 공통되는 핵심 개념은 젠더였다. 젠더는 성전환뿐만 아니라 인간의 성 발달 이슈를 이해하는 패러다임이 되었다. 성 호르몬 투여 및 성전환 수술을 옹호한 진영도 반대한 진영도 모두 젠더라는 용어를 사용해 각자의 의견을 개진해나가기 시작했다. 상반되는 의견일지라도 젠더라는 개념은 이들 각자의 주장을 내세우는 데 모순이 되지 않았다. 성전환 절차 대신 정신요법을 찬성한 쪽에서는 성전환자의 젠더는 양육환경으로 말미암아 왜곡된 것이기에 몸에 대한 개입보다는 집약적인 대화 치료로 교정을 해야 한다는 입장이었다. 반면, 호르몬 요법 및 외과 개입을 찬성하는 쪽에서는 성전환자처럼 섹스와 젠더가 일치하는 않는 경우 고정불변하는 젠더에 맞게끔 섹스를 변형해야 한다는 입장이었다. 즉, 젠더는 성전환 절차를 찬성하는 진영과 반대하는 진영 양측 모두에게 유용한 개념이었다.[4]

1960년대 후반은 미국에서 성전환 이론만이 아니라 수술도 본격적으로 시작된 시기다. 1966년 존스 홉킨스 대학 부설 병원에 젠더 클리닉이 개설되면서 미국에서도 공식적으로 성전환 수술 시대가 개막된다. 존스 홉킨스의 젠더 클리닉 팀이 분명히 했듯 그들은 '연구용'으로 이 프로그램을 개발했다. 따라서 쇄도하는 성전환자 신청자 중에 한 달에 단 두 명만 엄선해서 프로그램을 진행시켰다. 홉킨스 이후로 미 전역에 대학 부설 병원을 중심으로 젠더 클리닉이 개설되고 홉킨스보다 많은 성전환자를 받아들이긴 했지만 이들 역시 치료보다는 연구에 중점을 두었고, 따라서 자신들이 성전환, 섹스/젠더/섹슈얼리티에 대해 품은 가정들을 이 실험이 증명해주기를 바랐다. 보통 클리닉에서는 신청해온 성전환자에게 엄격한 수칙을 일러주면서 수칙을 제대로 따르지 않을 시에는 언제든지 치료를 중단하겠다는 엄포를 놓는 경우가 다반사였다. 상당한 시간이 지난 후 전문가들은 성전환자들이 들려주는 이야기가 엇비슷하다는 인상을 받게 된다. 이는 다름 아니라 클리닉에서 생각하는 이상적인 수술 적격자, 소위 '진성 성전환자true transsexual'에 자격이 미달할지도 모른다고 생각한 성전환자들이 의사들이 듣고 싶어할만한 말만 골라서 했기 때문이다. 그들은 의사의 질문을 듣기도 전에 '정답'이 무엇인지 알고 있었다. 그리고 이 '정답'은 성전환자들 사이에서 입소문으로 퍼졌다. 성전환자들은 의사들 역시 성전환자를 치료함에 있어 '자기들만의 안건'을 따로 가지고 있다는 것을 눈치 채고 이에 나름대로 대처법을 고안한 것이다. 때론 클리닉에서 환자의 젠더 생애사를 좀 더 상세히 파악하기 위해 성전환 본인만이 아니라 그의 가족까지도 인터뷰를 하는 경우가 있었기에 인터뷰 전에 가족끼리 예상 질문에 대비해 입을 맞추는 상황까지 연출되는 경우도 있었다. 당시 성전환 의료계의 환경은 성전환자를 마치 기출문제 및 예상문제집을 달달 외우는 수험생처럼 만들었던 것이다. 이 상황에 대해 스톤Sandy Stone은 다음처럼 말한다. "누가 누굴 위해 이야기 하는가 그리고 이야기를 하는 이는 자신이 말하는 이야기와 자신이 듣는 이야기를 어떻게 구별하는가?"[5]

1979년 존스 홉킨스 젠더 클리닉 폐쇄 결정이 내려지고 도미노 현상처럼 미국 전역의 다른 젠더 클리닉도 같은 운명을 겪게 된다. 1980년대로 넘어오면서 이제 대학 부설 병원의 젠더 클리닉 대신 사설 젠더 클리닉이 성행하게 된다. 인류학자 볼린Ann Bolin은 1990년대 다양한 트랜스젠더 정체성과 체현이 등장하게 된 배경을 다음처럼 요약한다. 1980년대 사설 클리닉에서는 대형 시설에서 성전환자에게 요구하던 엄격한 자격기준을 완화시켜 문턱을 낮추었다. 말하자면, 대학 병원은 성전환자를 연구용 실험 대상처럼 다루었고 개인이 운영하는 신생 클리닉은 고객 친화적이었다. 따라서 이전에는 진성 성전환자의 자격 요건을 충족시키지 못해 부적격 판정을 받고 치료가 거부된 사람들이 신설 클리닉에서 원하는 서비스에 (재력만 된다면) 큰 어려움 없이 접근할 수 있게 된다. 완화된 기준으로 서비스 대상의 범위가 넓어진 덕에 "중간 육체"를 포함해 다양한 체현을 한 트랜스젠더가 등장할 수 있었다. 그리고 바디 빌딩, 피어싱, 문신 등 다양한 육체 변형 기술들로 이용해 남성성이나 여성성을 표현하는 폭이 넓어진 사회적 맥락도 염두에 두어야 한다. 육체 조작을 용이하게 만드는 첨단 기술들이 만연해지면서 몸을 천부적이라 여겼던 고정관념도 타파되어 가고 있었다.

허드Myra Hird는 트랜스 이론이 "진정성"에서 "수행성"으로 이동했다고 말한다. 이는 성전환 회고록의 추이에도 반영된다. 1974년의 모리스Jan Morris와 그로부터 20여년이 지나 본스타인Kate Bornstein의 자서전을 비교하는 것은 성전환 담론의 변천사를 말해준다. 모리스가 정체성에 도달했다고 말한다면 본스타인은 정체성을 그만 두겠노라고 말한다. 성기 수술을 받은 뒤 모리스가 하반신을 보면서 정상이 되었다고 기뻐한다면 본스타인은 정상적인 남녀라는 것이 있기라도 하냐며 독자에게 반문한다. 모리스는 성전환을 통합을 추구하는 것으로 그리지만 본스타인은 트랜스젠더 스타일이란 여기저기서 자르고 붙이는 퀼트에 비유한다. 모리스는 자신이 잘못된 몸으로 태어났다고 말하는 반면 본스타인은 이 표현에 동의하지 않는다.

남녀 이분적인 젠더를 고집하는 사회에서 트랜스섹슈얼에 대해 그리고 트랜스섹슈얼 자신들에 의해 가장 빈번하게 사용되는 은유는 '잘못된 몸', 즉 '남성의 몸에 갇힌 여자' 혹은 '여성의 몸에 갇힌 남자'다. 본스타인은 이 표현이 트랜스섹슈얼이 느끼는 솔직한 감정을 제대로 반영하지 못한다고 여긴다. 적절한 표현을 찾지 못한 트랜스섹슈얼들이 결국 문화가 이해할 수 있는 언어에 의존해서 사용하는 불행한 은유라고 지적한다. 반면 트랜스 남성 프로서Jay Prosser의 경우 이 표현이 트랜스섹슈얼이 느끼는 바를 정확히 포착한다고 본다. 프로서는 퀴어 이론에 의해 성전환이 파편화된 것으로 그려지는 바와는 달리 성전환자들의 자서전을 읽으면 성전환이 특정한 정체성 범주로서 안정적인 기반을 추구한다는 것을 보여준다고 말한다. 프로서는 성전환자가 버틀러Judith Butler의 주장과는 달리 원본 없는 모방인 수행성이 아니라 기원을 되찾기 위해 뚜렷한 목적지를 가진 서사성으로 풀이한다. 성전환은 몸의 통합을 추구하는 '육체 서사body narrative'인 것이다. 프로서는 성전환자가 섹스를 바꾸고 몸에서 편안함을 얻으려는 과정을 일종의 오디세이로 본다. 퀴어처럼 방향성이 불분명한 주체가 아니라, 목적지를 향한 여정에서 엄청난 대가를 치르고라도 진정한 자아를 달성하기 위해 온갖 역경을 헤쳐나가는 주체로 제시된다. 프로서 식으로 풀이하면, 퀴어 이론은 세이렌의 노래처럼 트랜스섹슈얼의 귀향을 방해하는 훼방꾼 노릇만 하는 셈이다.

이에 대해 핼버스탬Judith Halberstam은 트랜스섹슈얼을 집을 갈구하는 여행자로 개념화하는 프로서의 목적론적 모델이 이질적인 트랜스섹슈얼 담론을 동질적인 것으로 독점할 수 있다는 점을 경고한다. 핼버스탬은 트랜스라는 기표가 무엇을 의미하는지 갈수록 불분명해지고 퀴어해진다고 말한다. 사람들의 눈에 외과적 구성은 젠더 변화를 대변하는 급진적 과정으로 간주되지만 수술은 단지 젠더화된 몸을 재구성하는 데 여러 가능성 중 하나일 따름이다. 수술 외에도 대안적인 젠더를 체현할 수 있는 여러 가능성이 존재한다. 핼버스탬의 이론작업은 넘어갈 수 있다고 말할 경계조차 지워버린다. 그에게 중요한 것은 연속적으로 이루어지는 움직임이다. 움직임이 전부이기에 경계가 형성될 틈조차 주어지지 않는다. 움직임의 궤적이 표준화되지 않기에 그것이 지나간 흔적이 경계로 굳어질 여력이 없다. 시발점도 종착점도 없다. 건너가야 할 경계가 없기에 맞은편도 반대 성도 없다. 이렇게 된다면, 핼버스탬이 초점을 모으는 두 범주인 성기 성형을 마친 트랜스섹슈얼의 몸과 레즈비언 몸 사이의 구분은 큰 의미를 잃게 된다. 둘 다 젠더를 허구와 수행으로 여기며 이성애/동성애 이원론을 위협하게 된다. 이들의 몸은 재현과 이론을 통해 파편화된다. 정체성 개념이 파편화되고 트랜스섹슈얼을 규정하던 일련의 경계들이 허물어지면서 트랜스섹슈얼의 특정성조차 사라지게 된다. 따라서 그의 주장은 "우리는 모두 트랜스섹슈얼이다. 트랜스섹슈얼은 없다."로 귀결된다.[6]

프로서는 섹스가 바뀌어야만 하는 무언가로 느껴진다는 점은 섹스의 비환상적인 측면, 즉 그것의 물질성을 부각시킨다고 말하지만 오히려 이 주장의 반대가 더욱 옳다고 할 수 있다.[7] 다른 사람이 보기엔 아무런 이상 없이 멀쩡해 보이는 몸이 그 몸을 거처로 삼는 자에게는 바뀌어야만 한다고 느껴진다는 사실은 몸이 그 윤곽이나 물질성에 국한되지 않고 그것을 넘어섬을 증명한다. 샐러먼Gayle Salamon의 경우도, 몸의 조작 가능성은 그 몸에 정신적으로 투자된 바가 없기에 비롯된다는 논자들의 주장을 반박하면서 조작한다는 것 자체가 이미 투자라고 말한다. 바꾸기 전이나 바꾸고 나서나 결과는 물질로 나타나지만 이 두 물질 간의 간극을 연결해주는 것, 변화의 동인으로 작동한 것은 바로 몸에 대한 긍정적이고 부정적인 투자, 즉 환상성이다.

성전환 수술은 벤자민의 책이 출판된 이래 의학계 내에서는 물론 여성주의자 사이에서도 많은 논란을 야기했다. 페미니즘은 의학계 다음으로 성전환 관련 학술서적을 출간할 정도로 성전환 현상에 대해 지대한 관심을 보인 분야다. 성전환 관련 의학 전문서적이 1960년대부터 본격적으로 출간되었다면 여성주의 진영에서는 1970년대부터 관련 저작을 내놓기 시작한다. 그중 내용으로 보나 반향으로 보나 레이먼드 Janice Raymond의 1979년 작《성전환 제국The Transsexual Empire: The Making of the She-Male》만큼 독자 및 성전환 관련자에게 깊게 뇌리에 각인된 출판물은 드물 듯싶다. 이 책은 성전환 의료계 전반 및 트랜스섹슈얼, 특히 레즈비언으로 정체화하는 트랜스 여성을 가부장제의 연장선으로 매도한 성전환혐오 문헌의 대표적인 사례로 손꼽힌다. 레이먼드에 따르면 트랜스 여성은 여자가 아니라 남자의 역사를 가진 남자이며 테크놀로지를 통해 여성 성기를 여성으로부터 분리해 남성에게 통합시키는 것은 강간과 다를 바 없다.

성전환 여성의 여성 정체성 주장을 거부하면서 레이먼드는 여성이 여성을 정의하지 못한다면 과연 누가 여성을 정의할 수 있는지 되묻는다. 레이먼드의 은사이기도 한 데일리Mary Daly는 여성은 남성이 설정한 경계를 넘어서지만 성전환 여성은 여성이 설정한 경계를 침범한다고 어휘를 차등 적용한다. 그리어Germaine Greer의 주장도 비슷하다. 성전환 여성을 여성으로 받아들이는 여성은 자신의 나약함을 인정하는 것이나 마찬가지다. 가부장제는 자신의 요구를 여성들에게 무조건 받아들이도록 주입해왔고 성전환 여성을 여성으로 인정하는 것은 그런 명령의 연장선에 놓여 있다. 따라서 그의 주장은 성전환 여성을 여성으로 받아들이지 않는 한에서만 여성은 자신을 정의하는 힘을 발휘한다는 것이다.

또 다른 분리주의 여성주의자인 제프리스Sheila Jeffreys도 성전환 수술을 신체훼손이며 인권침해라고 주장하면서 수술금지 운동을 페미니즘의 의제에 포함시켜야 한다고 목소리를 높였다. 그에 따르면 성전환 수술은 국가가 합법적으로 자행하는 폭력이다. 제프리스는 성전환 수술로 상당한 수익을 챙기는 의료계와 퀴어 학계에 의해 성전환 수술이 너무나도 정상화된 나머지 성전환 수술과 다른 신체훼손과의 명백한 연관성이 희미해졌다고 말한다. 제프리스를 위시한 급진 여성주의자들은 젠더란 특정한 역사적 시기에 구성된 산물이기에 그 성격이 허구적이라고 주장한다. 제프리스는 자신과 같은 여성주의자들은 어떤 몸에 적합한 젠더가 있어야 한다는 생각에 동의하지 않기에 젠더가 없는 세상을 구현하고자 한다고 말한다. 트랜스젠더가 젠더를 초월한다고는 하지만 초월행위는 먼저 초월대상을 필요로 하기에, 트랜스젠더는 젠더를 더욱 영속화시키면서 여성 억압의 빌미를 강화할 뿐이다. 트랜스젠더가 노래하는 초월transcending은 다시 말해 여성 권리에 종지부를 찍는 일trans-ending이다.[8] 따라서 여성 권리와 트랜스젠더 권리는 병존할 수 없다. 트랜스젠더의 젠더 유희가 초래하는 폐해를 감당하는 건 오롯이 여성의 몫이다. 트랜스젠더가 억압당한다면 그건 여성 억압과 별개의 것이다. 여성 권익의 신장을 위해서는 속히 젠더를 퇴치시켜야 하며 그런 젠더를 영속시키는 트랜스젠더 현상도 사라져야 한다. 따라서 그에게 젠더 없는 세상은 성전환 없는 세상이나 마찬가지다.

하우스먼Bernice Hausman에 따르면 젠더는 성전환 의학계가 만들어낸 신화에 불과하다. 젠더는 성전환의 빌미를 제공한다. 그는 고전 성전환자들의 자서전을 읽으면서 수술 후 성전환자가 통증에 몸부림치거나 수술이 실패로 돌아간 사례를 부각시키면서 성전환자가 겪는 이런 고난은 실재하지도 않는 젠더에 속아 넘어가 자신의 섹스를, 자신의 살과 뼈를 희생한 대가라고 본다. 이처럼 "젠더란 없다"고 믿는 하우스먼은 젠더가 아닌 섹스의 증식을 옹호하고자 한다.[9] 허나 그가 말하는 섹스의 증식이 정확히 무엇을 의미하는지는 분명치 않다. 다만 그가 임신한 상태에서 간성에 대해 보통의 임부가 알아야 하는 것보다 더 많은 것을 알게 되어 혹여 자식이 간성으로 태어나는 것은 아닌지 하는 걱정을 하게 되었다는 점으로 미루어볼 때 "섹스의 증식"이 간성과 같은 존재를 염두에 두었다고는 보기 힘들다.

비성전환 논자들이 성전환 의료 관련 성전환 주체를 이해하는 방식은 두 가지다. 하나는 성전환자를 성전환 의료계의 허위적인 구성물에 불과한 젠더에 속아 넘어간 봉으로 그리는 것이고 다른 하나는 이와 정반대로 성전환자에게 절대적인 교섭능력을 부여하는 해석이다. 예컨대 실랑Colette Chiland에게 성전환은 인간의 전능함을 입증하려는 시도가 된다. 전자의 성전환자는 저능이며 후자의 성전환자는 전능이다. 하우스먼의 경우 성전환자를 저능한 동시에 전능한 존재로 그린다. 그는 성전환자를 동원 가능한 온갖 담론이나 수법을 동원해 끝내 자신의 뜻을 관철시키고야마는 수완가로 그린다. 그는 성전환자를 성전환 수술을 요구하는 사람으로 정의내리면서 마치 수술을 요청하는 언어행위 자체가 성전환을 구성하는 것으로 기술한다. "젠더의 봉"이라는 표현으로 복잡한 젠더 권력망에 놓인 성전환자의 행위교섭능력을 백지장으로 만드는 동시에 수술 요구라는 발화행위를 통해 자신의 소망을 백발백중 관철시키는 전능한 주체로 그려내는 것이다.

버틀러는 프로서나 일부 트랜스섹슈얼 학자들의 논의에서 급진 여성주의자와 별반 다를 바 없이 마치 성전환자의 존재기반을 위협하는 요주의인물로 그려지지만 그는 레이먼드의 주장을 증오발언으로 규정해도 무방하다며 그 이유를 밝힌다.[10] "젠더는 전이 가능한 것이다. 그것은 누구에게도 속하지 않는다. 젠더를 전이가 불가능한 것으로 생각한다면 중대한 오산"이다.[11] 오직 여성만이 여성을 정의할 수 있으며 성전환 여성은 여성의 신분을 도용하고 신체를 강탈한다는 레이먼드와 전혀 다른 입장이다. 버틀러는 정체성과 몸은 필연적으로 개인성과 사회성을 동시에 가질 수밖에 없기에 한 개인 혹은 집단에 의한 이들의 철저한, 배타적인 소유는 불가능함을 역설한다. "우리는 자신의 몸에 대한 권리를 위해 투쟁하지만 우리가 투쟁하는 바로 그 몸은 완전히 우리의 것만이 아니다. 몸은 변함없이 공적인 측면을 지닌다. 공적영역의 사회현상으로서 구성된 내 몸은 내 것이기도 하지만 내 것이 아니기도 하다."[12]

자기변신의 윤리를 논하면서 헤이스Cressida Heyes는 여성주의자라면 누가 여자인가에 대한 관심만이 아니라 그 정의를 문제시하고 변형시키는 것에도 관심을 기울여야 한다고 말한다. 여성주의자들은 젠더 정의를 위해 사회를 변혁시키는 것뿐만 아니라 자기 자신을 변화시키는 일에도 힘써야 한다는 것이다. 여성이 자신을 변화시키는 일 자체가 사회변혁의 일환인 것이다. 샐러먼은 페미니즘과 트랜스젠더리즘의 관계에 대해 고민하도록 촉구한다. 그는 트랜스젠더 관련 연구 논문이 증가일로에 있고 강단에서 트랜스젠더를 주제로 한 강의들이 마련되기는 하나 트랜스젠더학이라는 범주는 아직 학계에 정착한 범주는 아니라고 한다.[13] 그는 트랜스젠더가 여

453

성주의에 의해 주변화되어 온 역사를 지적하면서 여성학이 활력을 유지하려면 현재 살아지고 있는 젠더 다양성을 눈여겨 봐야 한다고 말한다. 남성과 여성에 국한되지 않는 젠더 다양성은 "허구적이지도 미래적이지도 않고 현재 체화되고 살아지는" 것인데 이제까지 여성주의는 이런 젠더의 현황과 그것의 잠재적인 미래를 제대로 고려하지 못했음을 지적한다.[14] (가령 그리어는 "성전환 수술은 오직 스위프트의 라퓨타에서나 실행될 수 있다"라고 말한다.[15]) 그는 여성주의가 트랜스젠더를 진지하게 사고할 필요가 있음을 주장한다. 이와 마찬가지로 트랜스젠더도 젠더를 사회역사적 범주로 보는 여성주의에서 배울 점이 있다고 말한다. 그는 최근 십 수 년 동안 이루어진 트랜스에 의한 트랜스 연구가 트랜스젠더 본인이 정체성을 좌지우지할 수 있는 자유주의적 휴머니즘에 의거한다고 보면서, 이런 식의 접근법은 젠더가 역사적인 범주이며 젠더를 현재의 모습으로 형성해온 기저의 복잡한 권력관계들을 간과하게 만든다고 말한다. 젠더를 개인화한다면 특히 사회 구석구석에 침투한, 트랜스젠더에 대한 구조적인 차별과 폭력을 제대로 설명할 방도가 없다는 것이다.

트랜스젠더와 폭력을 논할 때 빠지지 않는 사건이 바로 브랜든 티나Brandon Teena/티나 브랜든 살인 사건이다. 극영화로 개봉되어 아카데미 여우주연상을 수상하고, 극영화만큼 알려지진 않았으나 다큐멘터리로도 제작된 브랜든 티나 살인 사건은 1990년대 트랜스젠더 정치학이 미전역으로 확산된 기폭제 역할을 했다. 이 사건은 폭력과 범주, 액티비즘이 절묘하게 어우러지면서, 미시건 여성 음악제에서 일어난 성전환 여성의 강제 퇴장과 더불어 트랜스젠더 정치학을 이끈 쌍두마차로 여겨진다.

아무도 모성애에 반대할 수 없고, 아무도 폭력에 찬성할 수 없기에 폭력은 모성애처럼 완벽한 이슈라는 윌친스Riki Wilchins의 말대로 폭력은 1990년대 이래 트랜스젠더 정치학에서 중추적인 역할을 담당한다.[16] 모란Leslie Moran은 이제 성적 소수자들이 폭력의 주체가 되었다고 말한다. 이는 성 소수자들이 물리적 폭력을 행사하는 범법자가 되었다는 의미가 아니라 성 소수자 관련 폭력 담론을 생산하는 데 적극적으로 가담하는 정치적 주체가 되었음을 뜻한다. 트랜스젠더도 동성애자에 이어 자신들에 가해지는 폭력 담론에 적극 참여하고 있다. 이 과정은 트랜스젠더에 대한 폭력을 동성애자에 대한 폭력과 구분 짓는 새로운 개념과 용어를 고안, 적용하는 것을 포함한다. 예컨대 힐Darryl Hill은 트랜스젠더에 대한 폭력이 비가시적인 이유는 그것을 파악할 수 있는 개념의 부재 때문이라고 진단한다. 이에 그는 젠더리즘genderism, 트랜스포비아transphobia, 젠더 배싱gender bashing의 세 가지 용어로 섹스/젠더 시스템을 월경한 사람들에 대한 차별과 폭력을 파악하고자 한다. 먼저 젠더리즘이란 섹시즘에서 따온 표현으로서, 젠더가 이분적이라는 이데올로기를 영속시킴으로써 젠더 이원론에서 벗어난 현상에 대해 부정적인 태도를 유발시키는 권력이다. 트랜스포비아의 경우 호모포비아에서 차용한 말인데, 트랜스젠더를 직간접적으로 마주하게 되었을 때 혐오와 공포를 조장하는 힘을 말한다. 마지막으로 젠더 배싱이란 앞의 부정적인 감정들이 물리적 폭력으로 이행되는 경우다. 힐이 이렇게 트랜스젠더에 행사되는 폭력 개념을 따로 제안하기는 하지만 본인도 인정하듯 트랜스포비아는 호모포비아와 불가분의 관계가 있어 양자를 무 자르듯 구분할 수는 없는 노릇이다. 예컨대 남성적인 레즈비언이나 여성적인 게이에게 자행된 폭행은 트랜스포비아에서 기인하는 것인가 아니면 호모포비아의 발로인가.

중요한 점은 트랜스젠더에 가해지는 폭력을 기술하려는 이 개념들이 역으로 범주를 구성하는 힘으로 기능하기도 한다는 것이다. 다시 말해, 범주가 특정한 폭력을 초래하는 것이 아니라 역으로 폭력이 특정 범주를 소환할 수 있다는 것이다. 이제 호모포비아와 구분되는 트랜스포비아라는 개념 및 어휘가 발명되었기에 행사된 어떤 폭력을 트랜스포비아로 명명함으로써 폭력의 피해자를 동성애자가 아니라 트랜스젠더로 자리매김할 수 있는 근거로 작용할 수 있다. 즉, 폭력이 젠더의 테크놀로지가 되었다.

파악 가능한 정체성 범주가 있고 나서 그에 해당한다는 폭력이 가해지는 것이 아니라 사후에 폭력의 명명을 통해 범주가 산출되는 것이다. 이미 벌어진 사건에는 사후 명명과 기술이 시원하게 설명하지 못하는 잉여의 부분이 존재하기 마련이다. 그러나 이 점이 폭력에 희생된 삶에 대한 애도를 불가능하게 만들지는 않는다고 버틀러는 주장한다. 브랜든의 경우가 여기에 해당된다. 그의 살인자 공판이 예정된 날 법원

앞에서 열릴 침묵시위에 참가를 희망하는 사람들이 말하길, "내가 왜 거기에 가는지는 나도 잘 모르겠다. 단지 내가 거기에 가야 한다는 것만 알고 있다."[17] 핼버스탬은 브랜든을 그동안 '접경 분쟁border war'에서 그를 포섭하기 위해 던져진 몇몇 정체성 범주로 명명하기보다는 기존의 범주 구획을 따라서는 온전히 파악되기 어려운 '복합 인성complex personhood'으로 접근한다. 그에 따르면 브랜든은 어떤 면에서 상실되지 않은 인물이다. 집회와 토론, 출판물과 영상물 등 그를 기리는 수많은 계기가 마련되어왔다.[18]

브랜든의 살인 사건으로 트랜스 관련 논의가 확장되고 트랜스포비아에 대한 경각심을 일깨우는 노력이 꾸준히 전개되고는 있지만 트랜스 관련 희생자는 계속 발생했다. 트랜스젠더 활동가들은 브랜든의 피살을 계기로 트랜스포비아 희생자 명단을 작성하고 웹사이트를 꾸리면서 매년 트랜스젠더 추모의 날을 기념하고 있다. 이에 대해 캐나다의 트랜스섹슈얼 여성 진영에서 "1명의 브랜든이 있으면 천 명의 트랜스섹슈얼/트랜스베스타잇 매춘부들이 강간당하고 칼에 찔려, 총에 맞아, 목 졸려 죽거나 구타당해 죽으며 불에 타 숨진다. 그리고 이들에 대해선 책 한 권이나 다큐멘터리나 픽션 영화 한 편 만들어지지 않는다"라고 비판한다.[19] 트랜스젠더 활동가들이 벌이는 트랜스젠더 추모의 날 관련 행사야말로 "정치적 사기"라는 것이다.[20] 트랜스포비아로 희생당했다는 대다수가 조금만 알고 보면 트랜스섹슈얼 여성 아니면 트랜스베스타잇인데 이를 트랜스젠더에 대한 폭력이라고 일컬으면 희생자 인구의 공통점, 특히 성 노동과 관련된 부분이 지워진다고 말한다. 중산층 이상의 특권을 향유하고 있는 트랜스 활동가들이 빈곤층 성 노동자의 폭력을 전유하면서 희생자들의 트랜스젠더 지위만 부각시키지, 애당초 다른 트랜스보다 더 폭력에 노출하게 만드는 열악한 성 노동 환경과 같은 부분들에 대해서는 함구한다고 말한다. 그러나 트랜스 성 노동자들의 죽음을 트랜스젠더 운동에 공급할 연료로 사용하기 위해 일부러 이들을 죽도록 방치한다는 주장은 상당히 무리가 있어 보인다. 이들은 트랜스젠더 범주 전개가 만들어내는 어두운 사각지대나 트랜스젠더 인구 내부의 불평등 구조를 상당 부분 예리하게 조명하기는 하지만 이들 역시 나름대로의 안건을 개진하기 위해 트랜스젠더를 자기들 입맛에 맞게 재단하고 있지는 않은지 유념할 필요가 있다.

본스타인은 젠더를 섹슈얼리티의 상위 범주로 자리매김하면서, 동성애자들은 이성을 사랑해야 한다는 젠더 규범을 위반하기에 트랜스젠더가 게이/레즈비언에 포함되는 것이 아니라 게이/레즈비언이 트랜스젠더에 포함되는 것이라 말한다. 딘Tim Dean은 본스타인의 광의의 트랜스젠더를 한 차원 더 확장시켜 "레즈비언, 게이, 양성애자, 트랜스젠더, 간성 그리고 그들의 정치적 지지자들은 물론이고 페미니스트"까지 포함시킨다. 말하자면 "우리는 이제 모두 잠재적인 트랜스젠더리스트다." 그는 자신의 제안이 "관대한" 것이라 말한다.[21] 흥미로운 점은 포함되지 않은 사람보다 포함된 사람이 더 많아 보이는, 그의 자칭 "관대한" 제안의 손길이 뻗치지 않는 사람들이 있으니 바로 트랜스섹슈얼이다. 그는 섹슈얼리티 영역에서 퀴어가 이성애자/동성애자라는 구분을 허무는 주체지만 게이/레즈비언이 이원론을 지지하는 주체인 만큼 젠더 영역에서는 트랜스젠더가 남자/여자라는 젠더 이원론을 허물지만 트랜스섹슈얼의 경우 이원론을 강화시킨다는 공식을 세우면서 트랜스섹슈얼을 트랜스젠더에서 제명시킨다. 그런데 트랜스섹슈얼 사이에서 트랜스젠더 범주에 포함되기를 원치 않는 이들이 꽤 있는 것도 사실이다.

예컨대 2003년에 단행본으로 출간된 루빈의 트랜스섹슈얼 남성의 정체성과 체현에 대한 사회학 연구는 200여 페이지 중에 트랜스젠더라는 표현이 딱 5번만 등장한다. 성전환 의학계에서 발행한 책도 아니고 사회학 연구이면서도—심지어 성전환 의학계에서조차 트랜스젠더의 사용빈도가 늘어나는 추세에—트랜스젠더 대신 트랜스섹슈얼을 고수하는 방식이 눈길을 끈다. 트랜스젠더라는 표현을 등장시키는 지점도 이를 트랜스섹슈얼과 대비시키기 위해 들러리로 소환하는 정도에 그친다.

루빈의 책에 등장하는 트랜스섹슈얼 남성들을 대담한 본질주의자라 극찬하는 나마스테는 작금의 트랜스젠더 정의가 트랜스섹슈얼을 점점 배제하는 쪽으로 굳어져 간다고 말한다. 그런데 나마스테는 트랜스섹슈얼이 트랜스젠더에 포함되도록 정의가 조정되기를 바라마지 않지만, 실상은 그렇지 못해 안타까움의 발로로 이 말을 하는 것인가 아니면 트랜스섹슈얼이 트랜스젠더에 포함되기를 원치 않는 자신의 속마음을 은폐하는 동시에 드러내는 것인가. 나마스테의 주장을 조금만 읽어보면 그의 입장이 후자라는 것을 금세 알아차릴 수 있다. 나마스테는 트랜스섹슈얼이 트랜스젠더에 포함되지 않기를 원하는 것이다. 트랜스젠더의 현실을 그려내기보다는 자신이 보고자 하는 트랜스젠더를 그려내는 것에 가깝다.

나마스테의 주장은 결국 트랜스젠더 판이 커지면서 트랜스섹슈얼의 입지가 좁아지고 있다는 것인데 본인이 트랜스섹슈얼을 트랜스젠더의 일환으로 여겼다면 이런 발언은 애당초 나오지 않았을 것이다. 트랜스섹슈얼을 트랜스젠더 공동체의 일부로 여긴다면 트랜스젠더 세력이 확장되는 것은 트랜스섹슈얼 세력이 확장되는 것이나 마찬가지이기 때문이다. 허나 그는 계속 트랜스섹슈얼 대 트랜스젠더의 구도로 이들을 대립시키기에 트랜스젠더 판도의 확장은 따라서 트랜스섹슈얼의 세력 축소로 이어지는 제로 섬 게임이 되는 것이다. 하나가 확장되면 다른 하나는 잠식되는 것이다. 이는 트랜스섹슈얼이 레즈비언에 의해 "흡수"된다는 그의 표현에서도 오롯이 드러난다.

나마스테와 그의 동료는 미국의 트랜스젠더는 레즈비언 정치학의 표식이 되었노라고 주장한다. 트랜스젠더가 레즈비언 정치학으로 확장된 혹은 "흡수된" 과정을 이렇게 말한다. 성전환하기 이전 여자를 사랑했던 트랜스 여성이 성전환을 하고 나서도 여성에 대한 애정을 간직하고서 레즈비언으로 정체화한다. 레즈비언이었던 성전환 남성들은 변신을 한 후에도 레즈비언 공동체를 떠나지 않고 여전히 그곳에 남아 활동을 이어간다. 예전이라면 성전환과 연관이 없던 부치들마저 이제 의학 조치를 취하지 않은 채로도 트랜스젠더로 정체화하고 나선다. 설상가상, 남성성과 아무런 연관이 없던 펨femme마저 트랜스 남성을 선호한다는 이유로 '트랜스센슈얼transsensual'이라는 신조어로 트랜스젠더에 포함되기에 이른다. 이런 식으로 미국에서 트랜스젠더는 레즈비언 혹은 퀴어와 동의어가 되었다고 주장한다. 허나 이를 돌려 말하면, 트랜스젠더가 퀴어화되면서 그들이 내세우는 트랜스섹슈얼의 이성애적 지위는 더욱 부각되는 것이다. 이는 나마스테를 비롯한 이들이 트랜스젠더를 거부하고 트랜스섹슈얼이라는 표현을 고집하는 이유이기도 하다.

1990년대 초 트랜스젠더가 기존의 범주들을 제치고 각광을 받을 수 있었던 까닭은 그것이 함축하는 탈병리화와 탈성애화에서 찾을 수 있을 듯하다. 트랜스섹슈얼리즘은 의료계에서 이미 정신질환으로 병리화된 한편, 호모섹슈얼리티와 비슷하게 들리는 그 표현 자체로 인해 성적인 경험 범주로 오해받을 소지가 다분하다. 따라서 정신병이 아니라 정상적인 표현이며 타자를 향한 욕망이 아니라 자아의 느낌에 관한 것이라는 이유로 트랜스젠더가 많은 이들이 동일시하는 범주가 되었다. 이렇게 트랜스젠더가 젠더 다양성이 운집하는 범주로 급상승하면서 젠더가 구심점이 되자 자신은 젠더가 아니라 섹스를 바꿨다며 트랜스젠더의 적용을 거부하는 일부 트랜스섹슈얼이 목소리를 높였다. 앞서 트랜스섹슈얼의 방점이 섹슈얼(trans-'sexual')에 찍히면서 성애와 연관된 것으로 여겨졌다면 트랜스젠더의 급부상에 대한 반발로 트랜스섹슈얼이라는 표현을 고집하는 이들에게 트랜스섹슈얼은 (젠더와 구분되는) 섹스(trans'sex'-ual)에 방점이 찍힌다고 볼 수 있다.

트랜스젠더는 단지 개인적인 정체성에 머무르지 않고 정치적으로 동원가능한 범주로 전개되기에 이른다. 트랜스섹슈얼이나 트랜스베스타잇이 아니라 트랜스젠더가 젠더 다양성을 아우르는 대표적인 범주로 도입된 이유는 여러 가지가 있을 것이다. 먼저 앞서 말했듯, 기존의 트랜스섹슈얼과 트랜스베스타잇은 의학에 의해 식민화되고 병리화된 용어라는 점이다. 90년대 트랜스젠더의 정치적 움직임은 젠더 정체성과 표현의 다양성이 병리적이지 않다는 확신에서 출발한 것이기에 이들 기존의 용어로 자신들을 재현하기에는 부정확하고 뭔가 미흡하다고 느꼈을 것이다. 병리적이지 않은데다 트랜스섹슈얼의 육체변형이나 트랜스베스타잇의 변장으로 환원될 수 없는 다양한 체현을 배제시키지 않는 표현이 요구된 것이다. 의학에 종속되지 않으면서 그 정의가 섹스나 복장의 변화 그리고 그 기저에 작동한다고 여겨지는 가정에 한정되지 않는 주체들이 트랜스젠더라는 용어를 선호하게 된 맥락으로 볼 수 있을 것이다.

트랜스 남성 그린James Green은 트랜스젠더는 너무도 광범위한 정체성과 체현을 아우르기에 이 용어의 무차별적인 적용으로 말미암아 구성원 중 일부 사람들—특히 트랜스섹슈얼—로부터 반발이 제기되기도 한다는 점을 인정한다. 그러나 트랜스젠더가 의료조치의 도움 없이도 원하는 젠더로 살아가는 사람들을 포괄하여 세력이 확장되면서 이 용어의 전개를 통해 트랜스섹슈얼 역시 득을 보았다는 것에 대해서는 수긍한다. 트랜스젠더가 트랜스섹슈얼보다 선호된 이유는 물론 트랜스섹슈얼보다 많은 인구를 포괄하기에 사람을 동원해서 민권운동의 차원으로 확장시키기가 수월했기 때문이다. 매켄지Gordene Olga MacKenzie의 말을 빌자면 트랜스젠더(리스트)는 "힘을 앗아가기보다는 불어넣는 용어"였던 것이다.[22] 매켄지는 이제 트랜스젠더 이슈가 개인적인 장애에서 사회적인 장애로 이동하게 됐다고 말한다. 문제는 트랜스젠더 당사자가 아니라 트랜스젠더를 다루는 사회의 태도에 있다는 것으로서, 트랜스젠더 연구가 이제 그 비판의 눈길을 사회로 돌린다는 점을 강조한다. 액티비즘에 가담한 일부 트랜스를 제외하고 "트랜스섹슈얼 70년대"가 전반적으로 여전히 개인적인 장애의 시대였다면 "트랜스젠더 90년대"는 사회적인 장애로 초점을 돌린 시기다. 그리고 이 사이를 연결하는 "포스트트랜스섹슈얼"이라는 표현이 있다.

트랜스 여성 스톤Sandy Stone은 1970년대부터 여성주의자들 사이에서 꽤 알려진 인물이다. 당시 스톤은 여성주의자들로 이루어진 올리비아 음반사에서 음향기사로 영입되어 일하다 성전환 여성이 여성 공간에서 활동하는 것을 못마땅하게 여긴 일부 급진 여성주의자들의 공세로 음반사의 사정이 어렵게 되자 결국 음반사의 문을 나올 수밖에 없었던 일화로 유명하다. 이 사건에는 레이먼드가 개입되어 있었다. 스톤이 1980년대 말부터 선보이기 시작해 1990년대 초에 완성한 에

세이 〈제국의 역습: 포스트트랜스섹슈얼 선언문The Empire Strikes Back: A Post-transsexual Manifesto〉은 시스젠더cisgender[23]가 아니라 트랜스젠더가 집필한 트랜스젠더 이론의 효시 격으로 통한다. 영화 스타워즈 시리즈에서 따온 제목은 레이먼드의 《성전환 제국》에 대한 반박임을 쉽게 알 수 있고, 부제는 그의 은사이기도 한 해러웨이Donna Haraway의 "포스트젠더post-gender"라는 표현과 이 표현이 등장하는 에세이 〈사이보그 선언문A Cyborg Manifesto〉의 제목에서 영감을 받은 것으로 보인다. 스톤은 이 선언문에서 트랜스섹슈얼을 제3의 성으로 범주화하는 것이 아니라 "구조화된 섹슈얼리티를 생산적으로 파열시키는 잠재력을 지닌 일련의 텍스트인 장르genre"로 제안한다. 이 장르의 성장을 위해서는 자신의 과거를 매장하고 "그럴듯한 역사plausible histories"로 사라짐으로써 시스젠더로 패싱하는 트랜스섹슈얼들이 스스로를 가시화시켜야 한다고 주장한다.[24] 해러웨이가 명시하지는 않았지만 트랜스젠더만큼 유기체와 기계의 결합이라는 사이보그를 체현해내는 존재도 없다고 생각하는 트랜스젠더들도 많을 것이다. 해러웨이는 〈사이보그 선언문〉에서 남신만이 아니라 여신도 죽었다고 선언했는데, 트랜스젠더를 사이보그로 접근하는 사람이 있는가 하면 한편에서는 《자웅동체신Hermaphrodeities》과 같은 책에 열광하는 트랜스 독자도 있다. 남신과 여신이 죽은 시대에조차 자웅동체신만큼은 건재해 보인다.

인류학자 볼린에 의하면 트랜스젠더 공동체에서 그가 만난 사람들은 인류학자인 자신과 학술적인 대화를 교환하는 데 막힘이 없을 정도로 비서구의 젠더 다양성에 대해 거의 전문가 수준의 지식을 자랑한다. 즉, 젠더 다양성에 대한 인류학 연구가 학계 외부에서도 열렬한 시장을 가지고 있는데 이 높은 관심도는 단지 학구적인 열정에서 비롯되지만은 않는 것이다. 서구인들인 이들에게 비서구의 젠더 다양성이 중요한 까닭은 비서구 문화에서 젠더 다양성이 용인되는 수준을 넘어 그 사회의 영적인 삶을 인도하는 안내 역할을 하면서 신성시되었다는 사실에 있다. 이는 때로 참혹한 결과를 초래할 정도로 트랜스젠더에 대한 차별과 폭력이 만연한 현대 서구 사회의 트랜스젠더들이 처한 현실과는 극명하게 대조가 되기에 그렇다.

루다실Deborah Rudacille은 젠더 다양성의 역사에 대해 이렇게 말한다. "물론 이런 철학적이고 신학적인 말들은 우리 문화에서 여전히 가장 취약한 소수자 집단이자 가장 악랄한 차별을 받는 대상이라서 민권 투쟁에 몰두해 있는 젠더 다양한 사람들에게 별로 흥미가 없거나 가치가 없다."[25] 그러나 루다실의 말이 전적으로 옳다고 보기는 어렵다. 주앙Richard M. Juang이 말하듯, 비서구 사회의 젠더 다양성을 소환하는 것은 서구 트랜스를 정당화하기 위한 주요 전략으로 활용되기 때문이다. 파풀리아스Constantina Papoulias는 비서구의 젠더 다양한 주체들이 서구 트랜스젠더의 정치적 안건을 위해 "탈맥락화된 부적"으로 사용된다고 말한다.[26] 그런 면에서 일상화된 폭력 속에서 살아가는 서구 트랜스들에게 폭력으로 인한 인명 상실에 대한 슬픔을 정치화시키는 것 말고 이들에게 힘을 부여하는 다른 원동력 중 하나는 아마도 비서구 사회의 젠더 다양성에 대한 동일시가 아닐까 한다. 특정한 제의를 수행하는 영성 공동체가 있을 정도로 현대 서구 트랜스젠더 공동체의 일부분에서 매우 중요한 역할을 담당한다. 크롬웰Jason Cromwell 이 말하듯, "거의 모든 트랜스들이 정체성을 추구하면서 과거에 눈을 돌린다. 일부는 다른 문화에까지 눈을 돌린다."[27]

민터Shannon Minter와 캘리피아Patrick Califia는 서구의 게이 역사학자들이 현재의 관점에서 보자면 트랜스젠더에 가까운 과거의 주체들을 게이 범주로 소환하는 인식론적 폭력을 지적한다. 캘리피아는 게이 학자들이 인류사를 통틀어 동성애의 증거를 확보할 요량으로 그물을 넓게 던지는 경향이 있다고 말한다. 이제 트랜스젠더 역시 게이의 전철을 밟는 건 아닌가 싶다. '호모섹슈얼' 혹은 '게이'가 서구 사회의 특수한 경험을 기술하는 용어라는 점을 깨달은 인류학자들은 이제 비서구 사회의 여러 성애들을 기술할 때 이 표현의 사용에 주의를 한다. 물론 이런 세심함은 자연적으로 습득한 것이 아니라 시행착오를 거쳐 얻은 교훈이다. 그러나 트랜스젠더가 부상하고 나서 이 범주를 비서구 사회에 적용함에 있어 게이의 사용만큼 신중을 기하지는 않는다는 점이다.

스트라이커는 세계화가 가속화되고 여러 문화들이 대면할 수 있는 기회가 늘어나면서 서구의 앎/권력이 농축된 젠더와 섹슈얼리티 범주들이 비서구의 이질적인 그것들을 서구의 렌즈로 포착하고 서구의 이름으로 소환하는 경향에 내재된 위험에 대해 경고한다. 트랜스젠더나 게이 레즈비언은 서구 지배사회에 의해 식민화되고 있는 비규범적인 범주들이지만 이들이 비서구 문화의 주변적인 젠더와 섹슈얼리티 범주들을 접하게 될 때 얼마든지 토착민들의 인식과 경험을 수탈하는 식민 주체로 탈바꿈할 수 있다는 점이다.

스트라이커는 젠더 다양성에 대한 전지구적 호구 조사 식 접근법을 지양한다. 그는 트랜스젠더 학에서 "80가지 젠더로 세계일주"에 대한 유혹에 저항하는 것이 중요하다고 말한다.[28] 이처럼 주마간산 격으로 훑고 지나가는 것은 이들의 경험을 왜곡할 위험이 다분하다. 폴리네시아의 마후mahu, 인도의 히즈라hijra, 오만의 카니쓰xanith, 인도네시아의 와리아waria, 태국의 카터이kathoey 등 하나의 비서구 문화에 젠더 다양성을 대표하는 하나의 범주를 설정함으로써 마치 이 범주가 이들 사회에서 경험되는 유일한 젠더 다양성 범주인 것처럼 오해될 소지가 다분하다는 것이다. 서구의 트랜스젠더 공동체에서 나날이 증식해가는 새로운 범주들이 속속 출현하는 것과는 너무도 대조를 이룬다. 이렇게 되면서, 비서구 사회의 젠더 다양성은 오히려 1~2개의 대표적 젠더 범주들 안에 고착화될 위험이 잠재한다. 이러한 1~2개의 범주가 해당 비서구 사회의 젠더 다양성을 남김없이 재현하는 것 같은 착각을 일으킬 소지가 있다.

영미권에서 태동한 트랜스젠더 개념을 무분별하게 글로벌화해 적용하는 것도 경계해야 하겠지만 한편으로는 이미 영미권 사회 밖에서 트랜스젠더라는 표현이 유통되고 있는 경우 그것의 의미와 사용처를 영미권의 논의로 환원시키지 않도록 유의해야 한다. 예컨대《젠더의 채널을 돌려라》의 저자들은 한국 사회의 트랜스젠더가 영미권의 transgender와 동일한 것이 아님을 주지시킨다. 트랜스젠더는 영어 표현을 차용한 외래어이긴 하지만 양자의 사용법과 의미 적용 범위 등은 한국 사회와 영미권에서 동일할 수가 없다. 나마스테를 위시한 일부 트랜스섹슈얼 이론가 및 활동가는 트랜스젠더를 트랜스섹슈얼과 대비시키지만 한국 사회에서 트랜스젠더는 오히려 영미권 구분을 기준으로 한다면 트랜스젠더보다 트랜스섹슈얼에 가까울 수도 있다. 쿨릭은 〈트랜스젠더와 언어〉에서 트랜스젠더를 연구하는 것은 트랜스내셔널리즘과 언어의 특성을 동시에 공부하는 것이라고 말한다. 그는 트랜스젠더와 언어와의 관계는 고착화된 의미를 능가하면서 월경하는 유동성이라고 정의한다. 따라서 트랜스젠더와 언어와의 상관관계를 탐구하는 것은 전지구적인 과정을 탐색하는 것이나 마찬가지다.

불과 몇 해 전까지만 해도, 즉 1990년대 초 트랜스젠더 정치학이 태동하고 십 수 년 동안 트랜스 공동체 및 학계에서 트랜스젠더 범주는 트랜스베스타잇과 트랜스섹슈얼의 중간 범주였던 '트랜스젠더리스트'에서 발전한 것으로 여겨져 왔다. 특히 오랫동안 트랜스 공동체의 대모로 통한 프린스 Verginia Prince[29]가 트랜스젠더리스트라는 용어를 만들고 그 범주를 대표하는 인물로 간주되어왔다. 1990년대 트랜스젠더가 사회 정치 운동의 성격을 띠고 트랜스베스타잇과 트랜스섹슈얼 및 동성애자에 포함되기도 하고 포함되지 않기도 하는 기타 젠더/성적 소수자들까지 아우르는 범주로 격상하자, 프린스는 트랜스섹슈얼과는 달리 수술을 받지 않되 트랜스베스타잇과는 달리 주기적/한시적/간헐적이 아니라 24시간 지속적으로 원하는 젠더로 사는 사람을 지칭하던 이 범주의 의미가 변질되었다고 불만을 토로하기도 했다.

그러나 최근의 문헌 조사에 따르면 적어도 1960년대부터 트랜스젠더라는 표현이 간간이 사용되어 왔는데 그 의미가 프린스가 주장하는 특정 의미, 즉 트랜스베스타잇과 트랜스섹슈얼 사이의 중간 체현을 기술하는 의미에만 국한된 게 아니라, 때로는 트랜스섹슈얼의 동의어, 대용어로 사용되기도 하고 때로는 트랜스베스타잇과 트랜스섹슈얼을 묶어 지칭하는 표현으로도 사용된 흔적이 보인다. 다시 말해, 트랜스젠더는 특정 체현만을 기술하던 범주가 1990년대 완전히 새로운 의미를 부여받아 탈바꿈한 것이 아니라 이미 기존에 사용되던 다양한 의미 중 하나가 시대정신과 맞물려 가파른 상승세를 탔다고 하는 편이 옳을지 모른다.[30] 즉, 트랜스젠더는 시작부터 의미가 고정되지 않은 용어였다. 어느 한 개인이나 집단이 정의를 독점할 수 없는 용어였다. 앞으로도 이 용어를 둘러싼 논의, 논쟁은 끊이지 않을 것이다. 스트라이커의 말대로 트랜스젠더라는 용어를 사용하는 것만으로도 의도하건 의도하지 않건 논란에 휘말릴 수 있는 것이다. 1세대 트랜스 이론가들의 글을 집대성한 《트랜스젠더학 독본 The Transgender Studies Reader》의 공동 편집인인 스트라이커는 고민 끝에 트랜스젠더라는 용어를 책 제목으로 채택한 것에 대해

"결국 우리는 쉬운 출구를 택했다"라고 말하지만 제목을 결정하는 과정이 말만큼 쉽지만은 않았을 테다.[31]

참고문헌 및 더 읽을거리

본스타인, 케이트, 《젠더 무법자: 남자, 여자, 그리고 우리에 관하여》, 조은혜 옮김, 바다출판사, 2015.

퀴어이론문화연구모임 위그, 《젠더의 채널을 돌려라》, 사람생각, 2008.

Benjamin, Harry, *The Transsexual Phenomenon*
http://www.sexarchive.info/ece6/html/benjamin/ (2015년 8월 20일 열람).

Bolin, Anne, "Transcending And Transgendering: Male-To-Female Transsexuals, Dichotomy, And Diversity", *in Current Concepts in Transgender Identity*, Denny, Dallas ed., (Garland Publishing Inc., pp. 63~96, 1998).

Bornstein, Kate, *Gender Outlaw: On Men, Women, and The Rest of Us*, (Routledge, 1994).

Butler, Judith, *Precarious Life: The Power Of Mourning And Violence*, (Verso, 2004).

Califia, Patrick, *Sex Changes: Transgender Politics*, (Cleis Press, 2003).

Chiland, Colette, *Transsexualism: Illusion And Reality*, (Wesleyan University Press, 2003).

Daly, Mary, *Gyn/Ecology The Metaethics Of Radical Feminism*, (Beacon Press, 1978).

Dean, Tim, *Beyond Sexuality*, (University Of Chicago Press, 2000).

Green, Jamison, *Becoming A Visible Man*, (Vanderbilt University Press, 2004).

Greer, Germaine, *Whole Woman*, (Anchor Books, 2000).

Halberstam, Judith, "F2M: The Making Of Female Masculinity", *in The Lesbian Postmodern*, Laura Doan ed., (Columbia University Press, 1994), pp. 210~228.

_____, *In a Queer Time and Place: Transgender Bodies, Subcultural Lives*, (New York Univerisity Press, 2005).

Haraway, Donna, "A Cyborg Manifesto: Science, Technology, and Socialist-Feminism in the Late Twentieth Century," *Simians, Cyborgs And Women: The Reinvention Of Nature*, (Routledge, 1991), pp. 149~181.

Hausman, Bernice, *Changing Sex: Transsexualism, Technology, and the Idea of Gender*, (Duke University Press, 1995).

Heyes, Cressida, *Self-Transformations: Foucault, Ethics, and Normalized Bodies*, (Oxford University Press, 2007).

Hill, Darryl B., "Genderism, Transphobia and Genderbashing: A Framework for Interpreting Anti-Transgenderviolence", *Understanding And Dealing With Violence: A Multicultural Approach*, in Wallace, Barbara. C. & Carter, Robert. T. eds. (Thousand Oaks, Sage, 2002), pp. 113~136.

Hird, Myra, "For A Sociology Of Transsexualism", *Sociology*, Volume 36(3), (Bsa Publications, 2002), pp. 577~595.

Jagger, Gill, *Judith Butler Sexual Politics, Social Change and the Power of the*

Performative, (Routledge, 2008).

Jeffreys, Sheila, "Transgender Activism: A Lesbian Feminist Perspective", *Journal of Lesbian Studies*, Volume 1, Issue 3~4, pp. 55~74, 1997.

_____, *Unpacking Queer Politics: A Lesbian Feminist Perspective*, (Polity Press in Association with Blackwell Pub., 2003).

Juang, Richard M., "Transgendering the Politics of Recognition", *Transgender Rights*, in Currah, Paisley et al. eds., (University of Minnesota Press, 2006), pp. 242~261.

Kaldera, Raven, *Hermaphrodeities: The Transgender Sprituality Workbook*, (Xlibris Corporation, 2002).

King, David, "Gender Blending: Medical Perspectives And Technology", *Blending Genders: Social Aspects of Cross-Dressing and Sex-Changing*, in Ekins, Richard and King, David eds., (Routledge, 1996), pp. 79~98,

Kulick, Don, "Transgender And Language: A Review of The Literature and Suggestions for the Future", *Glq* 5(4): pp. 605~622, 2002.

MacKenzie, Gordene Olga, *Transgender Nation*, (Bowling Green State University Popular Press, 1994).

Meyerowitz, Joanne, *How Sex Changed: A History Of Transsexuality in the United States*, (Harvard University Press, 2004).

Minter, Shannon Price, "Do Transsexuals Dream of Gay Rights?", *Transgender Rights*, in Currah, Paisley eds., (University of Minnesota Press, 2006), pp. 141~170.

Moran Leslie, "Violence, Identity and Policing: The Case of Violence against Transgender People", *Criminal Justice*, November 4, pp. 395~417, 2004.

More, Kate, "Never Mind the Bollocks: 2. Judith Butler on Transsexuality: An Interview by Kate More", *in Reclaiming Genders: Transsexual Grammars at The Fin De Siecle*, (Cassel, 1999).

Morris, Jan, *Conundrum*, (A Helen and Kurt Wolff Book, 1974).

Namaste, Viviane, *Sex Change Social Change: Reflections on Identity, Institutions and Imperialism*, (Women's Press, 2005).

Papoulias, Constantina, "Transgender", *Theory, Culture & Society* 23, pp. 231~233, 2006.

Prosser, Jay, *Second Skins: The Body Narratives of Transsexuality*, (Columbia University Press, 1998).

Raymond, Janice, *The Transsexual Empire: The Making of the She-Male*, (Beacon Press, 1979).

Rubin, Henry, *Self-Made Men: Identity And Embodiment Among Transsexual Men*, (Vanderbilt University Press, 2003).

Rudacille, Deborah, *Riddle of Gender, The Riddle Of Gender Science, Activism, and Transgender Rights*, (Pantheon Books, 2005).

Salamon, Gayle, *Assuming a Body: Transgender and Rhetorics of Materiality*, (Columbia University Press, 2010).

Sharpe, Andrew, *Transgender Jurisprudence: Dysphoric Body of Law*, (Cavendish Publishing Limited, 2002).

Stone, Sandy, "The Empire Strikes Back: A Posttranssexual Manifesto", *The Transgender Studies Reader*, in Stryker, Susan & Whittle, Stephen eds., 2006, pp.221~235.

Stryker, Susan, "(De)Subjugated Knowledges: An Introduction to Transgender Studies", *The Transgender Studies Reader*, in Stryker, Susan & Whittle, Stephen eds., 2006, pp. 1~17.

Sweeney, Belinda, "Trans-Ending Women's Rights: The Politics of Trans-Inclusion in the

Age of Gender", *Women's Studies International Forum*, Volume 27, pp. 75~88, 2004.

Valentine, David, "The Calculus Of Pain: Violence, Anthropological Ethics, and the Category Transgender", *Ethnos*, Vol. 68:1, pp. 27~48, 2003.

Williams, Cristan, "Transgender", *Tsq: Transgender Studies Quarterly*, Volume 1, Numbers 1~2. pp. 232~234, 2014.

주

1 http://www.sexarchive.info/ECE6/html/benjamin/chap_02.htm (2015년 8월 20일 열람)

2 Meyerowitz, Joanne, *How Sex Changed: A History Of Transsexuality in the United States*, (Harvard University Press, 2004), p. 169.

3 King, David, "Gender Blending: Medical Perspectives And Technology", *Blending Genders: Social Aspects of Cross-Dressing and Sex-Changing*, in Ekins, Richard and King, David eds., (Routledge, 1996), pp. 93.

4 Meyerowitz, 2004, pp. 98~129.

5 Stone, Sandy, "The Empire Strikes Back: A Posttranssexual Manifesto", *The Transgender Studies Reader*, in Stryker, Susan & Whittle, Stephen eds., 2006, pp. 228.

6 Halberstam 1994, p. 226.

7 Jagger, Gill, *Judith Butler Sexual Politics, Social Change and the Power of the Performative*, (Routledge, 2008).

8 Sweeney, Belinda, "Trans-Ending Women's Rights: The Politics of Trans-Inclusion in the Age of Gender", *Women's Studies International Forum*, Volume 27, pp. 75~88, 2004.

9 Hausman, Bernice, *Changing Sex: Transsexualism, Technology, and the Idea of Gender*, (Duke University Press, 1995). p. 193.

10 최근에 트랜스 여성과 가진 인터뷰에서 버틀러는 자신의 저작이 어떤 이들에 의해 트랜스혐오 여성주의자들의 저작과 한데 엮이기도 한다는 점에 대해 이들과 뜻을 같이 한 적이 없음을 재차 강조했다. 아마 이 오해는 버틀러나 트랜스혐오 여성주의자들이나 양측 모두 사회 구성주의라는 표현으로 젠더에 접근한다는 점에서 비롯된다고 보이는데, 버틀러는 제프리스가 트랜스젠더를 단속할 의도로 사회 구성주의를 교묘히 악용하고 있음을 분명히 한다. http://theterfs.com/2014/05/01/judith-butler-addresses-terfs-and-the-work-of-sheila-jeffreys-and-janice-raymond/ (2015년 8월 20일 열람).

11 More, Kate, "Never Mind the Bollocks: 2. Judith Butler on Transsexuality: An Interview by Kate More", *in Reclaiming Genders: Transsexual Grammars at The Fin De Siecle*, (Cassel, 1999), p. 294.

12 Butler, Judith, *Precarious Life: The Power Of Mourning And Violence*, (Verso, 2004), p. 26.

13 2014년, 트랜스젠더 전문 학술 저널 *TSQ: Transgender Studies Quarterly*가 창간되었는데 이를 계기로 트랜스젠더학의 학계 내 위상에도 큰 변화가 올 것으로 보인다.

14 Salamon, Gayle, *Assuming a Body: Transgender and Rhetorics of Materiality*, (Columbia University Press, 2010), p. 17.

15 Greer, Germaine, *Whole Woman*, (Anchor Books, 2000), p.70.

16 Valentine, David, "The Calculus Of Pain: Violence, Anthropological Ethics, and the Category Transgender", *Ethnos*, Vol. 68:1, pp. 27~48, 2003.

17 Wilchins, Califia, p. 232에서 재인용.

18 Halberstam, 2005.

19 Ross in Namaste, p. 93.

20 _____, p. 93.

21 Dean, Tim, *Beyond Sexuality*, (University Of Chicago Press, 2000), p. 62.

22 MacKenzie, Gordene Olga, *Transgender Nation*, (Bowling Green State University Popular Press, 1994), p. 2.

23 호모섹슈얼이란 표현이 있고 난 다음에 헤테로섹슈얼이란 표현이 만들어진 것처럼 시스젠더도 먼저 트랜스젠더가 널리 보급되면서 생겨난 용어로서, 트랜스젠더가 아닌 사람을 뜻한다.

24 Stone, Sandy, 2006, p. 231.

25 Rudacille, Deborah, *Riddle of Gender, The Riddle Of Gender Science, Activism, and Transgender Rights*, (Pantheon Books, 2005), p. 288.

26 Papoulias, Constantina, "Transgender", *Theory, Culture & Society* 23, pp. 231~233, 2006, p. 232.

27 Cromwell, p. 92.

28 Stryker, Susan, "(De)Subjugated Knowledges: An Introduction to Transgender Studies", *The Transgender Studies Reader*, in Stryker, Susan & Whittle, Stephen eds., 2006, pp. 1~17, p. 14.

29 프린스는 스톨러가 교통사고로 사망할 때까지 30년 가까이 상담을 했는데 스톨러의 책 《섹스와 젠더》의 제목도 섹스와 젠더를 엄정히 구분해야 된다는 프린스의 주장에 상당한 영향을 받은 것으로 알려진다.

30 Williams, Cristan, "Transgender", *Tsq: Transgender Studies Quarterly*, Volume 1, Numbers 1~2, pp. 232~234, 2014.

31 Stryker, Susan, 2006, p. 2.

페미니스트 지리학

기본적 정의

몸, 정체성, 장소, 권력 사이의 복잡한 관련성을 지도화함으로써 어떻게 다양한 억압들이 물질적이고 상징적인 공간 속에서 구현되고 또 이러한 공간을 통해 (재)생산되는가를 보여주고자 하는 지리학의 한 분야이다.

개념의 기원과 발전

지리학은 공간에 관한 학문이다. 제2물결 페미니즘에 영향을 받으면서 1970년대에 등장한 페미니스트 지리학은 젠더를 공간과, 공간을 젠더와 연관지어 학문적 탐색을 시작했다. 페미니즘이 초기에 남성과 여성의 차이를 다루는 젠더 문제에 주목을 하다가 이후 계급, 인종, 섹슈얼리티 등 다양한 차이의 축들이 교차하는 여성들 내부의 차이로 문제의식이 변화해온 것처럼, 페미니스트 지리학의 주요 관심 주제 또한 변화해왔다. 구체적으로 보자면, 페미니스트 지리학은 초기에 남성과 여성의 물질적 불평등에 주로 관심을 기울였다가 이후 젠더를 정의하는 언어, 상징, 재현, 의미의 중요성에 대한 관심으로, 그리고 주체성, 정체성, 성화된 몸sexed body의 공간적 구축을 보다 강조하는 방향으로 흐름이 이어져왔다. 그러나 페미니스트 지리학이 지속적으로 핵심에 두는 기본적인 문제의식은 다음과 같이 위계적인 젠더 관계가 어떻게 공간 구조에 의해 영향을 받고 또 공간 구조 속에서 반영되는가를 규명하는 것이다.

"공간 관계와 공간 형태, 장소 내, 장소 간 차이들, 건조 환경built environment의 성격과 형태, 이 건조 환경과 자연 세계의 이미지와 재현, 그것에 대해 쓰는 방식은 그 속에 위치한 우리 몸이라는 장소와 더불어 모두 젠더화된 사회적 관계와 장소의 구조 및 의미가 사회적으로 구축된 한 부분이다. 사회적 관계가 발생하는 공간은 이러한 실천의 성격에 영향을 미치며, 누가 장소 안에 있고 누가 바깥에 있는가, 심지어 누가 그곳에 있도록 허용되는가에 영향을 미친다. 그러나 공간 그 자체는 다시 남성과 여성이 서로 다르며 동등하지 않다고 규정하는 사회적 실천들을 통해 구축되고 의미를 부여받는다."[1]

가장 최근의 페미니스트 지리학은, 전 지구적 자본주의 가부장제 생산 양식과 이것이 젠더화되는 과정에서 발생하는 여성 억압 및 착취의 관계를 다루면서, 식민화되고 희생되고 착취되는 (제3세계) 여성의 몸과 노동을 문제화하는 데 관심을 두는 최근의 페미니즘 경향과 궤를 같이 한다. 최근의 페미니즘에서는 위 인용글 속의 '여성'을 보편성으로 표현되는 대문자 여성Woman이 아닌 다중적 주체로서 구체성을 지닌 소문자 여성woman으로, 또는 훅스bell hooks가 이야기한 젠더, 인종, 민족, 계급, 섹슈얼리티 등 다양한 차이의 축들이 교차하면서 만들어내는 '복수의 하이픈으로 구성된 정체성multiple hyphenated identities'을 가진 여성[2]으로 볼 것을 요구한다. 페미니스트 지리학은 여기에 공간 문제를 결합시킨다.

이렇듯 페미니즘과 지리학의 만남은 지리학 내에 페미니즘 흐름과 문제의식을 가져왔다. 여성의 비가시화, 배제와 억압이 어떻게 지리학 내에서 그리고 공간 속에서, 공간을 통해서, 공간에 의해서 구성되고 강화되며 또 재구축되고 변형되는가를 연구하게 되었다. 또 한편으로 페미니스트 지리학은 공간, 장소, 스케일에 대한 문제의식을 가진 학문으로서 최근 페미니즘에 지리학적 상상력, 공간적 상상력을 풍부하게 한다. 최근, 지리학과 페미니즘이 접합되고 공유하는 부분이 점점 더 넓어지고 있다. 보편주의적 전 지구적 페미니즘global feminism을 비판하면서 여성에게 가해지는 다양한 억압과 이에 따른 여성들 간의 차이에 주목하며 복수의 페미니즘plural feminisms을 주장하는 제3물결 페미니즘, 특히 여성들의 구체적 특수성에 기반한 '위치의 페미니즘locational feminism'은 시간성을 넘어 '공간성spatiality' 개념에 주목하기 시작했다.[3] (거칠게 말하자면) 지리학(공간)의 페미니즘화와 더불어 페미니즘의 공간화가 활발해진 이때 지리학과 페미니즘이 좀 더 깊고 좀 더 넓게 만나고 좀 더 활발히 대화할 필요성이 커지고 있다.

이러한 견지에서 페미니즘의 영향을 받아 페미니스트 지리학이 어떻게 지리학과 공간의 젠더화(혹은 페미니즘화)를 추구해왔는지를 살펴볼 것이다. 다음으로 최근 페미니즘의 공간적 전환에 '차이가 만드는 공간과 공간이 만드는 차이'에 줄곧 주목해온 지리학이 어떤 공간적 상상력을 더해줄 수 있을지를 살펴보려고 한다.

페미니즘과 함께 하는 지리학

페미니스트 지리학은 크게 지리학의 남성중심성 비판과 공간의 젠더화에 대한 이론적·경험적 연구 흐름을 만들고 있다. 우선 지리학의 남성중심성 비판은 지리학에서 여성지리학자의 부족, 그리고 남성의 시각과 경험을 보편화한 지리학 지식, 따라서 지리 지식의 생산자이자 대상으로서의 여성 배제를 다룸으로써 지리학계와 지리학 지식의 남성중심성을 문제 제기하고 한편으로는 여성을 복원하고 가시화하고자 했다. 학문 대상으로서 공간과 젠더의 관계에 대한 관심은 어떻게 공간이 젠더화되는지 그리고 어떻게 젠더 관계가 공간을 통해 구축되고 강화되어 왔는지를 중심으로 지리학의 여러 분야에서 다양한 연구로 진행되었다. 몸이라는 미시적인 스케일의 공간에서부터 가정, 커뮤니티, 근린지구, 도시, 지역, 국가, 그리고 전 지구적인 거시 스케일의 공간까지 어떻게 다양한 스케일의 공간들이 젠더화되고 또 젠더 관계가 이러한 공간(들)을 통해 구성되고 강화되며 변환되는지를 다룬다. 즉, 페미니스트 지리학은 지리학에서의 여성 복원 및 가시화, 그리고 젠더 문제를 공간과 관련해 이론적으로 경험적으로 연구해왔는데, 그 구체적 내용은 다음과 같다.

– 지리학에서 여성의 복원

지리학에 페미니즘이 도입되던 초창기에 페미니스트 지리학의 첫 번째 흐름은 여성을 가시화하는 것이었다. 이는 여성 및 여성지리학자를 가시화하는 것이었으며 지리학 연구에서 여성의 배제를 드러내려는 것이었다. 그 일환으로, 핸슨과 몽크는 '인문지리학에서 세상의 절반을 배제하지 않을 것'을 요구하면서 '지리학 연구에서 일부 성차별적 편향을 규정하고 지리학에서 그 편향들이 갖는 의미를 고려해'보고자 했으며 또한 '인문지리학 내 모든 흐름에 페미니스트 관점을 장려'하고자 했다.[4] 여성에 대한 관심은 이후 지리학이 가정 내 권력관계, 여성의 통근, 보육 시설, 도시 폭력에 대한 여성의 공포, 의료 서비스 등 자원에 대한 여성 접근성, 여성의 우정 네트워크, 여성의 사회 이동성, 비공식적 노동 등 지리학의 관심 영역을 넓히는 데 일조했다.

페미니스트 지리학자는 지리학 지식의 남성중심주의를 비판한다. 인문 지리학human geography의 'human'이 실상 인간이 아닌 남성man을 뜻하며 남성의 경험을 일반화하고 보편화하면서 '여성'을 무시하고 고려하지 않았다고 주장했다.[5] 지리학의 주제나 지리적 지식, 언어, 개념 등은 남성의 시각, 남성의 영역, 남성의 경험에 국한되고 또 그것이 보편적, 합리적, 객관적, (젠더)중립적인 지식인 것으로 제시되어왔다. 한 예로, 과학적 학문으로서의 지리학이 확립된 시기였던 빅토리아 시대에 탐험을 통해 지리 지식이 구축되는 과정이 (백인) 남성중심적이며 여성과 원주민을 배제하면서, 백인 남성 탐험가들의 지식이 여러 지식 중의 하나가 아닌 유일한 지식으로 형성되었다는 점을 비판한다. 특히, 지리학의 탐험 역사에서 여성 여행가들이 지워진 것에 대해 지적한다. 가령, 킹슬리Mary Kingsley는 자신을 영국과학협회의 일원이라고 여기며 서부 아프리카로 가서 문화유적 및 야생 생물표본을 체계적으로 수집하는 답사 활동을 수행했으며 카메룬 산 정상에 혼자 도달해 자신의 이름을 남기는 등 지리학적 업적을 보였음에도, 왕립지리협회 회원임을 말해주는 FRGSFellow of the Royal Geographical Society라는 이니셜은 그녀 이름 옆에 붙지 않았다. 반면 킹슬리보다 못한 연구를 수행한 남성은 왕립지리학회의 메달을 수여받았다. 이는 '근대' 지리학의 창시자들 대부분과 그들의 업적을 역사에 남긴 사람들은 지리학에서 여성을 받아들일 수 없었으며, 지리학에 대해 자신들과 다른 시각을 받아들일 수도 없었음을 보여준다.

– 젠더와 공간

이렇듯 지리학계의 남성중심성과 지리 지식 생성의 백인남성 편향성에 대한 비판을 통해 여성을 복원하려는 시도는 이후 젠더와 공간에 대한 보다 폭넓은 관심으로 확장되었다. 자본주의 가부장제의 공간성에 관심을 가진 페미니스트 지리학들은 이렇게 젠더화한 노동 분업이 복잡하고 역사적으로 다이내믹한 공간성을 창출하고 또 이 공간성에 의해 다시 젠더화된 노동 분업이 재창출되는 과정에 관심을 기울였다.

우선 페미니스트 지리학자들은 공적/사적 공간의 분리가 젠더 불평등을 조장하는 핵심적인 공간적 과정이었음을 이론적 연구와 경험적 연구를 통해 생생히 보여주었다. 도시 공간은 젠더화된 공간이다. 자본주의 발달과 더불어 가정과 임금 노동의 장소가 분리되고 여성은 사적 공간(영역)으로 남성은 공적 공간(영역)으로 구분되었다. 집, 건조 환경, 도시의 구획, 교통 네트워크 및 시간표 등은 이러한 젠더 분할을 반영한다.[6] 도시의 형태는 남성의 권력, 권위, 이들 공간이 남성을 위한 것임을 상징하며, 이 공간 속에서 여성의 몸은 그 자리에 어울리지 않는 것이었다. 젠더 이데올로기는 여성은 '가정의 천사'로 남편과 자녀를 보살피고 집을 잘 가꾸는 것이 여성의 타고난 본성이므로 여성의 자리는 가정이라고 조장했다.

이후 도시에서 거주지가 교외화되면서 다시 도심이 일을 위한 남성의 장소, 교외 지역이 가정이라는 여성의 장소로 분리되었다. 이는 여성의 삶을 더더욱 가정으로 묶어놓고 고립시키는 결과를 가져왔으나, 주류 도시 지리학은 교통 발달과 도시 환경의 악화로 백인 중산층이 '더 나은 삶을 찾아' 교외로 거주지를 옮겼다는 점을 강조할 뿐이었다. 과연 이러한 남성중심의 도시 경험이 여성의 도시 경험과 동일한 것이었을까? 그래서 아내인 여성이나 다른 계급, 인종의 여성들의 경험과 시각은 주류 지리학의 논의에서 달리 고려될 필요가 없었던 것이었을까? 도시 지리학은 교외로 거주지를 옮기게 된 것이 해당 (중산층 백인)여성에게도 그리고 그 집에서 가사일과 육아 등 가내 임금노동을 하던 (도심에 거주하는) 흑인여성에게도 더 나은 삶으로 이어졌는지에 대해서 무관심했다. 그당시 일하러 나가는 남성에게만 자동차가 주어진 상황에서교외 지역 가정에서의 백인 여성의 삶은 공간적으로 매우 제한되었다. 남성들이 자동차라는 개인 교통수단에 일차적인접근성을 가진 반면 여성들은 주로 버스 등 대중교통을 이용하거나 걸어 다녀야 했다. 특히 흑인 여성들은 대부분 가난한 까닭에 장거리 이동시 대중교통을 이용해야 했다. 도심을 떠날 수 없는 흑인 여성은 졸지에 일터를 잃게 되거나 혹은 (백인 남성들과는 반대 방향으로) 교외 지역까지 먼 거리로 통근해야 했다. 남성에 의한 자동차 통근을 중심으로 도심과교외 지역의 교통망이 형성되었던 초기에 흑인 여성들의 이동은 백인 여성들과는 또 다른 이유로 고되고 힘든 경험이었다. 여성에게 일자리는 도보 거리나 대중교통이 닿는 지역 주변으로 공간적으로 제약되었다. 게다가 어린 자녀를 가진 여성의 경우 육아라는 부담 때문에 자녀가 학교나 보육 시설에 있는 동안에만 일할 수 있어 시간이 맞는 곳에서만 일할 수 있었고, 이러한 시간적 제약 때문에 일자리 기회는 더더욱 제약되었다. 그러나 기존의 도시 지리학은 이러한 백인 여성이나 흑인 여성들의 도시 경험과 처지에 대해 거의 말하지

페미니스트 지리학

않고 백인 중산층 남성의 경험을 중심으로 도시 구조 변화를 다룰 뿐이었다.

이후 여성의 노동 시장 참여가 늘면서 페미니스트 지리학자들은 노동 공간이 어떻게 다시 젠더화된 장소로 구성되는지를 탐구했다. 19세기에 수백만의 여성들이 일하기 위해 집 밖으로 나오게 되었지만, 이는 여성이 남성과 똑같은 상황이 되었음을 의미하는 것이 아니라 여성화된 게토를 만들어내는 일자리를 갖게 되었음을 의미하는 것이었다. 여성의 노동은 특정 영역과 특정 직업군으로 집중된 수평적 격리, 남성과 동일한 직업이라도 위계상 하단부에 위치하는 수직적 격리, 그리고 동일 직종, 동일 노동을 하더라도 적은 임금을 받는 특징을 보였다. 노동은 성-중립적인 것이 아니라 젠더화된 의미와 상징, 실천들로 가득 차 있어, 특정한 일이나 직업이 젠더에 대한 사회적 기대들에 연관되며 남성성과 여성성으로 구분되고 위계화되었다. 여성은 양육, 보살핌, 타인에 대한 봉사에 대한 기대 속에 보모, 간호사, 교사 등의 직업으로, 남성은 트럭운전사, 소방관, 의사 등의 직업으로 젠더화된 집중과 격리 현상이 뚜렷이 나타났다.

이러한 젠더화된 노동 분업은 산업의 공간적 재구조화와 맞물리면서 다시 젠더화된 공간성을 드러내게 되었다. 거주지 교외화에 이어 백오피스Back Office 산업의 교외화가 이루어지면서, 도시 교외지역에서 가사와 육아 부담으로 인해 제한된 이동성을 가진 백인 중산층 여성이 자신의 교육 및 기술 수준에 관계없이 낮은 임금의 '교외 핑크칼라 게토suburban pink-collar ghetto'에서 사무나 비서로 고용되면서, 도심은 남성, 교외는 여성이 일하는 곳으로 또다시 젠더화된 공간 분할 양상이 나타나게 되었다.[7] 이렇듯 공간의 젠더화와 젠더의 공간화는 집 안과 밖, 즉 도시 내 직장과 가정의 분리에서 도심 직장과 교외 가정의 분리, 다시 남성 노동 공간으로서의 도심과 여성 노동 공간으로서의 교외지역의 분리로 이어졌다. 도시 공간과 산업 공간의 변화와 함께 젠더 분할은 그 구체적인 양상은 계속 재구성되지만 불평등한 젠더 관계는 지속되어왔음을 알 수 있다.

최근 전 지구적 자본주의 가부장제 사회에서 공간의 젠더화는 글로벌 스케일로까지 확대되었다. 제3세계 이주 여성이 제1세계 가정을 유지하고 돌보는 가사노동을 수행하게 되면서, 제3세계 국가에게 여성성이, 제1세계 국가에게 남성성이 결합되면서 국가 간 젠더 분할로 이어지고 있다. 즉 가사노동과 돌봄의 지구화는 전 지구적 관계가 남성과 여성 간의 전통적 역할 구분을 반영해, 부유한 나라는 가족 내 전통적인 남성의 역할을 띠고 가난한 나라는 가족 내 전통적인 여성의 역할을 담당하는 방식의, 전 지구적으로 젠더화된 노동 분업이 발생한다.

− 젠더를 넘어서

젠더, 섹슈얼리티와 공간의 관계는 사실 공적/사적 공간이라는 이분법보다 훨씬 복잡하게 얽혀 있다. 공간은 서로 다른 집단에게 서로 다른 의미를 지니며 같은 공간도 시간에 따라 다양한 집단들에 의해 전유된다. 심지어 전 지구적 이동을 경험하는 요즘, 젠더 분할과 사회적 관계는 특정 로컬에 얽매이지 않고 다중 스케일에서 새롭게 형성되고 있다.

이러한 맥락에서 페미니스트 지리학은 지리학의 전통 주제 및 지식의 젠더화를 넘어, 새로운 주제, 새로운 스케일을 지리학에 도입할 것을 제기했다. 즉, 이전의 지리학에서 거의 다루지 않았던 '몸body'과 '가정home'이 중요한 분석 스케일로 다루어지기 시작하고, 젠더와 함께 섹슈얼리티, 정체성, 주체성, 위치성, 상황적 지식과 성찰성 등 페미니즘의 주요 주제와 핵심 방법론이 지리학 내의 새로운 흐름과 문제의식들을 만들었다. 또한 당연하게 여겨온 이분법들(가정/일터, 생산노동/재생산노동, 몸/정신 등)에 의문을 제기하면서, 사실상 위계화된 구분에서 저평가되고 비가시적이었던 것을 재주장하거나 이분법이 나누는 두 범주 간의 경계가 사실은 훨씬 희미하고 흐릿하며 유동적이라는 점을 제기했다.

먼저 '몸'이 지리학에서 활발히 논의되기 시작한 것은 1990년대부터다. 몸이 어떻게 사람의 장소 경험에 중요한 역할을 하게 되는가? 몸은 물질성을 가지면서 동시에 사회적으로 구성된다. 또한 몸은 항상 장소와 함께 생성되는becoming 상태에 있다. 몸과 그 몸에 사회적으로 부호화된 의미들은 오로지 특정한 공간적·시간적·문화적 맥락 속에서만 이해될 수 있다. 롱허스트Longhurst는 몸 자체가 공간이며 이는 장소라는 공간과 분리불가분한 것으로 매일 매일 서로를 만들어가는 관계라고 보았다.[8] 롱허스트는 1980년대까지 지리학적 사고에서 몸이 타자화되어왔다고 지적한다(여기에는 실증주의·인간주의·마르크스주의 지리학뿐만 아니라 초기 페미니스트 지리학도 포함된다고 보았다). 몸은 지리학에서 정신에 대비되는 타자로서 기능했으며, 특히 실증주의 지리학자는 객관적이고 합리적인, 육체로부터 분리된disembodied 관찰자라고 전제되었다. 인구 지리학 등에서 사람을 다루긴 했지만 이때 몸은 그저 지리학의 분석 대상일 뿐 주체로서 다루어지지 않았다. 감정적이고 비합리적인 몸은 억압되었다. 인간주의 지리학은 장소감, 장소애 등 몸이 장소를 구성하는 측면을 다루었다. 몸 또는 체현된 주체embodied subject를 지리학에서 가시화하긴 했으나 여전히 몸의 구체성을 인식하는 데 실패했으며, 특히 성화된 몸의 중요성을 간과했다. 여기서 인간의 몸이란 곧 남성의 몸(백인, 장애가 없는 몸)을 가리키는 것이었으며, 남성 몸의 경험이 모든 경험들을 대표할 수 있다는 남성중심적인 가정에 토대를 두고 있었다. 마르크스주의 지리학은 인간주의 지리학보다 덜 분명하게 몸을 다루고 있으며 합리적인 것으로 구성되는 것(여기서는 경제)에 대한 타자로서 다루었다. 1980년대의 페미니스트 지리학에서도 몸은 비가시적이었으며 합리성과 경제 영역의 타자였다는 점에서 구조주의와 별반 다를 것이 없었다. 여기서 강조된 성(몸)과 젠더 구분은 몸이 남성적·여성적 정체성을 구축하는 데 있어서 핵심 요소라는 점을 놓쳤다.

1990년대 들어서 페미니스트 지리학자들은 몸이 하나의 장소이며 몸의 차이가 사회적 차별과 불이익의 기초가 된다는 점, 몸은 단순히 사적인 공간이 아니라 다양한 스케일의 공간에서 발생하는 공적 담론과 실천을 통해 구성되는 곳, 특정 환경에서 다르게 재현될 수 있는 유동성을 가진 곳으로 명확히 인식하기 시작했다.[9] 대표적인 몸 담론 중에서, 푸코 Michel Foucault는 몸을 사회적 실천에 의해 각인된 표면이라고 본 반면 그로츠Elizabeth Grosz는 몸은 텅 빈 표면이 아니며 여성의 몸이 다양한 방식으로 각인되고 재현된다고 보았는데, 버틀러Judith Butler는 이러한 구분 자체가 사회적 실천의 생산물이라고 보며 대신 젠더수행성 개념에 주목했다. 젠더는 생물학적 차이에 기반한 구분이 아니라 '특정지역의 지배 담론 및 실천에 부합하는 구성물'로서 젠더 정체성이란 '행위의 양식화된 반복'에 의해 구성될 뿐으로, 버틀러에 의하면 젠더는 허구이다. 이와 관련해 지리학에서는 젠더를 생산하는 공간적 수행spatialized performances을 탐구하면서 또 한편 다른 방식의 수행들이 젠더를 불안정하게 만들 수 있는 가능성, 기존 공간의 전복과 새로운 공간의 창출에 관심을 가졌다.[10] 구체적인 연구로는 임신한 몸, 아픈 몸, 그리고 이성애적인 공간에서 게이 남성과 레즈비언 여성이, 장소 밖에 있다고 느끼게 되는 방식에 대해 탐구하거나, 게이 스킨헤드와 립스틱레즈비언이 과잉남성성과 과잉여성성의 수행으로 젠더 정체성뿐만 아니라 이성애적 공간을 교란하고 이성애적 공간에서 퀴어 공간을 창조한다는 연구 등을 진행했다.

지리학에서 새롭게 주목받게 된 또 하나의 스케일이자 연구대상은 바로 '가정home'이다. 집이나 그 속에서 행해지는 가사노동은 '어디서나 흔하게 있고 너무 익숙하고 원래 그런 것이라서' 연구 대상이 아니었으며, 지리학은 주로 도시, 지역, 국가, 세계적 스케일이나 공적 공간이나 공적/공식적 영역(특히, 정치, 경제)에 주로 관심을 표출해왔다. 페미니스트 지리학은 이제 집과 가정이 가장 강력하게 젠더화된 장소 중 하나라는 점, 그러나 여성-가정-사적 영역-재생산 공간이라는 관례적 연결짓기는 도전받아야 한다는 점을 명확히 인식한다. 가정이 남성에게 휴식의 공간일 수 있어도 여성에게는 고된 노동의 공간, 감옥, 폭력의 장소로 다르게 경험되기도 한다는 점을 지적한다.[11] 여기에 더해, 최근 점점 더 많은 여성이 임금노동을 하러 직장으로 나가고 다시 그 집에서는 다른 여성이 대신 가사일과 육아를 담당하며 임금가사노동을 수행하고 있어, 가정이 노동의 장소이자 공적인 장소이기도 하다는 점을 지적한다. 남의 집에서 일하는 임금가사노동자는 공적 공간과 사적 공간의 경계에 놓여 있다. 그리고 가사노동의 성격도 무보수의 재생산노동과 임금을 받는 생산노동의 경계에 놓여 있다. 이렇듯 가정이라는 공간은 상이한 의미들이 새겨진 곳이며 모순적이며 유동적인 곳으로 재발견되고 있다. 더욱이 최근 페미니스트 지리학자들은 제1세계 여성의 노동 시장 참여로 제3세계 여성이 제1세계의 가정에서 가사노동을 하기 위해 이동하는 초국적 이주 패턴에 주목하며 이는 젠더 관계가 전 지구적인 스케일로 확장되었다고 지적한다. 따라서 가정은 미시 스케일이면서 또 동시에 전 지구적 노동 분업이라는 거시 스케일이 작동하고 접합되는 공간이며 따라서 사적 영역인 동시에 공적 영역으로 기존의 이분법의 경계를 허무는 저항의 장소가 된다.

지리학과 함께 하는 페미니즘

시간성temporality의 수사를 통해 진보적 발전에 대한 직선적 담론을 강조한 제2물결 페미니즘과 달리, 제3물결 페미니즘은 공간성spatiality의 수사로 전환했다. 특히, 리치Adrienne Rich의 '위치의 정치politics of location' 개념에 토대를 둔 '위치의 페미니즘locational feminism'은 얼굴 없고 인종 없고 계급 없는 대문자 여성이라는 범주를 비판하며 소문자 여성들의 구체적인 특수성에 기반한 페미니즘이다. 앞 절에서 말했듯 복수적이고 복합적인 물질적 장소인 몸은 성, 계급, 인종, 섹슈얼리티 등 차이들의 다양한 축들이 중첩되면서 발생하는 다중적인 억압 속에서 우리가 놓인 위치들의 구체성과 특수성에 따라 복수적인 목소리를 내게 한다. 이러한 문제의식 속에서 '위치의 페미니즘'은 공간성spatiality의 수사를 통해 여성들 간의 차이를 적극적으로 포착하려고 한다. 즉, "여성들이 같은 시간 속에 살면서도 상이한 공간 속에 존재한다는 이유로 인해 국지적으로 맥락화된 억압에 노출된다는 것과 그에 대한 상이한 문제의식화와 대응이 존재한다는 것을 '위치location'라는 공간적 개념을 통해 효과적으로 전달"[12]한다. 이는 이 시대를 공간의 시대로 규정한 푸코가 말하는 '실제적 삶의 배치를 이루는 공간' 즉 이질적인 '다른 공간들' 개념에 기대고 있다. 즉 위치란 "동질적이고 균일화된 세계 공간이 분절된 단편이 아니라 이질성이 생산되는 장소임을 드러내"[13]는 용어이며, 이러한 이질적 공간들을 점유하면서 생산되는 주체들에 대한 사유로 이끄는 용어다.

이렇듯 다양한 공간적 메타포를 적극적으로 차용하면서 제3물결 페미니즘이 드러내려고 한 것은 바로 인종, 섹슈얼리티, 연령, 장애 등 다양한 차이의 축들의 상호 교차와 상호 작용 속에서 다중적 정체성, 다중적 위치성을 갖는 여성들의 구체적 경험들이며 그 속에서 생성될 체현된 주체의 가능성이다. 페미니스트 지리학은 몸, 정체성, 장소, 권력 사이의 복잡한 관련성을 (문자 그대로이건 은유로건) 지도화함으로써 어떻게 다양한 억압들이 물질적이고 상징적인 공간 속에서 구현되고 또 이러한 공간을 통해 생산되는가를 보여준다. 페미니스트 지리학은 말 그대로 페미니즘과 공간의 만남이다. 페미니스트 지리학적 연구는 위치의 페미니즘을 맥락화/구체화시키는 핵심적 방식 그 자체인 것이다. 따라서 페미니스트 지리학 연구가 곧 위치의 페미니즘이며 위치의 페미니즘 연구가 곧 페미니스트 지리학이다. 가령, 가부장제에 대한 페미니스트 맥락적 분석은 어떻게 가부장적 실천과 담론이 서로 다른 공간과 문화적 배경 속에서 다른 방식으로 구현되고 또 이를 통해 작동하는지를 이해함으로써 공간화될 수 있다. 연구자 또한 맥락 속에 구현되었음을 인지하면서, 페미니스트 지리학자들은 우리 삶의 공간이 우리가 장소, 사물, 실천, 사람에 대해 가지는 지식에 어떻게 영향을 미치는가를 이해함으로써 위치성을 지리적으로 만든다. 더욱이 입지(시공간 맥락), 스케일, 장소 내 연계, 장소들 간 연계에 대한 지리학의 민감성은 페미니스트 방법론을 보다 강화할 수 있을 것이다.

차이가 만드는 공간과 공간이 만드는 차이에 대한 지리학과 페미니즘의 공통된 관심사를 토대로, 지리학은 어떤 방식, 어떤 내용으로 페미니즘을 공간화하는 데 기여할 수 있을까? 여기서는 페미니스트 지리학의 두 가지 방법론적 논의를 소개함으로써, 페미니즘이 지리학적 상상력을 도모해볼 수 있는 방식의 단초를 보여주려고 한다. 우선 연구자와 연구 대상자 간의 권력 불균등성을 감소하는 데 페미니즘이 많은 관심을 쏟아왔는데, 페미니스트 지리학은 여기에 '지리적 전략'이 사용될 수 있음을 제안한다. 연구 방법은 지리적으로 중립적이지 않다. 다이크Dyck는 캐나다 브리티시 콜롬비아에 거주하는 인도계 캐나다 여성 1세대의 시각과 경험에 대한 심층 인터뷰를 실시한 결과, 인터뷰 대상자의 일상생활 공간, 즉 해당 여성의 집이나 직장에서 인터뷰를 할 때 (자신들의 권한 밖에 있어 위축되는 병원이나 연구실보다는) 보다 많은 권력이 부여되고 따라서 보다 편안하게 자신을 드러낸다는 것을 확인했다.[14] 즉, 인터뷰 공간 선택에 따라 연구자와 연구 대상자 간의 권력 차이가 달라지고 따라서 주체의 저항 정도가 달라진다는 것이다. 페미니스트 방법론에서 풍부하게 논의되지 못했던 지식 생산의 공간성에 대한 이러한 지적은 주체의 위치성이 가지는 또 하나의 함의로서 시사하는 바가 크다.

두 번째는 여성의 구체적인 일상생활 경험에 관한 연구에 있어서 페미니즘의 구술적 내러티브oral narratives를 넘어 지리학 고유의 시각적 내러티브visual narratives의 힘과 가능성에 관한 것이다. 체현의 공간들, 정체성과 권력의 공간화된 수행spatialized performances(섹슈얼리티, 젠더, 인종의 공간화된 수행, 정체성의 지역적/전 지구적 수행 등)에 관한 연구들은 인문학의 텍스트 중심의 수행성 연구를 보완해줄 수 있다.[15] 젠더화된 공간 속에서 다중적 주체로서의 구체적 여성(들)의 몸의 머묾과 이동을 통해 여성의 일상생활을 파악하려는 시도는 지리학에서 몸의 시·공간성에 착목한 시간 지리학Time Geography과 GIS(지리정보시스템)의 접목을 통해 주로 구현되어왔다. 초창기 많은 페미니스트 지리학 연구가 바로 시간 지리학적 접근법을 기반으로 공적/사적 공간의 분리가 여성의 삶에 미친 영향, 보다 구체적으로는 젠더 역할이 어떻게 여성의 공간성 및 삶의 질을 제약하는가를 보여주었다. 그러나 한편에서는 시간 지리학이 보편적인 몸을 다루며 사람들의 일상생활 경험을 점과 선으로 추상화했다고 비판했다. 2000년대에 들어서면서 페미니스트 지리학은 이러한 시간 지리학과 GIS의 결합을 통해 양적/질적 접근법의 이분법을 넘어, 그리고 그간 GIS가 남성중심적 지식 생산 기술이라는 인식을 넘어 페미니즘과 공존할 수 있다는 새로운 시각을 제시하기 시작했다. GIS는 (체현된 주체의 몸을 다루는) 시간 지리학과 결합해 '페미니스트 시각화feminist visualization'의 힘과 가능성을 보여준다.[16] 또한, 지리학 방법론의 이분법적 이해를 해체하기 위한 하나의 지점이 될 수 있다. 그 대표적인 예로, 콴Mei-Po Kwan

은 GIS가 페미니스트 운동에 일조하거나 특정한 주체성이나 정체성 형성을 시각화할 수 있으며, 단순한 양적 접근이나 객관적이고 합리적인 지식의 생산이 아니라 질적인 접근, 그리고 몸, 감정, 주체성을 다루면서 스토리텔링의 수단이자 자기표현의 기술이 될 수 있고, 더 나아가 지배적인 남성중심적 GIS 실천을 위태롭게 만드는 전복적 실천의 매개가 될 수 있다고 주장한다.[17] 콴은 '협력적 3차원 GIS 비디오그래피 collaborative 3D GIS videography'라는 연구 방법으로 9.11테러 후 반무슬림 증오 범죄가 미국 오하이오주 콜럼버스에 사는 무슬림 여성의 공적 공간에 대한 안전 인식과 공간 이용에 미친 영향에 대한 연구를 실시해, GIS를 이용한 페미니스트 시각화를 통해 특정 장소에서 그리고 특정 시대에 어떻게 공간과 감정, 주체성이 상호 구성되는가를 드러내고자 했다.[18] 콴이 수행한 이 같은 페미니스트 GIS 연구는 무슬림 여성의 구술적 내러티브를 토대로 개인적 이동, 기억, 느낌, 감정을 기반으로 한 개별화된 스토리텔링의 파워풀한 형태를 보여준다. 무슬림 여성의 감정의 지리의 이 같은 재현은 페미니스트 GIS가 어떻게 정체성이 물질적이고 신체적인 이동을 통해 구축되는가를 개념화하는 데 일조할 수 있음을 증명한다.

한국에서의 페미니스트 지리학

페미니즘은 19세기에 시작되었다. 페미니스트 지리학은 20

세기, 1970년대에 서양을 중심으로 그 흐름이 시작되었다.

그렇다면 한국에서는 어떠한가? 한국에 페미니즘이 수용되기 시작한 것은 1980년대 중반이다.[19] 한국 지리학에 페미니스트 지리학이 구체적으로 논의되기 시작한 것은 2000년대로 아주 최근의 일이다. 젠더 불평등의 공간성, 초국적 이주의 여성화, 디아스포라 등의 주제를 중심으로 최근에서야 페미니즘이 지리학에서 조금씩 논의되기 시작했다.[20] 그리고 바로 2009년에는 페미니스트 지리학에 관심을 가진 젊은 학자들을 중심으로 '여성과 공간 연구회'라는 작은 모임이 만들어지고, 이를 중심으로 페미니스트 지리학의 문제의식을 안팎으로 나누고 공유하려는 노력을 했다.[21] 페미니스트 지리학을 소개하는 이 글이 아쉽게도 서양의 문제의식을 중심으로 구성된 것은 저자의 한계와 함께 한국 지리학계의 현 상황에 연유한 측면도 있다. 한국에서 페미니스트 지리학은 이제 기지개를 켠 상태다.

지리학은 공간이 만들어내는 차이, 혹은 지리적 변이에 민감한 학문이다. 페미니즘은 체현된 주체로서의 여성(들)의 차이에 관심을 가져왔다. 이러한 차이가 만들어내는 공간과 다시 공간이 만들어내는 차이에 대해 페미니즘과 지리학이 더 깊이 대화하게 되기를 바란다. 공간이 어떻게 젠더화되고 인종화되는지, 또 위계적 권력관계 속에서 젠더, 인종, 계급, 섹슈얼리티, 연령 등의 사회적 차이들이 사회적으로 뿐만 아니라 공간적으로 어떻게 구성되는지에 관해 좀 더 풍부한 논의가 이어지기를 바란다. 아울러 페미니스트 지리학이 구체적인 한국적 맥락 속에서 그 뿌리 내림을 할 수 있기를, 그리고 한국 지리학계의 지식과 시선에도 유의미한 영향을 미칠 수 있게 되기를 또한 바란다.

참고문헌 및 더 읽을거리

로즈, 질리언, 《페미니즘과 지리학: 지리학적 지식의 한계》, 정현주 옮김, 한길사, 2011.

매시, 도린, 《공간, 장소, 젠더》, 정현주 옮김, 서울대학교출판문화원, 2015.

맥도웰, 린다, 《젠더 정체성, 장소: 페미니스트 지리학의 이해》, 여성과 공간 연구회 옮김, 한울, 2010.

밸런타인, 질, 《공간에 비친 사회, 사회를 읽는 공간: 사회지리학으로의 초대》, 박경환 옮김, 한울, 2014.

이상화 외, 《지구화시대의 현장 여성주의》, 이화여자대학교출판부, 2007.

J.K. 깁슨-그레엄, 《그따위 자본주의는 벌써 끝났다: 여성주의 정치경제 비판》, 이현재·엄은희 옮김, 알트, 2013.

Duncan, M.(ed.), *BodySpace: Destabilizing Geographies of gender and sexuality* (Routldge: London, 1996).

England, K., "Suburban Pink Collar Ghettos: The Spatial Entrapment of Women?", *Annals of the Association of American Geographers* 83(2), 1993, pp. 225~242.

Hanson, S. and Monk, J., "On not excluding half of the human in human geography", *Professional Geographer* 34, 1982, pp. 11~23.

Jones, J.P., Nast, H.J. and Roberts,S.M., (eds.) *Thresholds in Feminist Geography: Difference, Methodology, and Representation* (Rowman & Littlefield Publishers, 1997).

Kwan, M.P, "Affecting geospatial technologies: toward a feminist politics of emotion", *The Professional Geographer* 59:1, 2007, pp. 22~34.

_____, "From oral histories to visual narratives: Re-presenting the post-September 11 experiences of the Muslim women in the United States". *Social and Cultural Geography* 9:6, 2008, pp. 653~669.

_____, "Introduction: Feminist geography and GIS", *Gender, Place & Culture: A Journal of Feminist Geography* 9:3, 2002a, pp. 261~262.

_____, "Feminist Visualization: Re-envisioning GIS as a Method in Feminist Geographic Research", *Annals of the Association of American Geographers* 92:4, 2002b, pp. 645~661.

Longhurst, R., *Bodies: Exploring Fluid Boundaries*, (Routledge, 2001).

McDowell, L. and Sharp, J.P.(eds.), *Space, Gender, Knowledge: Feminist Readings*, (Arnold, 1997).

_____, *Gender, Identity and Place: Understanding Feminist Geographies*, (University of Minnesota Press, 1999).

Nelson, L. and Seager, J. (eds.), *A Companion to Feminist Geography* (Blackwell, 2005).

1 McDowell, L. and Sharp, J.P.(eds.), *Space, Gender, Knowledge: Feminist Readings*, (Arnold, 1997), pp. 2~3.

2 예를 들자면, 흑인-페미니스트-레즈비언 등.

3 이상화 외,《지구화시대의 현장 여성주의》, 이화여자대학교출판부, 2007. 이 책에서는 'locational feminism'을 '현장 여성주의'라고 번역했으나, 저자는 그 대신 '위치의 페미니즘'이라고 번역했는데, 이 명칭이 '위치성(positionality)' 논의와 의미연결이 보다 용이하다고 보았기 때문이다.

4 Hanson, S. and Monk, J., "On not excluding half of the human in human geography", *Professional Geographer* 34, 1982.

5 지리학은 전통적으로 인간세계를 다루는 인문지리학(human geography)과 자연세계를 다루는 자연지리학(physical geography)으로 분류된다.

6 도시 구획 및 시간표는 보통 안정된 고용을 보장하는 직장에서 9시부터 5시까지 일하는 생계부양자로서의 남성을 중심으로 하며 그의 집에는 가사와 육아를 담당하는 아내가 있다는 가정에 기반하고 있다. McDowell, L., *Gender, Identity and Place: Understanding Feminist Geographies*, (University of Minnesota Press, 1999).

7 이후 이에 대해 보다 풍부하고 비판적인 논의들이 전개되었는데, 그중 특히 킴 잉글랜드(Kim England)는 여기서 강조된 여성의 공간적 구속성(spatial entrapment thesis) 테제의 보편성 및 일반화를 비판했다. 특히 여성의 주체적 대응전략에 대한 논의는 주목할 만하다(England, K., "Suburban Pink Collar Ghettos: The Spatial Entrapment of Women?", *Annals of the Association of American Geographers* 83(2), 1993).

8 Longhurst, R., *Bodies: Exploring Fluid Boundaries*, (Routledge, 2001).

9 McDowell, L., *Gender, Identity and Place: Understanding Feminist Geographies*, (University of Minnesota Press, 1999).

10 Duncan, M.(ed.), *BodySpace: Destabilizing Geographies of gender and sexuality*, (Routldge: London, 1996).

11 McDowell, L., 1999.

12 이상화 외, 앞의 책. 본 글에서는 'location'을 인용글에서 제시한 "현장" 대신 '위치'로 대체했다.

13 앞의 책.

14 John Paul Jones III, Heidi J. Nast, and Susan M. Roberts (eds.) Thresholds in Feminist Geography: Difference, Methodology, and Representation, (Rowman & Littlefield Publishers, 1997).

15 Nelson, L. and Seager, J. (eds.), *A Companion to Feminist Geography* (Blackwell, 2005).

16 Kwan, M.P., "Introduction: Feminist geography and GIS", *Gender, Place & Culture: A Journal of Feminist Geography* 9:3, 2002a, pp. 261~262.

_____ , "Feminist Visualization: Re-envisioning GIS as a Method in Feminist Geographic Research", *Annals of the Association of American Geographers* 92:4, 2002b, pp. 645~661.

17 Kwan, M.P., "Affecting geospatial technologies: toward a feminist politics of emotion", *The Professional Geographer* 59:1, 2007.

18 하루 동안 무슬림 여성과 함께 차를 타고 다니면서 무슬림 여성이 평상시 활동을 수행하면서 (전형적인 3D 지리시각화에서 쓰이는 높은 각도의 시점 대신) 자신의 관점으로 이동하면서 본 것을 비디오 동영상으로 제작했다. 그녀가 특정 건물이나 상점들을 보며 들었던 감정과 두려움에 대해 회상하는 내용을 동영상으로 녹화해 텍스트 분석을 하고, 또 심층 인터뷰 동안 작성한 활동 기록과 스케치 지도를 토대로 하여, 무슬림 여성의 이동, 즉 몸의 시공간 궤적과

감정을 3D GIS를 이용해 그려냈다. 시공간상의 이동 경로와 그녀가 마주치게 되는 건물들에 대해 자신이 경험하고 인지하는 위험과 공포 수준을 색으로 구분해(파란색(안전)-녹색(다소 안전)-노란색(위험)-빨간색(매우 위험)) 움직이는 몸을 시각적으로 재현했을 뿐만 아니라 김정의 지리//시노 시각화함으로써 제현된 수체의 공간성의 현실을 잘 포착했으며 그 메시지 또한 강력하게 전달한다. 또한 그녀의 구술적 내러티브를 오디오 클립으로 결합하여 여성의 몸이 움직인 공간과 경로를 보여주기만 하는 것이 아니라, 그녀 자신의 개인적 관점에서 자신이 본 것과 경험한 것을 보여주고 들려줄 수 있도록 했다. Kwan, M.P., "From oral histories to visual narratives: Re-presenting the post-September 11 experiences of the Muslim women in the United States", *Social and Cultural Geography* 9:6 (2008).

19 페미니즘이 도입되면서 기존에 존재하던 여성운동(여성들이 참여하는 운동) 흐름과는 다른, 여성주의에 입각한 여성운동의 흐름이 생성되었다.

20 우리나라에서 이루어진 페미니스트 지리학 관련 소개나 이에 기반한 연구로는 다음을 들 수 있다.
- 김현미, 〈성역할, 접근성, 그리고 젠더화된 공간성〉, 《대한지리학회지》 42권 5호, 2007, 808~834쪽.
- 김현미, 〈자녀 연령별 여성의 도시기회 접근성의 시·공간적 구속성에 관한 연구〉, 《대한지리학회지》 43권 3호, 2008, 358~374쪽.
- 박경환, 〈육체의 지리와 디아스포라: 후기구조주의 페미니즘과 페미니스트 정신분석지리학으로의 어떤 초대〉, 《지리교육논집》 49권, 2005, 143~158쪽.
- 정현주, 〈저개발국가로부터 여성 결혼이주의 정주패턴과 사회적응 과정; 공간의 덫에 갇힌 그녀들?: 국제결혼이주여성의 이동성에 대한 연구〉, 《한국도시지리학회지》 10권 2호, 2007, 53~68쪽.
- 정현주, 〈이주, 젠더, 스케일: 페미니스트 이주 연구의 새로운 지형과 쟁점〉, 《대한지리학회지》 43권 6호, 2008, 894~913쪽.

21 '여성과 공간 연구회'(약칭 여공연)는 페미니즘 지리학 관련 세미나를 중심으로 활동하는 모임으로, 그 첫 번째 결과물로 린다 맥도웰의 《젠더, 정체성, 장소》 번역서를 국내에 소개한 바 있다(맥도웰, 린다, 《젠더, 정체성, 장소-페미니스트 지리학의 이해》, 여성과 공간 연구회 옮김, 한울, 2010).

포스트페미니즘(들)

기본적 정의

페미니즘이 근대적이고 제국주의적인 틀에 도전하는 역동적
인 운동들과 그 이론적 기반이 된 포스트구조주의, 포스트
모더니즘, 포스트식민주의 등과 만나 접점을 만들면서 페미
니즘의 주체인 '여성'에 대한 인식에 변화가 생겼음을 나타내
는 조어다. 특히, 여성들 내에서조차 음지에 있어왔던 레즈비
언들과 흑인, 제3세계 여성들의 문제와 정체성에 눈을 돌리
게 한 반토대주의적 인식론적 틀이자 운동을 의미한다.

개념의 기원과 발전

'포스트페미니즘postfeminism'이라는 용어는 종종 페미니즘 '이
후post', 즉, 페미니즘의 정치적 목적이 달성된 이후, 따라서 페
미니즘의 존재 이유가 사라진 이후를 뜻하는 것이라는 오해
를 받기도 한다. 서양에서 한때 이 용어는 대체로 대중매체
들이 페미니즘의 시대가 끝났다는 주장을 하며 '반페미니즘

anti-feminism'적 태도를 드러낼 때 사용되고는 했다. 물론 페미니스트들에게 공공연한 적대감 혹은 비호감을 표해왔던 대중매체들이 만든 '반페미니즘'으로서의 '포스트-페미니즘' 정서는 미국의 경우 1920년대로 거슬러 올라갈 만큼 새로운 정서는 아니다.[1] 미국에서 여성들이 투표권을 쟁취하고 공직에 진출하기 시작하고 다양한 페미니스트 투쟁이 성공적인 결과를 이루게 되자 남성중심적 대중매체들은 페미니스트들이 원하던 것들이 이제 모두 쟁취되었으므로 더 이상의 요구는 지나치고 이기적이라는 의도를 표하기 위해 '포스트-페미니즘'이라는 용어를 썼던 것이다. 이때부터 '포스트-페미니즘'은 페미니스트들에 대한 적대감을 표하는 용어로 사용되어 왔다.[2] 그 이후 대중매체들은 페미니즘을 1970년대의 유물로 낙인찍고, 페미니즘 운동을 확산시킨 세대의 여성들과 페미니즘이 이룩해낸 성과를 누리기 시작한 새로운 세대의 여성들을 단절시키기 위해 노력해왔다.[3] 이렇게 만들어진 오해 안에서 '포스트페미니즘'의 '포스트'도 마치 종속적인 기성 질서가 이미 새롭고 긍정적인 것으로 대체되어 극복된 시대를 의미하는 것처럼 여겨지기도 했다. 그러나 '포스트-페미니즘'은 '반페미니즘적' 정서를 드러내는 용어로 사용되어 온 데 반해, '포스트페미니즘'은 페미니즘의 연장선상에 있다. 포스트페미니즘은 페미니즘의 주체인 '여성'을 어떻게 인식할 것인가라는 문제에 변화가 생겼음을 나타내는 조어일 뿐 페미니즘의 목적과 목표를 여전히 유효하게 견지하고 있기 때문이다.[4]

페미니즘 인식론

19세기 후반에 페미니즘이 태동한 이래 페미니스트들은 그동안 '여성'이라는 개념을 고정적이고 안정된 것으로 인식해 왔다. 이러한 인식 안에는 사회적으로 종속된 집단인 여성들이 처한 현실을 정치적 실천을 통해 변화시키기 위해서는 여성들이 집단적으로 단결해야 한다는 필요성에 대한 인식이 내포되어 있었다. 그러한 인식 틀로 인해 1980년대 중반까지도 페미니스트 이론은 북미 유럽의 백인 중산층 여성을 보편적 여성주체로 상정하는 경향을 드러냈다. 그 결과 실제 살아 있는 다양한 여성들의 삶을 조명하고 드러내지 못한다는 비판에 직면했다.[5]

1990년대 들어오면서 보편 주체를 상정해온 페미니즘 인식론은 '여성'을 보편적이고 단일하며 안정된 정체성을 가진 주체로 상정함으로써 인종, 성, 계급 등이 교차하면서 구성되는 개별 여성의 다양한 주체성을 간과한다는 비판을 페미니즘 내외부에서 받기 시작했다. 이러한 비판은 특히 페미니즘이 근대적이고 제국주의적인 틀에 도전하는 역동적인 운동들과 그 이론적 기반이 된 포스트구조주의, 포스트모더니즘, 포스트식민주의 등과 만나 접점을 만들기 시작하면서 심화되었다. 페미니스트들은 주체성이 다양한 문화적 주체 위치의 혼합으로 구성된다고 보는 포스트구조주의와 남성 이성 중심적 주체성 개념을 비판하는 포스트모더니즘에서 페미니즘이 당면한 보편주의로부터 벗어날 수 있는 유용한 개념을 발견했다.[6] 특히, 포스트모더니즘은 후기자본주의 시대의 새

로운 테크놀로지가 지구상의 시공 개념을 근본적으로 변화
시키며 정체성과 역사를 재개념화시키는 가운데 등장한 것
이었다. 리오타르Jean-François Lyotard는 《포스트모던의 조건》에
서 포스트모더니즘의 특징을 역사의 진리를 정당화한 거대
서사 혹은 메타 서사가 후기산업사회에서 붕괴되고 있는 것
이라고 보았다.[7] 거대 서사의 붕괴는 아주 복잡하고 다양한
'작은 이야기'들이 등장하도록 했다. 포스트모더니즘은 여성
들 사이의 다양성을 일깨워준 이론적 기반을 제공할 뿐만 아
니라 획일화된 거대 담론의 함정에서 벗어나 여성들에게 국
지적인 저항의 정치적 필요성과 유용성을 인식시켰다. 그리
하여 여성들 내에서조차 음지에 있던 레즈비언들과 흑인, 제
3세계 여성들의 문제와 정체성에 눈을 돌리게 하는 견인차
역할을 했고 새롭게 구성된 포스트페미니즘적 인식 틀 안에
서 페미니즘은 새로운 논쟁과 정치의 장을 열게 되었다.[8] 예
를 들어, 데리다Jacques Derrida의 해체주의적 독해, 라캉Jacques
Lacan의 정신분석학, 유물론적 신체와 담론의 권력에 대한 푸
코Michel Foucault의 분석 등과 같은 포스트구조주의와 포스트
모더니즘 이론들은 페미니즘 이론이 중요하게 간주해온 섹
슈얼리티, 주체성, 텍스트성textuality에 대한 논의를 심화하고
확장했다.[9] 이러한 과정을 통해 포스트구조주의, 포스트모
더니즘을 비판적으로 수용하고 그것이 가진 반토대주의anti-
foundationalism를 공유하면서 생산된 새로운 페미니즘 이론과
운동의 조류가 형성되었다. 포스트페미니즘이라는 용어는
바로 이러한 새로운 페미니즘이론과 운동을 의미한다.[10]

포스트페미니즘은 "문화로 선회"했다.[11] 그리고 '평등equality'에서 '차이difference'로 페미니즘 "패러다임의 전환"[12]을 일으키면서 여성들 안의 차이와 각 개별 여성의 중층적 정체성에 주목했다. 그리고 여성주체에 대한 반토대주의적 관점 안에서 가부장제 혹은 가부장체제를 비판하는 방식으로 이전의 페미니즘이 지녔던 정치적·이론적 개념과 전략에 비판적으로 개입하기 시작했다. 이를 통해 포스트페미니즘은 북미유럽 중산층 앵글로 백인 여성을 보편적 여성으로 상정하는 '패권주의적hegemonic' 페미니즘에 도전하게 된 것이다.[13] 포스트페미니즘 이론가들과 운동가들은 문화적 양식 안에서 여성의 재현이라는 개념 전체를 명확히 하려고 하지 않는다. 그들은 이론을 불안정하게 하기 위해 '의미를 탈구'시키려고 하며 또한 '한 여성과 여성 전체는 같지 않다는 것을 보여주는 모순의 장소를 열어보이기 위해' '일관된 말하기'를 파괴하고자 한다.[14] 문화 이론과 문화 양식에서 포스트페미니즘 이론가들은 '억압의 장소'를 찾아내기도 하지만 또한 그 안에서 '저항의 장소'를 능동적으로 표현하기도 한다.[15] 그런데 주체를 분열적이고 불안정한 것으로 보는 포스트페미니즘이 페미니즘 정치학에 가져다줄 수 있는 것에 대해 부정적인 관점도 있다. 이러한 입장에서는 '제3물결'이라고도 스스로를 지칭하는 '포스트페미니스트들'을 집단적이고 정치적인 안건보다는 개인주의적이고 자유주의적인 의제를 지지하면서 페미니즘의 영향력을 제한하려고 시도하는 '반反페미니스트'라고 비판하기도 한다.[16]

또한, '차이'에 대한 포스트모더니즘, 포스트구조주의, 포스트식민주의, 포스트페미니즘 등의 관점에 대한 비판도 있다. 기든스는 '본질주의'와 '보편주의'를 비판하는 것이 중요하고, 그렇게 하기 위해 주체성과 정체성의 파편적이고 모순적인 특성을 강조해야 하지만 주체의 행위자성을 긍정적으로 의미화할 수 없다면 인간을 역사의 주체로서 자리매김하거나 지배 질서에 대한 저항 주체를 긍정적으로 의미화할 수도 없다고 지적한다.[17] 포스트페미니즘 이론들을 생산하는 학계의 이론가들이 '성/성차/욕망의 강제적 질서'에 대해 문제 제기를 하지만 그러한 문제 제기들이 길거리 정치에서는 쉽게 사용할 수 없는 어려운 말들로 남발되고 있거나 하루하루의 고단한 현실을 변화시키려는 급박한 현실에 처해 있는 민중의 투쟁에 힘이 되지 못한다는 비판도 있다. 그러한 비판은 포스트페미니즘 이론과 같은 '포스트' 이론들이 학계에서 명성을 얻는 데에나 유용하다는 비난으로 제기되기도 한다.[18] 올트먼은 고정되고 본질적이며 항구적인 성/성차/인종 등의 정체성을 부정하는 포스트모던 사상과 담론들이 그것을 논하는 이들(거의 대부분 미국인 혹은 서유럽인)에게는 고임금의 편안하고 안정된 일자리를 대학 내에 마련해주었지만, 결과적으로 지구촌 곳곳에서 가장 힘들고 어렵게 살고 있는 이들이 권력에 저항하며 착취와 배제, 차별을 해결하려는 모든 시도들을 원천적으로 무력하게 만든다고 강도 높게 비판한다.

그러나 이런 지적이 어떤 면에서는 타당함에도 불구하고

포스트페미니즘 등과 같은 후기구조주의적 인식론의 미덕을 완전히 무효화하지는 못한다. 보편적이고 안정적이며 통일된 인간 주체를 상정하고, 인간을 구조에 의해 결정되는 존재로 상정하는 논리 안에서는 다양한 변화를 만드는 인간 주체의 행위자성을 설명하기가 오히려 더 어렵다. 게다가 이런 논리 안에서는 가장 힘들고 어렵게 사는 이들 중 대부분이 자신을 착취하는 착취 구조를 지속시키고 자신에 대한 배제와 차별을 지속시키고 강화시키는 선택을 계속하는 이유를 설명하기 어렵다. 오히려 포스트페미니즘과 같은 새로운 관점들은 이데올로기, 헤게모니, 욕망, 정체성 등에 대한 설명을 통해 문제적인 상황이 작동하는 기제와 방식을 설명하고 있고, 그러한 기제와 방식의 상호 토대가 되는 물적 체제를 논할 수 있는 새로운 지평을 열어주었다. 따라서 이러한 이론을 폄하하기보다는 오히려 '권력을 권력에 되돌려놓는'[19] 전략적 실천을 위해서 이 이론을 현실 정치에 도입할 수 있도록 혹은 사회운동을 새롭게 재구성할 수 있도록 비판적으로 재정교화하는 작업이 필요하다.

포스트페미니즘을 둘러싼 논쟁은 시기적으로 그리고 지리적으로 다각적으로 이루어져왔다. 다양한 이론적, 개념적, 학문적 배경을 가진 저술가, 이론가, 운동가들이 이 논쟁에서 만나고 있다. 예를 들어, 스피박Gayatri Charkravorty Spivak, 프레이저Nancy Fraser, 헤러웨이Donna Haraway, 사익스Robterta Sykes, 브라이도티Rosi Braidotti, 니콜슨Linda Nicholson, 모리스Meagan Morris, 바렛Michelle Barett, 훅스bell hooks, 왓슨Sophie Watson, 구뉴Sneja Gunew,

예이트만 Anna Yeatman, 야고스Annemarie Jagose, 앙Ien Ang, 버틀러 Judith Butler, 모들스키Tania Modleski, 로레티스Teresa de Lauretis, T. 민하 Trinh T. Min-ha, 라마자노글루Caroline Ramazanoglu, 모한티Chandra Talpade Mohanty, 산도발Chela Sandoval 등 매우 다양한 이론적·학문적 영역에서 활동하고 있는 이들이 이 논쟁에 참여하고 있다.[20] 이뿐만 아니라 해체주의와 정신분석학에 깊이 개입해온 이리가레이Luce Irigaray, 크리스테바Julia Kristeva, 식수Helene Cixous 등도 빼놓을 수 없다.

참고문헌 및 더 읽을거리

기든스, 앤서니,《현대 사회의 성,사랑,에로티시즘: 친밀성의 구조변동》, 배은경·황정미 옮김, 새물결, 1995.

라이트, 엘리자베스,《라캉과 포스트페미니즘》, 이소희 옮김, 이제이북스, 2002.

모들스키, 타니아,《너무 많이 알았던 히치콕?-영화. 여성. 가부장제적 무의식》, 임옥희 옮김, 여성문화이론연구소), 2007.

_____ ,《여성없는 페미니즘》, 노영숙 옮김, 여성문화이론연구소, 2008.

브라이도티, 로지,《유목적 주체: 우리시대 페미니즘 이론에서 체현과 성차의 문제》, 박미선 옮김, 여성문화이론연구소, 2004.

브룩스, 앤,《포스트페미니즘과 문화 이론》, 김명혜 옮김, 한나래, 2003.

서인숙,《씨네 페미니즘의 이론과 비평: 정신분석학에서 포스트페미니즘까지》, 책과길, 2003.

올트만, 데니스,《글로벌 섹스》, 이수영 옮김, 이소출판사, 2003.

야고스 , 애너매리,《퀴어 이론》, 박이은실 옮김, 여성문화이론연구소, 2012.

이리가라이, 루스,《하나이지 않은 성》, 이은민 옮김, 동문선, 2000.

포카, 소피아,《포스트페미니즘》, 윤길순 옮김, 김영사, 2001.

훅스, 벨,《흑인 페미니즘 사상》, 박미선, 옮김, 여성문화이론연구소, 2009.

Butler, Judith, *Bodies that matter*, (London: Routledge, 1993).

Faludi, S., *Backlash*, (London: Vintage, 1992).

Jackson, Stevi & Scott, Sue (eds.), *Feminism and Sexuality: a Reader*, (Edinburgh: Edinburgh University Press, 1996).

Gamble, Sarah (ed.), *The Icon Critical Dictionary of Feminism and Postfeminism*, (Cambridge: Icon Books, 1999).

Ang, I., *Watching 'Dallas': Soap Opera and the Melodramatic Imagination*, (London: Methuen, 1985).

Barrett, M., "The Concept of Difference", *Feminist Review* 26(Summer), pp. 29~42, 1987.

_____, "Comment on a Paper by Christine Delphy", in C. Nelson & L. Grossberg (eds.) *Marxism and the Interpretation of Culture*,)Chicago: University of Illinois Press, 1988).

_____, "Feminism's Turn to Culture", *Woman: A Cultural Review* 1, pp. 22~24, 1990.

_____, *The Politics of Truth: From Marx to Foucault*, (Stanford: Standford University Press, 1991).

_____, "Words and Things: Materialism and Method in Contemporary Feminist Analysis", in M. Barrett & A. Phillips (eds.) *Destabilizing Theory: Contemporary Feminist Debates*, (Cambridge: Polity Press, 1992).

_____ & Coward, R., *Letter and Discussion*, M/F 7, 1982.

_____ & McIntosh, M., "Ethnocentrism and Socialist Feminist Theory", *Feminist Review* 20, 1985, pp. 23~47.

Braidotti, R., *Patterns of Dissonance: A Study of Women in Contemporary Philosophy*, (Cambridge: Polity Press, 1991).

_____, "On the Feminist Female Subject of From She-self to She-Other" in G. Bock & S. James (eds.) *Beyond Equality and Difference: Citizenship, Feminist Politics and Female Subjectivity*, London: Routledge, 1992.

_____, "Radical Philisophies of Sexual Difference: Luce Irigaray" in The Polity Reader in Gender Studies, (Cambridge: Polity Press, 1994).

Butler, J., *Gender Trouble: Feminism and the Subversion of Identity*, (New York, London: Routledge, 1990a).

_____, "The Force of Fantasy: Feminism, Mapplethorpe, and Discursive Excess", *Difference* 2(2) (Summer), 1990b, pp. 105~125.

_____, "Gender Trouble, Feminist Theory and Pychoanalytic Discourse" in L. Nicholson (ed.) *Feminism / Postmodernism*, (New York, London: Routledge, 1990c).

_____, "Contingent Foundations: Feminism and the Question of Postmodernism'" in J. Butler & J. W. Scott (eds.) *Feminists Theorise the Political*, (New York, London: Routledge, 1992).

_____, *Bodies That Matter: On the Discursive Limits of Sex*, (New York: Routledge, 1993a).

_____, "Imitation and Gender Insubordination" in D. Fuss (ed.) *Inside/Out: Lesbian Theories/Gay Theories*, (New York: Routledge, 1993b).

Cixous, H., "The Laugh of the Medusa" in E. Marks & I. de Courtivron (eds.) *New French Feminisms*, (Sussex: Harvester Press, 1981a).

de Lauretis, T., *Alice Doesn't: Feminism, Semiotics, Cinema*, (Bloomington: Indiana University Press, 1984).

_____, "Feminist Studies/Critical Studies: Issues, Terms and Contexts" in T. de Lauretis (ed.) *Feminist Studies/Critical Studies*, (London: Macmillan, 1986).

_____, "The Technology of Gender" in T. de Lauretis, *Technologies of Gender: Essays on Theory, Film and Fiction*, (Bloomington: Indiana Univesity Press, 1987).

_____, "Displacing Hegemonic Discourse: Reflections on Feminist Theory in 1980s" *Inscriptions* 3(4), 1988, pp. 127~145.

_____, "Eccentric Subjects: Feminist Theory and Historical Consciousness" *Feminist Studies* 16(1), 1990, pp. 115~151.

_____, "Upping the Anti in Feminist Theory"in S. During (ed.) *The Cultural Studies Reader*, (New York, London: Routledge, 1993).

_____, "Rethinking Women's Cinema: Aesthetics and Feminist Theory"(1985) in

D. Carson, L. Dittmar & J. R. Welsche (eds.) *Multiple Voices in Feminist Film Criticism, Minneapolis*, (London: University of Minnesota Press, 1994).

Fraser, N., *Unruly Practices: Power, Discourse and Gender in Contemporary Social Theory*, (Cambridge: Polity Press, 1989).

_____, "The Uses and Abuses of French Discourse Theories for Feminist Politics", *Theory, Culture and Society* 9, 1992, pp. 51~71.

Fraser, N. & Nicholson, L., "Philosophy: An Encounter Between Feminism and Postmodernism", *Communication* 10/3(4), 1988. pp. 345~394.

_____, "Social Criticism Without Philosophy: An Encounter Between Feminism and Postmodernism" in L. Nicholson (ed.) *Feminism/Postmodernism*, (New York, London: Routledge, 1990).

Genew, S. (ed.), *Feminist Knowledge: Critique and Construct*, (London: Routledge, 1990).

_____ & Yeatman, A. (eds.) *Feminism and the Politics of Difference*, (NSW: Allen and Unwin, 1993).

Haraway, D., "A Manifesto for Cyborgs: Science, Technology and Socialist Feminism in the 1980s", *Socialist Review* 80(March/April), 1985, pp. 65~108.

_____, "Situated Knowledges: The Science Question in Feminism and the Privilege of Partial Perspective", *Feminist Studies* 14(3), 1988, pp. 575~599.

_____, *Simians, Cyborgs and Women: The Reinvention of Nature*, (New York: Routledge, 1991).

hooks, b., *Feminist Theory: From Margin to Center*, (Boston: South End Press, 1984).

_____, *Yearning: Race, Gender and Cultural Politics*, (Boston: South End Press, 1990).

_____, *Black Looks: Race and Representation*, (Boston: South End Press, 1992).

_____, "Seductive Sexualities: Representing Blackness in Poetry and on Screen", in L. Kauffman (ed.) *American Feminist Thought at Century's End-A Reader*, (Oxford: Blackwell, 1993).

Irigaray, L., "Women's Exile", Ideology and Consciousness 1, 1977, pp. 24~39.

_____, *Speculum of Other Woman*, G. Gill (trans.) (Ithaca: Cornell University Press, 1985a).

_____, "Feminism's Queer Theory", *Feminism & Psychology*, Vol. 19(2), 2009, pp. 157~174.

Kristeva, J., "Women's Time", A. Jardine & H. Blake (trans.) *Signs* 7(1), 1981, pp. 13~35.

Modleski, T., "The Rhythms of Reception: Daytime Television and Women's Work", in E. A. Kaplan (ed.) Regarding Television, (Frederick MD: University Publications of America, 1983).

_____, *Loving with a Vengeance - Mass Produced Fantasies for Women*, (London, New York: Methuen, 1984).

_____, "Femininity as Mas(s)querade: A Feminist Approach to Mass Culture", in C. McCabe (ed.) *High Theory/Low Culture: Analysing Popular Television and Film*, (Manchester: Manchester University Press, 1986a).

_____, "The Terror of Pleasure: The Contemporary Horror Film Postmodern Theory" in T. Modleski (ed.) *Studies in Entertainment: Critical Approaches to Mass Culture*, (Bloomington and Indianapolis: Indiana University Press, 1986b).

_____ "Cinema and the Dark Continent: Race and Gender in Popular Film", in L. Kauffman (ed.) *American Feminist Thought at Century's End-A Reader*, (Oxford: Blackwell, 1993).

Mohanty, C. T., "Under Western Eyes: Feminist Scholarship and Colonial Discourses", in

B. Ashcroft, G. Griffiths & H. Tiffin (eds.) (1984) *The Post-Colnonial Studies Reader*, (London: Routledge, 1995).

Morris, M., *The Pirate's Financée: Feminism Reading Postmodernism*, (London, New York: Verso, 1988).

_____, "Cultural Studies" in K. K. Ruthven (ed.) *Beyond the Disciplines: The New Humanities, Occasional Paper 13*, (Australian Academy of the Humanities, Canberra, 1992), pp. 1~21.

Nicholson, L. (ed.), *Feminism/Postmodernim*, (New York, London: Routledge, 1990).

_____, "On the Postmodern Barricades: Feminism, Politics and Social Theory", in S. Seidman & D. G. Wagner (eds.) *Postmodernism and Social Theory*, (Oxford: Blackwell, 1992).

Ramazanoglu, C., "Ethnocentrism and Socialist Feminist Theory: A Response to Barrett and McIntosh", *Feminist Review* 22, 1986, pp. 83~86.

_____, *Feminism and the Contradictions of Oppression*, (London: Routledge, 1989).

_____, "Feminist Methodology: Male Reason Versus Female Empowerment", *Sociology* 26(2) (May), 1992, pp. 207~212.

_____, *Up Against Foucault: Explorations of Some Tensions Between Foucault and Feminism*, (London: Routledge, 1993).

_____ & Holland, J., "Women's Sexuality and Men's Appropriation of Desire", in C. Ramazanaglu (ed.) *Up Against Foucault: Explorations of Some Tensions Between Foucault and Feminism*, (London: Routledge, 1993).

Sandoval, C. "U.S. Third World Feminism: The Theory and Method of Oppositional Consciousness", *Genders* 10, 1991, pp. 1~24.

Spivak, G. C., " Displacement and the Discourse of Woman", in M. Krupnick (ed.) *Displacement: Derrida and After*, (Bloomington: Indiana University Press, 1983).

_____, "Can the Subaltern Speak?: Speculations on Widow Sacrifice", *Wedge* 7(8) (Winter/Spring), 1985a, pp. 120~130.

_____, "The Rani of Simur" in F. Barker (ed.) *Europe and Its Others*, vol. 1, *Proceedings of the Essex Conference on the Sociology of Literature*, July 1984, Colchester, (University of Essex, 1985b).

_____, "Three Women's Texts and a Critique of Imperialism", *Critical Inquiry* 12(1), pp. 43~61, 1985c.

_____, "Imperialism and Sexual Difference", *Oxford Literary Review* 8, 1986, pp. 1~2.

_____, *In Other Words: Essays in Cultural Politics*, (New York: Methuen, 1988).

_____, "French Feminism Revisited: Ethics and Politics", in J. Butler & J. W. Scott (eds.) *Feminists Theorise the Political*, (New York, London: Routledge, 1992).

Trinh, T. Minh-ha, "Not You/Like You: Colonial Women and the Interlocking Questions of Identity and Difference", *Inscriptions* 3(4), 1988, pp. 71~79.

_____, *Women, Native Other: Writing, Postcoloniality and Feminism*, (Bloomington: Indiana University Press, 1989).

_____, "All-Owning Spectatorship", in S. Gunew & A. Yeatmen (eds.) *Feminism and Politics of Difference*, NSW: Allen & Unwin, 1993).

Yeatman, A., *Bureaucrats, Technocrats, Femocrats: Essays on the Contemporary*, (Australian State, Sydney: Allen & Unwin, 1990a).

_____, "A Feminist Theory of Social Differentiation", in L. Nicholson (ed.) *Feminism/ Postmodernism*, (New York, London: Routledge, 1990b).

_____, "Voice and Representation in the Politics of Difference", in S. Gunew & A. Yeatman (eds.) *Feminism and Politics of Difference*, (NSW: Allen & Unwin, 1993).

_____, *Postmodern Revisionings of the Political*, (New York, London: Routledge, 1994).

_____, "Interlocking Oppressions", in B. Caine & R. Pringle (eds.) *Transitions-New Australian Feminism*, (NSW: Allen & Unwin, 1995a).

_____, "Justice and Sovereign Self", in M. Wilson & A. Yeatman (eds.), *Justice and Identity: Antipodean Practices*, (NWS: Allen & Unwin, 1996b).

주

1 Faludi, S., *Backlash*, (London: Vintage, 1992). p. 70; 브룩스, 앤, 《포스트페미니즘과 문화 이론》, 김명혜 옮김, 한나래, 2003, 16쪽.

2 Alice, 1995:7; 브룩스, 앤, 《포스트페미니즘과 문화 이론》, 김명혜 옮김, 한나래, 2003, 15쪽, 재인용.

3 Faludi, S., *Backlash*, (London: Vintage, 1992), p. 14; 브룩스, 앤, 《포스트페미니즘과 문화 이론》, 김명혜 옮김, 한나래, 2003, 16쪽, 재인용.

4 포카, 소피아, 《포스트페미니즘》, 윤길순 옮김, 김영사, 2001.

5 라이트, 엘리자베스, 《라캉과 포스트페미니즘》, 이소희 옮김, 이제이북스, 2002.

6 _____, 앞의 책; 서인숙, 《씨네 페미니즘의 이론과 비평: 정신분석학에서 포스트페미니즘까지》, 책과길, 2003.

7 포카, 소피아, 앞의 책, 90쪽.

8 서인숙, 앞의 책.

9 Barrett, M., "Words and Things: Materialism and Method in Contemporary Feminist Analysis", in M. Barrett & A. Phillips (eds.) *Destabilizing Theory: Contemporary Feminist Debates*, (Cambridge: Polity Press, 1992), p. 215.; 브룩스, 앤, 앞의 책, 21~22쪽.

10 브룩스, 앤, 앞의 책, 13쪽.

11 Barrett, M., "Feminism's Turn to Culture", *Woman: A Cultural Review* 1, pp. 22~24, 1990; 브룩스, 앤, 앞의 책, 22~23쪽.

12 Barrett, M., 1992.; 브룩스, 앤, 앞의 책, 23쪽.

13 브룩스, 앤, 앞의 책.

14 de Lauretis, T., *Alice Doesn't: Feminism, Semiotics, Cinema*, (Bloomington: Indiana University Press, 1984), p. 7.

15 브룩스, 앤, 앞의 책, 28쪽.

16 Gamble, Sarah (ed.), *The Icon Critical Dictionary of Feminism and Postfeminism*, (Cambridge: Icon Books, 1999), pp. 298~299.; 라이트, 엘리자베스, 앞의 책, 14쪽.

17 기든스, 앤서니, 《현대 사회의 성, 사랑, 에로티시즘: 친밀성의 구조변동》, 배은경·황정미 옮김, 새물결, 1995.

18 Jackson, Stevi & Scott, Sue (eds.), *Feminism and Sexuality: a Reader*, (Edinburgh: Edinburgh University Press, 1996).

19 Butler, Judith, *Bodies that matter*, (London: Routledge, 1993).

20 브룩스, 앤, 앞의 책, 18~19쪽.

호주제

기본적 정의

남편의 집안에 여자가 들어가고, 아버지의 집안에 자식이 포함되는 것을 골자로 하는 부계 혈통 위주의 신분 등록 시스템

개념의 기원과 발전

1998년 9월 발족한 호주제 폐지를 위한 시민의 모임을 시작으로 여성단체와 시민단체들은 호주제폐지운동을 지속적으로 벌였다. 2005년 2월 3일 드디어 헌법재판소로부터 헌법불합치판정을 끌어냈고, 국회는 다음 달인 3월 2일 호주제 폐지를 골간으로 하는 민법개정안을 통과시켰다. 이로써 호주제는 대한민국 역사의 뒤안길로 사라졌다. 어느 나라나 국가가 국민에게 발행하는 신분 증명이 있다. 교육, 세금, 사회보장, 투표 등등의 공적 행위에 자격과 권리, 의무 등을 부여하려면 국민의 출생, 사망을 기본적으로 국가가 파악하고 있어야 하기 때문이다. 대개의 나라들은 이것을 개인 단위로 만

들며 이것을 일인일적—人—籍, 개인별 신분 등록이라고 말한다. 한국은 1960년 민법을 제정하면서 일본이 식민 강점 시 만들었던 가족 단위로 만든 법을 그대로 유지했다. 이것을 호적戶籍이라 하며 이에 따라 하나의 호적에 등재된 사람들을 법적으로 '가족'이라고 정의했다. 여러 명을 한데 묶어놓으니 필연적으로 중심이 되는 색인자가 필요하게 되는데 그 것을 호주戶主라 했다. 여럿을 묶어 놓았으므로 호주가 사망하면 필연적으로 또 다른 색인자가 필요했는데(호주 승계) 일제는 식민지 조선에 일본의 호주제를 이식하면서 남성 위주로 순서를 매겨 아들(혼외자 포함)이 아내와 딸들보다 우선적으로 호주 승계를 받도록 했다. 조선에 없던 이러한 시스템은 일제의 행정상 편의를 위해 만들어진 것으로, 이후 여성의 인권은 더욱 하락했으며 이러한 남성중심의 시스템은 '남자는 씨, 여자는 밭'이라는 무지를 대량 유포하는 데 큰 역할을 했다.

호주제는 남편의 집안에 여자가 들어가는 부가입적夫家入籍, 아버지의 집안에 자식이 포함되는 부가입적父家入籍을 골자로 하는 부계 혈통 위주의 신분 등록 시스템이다. 호주 승계 1순위인 직계 비속 남자에는 아들, 손자(8대 손자까지)가 포함되며 혼외자 역시 이에 포함된다. 아내의 동의 없이도 입적이 가능한 혼외자가 법률혼 아내와 딸들의 호주가 된다고 하는 것은 현실에서 법이 법률혼보다 '남계 혈통 보존'에 더 큰 가치를 두고 있다는 것을 단적으로 말해주고 있으며, 또한 법이 '남자는 씨, 여자는 밭'이라는 전근대적 무지 위에 서 있음을 단적으로 드러내는 것이다. 가부장 문화의 근간이 되는 부계 혈통제는 호주제와 부계 성씨 사용을 강제함으로써 지탱되었다.

성 쏠림 현상, 가부장 문화는
일제 시대에 만들어진 양반 흉내 놀이 결과

조선시대 후기에도 절반의 인구는 성씨를 갖지 못했다. 일제가 1909년 민적법(호적법)을 만들 때 성씨 없던 평민, 천민은 명문 세도가의 성씨 그늘 밑에 숨느라 김, 이, 박의 성씨를 택했다. 비로소 인구 전체가 성씨를 갖게 되었는데 현재 김 씨는 전 인구의 20퍼센트가 넘고, 김, 이, 박 3개의 성씨가 45퍼센트를 넘는다. 극단적인 성 쏠림 현상이 나타나고 가짜 족보 만들기, 제사 지내기 등 양반 흉내 놀이가 일제 강점 이후 대중화되었는데 이러한 양반 흉내 놀이의 최대의 피해자는 여성이었다('제사 지낼 떡시루에 김이 안 오른다며 목을 맨 젊은 며느리에게서 섬뜩한 아름다움을 본다'고 했던 21세기의 작가 이문열의 발언을 상기해보자.) '사람이 하늘이다人乃天', '만물 안에 하늘이 깃들어 있다'는 평등사상을 펼치며 일본의 침략에 저항했던 동학혁명이 일본의 신식 무기 앞에 처절한 실패를 맞으면서 일제강점기에 반동의 역사가 광범위하게 퍼지게 된 것이다.

– 호주제의 문제점

• 호주는 행정상 한 가족의 신분 등록표의 색인자에 불과했

지만 한 가족의 주인은 남자여야 한다는 법감정과 모든 남자는 모든 여자보다 우월하다는 법감정을 생산해왔고 이것이 학교, 직장, 국가 전체로 확산되었다. 호주는 아내의 동의 없이도 혼외자婚外子를 입적시킬 수 있고 그 아들은 '직계비속남자'임에 틀림없으므로 법적 아내와 딸들을 젖히고 호주 승계 1순위가 되었다. 또 기저귀를 찼어도 아들이라면 어머니와 누이들의 호주가 되었다. 남아선호/남성우월/여아낙태를 법이 조장해온 것이다.

- 딸은 결혼하면 호적에서 출적되므로 '가족'에서 제외되어 '출가외인'이 되는 동시에 부가입적夫家入籍을 통해 남편 집안으로 편입되어 정체성을 상실 당하는 데 반해 남성의 경우에는 결혼 후 타인, 타가에 입적하지 않으므로 자기 부모형제와는 법적으로는 '가족'이 아니더라도 '출가외인'이 되지 않았다. 아들들은 족보, 가문, 혈통, 제사 등의 제반 문화를 통해 여전히 '가문의 성원'인 주체적 존재로 존중되었다.

- 부가입적夫家入籍, 부가입적父家入籍을 골간으로 하는 남성중심의 신분등록제는 유림 등 보수적인 남성들에 의해 강력히 지지되었다. 그들은 결혼한 여성(아내, 며느리)은 '피'가 섞이지 않았으며 성씨가 다르기 때문에 호주 승계에서 후순위에 위치하는 것은 당연하다고 말하며, 사회의 기초가 되는 가족 속에서 여성을 도구화함으로써 성차별을 당연한

것으로 주장해왔다.

- 이러한 문화 때문에 남아선호가 지속되어 1985년을 전후로 초음파 기기가 수입된 이래 2000년까지 15년간 감별이후 낙태된 여아 수는 90만 명을 헤아리게 되었고 (자연계의 출생성비를 남아:여아 106:100으로 놓고 역으로 계산했다. 감별 뒤 살해된 여태아는 연 평균 6만 명. 대구 부산지역의 셋째 아이 출생성비는 300:100을 넘기도 했다. 대구의 모 초등학교의 경우 1990년 말띠 해에 출생한 남녀 학생의 숫자는 111:54였다) 감별 이후 낙태가 시작된 지 20여년 후부터 신붓감을 찾지 못한 수많은 한국 남성들은 동남아시아의 여성들에게 눈을 돌려야 했다(아들바란 부모세대, 짝궁없는 우리세대/ 대잇자고 낳은아들, 짝못찾아 울상된다 — 대한가족보건복지협회 표어공모 우수작).

세계의 웃음거리, 부계 혈통제

대한민국 국민들은 아직도 아버지와는 성씨가 같아야만 한다고 생각하고, 어머니와는 성씨가 다른 것을 '정상'으로 여긴다. 남성중심의 호주제와 부계 성씨 사용 강제는 강력한 남성우월주의 형성의 양대 기둥이었다. 개정 전 민법 781조(자의 입적, 성과 본) (①자는 부父의 성과 본을 따르고 부가에 입적한다.)는 '부계 혈통제'를 강제해왔으며 다만 엄마가 외국인과 결혼했거나, 아버지가 누구인지 알 수 없을 때에만 엄마의 성과 본을 쓸 수 있도록 했다. 이 조항은 "남자는 씨, 여자는 밭"이라는 무지에 근거하고 있으며 또한 이러한 무지를 존속시키는 역할도 충실히 해왔다.

인간의 일반 체세포는 23쌍 즉 46개의 염색체를 가지고 있으며 성세포인 난자, 정자는 그 절반인 23개의 염색체를 갖고 있다. 수정을 통해 비로소 23쌍, 46개(nn=2n)의 염색체를 갖는 새 생명이 태어나므로 엄마, 아빠의 유전자는 똑같이 반씩 새 생명에게 전수된다. 따라서 외줄기 혈통이란 존재할 수 없다.

부계 혈통제를 강제한다는 것은 다른 말로 하면 여성을 씨받이로 취급한다는 뜻이며 여성을 이등인간으로 대접한다는 뜻이다. 이러한 법적 차별 때문에 성희롱, 성폭력, 여아 낙태, 취업 차별, 급여 차별 등 모든 종류의 성차별이 조장되거나 방치되어왔다고 말할 수 있다. 부계 혈통제가 법적으로 뒷받침되는 한 전 국민은 족보, 가문, 아들 낳아 대를 이어 혈통 보존하기 등을 소중한 가치로 여기는 집단 최면에서 빠져 나올 수 없으며 이는 여성 차별, 여성 무시로 곧 바로 이어지게 된다.

스페인 문화권에서 부부는 원칙적으로 별성別姓이며 자녀는 부모의 성을 1성, 2성으로 하여 모두 가지며 자녀가 성년에 달한 경우 자기 성의 순서를 변경할 수 있도록 한다. 독일, 러시아 등은 부모에게 선택권을 주고 덴마크, 노르웨이, 스웨덴, 핀란드 등은 부모의 합의가 제출되지 않을 경우 모母의 성을 자녀에게 줄 것을 규정하고 있다. 미국의 노스캐롤라이나 주에서는 父의 姓을 따라야만 등록이 인정되는 것은 성차별에 해당한다고 판결했다.

호주濠洲는 만 18세가 되면 누구의 허락 없이 새로이 성을 만드는 것이 가능하며 폴란드는 부모가 혼인 체결 시에 자녀를 모의 성으로 할 것을 선언한 경우에는 그대로 이행된다. 중국의 경우 자녀의 성은 부, 모 어느 쪽으로도 쓸 수 있으며 일본은 부부 동성을 강제하지만 남편 쪽으로 통일할 것을 강제하지는 않는다.

UN(국제연합) 인권이사회는 1999년 10월 29일 제1802차 회의를 열었다. 경제·사회·문화적 권리위원회(사회권위원회)는 2001년 5월 11일 스위스 제네바에서 열렸다. 각각의 회의에서 호주제와 남아선호에 따른 여아 낙태 등 한국 여성의 불평등한 지위와 관련해 깊은 우려를 표명하고 한국 정부에 이를 시정할 것을 권고하는 보고서를 채택했다.

양성평등을 부정하는 남성우월주의자들이 대량생산되는 이유

호주제 폐지를 극렬히 반대했던 유림들은 며느리는 성씨가 다르고 피도 다르므로 양자를 들일지언정 어떠한 경우에도 호주를 우선적으로 승계할 수 없으며 호주제는 폐지할 수 없다고 주장했다. 국민행동본부(당시 본부장 서정갑 예비역대령 연합회장)와 정통가족제도수호범국민연합은 2005년 2월 종묘공원에서 모임을 갖고 "암탉이 울고 있는 여성부 해체하라", "김정일의 전위대 한총련이 앞장서는 호주제 폐지", "호주제 폐지하면 가족, 친족과의 결속력이 떨어져 대남적화 성공가능성이 높아진다"고 목청을 높였다.

나이가 많은 노인들만의 문제가 아니다. 한국의 젊은 남성 우월주의자들은 인터넷의 익명성 뒤에 숨어 엄청나게 여성들을 비하하고 능멸했다. "서양처럼 마녀사냥이라도 한번 일어났어야 우리나라도 발전했을 텐데 역사적으로 너 같은 애들을 너무 존중해주었어요. 하지만 좀만 기다리세여. 우리나라도 마녀사냥 한번 해야져. 너 같은 마녀들이 발 뻗고 살 수 있다는 이 사회는 정말 잘못된 사회 같아요. 조상님들이 말한 암컷과 북어는 뒤지게 패야 정신 차린다란 말이 님의 모습 보면 절로 느껴지거든여."(한겨레 토론방)

"이 앉아서 오줌 싸는 빨갱이 년들아~!" 인터넷 사이트 운영을 방해할 목적으로 이렇게 도배를 하는 남성우월주의자들 때문에 '호주제 폐지를 위한 시민의 모임'은 사이트를 몇 차례나 이전해야 했다. 남자만 씨를 가지고 있는 것이 아니므로 부계 혈통제는 생물학적으로나 도덕적으로 옳지 못하다는 주장에 발끈하여 풍산 류씨 XX파 9대손이라는 남자고등학생은 '미풍양속'을 해치지 말라며 분노에 찬 장문의 편지를 보내왔다. 종손, 3대 독자, 큰아들, 외아들, 맏상주…… 등 부계 혈통제 사회에서 남자들은 어려서부터 '소중한 존재'로 길들여져 왔으며 그 긍지가 내면화되어 있는데 남자라고 해서 더 특별날 것 없이 양성 모두가 소중하다는 평등을 이야기하니까 자존심을 상해 분노하는 것이다.

현재 시중에 존재하는 족보 대부분은 일제강점기에 만들어진 가짜다. 이미 18세기 말, 19세기 초를 살았던 정약용은 "진위를 밝혀달라고 가져오는 족보 열이면 열이 모두 가짜"(목민심서 8권)라고 말한 바 있다. 게다가 동학혁명의 실패로 왕조의 권력 독점구조를 타파하지 못한 채 일제강점기를 맞은 민초들마저도 족보를 만들어 양반 흉내를 냄으로써 과거의 설움을 잊으려했다. 그들은 거짓으로 선조가 지배계급(왕, 영의정, 좌의정……)이었던 것처럼 족보를 만들었는데 이러한 허세적 거짓은 현재 우리의 가부장제 문화에 그대로 투영되었다. 평등, 공정, 합리, 정의 등의 성숙한 시민의식을 갖기보다 학연, 혈연, 지연에 의지하면서 차별을 당연시하고 불의에 둔감한 미성숙한 시민의식을 가진 사람들이 가부장 문화 속에서 대량생산되었던 것이다. 상하의 위계질서, 차별적 수직구조에 길들여진 남성들은 '약육강식'의 논리에 젖어 있으므로 서로를 존중하고 배려하는 쌍방향의 수평적 민주 구조를 이해하지 못한다. 잘못된 그릇(가부장적 제도)에 담긴 잘못된 내용('일부' 남성들의 미성숙한 시민의식)은 한국의 민주적 진보를 막는 대단히 큰 장애물이 되어왔다.

호주제의 구체적 폐해 사례

"전 3년 전에 딸을 데리고 재혼해 딸 하나를 더 낳은 엄마랍니다…… 이렇게 힘들 줄 알았다면 처음부터 아이를 낳지 말았어야 했다는 극단적인 생각도 하게 되었지요. 지금은 너무도 행복하지만 아이의 '성' 문제만 생각하면 저절로 눈물이 나온답니다. 정말 힘이 들어요…… 가슴이 답답하고 미칠 것 같습니다…… 아주 무지 나쁜 짓을 해서라도 바꿀 수 있다면…… 누가 방법 좀 가르쳐줘요. 난 오늘도 딸아이의 자는 모습을 보면서 눈물을 흘립니다…… 난 오늘도 세상의 모든 신들에게 빕니다. 제발 좀 바꿔달라고……."(호폐모 털어놓기방 ID: 예원엄마)

"제 부모님께서는 심각한 성격차이(가치관, 사상, 생활방식 등……)로 1999년 여름에 이혼을 하셨습니다. 그 후…… 장학금서류에 등본이 필요하다기에…… 그런데, 등본 상에… 호주는 아버지로 되어 있고, 우리는 아버지의 자식으로 표기되어 있고, 이혼 뒤 우리를 키워주시는 어머니는 동거인으로 표기되어 있지 않겠습니까…… 아니, 이럴 수가…… 제게 생명을 주신 어머니께서 친모가 확실함에도 불구하고…… 동.거.인.이라니, 전 너무 화가 나서, 울고 말았습니다."(호폐모 털어놓기방 ID: 달빛의비밀)

"남편과 사별한지 5년째. 어느 덧 큰 아들 녀석은 초등학교 1학년이 되었고, 둘째 녀석은 5살이 되었습니다. 큰 아들 녀석이 호주 승계를 받았습니다(3살 때). 가끔 친구의 아빠를 아빠라고 부를 때면 얼마나 "아빠"라는 소리를 해보고 싶어서 저러나하는 생각에 가슴이 찢어지는 고통을 느낍니다. 그래서 이제는 아이들 때문에라도 재혼을 해야겠다고 생각했는데…… 가장 큰 장애물이 호적문제……

그걸 포기하고 재혼하는 상대의 호적에 입적시킬 방법은 없을까요? 제 나이 지금 29살 입니다. 이제 제대로 가정을 한번 이루어 보려고 하는데…… 거의 자포자기한 심정으로 이 글을 씁니다."(호폐모 털어놓기방 ID: gong)

"아버지와 자녀가 성이 다르면 이상하게 보도록 법을 만들어놓고 성이 다른 사람들은 정작 구제도 못해주다니요? 저희야 괴로워하며 살면 그만이라고 하더라도 앞으로 이 아이들은 어떻게 합니까? 아이들이 받는 고통의 몇 분의 일이라도 헤아린다면 국회에서 이렇게 손을 놓고 있지는 않을 것입니다."(여성신문 2001. 12. 14일자)

호주제의 폐해로 '발등에 떨어진 불'처럼 가장 시급한 것으로 드러났던 문제는 재혼녀 자녀의 성씨 문제다. 아버지의 성과는 다르면 안 되고, 엄마의 성과는 같으면 안 되는 부계혈통 문화 속에서 재혼녀의 자녀들은 '개밥의 도토리'처럼 전전긍긍해왔다. 부모 각각 절반의 유전자로 새 생명이 태어나므로 성씨는 절대로 혈통을 드러내는 기호가 될 수 없음에도 '남자는 씨'라는 전근대적 무지에 노예처럼 사로잡힌 사람들과 그것을 법적으로 충실히 뒷받침해온 가족법이 아무 죄 없는 사람들을 '비정상'으로 몰아붙여 고통스럽게 만들었던 것이다.

문제 해결책에 대한 모색과 제도 개선

대한여한의사회와 한국여성단체연합은 1997년 1월에 남녀 성비 불균형의 문제점과 해결 방안에 관해 공동 토론회를 주최하면서 해결과제 1순위로 그간 가정법률상담소 등 여권 운동가들이 해방 이후 노력해왔던 호주제 폐지를 다시 가열차게 할 것을 결정했고, 쉽게 착수할 수 있는 문화 운동으로 '부모성 함께 쓰기'를 같은 해 3.8여성대회에서 선언했다. '부모성 함께 쓰기'는 남성에게서만 '가족의 뿌리, 혈통'을 찾으려는 그간의 전통과 제도가 잘못되었다는 것을 널리 인식시키는 데 대단히 효과적인 운동이었다. 호주제 문제의 본질은 부계 혈통 시스템의 강제에 있으므로 문제의 해결점은 이러한 남성우선 호주, 부계 혈통제를 기준으로 한 '묶음 단위의 신분 등록'을 대다수 나라가 이미 채택하고 있듯이 양성평등, 부모 양계 혈통을 존중하는 '개인 단위의 신분 등록'으로 바꾸는 것에 있었다.

문제 해결책을 마련해 정부와 국회에 제시하는 과정에서 호주제 폐지를 위해 함께 목소리를 냈던 단체들이 잠시 삐걱거리기도 했다. 싸움에 지친 일부 단체들이 개인별 신분 등록제의 실현이 불가능에 가깝다고 판단하고, 타협안으로 '부부중심 호주제'를 대안으로 마련했기 때문이었다. 그러나 이것은 모처럼 맞은 개인 존중과 양성평등을 위한 호기를 저버리는 대단히 위험한 발상이었다. 국적을 증명하고 국민임을 증명하는 신분 등록에서 여럿을 묶어 대표 색인자를 만들어놓게 되면 결혼, 이혼, 사별, 입양, 학업, 취업 등의 경우 무수한 문제들을 생산하게 된다. 더욱이 비혼자가 증가하는 추세인데 '정상'과 '비정상'을 구분 짓는 편견을 낳게 하는 신분 등록제를 만들 이유가 어디 있을까. 개인별 신분 등록을 만들어 개개인을 중심에 놓고 부모를 기재하고, 배우자를 추가 기재하고, 자녀를 추가 기재하면 많은 문제가 일거에 해결될 수 있음에도 반대가 너무 심할 것을 우려해 엉뚱한 타협안을 내놓았던 것이다.

2005년 2월 3일 헌법재판소는 '호주제는 성역할에 관한 고정 관념에 기초한 차별로서 호주 승계 순위, 혼인 시 신분 관계 형성, 자녀의 신분 관계 형성에 있어 정당한 이유 없이 남녀를 차별하는 제도로 호주제는 혼인과 가족 생활에서 개인의 존엄과 양성의 평등을 규정한 헌법 제36조 제1항에 위반된다'며 헌법 불합치 판정을 내렸다. 새로운 제도가 준비될 때까지 법의 공백이 있어서는 안 될 것이므로 위헌 판결을 하지 않고 헌법 불합치 판정을 내린 것이다. 국회는 다음 달인 3월 2일 호주제 폐지를 골간으로 하는 민법 개정안을 통과시켰으며 같은 해 12월 22일, 헌법재판소는 아버지 성을 예외 없이 강제하는 것은 위헌이라 판결함으로써 결혼 시 부부가 합의하면 어머니 성을 쓸 수 있고 자녀의 복리를 위해 필요하다고 법원이 판결하면 자녀의 성도 바꿀 수 있도록 함으로써 부계 성씨 강제는 약간의 융통성을 갖게 되었다. 3년간의 준비기간을 거쳐 2008. 1월 호적을 대체할 기본 증명서와 가족 관계 등록부(가족부)가 탄생했다. 호적제는 호주戶主를 중심으로 가족 관계를 나타냈지만 기본 증명서는 본인을 중심으로 부모와 배우자, 자녀가 추가로 기록되며 사망과 동시에 그 기능을 다하게 된다. 1인1적 시스템이 된 것이다.

호주제 폐지로 달라진 법적 내용

- 호주를 전제로 한 호주 승계 제도, 입적, 복적, 일가창립 및 분가제도 등이 모두 폐지되었다.
- 결혼하면 아내가 남편의 가家에 입적하도록 한 조항이 삭제되었다.
- 기존의 차별적인 가족 관계가 사라지고 모든 개인은 기본 증명서, 가족 관계 등록부의 주인이 되었다.
- 자녀는 아버지의 성과 본을 따르는 것을 원칙으로 하되, 혼인신고 시 어머니의 성과 본을 따르기로 협의한 경우 어머니의 성과 본을 따를 수 있도록 완화했다(부성 원칙은 고수).
- 자녀의 복리를 위해 성과 본을 변경할 필요가 있을 때에는 아버지, 어머니, 자녀의 청구에 의해 가정 법원의 허가를 받아 자녀의 성과 본을 변경할 수 있게 되었다.
- 본적이 사라졌다(본적은 호주의 출신지로 통용되는 것으로 결혼 후 여성의 본적지는 남편을 따라 바뀌어왔다).

호주제 폐지, 성姓 선택의 자유 확대 등 부계 혈통제가 폐지되면 무엇이 달라지나?

- 부가입적夫家入籍/父家入籍이 사라져 출가외인, 시집귀신 등

의 개념이 사라지므로 비로소 헌법이 보장한 양성평등한 가정을 꾸리게 되었다. 여성들은 더 이상 시집가지 않고 다만 결혼할 뿐이다.

- 성씨가 혈통을 드러내는 기호가 아니라는 것을 알게 된다.
- '남자는 씨, 여자는 밭'이라는 전근대적이고도 끈질긴 무지가 사라지게 된다.
- 아들 중심의 호주 승계가 사라져 '아들 낳아 대잇기'의 강박감에서 벗어나게 된다.
- 여아 낙태 등의 야만적 범죄 행위가 사라진다.
- 사별, 이혼, 재혼, 독신 등 다양한 형태를 한 가정의 구성원들이 '비정상'으로 분류되어 손가락질 당하는 일이 사라진다(본인들은 정신병에 걸릴 정도의 고통에 시달려왔다).
- 약육강식이나 위계질서 등의 수직 구조에 의한 미숙한 질서보다 수평적이고 상호 존중하는 성숙한 사회 정의에 대한 관념이 확산된다.
- 모든 종류의 편견과 차별, 불공정에 무감각한 사고들이 획기적인 각성의 기회를 거쳐 고양된 높은 수준의 시민 의식이 발달하게 된다. 서로 존중하고 배려하는 진화된 민주주의 사회를 가꿀 수 있게 된다.
- UN을 비롯한 국제 사회의 눈총을 받을 일이 없어지며 한국 여성의 사회적 지위가 향상되면 부패지수를 낮추어 명실공히 선진국으로 발돋움할 수 있게 된다.
- 가족 단위에서 개인을 대상으로 하는 보다 정교한 사회 복지가 가능하게 된다.

- 남성중심의 전근대적인 종중, 가문, 혈통, 대잇기, 족보 등의 거짓 개념들이 사라지게 될 것이다.
- 무시당하고 소외되었던 절반의 인구인 여성들이 스스로의 에너지로 역사의 주인공으로 일어서게 될 것이다.
- 족보는 사문서이니 호주제 폐지의 영향을 직접 받지 않겠지만 족보, 한 줄기 혈통, 가문, 종중 등의 개념은 남자만 씨가 있다는 무지에서 발생해 여성을 대 잇는 도구처럼 인식해서 차별하고 소외시켰던 문화였으므로 더 이상 후손에 길이 물려줄 아름다운 전통문화로 인식되지 않을 것이다.
- 남녀노소를 떠나 '죽은 귀신'보다 '살아 있는 생명'을 더 귀하게 여기는 생명존중, 양성평등의 새로운 문화가 자리 잡게 될 것이다.

21세기 대한민국은 아직도 공고한 남성중심의 가부장제 사회다. 가부장제 문화는 족보, 종중, 종친회, 제사, 명절, 위계질서를 중시하는 서열 문화 등에서 드러난다. 경제가 어려웠던 IMF 시절에도 유일하게 호황을 누린 것이 족보 사업이었다고 한다. 그러나 족보와 제례는 '공자가 죽어야 나라가 산다'를 쓴 김경일 교수의 주장대로 쿠데타를 일으킨 자의 자기합리화를 위한 도구로 발명된 것에 불과하다. 고대 중국의 은나라에서 아버지인 왕의 명령을 어기고 형을 해치운 뒤 권력을 차지한 조갑은 전쟁, 농사, 날씨, 질병을 조절할 수 있는 능력이 있는 전천후적 존재로 조상신을 설정해 족보를 재수정하고 그들에 대한 제사를 정례화함으로써 자신의 씨족 혈통 우월 의식을 강화하고 쿠데타로 일군 자신의 권력을 운명적인 것으로 합리화했다는 점이다. 이전에 섬겨오던 모든 토템 즉 황하신, 천신 등에 대한 제례를 없애고, 자신의 직계 조상에 대한 제례를 강화함으로써 제사의 대상을 바꾸었는데 이것은 중국 역사상 최초로 일어난 인위적 문화 혁명으로, 유교 문화의 시발점이 되는 사건이었다.

조선왕조 초기에 용비어천가를 지어 이성계의 6대 조상이 모두 용이 되어 하늘로 올라갔다며 쿠데타를 합리화한 것도 3,500년 전 중국의 왕 조갑을 흉내낸 것이다. 21세기에 대한민국의 가정집에서 벌어지는 제사 역시 일제 시대에 반동적으로 유포된 양반 흉내 놀이 문화에 불과하다. 양반들은 오리지널 양반임을 드러내기 위해 열심히 족보와 제사에 매달리고, 평민, 상민은 과거의 치욕을 감추고 양반인 척하기 위해 가짜 족보를 만들고 열심히 제사에 매달린다. 그렇게 족보기록과 제사 지내기가 전 국민의 문화가 된 것은 반만년 우리 역사 속에서 겨우 100년 밖에 되지 않는다. 1909년 일제의 민적 조사에서 양반의 비율은 우리의 예상과 달리 전 국민의 1.9퍼센트에 불과했으니 부계 혈통제에 매달려 사는 사람들 대부분이 양반쇼를 하는 셈이다.

부계 혈통 제도와 문화의 변화

• 성씨 선택의 폭을 대폭 늘려야 한다. 현재의 성씨는 대부분 멀지 않은 과거에 모두 조작된 것일 뿐더러 한줄기 혈통은

존재할 수 없는 것이니 성씨는 혈통을 드러낼 수 있는 기호가 될 수 없다. 성씨에 대한 성역과 금기를 깨 나아가야 한다. 대부분의 나라가 부모의 협의에 의한 자녀 성 선택제를 채용하고 있으며 앞서 가는 대개의 나라들이 부계성만을 사용하도록 강제하고 있지 않다. UN은 부계성만 강제하는 것은 여성차별의 원인이 되는 것을 간파하고 여성에관한모든차별철폐협약(CEDAW 16조 g항)을 통해 여성의 성도 자녀에게 물려줄 수 있는 동일한 권리를 줄 것을 요구하고 있다. 부모성함께쓰기는 호주제 폐지 이후에도 가부장제의 해체를 위해 여전히 위력적인 힘을 발휘할 수 있다.

- 공적 신분 증명제가 있으므로 남성중심으로 기록되는 사적인 신분 기록인 족보는 어떤 역할도 하지 못한다. 현존하는 족보 대부분은 가짜일 뿐더러 진짜라 할지라도 21세기에 갖는 의미는 없다. 양성평등 문화를 크게 방해하는 족보의 의미를 퇴색시켜야 한다. 자기에 대한 정체성의 확보는 죽은 부계 조상을 통해서가 아니라 양계 조상의 유전자가 모두 녹아 있는 자신을 소중히 여김으로써 비로소 가능해진다.

- 남성 조상을 대상으로 하는 제례와 남성 가족을 중심으로 하는 명절 문화는 남아 선호와 여성 무시의 뿌리가 되는 연례 이벤트다. 가사노동의 분담 따위로 해결되지 않는다. 〈내 제사거부운동〉은 저항을 최소화하면서 죽음을 기리는

문화보다 생명을 존중하는 문화로 바꾸는 아주 효율적인 방법이 될 것이다. 설에는 새해를 반기고 추석에는 결실을 감사히 여기는 고유의 의미가 살아나도록 할 필요가 있다.

호주제 폐지와 같은 제도적 개혁은 여성들의 집중적인 노력으로 일구어낼 수 있었지만 족보, 제례, 종중 등의 남성중심의 문화는 사적이고 집단적인 문화이므로 조직된 여성들의 힘으로나 또는 각성한 여성 개인의 힘으로는 깨기 힘들다. 여성들은 계속 문제 제기를 하고 각성한 남성들이 이를 귀에 담아 앞장서서 함께 이 문제를 헤쳐나갈 수 있기를 간절히 고대한다. 부계 혈통 문화가 모두 깨져야 위선적이고 허세적인 질 낮은 문화가 사라지고 진화한 양성평등 사회가 우리 앞에 다가오게 될 것이다.

고은광순

대전대학교 한의예과에서 학사와 석사학위를 받았다. 대한한의사협회와 한국 한의학연구원 감사를 지냈으며, 1998년부터 사회운동에 적극 참여해 호주제 폐 지, 부모 성 함께 쓰기, 종교법인법 제정 운동을 주도했다. 현재 충청남도 시골에 서 솔빛한의원을 운영하며 빛사람수양회를 이끌고 있다. 저서로 《시골 한의사 고은광순의 힐링》, 《어느 안티미스코리아의 반란》, 《한국에는 남자들만 산다》 등이 있고, 《필루, 세상을 바꾸다》, 《그래도 내일은 희망》, 《웃을 순 없잖아!》, 《엄마가 결혼했어요》 등 청소년을 위한 번역서가 있다.

김경미

이화여자대학교 대학원에서 고전문학으로 박사학위를 받았다. 현재 여성문화 이론연구소 연구원, 이화여자대학교 이화인문과학원 HK교수다. 저서로 《家와 여성》, 《19세기 소설사의 새로운 모색》, 공저로 《성·노·동》, 《조선의 여성들》, 역 서로 《자기록―여자, 글로 말하다》, 공역서로 《19세기 여성생활사자료집》, 《19 세기 서울의 사랑》 등이 있다.

김미연

경희대학교 대학원에서 영문학 박사학위과정을 수료했다. 현재 경희대학교 후 마니타스 칼리지 강사다. 공저로는 《페미니즘과 정신분석》, 《다락방에서 타자 를 만나다》 등이 있고, 논문으로 〈영화 '나쁜 남자'를 통해 본 라깡의 사랑과 충 동〉 등이 있다.

김성민

2008년 촛불집회 때 학교를 쉬며 방황하기 시작했다. 병역거부를 고민하기 시작 하고 인권단체, 평화단체, 신문사알바, 공동체생활, 배낭여행 등으로 이리저리

떠돌다가 2013년 11월 18일 입영일에 입영하지 않고 병역거부를 선언했다. 1년 6월형을 선고받고 서울구치소에서 복역 중이다. 병역거부의 이유와 소신을 더 자세하게 쓴 병역거부 소견서는 http://cafe.naver.com/green519fu/9에 있다.

김주현

이화여자대학교 대학원에서 페미니즘 미학으로 철학 박사 학위를 받았다. 연구의 주된 관심은 후기분석 미학의 예술 존재론이며, 메타비평과 현장비평에도 참여하고 있다. 현재 이화여자대학교 교양교육원 조교수다. 저서로는 《외모꾸미기 미학과 페미니즘》, 《여성주의 미학과 예술작품의 존재론》 등이 있고, 공저로는 《퍼포먼스, 몸의 정치》, 《폭력의 얼굴들》 등이 있다. 논문으로 〈설치 미술의 존재론—박이소 유작전 진품 논란을 중심으로〉, 〈포스트예술시대의 미학과 비평〉, 〈반키치론 비판〉, 〈살림 공예와 미적 평가론〉 등을 발표했다.

김현미

서울대학교 지리교육과에서 학사와 석사학위를 받고, 미국 오하이오주립대학교 지리학과에서 박사학위를 받았다. 현재 한국교육과정평가원 연구위원이다. 지리교육 및 사회과교육, GIS, 도시사회지리학, 페미니스트 지리학 분야에 관심이 있다. 《젠더, 정체성, 장소: 페미니스트 지리학의 이해》, 《도시의 탐색: 도시공간 이론과 GIS를 활용한 공간분석》, 《GIS(짧은 지리학 개론 시리즈)》, 《지리정보시스템과 지리정보과학》 등의 번역에 참여했다. 논문으로는 〈성역할, 접근성, 그리고 젠더화된 공간성〉, 〈자녀 연령별 여성의 도시기회 접근성의 시·공간적 구속성에 관한 연구〉 등이 있다.

노성숙

독일 프라이부르크대학에서 현대철학 박사학위를 받았다. 현재 한국상담대학원대학교 교수다. 저서로는 《사이렌의 침묵과 노래》, 공저로는 《철학의 멘토, 멘토의 철학》, 《상담철학과 윤리》, 《왜 철학상담인가》 등이 있고, 논문으로 〈가해하는 공동체? 치유하는 공동체?—개인의 고통에 대한 성찰과 치유를 모색하는 철학상담〉, 〈삶의 진리를 성찰하는 해석학으로서의 철학상담—고통받는 한국 청소년을 중심으로—〉, 〈여성내담자중심치료를 위한 철학상담적 인간이해—정신분열증 여성환자 엘렌 베스트 사례를 중심으로—〉 등이 있다.

문은미

여성문화이론연구소에서 활동하고 있으며, 서울대학교 여성학 협동과정에서 노동 불안정성과 젠더 관계에 대한 박사 학위논문을 쓰고 있다.

문현아

한국학중앙연구원에서 한국학으로 정치학박사학위를 받았다. 현재 서울대학교 국제대학원에서 강의하고 있으며 건강과대안 연구위원으로 활동하고 있다. 저서로 《대한민국에서 엄마로 산다는 것: 엄마도 때론 사표내고 싶다》, 공저로 《박정희시대 연구》, 《성노동》, 《돌봄노동자는 누가 돌봐주나》 등이 있고, 번역서로 《경계없는 페미니즘》, 《세계화의 하인들》 등이 있다. 논문으로 〈식민지 근대시기 '가사사용인' 구성의 변화와 의미〉, 〈판결문 내용분석을 통한 조선후기 아내살해 사건의 재해석: '추관지' 사례를 중심으로〉 등이 있다.

박미선

Texas A&M 대학에서 현대미국문학연구로 박사학위를 받았다. 현재 한신대학교 영어영문학과 교수다. 논문으로 헨리 제임스, 글로리아 네일러, 앨리스 워커, 데이빗 헨리 황, 댄지 세나, 이창래 등의 작품을 분석한 글들이 있으며 이외에 현대페미니즘 이론 및 문화이론을 연구한 다수의 논문이 있다. 옮긴 책으로 《흑인 페미니즘 사상》(공역), 《우연성, 보편성, 헤게모니》(공역), 《포스트식민이성 비판》(공역), 《유목적 주체》 등이 있다.

박이은실

연세대학교 대학원에서 여성학 박사학위를 받았다. 현재 말레이시아국립대 말레이시아학 및 국제학 연구원Institute of Malaysian and International Studies의 방문연구원으로 있다. 저서로 《Body That Bleeds: Menstrual Politics in Malaysia》, 공저로 《성·노·동》, 《우리 안의 아시아, 우리가 꿈꾸는 아시아》, 《소수자들의 삶과 문학》, 역서로 《퀴어이론: 입문》 등이 있으며 대표 논문으로는 〈노동하는 성애: 성노동〉, 〈양성애/여성 주체의 등장, 무엇을 말할 것인가?〉, 〈협상적 정체성: 국민정체성과 민족정체성이 경합하는 말레이시아의 사례〉, 〈급진적 섹슈얼리티 연구 재/구축을 제안하며〉, 〈로맨스 자본주의: 소비주의와 사랑의 계급화〉, 〈패권적 남성성의 역사〉, 〈성체제와 기본소득〉, 〈페미니스트 기본소득 논의의 지평 확장을 위하여: 고용, 노동 중심 논의에서 성적 주체성 실현 문제를 포함한 논의로〉 등이 있다.

박홍주

이화여자대학교 대학원에서 여성학 박사학위를 받았다. 현재 서강대학교 여성학 협동과정 외래교수다. 공저로는 《여성학: 여성주의 시각에서 바로 본 또 다른 세상》, 《돌봄노동자는 누가 돌보는가》, 《2030세대, 행복의 조건》, 《A4 두 장으로 읽는 한국사회 읽기》 등이 있고, 논문으로는 〈이주여성 가사노동자의 경험을 통해 본 돌봄노동의 의미구성과 변화〉, 〈이주여성 가사노동자에 관한 이론적 재검토〉, 〈성별화된 빈곤의 현실과 여성의 살아남기〉, 〈여성노동자의 건강권 개념확대를 위한 시론〉, 〈기혼 여성 노동자의 일·가족 경험과 직업의식〉 등이 있다.

엄혜진

서울대학교 여성학협동과정에서 박사학위를 받았다. 현재 경희대학교 후마니타스 칼리지 강의전담 교수이자, 서울대 여성학 강사다. 논문으로 〈신자유주의 시대 한국의 자기계발 담론에 나타난 여성 주체성과 젠더 관계: 1990년대 이후 베스트셀러 여성 자기계발서 분석을 중심으로〉, 〈운동사회 성폭력 의제화의 의의와 쟁점: '100인위' 운동의 수용과 현재적 착종〉 등이 있다.

운조

한국외국어대학교 국제지역대학원에서 트랜스젠더 관련 논문으로 석사학위를 받았다.

이경

부산대학교 대학원에서 문학 박사학위를 받았다. 현재 한국국제대학교 교양학부 교수다. 저서로는 《한국근대소설의 근대성 수용양식》 등이 있고, 공저로는 《왜 다시 "토지"를 읽는가》, 《다락방에서 타자를 만나다》 등이 있다. 논문으로는 〈"토지"와 겁탈의 변증술〉, 〈"태백산맥"에 나타난 겁탈 모티프와 제도적 처벌의 잉여〉, 〈질병의 은유로 "토지" 읽기〉, 〈적막한 식욕의 윤리〉, 〈누이야 대담하게 앞으로 나가라〉 등이 있다.

임옥희

경희대학교, 대학원에서 공부했고 지금은 경희대학교 후마니타스칼리지에서 가르치고 있다. 여성문화이론연구소에서 다른 회원들과 함께 여성으로 사는 법을 공부하고 있다. 저서로는 《주디스 버틀러 읽기》, 《채식주의자 뱀파이어》, 《타자로서 서구》, 《발레하는 남자 권투하는 여자》 등이 있다. 공저로는 《페미니즘과 정신분석》,

《여성주의 고전을 읽다》, 《여성 혐오가 어쨌다구?》 등이 있고 다수의 역서가 있다.

임현주

고려대학교 대학원에서 영문학 박사학위를 받았다. 현재 덕성여자대학교에서 강의하고 있다. 저서로는 《페미니즘과 정신분석》(공저), 《버지니아 울프》(공저)가 있고, 역서로 《버지니아 울프 문학 에세이》(공역), 《나방의 죽음: 버지니아 울프 문학 에세이 2》(공역)가 있다.

조영미

이화여자대학교 대학원에서 여성학 박사학위를 받았다. 현재 서울시여성가족재단 여성정책실장으로 근무하고 있다. 공저로는 《젠더와 국가》, 《여성학》 등이 있고, 논문으로 〈출산의 의료화와 여성의 재생산권〉, 〈서울시 성주류화 제도 추진 지원 및 성과제고 방안〉, 〈민선6기 여성가족정책 비전과 정책방향〉 등이 있다.

조현준

경희대학교 대학원에서 영문학 박사학위를 받았다. 현재 경희대학교 후마니타스 칼리지 객원교수다. 저서로는 《젠더는 패러디다》가 있고, 역서로는 《젠더 트러블》, 《서커스의 밤》, 논문으로는 〈갈림길을 마주한 불확실한 삶: 호모 비오랑스의 윤리적 가능성〉 등이 있다.

허윤

이화여자대학교 국문과 및 동 대학원을 졸업했다. 〈1950년대 한국소설의 남성 젠더 수행성〉으로 박사학위를 받았으며, 〈1930년대 여성 장편소설의 모성담론 연구〉, 〈1970년대 여성교양의 발현과 전화〉 등의 논문과 《다락방에서 타자를 만나다》, 《젠더와 번역》 등의 공저가 있다. 현재 이화여자대학교에서 강의하며 공부하고 있으며, 1950~1970년대의 다양한 매체를 통해 한국의 남성성과 정동을 살펴본다는 장기 목표를 가지고 있다.

현남숙

이화여자대학교 대학원에서 철학 박사학위를 받았다. 현재 가톨릭대학교 ELP학부대학 초빙교수다. 공저로는 《철학의 눈으로 읽는 여성》, 《문화, 세상을 콜라주하다》, 《철학, 문화를 읽다》 등이 있고, 논문으로 〈문화적 헤게모니와 동의의 조건〉, 〈여성주의 문화에서 감정의 중요성〉, 〈사이보그 수사학에 나타난 몸의 형상화〉, 〈가족서사의 변화와 보살핌의 다원화〉, 〈다문화사회에서 자아의 경계〉 등이 있다.

황주영

서울시립대학교 철학과에서 여성철학으로 박사논문을 준비 중에 있다. '지구지역행동네트워크/페미니즘학교'의 설립위원으로서 활동을 겸하고 있다. 〈트랜스포지션: 유목적 윤리학〉을 공역했으며 〈상호주체성의 가능성: 이리가레의 수평적 초월과 말의 창조〉, 〈이리가레의 스펙쿨룸: 성차와 여성의 정체성〉 등의 논문을 발표했다.

찾아보기